金融经济周期理论及应用研究

陈昆亭 周 炎 著

科学出版社

北 京

内 容 简 介

本书系统讨论了金融经济周期（FBC）理论的产生、发展、应用领域和局限性；论述了系统性金融风险形成的宏微观机制；反思了现行的应对危机的主流宏观理论逻辑和政策措施的深层次问题；研究了欧美金融制度体系和货币政策规则存在的极大缺陷：阶段性持续的负向有偏性政策（如负利率和量化宽松）抑制长期经济增长动能，导致潜在增长力逐渐衰减；长期增长衰减反过来又形成新一轮危机的潜在动因，二力合起来形成负向螺旋。最后，讨论了长期稳定有效的金融货币政策规则方案。同时，本书建设性地提出：唯有长期价值体系稳定的政策规则体系，才能确保市场有效性得以发挥，避免价格扭曲和资源错配，支撑经济长期稳定可持续发展。

本书适合宏观经济学高年级硕博研究生、青年教师等对现代经济管理体系感兴趣的学者参考学习。

图书在版编目（CIP）数据

金融经济周期理论及应用研究/陈昆亭，周炎著. —北京：科学出版社，2024.1

ISBN 978-7-03-077712-6

Ⅰ. ①金… Ⅱ. ①陈… ②周… Ⅲ. ①金融-经济周期分析-世界 Ⅳ. ①F831

中国国家版本馆 CIP 数据核字（2023）第 254078 号

责任编辑：魏如萍／责任校对：严 娜
责任印制：张 伟／封面设计：有道设计

科学出版社 出版
北京东黄城根北街 16 号
邮政编码：100717
http://www.sciencep.com

北京中科印刷有限公司 印刷
科学出版社发行 各地新华书店经销

*

2024 年 1 月第 一 版　开本：720×1000　1/16
2024 年 1 月第一次印刷　印张：19 1/4
字数：380 000

定价：216.00 元
（如有印装质量问题，我社负责调换）

前　言

　　本书内容包含两大方面。一是对已有金融经济周期（financial business cycles，FBC）理论研究的系统综述（第1章）；二是课题组在 FBC 理论方面的创新性研究（第2章至第10章）。创新性研究大体分为三个部分：①实证研究部分。即第2章，介绍了经典的 FBC 实证方法及依此得到的关于 FBC 波动事实特征的实证研究。②FBC 理论基本方法及应用研究，包含第3章至第6章。其中，第3章介绍了外生信贷的（早期）FBC 模型理论方法及针对中国经济的研究；第4章介绍了内生信贷的基本 FBC 模型理论方法及在中国经济中的应用研究；第5章是 FBC 理论方法拟合中国经济的数值实验研究；第6章在 FBC 模型方法基础上探讨了利率冲击的周期与增长效应。③金融货币因素与长期经济增长关联及促进和激励经济长期可持续增长的政策规则体系方面的探索与思考，包含第7章至第10章。其中，第7章讨论了工业革命以来东西方从"大分流"到"大合流"的长周期发展内生性机制方面的内容；第8章介绍了新概念——"有限需求"的内涵、影响及在此假设下的经济长周期动态规律的新解释；第9章分析了发达国家长周期发展过程中经济结构性内生性规律的逻辑，揭示了美国"负向螺旋"形成的机制，讨论了以"价值体系稳定"为目标的政策规则体系对于激励经济长期可持续增长的重要性；第10章进一步结合前面研究系统讨论了需求约束、货币政策体系与经济增长之间的逻辑关系。

　　具体地，研究重要突破性成果分为以下几个方面。

　　（1）外生信贷的 FBC 模型理论在中国经济中的应用研究。这方面的研究，一方面重点讨论了信贷约束机制的金融放大器机制，经济模型可以很好地拟合这种机理；另一方面重点研究了类似按揭行为的杠杆率大小的周期效应和金融放大效应。在模型经济中，只要杠杆率大于1，就会形成极大的波动放大效应，同时存在内生的螺旋解，即存在持续的内生型波动机制。实际经济中放大倍数可能远大于1。例如，当现实中要求的按揭比例在20%以下时，实际的放大倍数是5倍；当按揭要求是10%时，放大倍数就是10倍；美国2007年次贷危机前的按揭要求一度降为0，即只需要工作收入证明就可以得到住房。这种情况下的放大倍数理论上是无限大。模型理论演示了次贷危机发生的机理和必然性。这些方面的理论为我国现实经济的系统性风险管理提供了理论参考依据，引导了几年前去杠杆政策的方向。

（2）内生信贷的 FBC 模型理论在中国经济中的应用研究。美国 2007 年次贷危机之后，国际宏观经济理论领域发生了革命性的变化，即针对金融冲击、金融摩擦、金融中介等金融因素的影响方面进行了全面深入的研究。一个重要的不同是将金融中介部门作为一个独立部门嵌入模型系统，有的研究还增加了独立的资本部门，如此形成生产部门、需求部门、政府部门、外国经济、金融部门、资本部门等多部门模型。凡是包含独立金融部门的都属于新型的内生信贷的 FBC 模型。2010—2012 年的大多研究本质上仍建立在拉姆齐（Ramsey）经济框架的基础上，即所有部门（除了政府部门和外国经济）的利益最终仍分散在家庭部门。比如，企业、资本和银行等部门的归属仍都在私人部门。这一传统习惯的一个极大的问题是无法刻画社会现实中的收入差，因而 2012 年之后陆续开始出现不同部门存在独立需求偏好的模型，这是揭示一直被 Ramsey 经济框架掩盖的资本主义经济潜在的矛盾根源的重要突破。我们在这方面的研究形成了多篇论文，走在国内前沿。这方面的成果包括：①2012 年分别发表在《经济研究》和《管理世界》上的内生 FBC 理论拟合中国经济的实验研究。②在 FBC 框架下探索不同货币政策手段的效应方面的研究，这是国内至今仍未见更新的关于政策手段（如利率工具、准备金率、货币量等）对经济的不同效应的研究。比如，我们通过模型研究发现单一的工具效应都不理想，都有很大的中长期的负效应，但如果根据不同情形选择不同的组合则往往可以抵消机制相反的单一工具的长期负效应，留下希望实现的短期目标效应。这些研究为宏观经济短期管理提供了可靠的理论基础支撑。③针对中国经济的政策手段的实验性效应研究（发表在 2015 年《经济研究》上）。④探索宏观经济政策短期管理以及短期波动性与长期经济增长之间的关联的研究。这方面的成果发表在 2012 年和 2015 年《经济研究》上，其重要意义在于两个方面，一是短期波动性影响长期经济增长的逻辑被证实，这意味着短期管理不再是独立可行的，需要注重长期效益的综合评价。这方面的基础理论几乎扭转了现代宏观经济的整体认知方向。二是人们开始怀疑货币长期非中性。这个问题非常严重，以至于整个 FBC 理论也需要进行针对性反应。这也促使我们团队此后几年将研究重点放在了金融货币政策因素如何有效激励经济长期可持续增长问题上。实际上，我们 2015 年和 2017 年发表在《经济研究》上的论文都将重心放在长期可持续性这一目标实现的条件上来了。

（3）"有限需求"理论及其周期与增长效应关系方面的研究。基于对 FBC 和经济长期可持续增长目标如何实现方面的持续思考，我们发现了一个极端重要的新概念——需求有限性。现实经济中，人们对大多数商品的需求在固定的时段内都有饱和量，达到饱和后，需求就不再增加。这一思想嵌入到主流动态随机一般均衡（dynamic stochastic general equilibrium，DSGE）模型框架中，对传统的增长理论和周期波动理论都有巨大的影响。这不但对后工业化阶段总体经济产能过剩现象为主的经济中的一般性规律给出了更好的解释，也为实际经济的精准管理提供了更好的理论依据。在当今金融化、信息化和大范围经济一体化的背景下，嵌入"有限需求"假设的 FBC 理论毫无疑问是新时代、新格局下解释经济现象的更好的理论。我们目前在这方面的研究成果为：①有限需求假设下一般经济理论（发表于 2020 年《管理世界》）；②有限需求假设下经济增长与周期总动态；③有限需求假设下 FBC 理论建设（发表于 2020 年《中国社会科学》和《经济评论》）。这些研究构成的独立专著——《有限需求理论——长期经济增长可持续性及路径稳定性的视角》已于 2021 年由人民出版社出版。

（4）金融货币政策体系制约和激励经济长期可持续增长理论方面的研究。近 30 年在全球主要发达国家经济增长动力持续衰减背景下，长期可持续增长问题或内生增长均衡稳定性等方面理论成为宏观经济研究最重要的核心课题。由于传统逻辑和理论难以形成合意的解释，高等收入陷阱和中等收入陷阱及贫困陷阱一样成为广泛的科学难题。FBC 理论框架一般被认为是短周期管理和理解方面的理论，但实际上恰恰也是解决传统理论难以解释近现代增长难题的最好工具和思路。我们的研究——在 FBC 框架下探究长期经济增长问题，让我们意外发现了非常重要的逻辑：在当前全球过度金融化以及货币泛滥和混乱的局面下，美国等的管理经济的政策本身正在成为世界经济的主要扰动源，金融冲击（如次贷危机）成为影响实际经济发展的最大因素。美国经济发展表现出显著的"负向螺旋"机制，表明过度金融化和货币政策规则的缺陷正成为经济长期可持续增长的严重阻碍。基于这些研究可以得出的启示是，大国经济实现长期稳定可持续增长的正确的，也是成本最小且长期综合平均年效率最高的方案是"建设并确立以价值体系稳定为目标的政策规则体系"。系统研究形成的专著《内生可持续增长理论研究》已于 2023 年由北京大学出版社出版。

目 录

第1章 FBC 理论发展综述 ·········· 1
- 1.1 FBC 理论研究综述 ·········· 1
- 1.2 应用研究（一）：内部冲击效应研究综述 ·········· 36
- 1.3 应用研究（二）：外部冲击效应研究综述 ·········· 47
- 1.4 总体评价与发展评述 ·········· 68

第2章 滤波技术与 FBC 波动特征 ·········· 73
- 2.1 基本概念 ·········· 73
- 2.2 滤波算子的比较与选择 ·········· 75
- 2.3 中国宏观经济总量的波动特征分析 ·········· 81
- 2.4 中国经济同其他国家经济的关系 ·········· 88
- 2.5 中国金融经济周期特征 ·········· 91
- 2.6 小结 ·········· 93

第3章 外生信贷的 FBC 模型拟合中国经济的数值检验 ·········· 95
- 3.1 信贷约束问题 ·········· 95
- 3.2 信贷周期模型分析 ·········· 96
- 3.3 模型实验与分析 ·········· 100
- 3.4 分析与总结 ·········· 104
- 附录 3.1 稳态解 ·········· 105
- 附录 3.2 离散方程 ·········· 105

第4章 内生信贷的 FBC 模型理论 ·········· 106
- 4.1 内生信贷问题 ·········· 106
- 4.2 文献综述 ·········· 107
- 4.3 模型建立 ·········· 110
- 4.4 政策效应与途径：局部均衡分析 ·········· 115
- 4.5 均衡存在性、稳定性与政策效应：比较静态分析 ·········· 116
- 4.6 实证分析与结论检验 ·········· 120
- 4.7 动态模型与数值实验 ·········· 123
- 4.8 小结 ·········· 139
- 附录 模型系统离散方程 ·········· 139

第 5 章　FBC 模型拟合中国经济的数值实验 …………………… 142
5.1　金融经济周期问题 ………………………………………… 142
5.2　模型建立 …………………………………………………… 143
5.3　1992 年 Q1—2011 年 Q1 中国经济周期特征实证分析 …… 148
5.4　模型校正与拟合实验 ……………………………………… 151
5.5　小结 ………………………………………………………… 158

第 6 章　利率冲击的周期与增长效应分析 ……………………… 160
6.1　政策问题 …………………………………………………… 160
6.2　金融经济周期模型建立 …………………………………… 164
6.3　稳态均衡解与分析 ………………………………………… 167
6.4　动力系统与参数校正 ……………………………………… 171
6.5　1979—2013 年中国经济周期特征描述 …………………… 173
6.6　经济模型波动特征及与实际经济波动特征的比较 ……… 175
6.7　冲击反应实验与结果分析 ………………………………… 177
6.8　相关的研究综述与说明 …………………………………… 181
6.9　小结 ………………………………………………………… 183

第 7 章　从"大分流"到"大合流"：长周期律机制思考 ……… 185
7.1　工业化过程的长周期观察与思考 ………………………… 185
7.2　现有的主流增长理论能否解释工业化过程中倒"V"形特征？…… 191
7.3　长期经济增长的可持续性：理论困境与方向探索 ……… 193
7.4　长期经济增长理论的新视角——基于"有限需求"假设的逻辑 …… 195
7.5　小结 ………………………………………………………… 199

第 8 章　"有限需求"假设下的经济长周期动态解释 ………… 202
8.1　供需均衡问题 ……………………………………………… 202
8.2　周期与增长事实 …………………………………………… 206
8.3　经济模型 …………………………………………………… 214
8.4　讨论 ………………………………………………………… 230
8.5　小结 ………………………………………………………… 231

第 9 章　价值体系稳定的战略必要性——基于 FBC 理论的长期政策规则的分析 ………………………………………… 235
9.1　金融稳定可持续性问题 …………………………………… 235
9.2　FBC 理论模型机制的演化发展 …………………………… 237
9.3　系统性风险及危机形成机制 ……………………………… 240
9.4　危机应对及传统政策体系的潜在问题 …………………… 242
9.5　小结：稳定价值体系的战略意义与实现方法 …………… 246

第 10 章 需求约束、货币政策体系与经济增长 ………………… 251
10.1 金融经济可持续问题 ……………………………………… 251
10.2 金融化趋势、危机策略与增长关联机制 …………………… 252
10.3 结合当前国内外形势，探索分析我国最优的发展方针和政策取向 ……………………………………………… 258

参考文献 …………………………………………………………… 262

第1章　FBC 理论发展综述

通过对本书研究背景的论述，可以发现金融因素影响经济周期大转换、大变革的新形势已经给全球 FBC 理论的发展带来了强烈的倒逼机制。中国特定的 FBC 理论已经成为我国经济短期波动性管理和长期实现可持续增长的重要课题。为此，本书课题组对国外（2300 余篇）、国内（650 余篇）FBC 理论方面的文献进行了全面系统的整理和归纳总结。根据对这些文献的整理分析，大体可以将其归纳为两个方面：一是对 FBC 理论研究发生发展过程的总体综述，也是本书文献综述的主体部分（1.1 节）。二是侧重于 FBC 应用研究方面的综述，这一方面又划分为两个部分，一部分是针对内部冲击形成的 FBC 方面的研究的综述（1.2 节）；另一部分是针对外部冲击影响的 FBC 问题的研究的综述（1.3 节）。最后，在 1.4 节中对已有相关代表性成果及观点进行评述，并探讨进一步发展或突破的空间。

1.1　FBC 理论研究综述

1.1.1　文献整理情况说明与粗分析

本书以 "business cycle" "financial business cycle" "housing" "real estate" "international trade" "international finance" 为关键词在 Web of Science 检索了 1985—2019 年发表在各类核心期刊上且引用数超过 30 次的文献，共得到 1987 篇文献。先仔细阅读摘要以确定是否与金融经济周期特征和实证发现有关，在进行筛选后，再将符合要求的文献加入本书的文献资料库。

表 1-1 是文献数量位于前 25 名的期刊的名称及其出版的相关文献数和占比情况。

表 1-1　金融经济周期期刊文献分布情况表

期刊名称	文献数量/篇	占比
Journal of International Economics	117	6.446%
American Economic Review	106	5.840%
Journal of Monetary Economics	78	4.298%
Urban Studies	64	3.526%

续表

期刊名称	文献数量/篇	占比
Ecological Economics	50	2.755%
Review of Economics and Statistics	49	2.700%
Journal of Financial Economics	45	2.479%
Journal of Urban Economics	43	2.369%
Journal of Money Credit and Banking	35	1.928%
European Economic Review	32	1.763%
Journal of Banking & Finance	32	1.763%
Journal of Finance	31	1.708%
Quarterly Journal of Economics	31	1.708%
Housing Studies	30	1.653%
Landscape and Urban Planning	28	1.543%
Journal of Political Economy	27	1.488%
Review of Economic Studies	27	1.488%
International Journal of Urban and Regional Research	25	1.377%
Econometrica	23	1.267%
Housing Policy Debate	23	1.267%
Journal of Development Economics	23	1.267%
Review of Financial Studies	22	1.212%
World Development	22	1.212%
Journal of International Money and Finance	21	1.157%
Journal of Public Economics	21	1.157%
合计	1005	55.371%

可见，相当一部分文献都发表在国际顶级期刊之中，这表明房地产、国际贸易、金融市场与经济周期的关系，在数十年中一直是国际经济研究方面的焦点与热点。

在国内方面，本书课题组以"经济周期""金融经济周期""房地产""国际金融""国际贸易"五个词为关键词在中国知网上进行搜索，发现文章数以十万计。本着精练原则，这里仅选取国内知名度、影响因子较高的十本期刊，提取其中被引量最高的500篇文献。具体文献分布情况如表1-2所示。

表1-2 1985—2019年国内发表的关于国际经济周期传导的研究文献

期刊名称	文献数量/篇	占500篇文献的比例
《经济研究》	103	20.6%
《管理世界》	48	9.6%

续表

期刊名称	文献数量/篇	占 500 篇文献的比例
《南开经济研究》	20	4.0%
《经济学家》	15	3.0%
《经济学动态》	24	4.8%
《金融研究》	71	14.2%
《世界经济》	89	17.8%
《数量经济技术经济研究》	52	10.4%
《中国工业经济》	20	4.0%
《财贸经济》	58	11.6%

经过搜寻发现，这 500 篇文献中被引量最低的都有近 30 次，而最高的达到了 956 次，可见相关研究是整个经济研究领域无可争议的热点。由表 1-2 可知，文献数量最高的《经济研究》的文献数占总文献数的 20.6%，可见在此研究领域，其依然发挥着引领者的作用。

经济周期理论一直是宏观经济学研究的主要领域之一，从实际经济周期（real business cycle，RBC）理论到融合了凯恩斯主义的经济周期理论［我们称之为广义经济周期（general business cycle，GBC）理论］，这一领域的研究框架、研究方法已日趋成熟，相关文献也汗牛充栋。但 2007 年美国次贷危机发生后，原有的经济周期理论的模型和框架无法解释新的经济现象。为解决此问题，在原有经济周期理论的基础上，引入金融市场因素，衍生出了新的经济周期理论——金融经济周期理论。这是一个相对较新的方向，但由于其能够非常好地描述和解释次贷危机后经济发展的新特征、新现象，这一理论开始迅猛发展，相关文献数量也呈爆发式增长。

我们以 "financial business cycle" 为关键词对 Web of Science 参考文献数据库进行搜索，发现对金融经济周期理论的研究大致开始于 2000 年，在 2007 年美国次贷危机前有一定的发展，但发表论文数量相对较少。但次贷危机发生后，相关论文数量迅速飙升，显示着金融经济周期理论的蓬勃发展，表明这一研究方向正成为当前宏观经济领域研究的焦点。

由以上文献研究发现，无论是在国内还是在国外，关于金融市场与经济周期的理论研究与政策探讨仍是重中之重。根据文献总体情况，研究大致可以分三大类：①周期或金融经济周期总体发生发展理论研究；②以各种内部冲击的周期、增长效应为主的应用类研究；③以各种外部冲击的周期、增长效应为主的应用类研究。下面我们从金融经济周期理论产生的历史背景展开描述。

1.1.2 引言：FBC 理论产生的背景

经济周期理论本就是从研究经济危机现象中产生和发展的。20 世纪 30 年代的大萧条是 20 世纪最为严重的一次危机，这次危机成就了凯恩斯主义。此后在大约半个世纪的时间里，没有较大范围的危机，直到 20 世纪 70 年代的石油价格危机。这次危机从根本上动摇了半个世纪内最为流行的凯恩斯主义学派的根基，从而推动了以 Kydland（基德兰德）、Prescott（普雷斯科特）、Lucas（卢卡斯）、Long（朗）、Plosser（普洛瑟）、King（金）和 Rebelo（雷贝洛）等为代表的 RBC 理论的发展。但 RBC 理论很快就被发现存在不少问题，此后其与凯恩斯主义理论相互批评，相互促进，很快发展成了融合的周期理论，或称为 GBC 理论。GBC 理论主要就是在 RBC 理论的 DSGE 框架中嵌入了黏滞价格机制、市场不完全竞争机制等（凯恩斯主义理论的精华）。从 20 世纪 80 年代的 RBC 理论到 20 世纪 90 年代末的 GBC 理论，再到现在的经济周期理论发展了约 50 年，那么在此期间 2007 年美国次贷危机又给这一理论带来了什么样的新突破、新发展呢？

随着近年世界经济周期波动中金融市场与货币政策因素对实体经济影响程度的日益增强[①]，基于金融市场因素的经济周期波动和危机形成机制的研究已成为宏观经济政策管理中的一个重要课题，也是宏观经济周期理论领域的一个新热点。其中，金融市场摩擦、金融冲击、金融中介以及与这些因素紧密联系的货币信贷政策问题，成为美国次贷危机后热点中的热点。对这些方面问题的研究已经形成了宏观经济周期理论方面一个新的领域——金融经济周期理论，即将金融市场因素（金融冲击、金融摩擦、金融中介）嵌入 DSGE 框架中，系统研究金融周期与实体经济周期之间相互作用、相互关联的内生机制的理论。

这一新理论研究的重要意义在于金融因素不仅对发达经济体的实体经济产生重要影响，而且在近年来我国经济发展的过程中，其对实体经济的影响也日益加大。例如，Claessens 等（2011）的研究就发现，新兴经济体的金融周期与实际经济周期波动性比发达经济体更强。近年来随着中国经济市场化、国际化程度的不断提高，在中国经济中，金融因素的影响也日益加深，已成为经济波动的重要诱因。

---

① 从 20 世纪 90 年代的亚洲金融危机，到 2007 年的美国次贷危机，再到 2023 年的美国债务危机，一次比一次严重的危机让人们认识到，金融市场摩擦、金融冲击和波动、金融中介和信贷政策等金融因素正成为影响经济周期波动，甚至引发经济危机、国家政府危机，继而引起社会动荡的重要根源。金融冲击超越实际冲击已成为近年世界经济周期波动的主要诱因；20 年前经济周期理论研究学界主流观点为实际因素（技术进步、政府需求等）是经济波动的主要因素［按照 Prescott（1986）的估计，实际冲击对经济周期波动的贡献占 80% 以上］。但后来的研究指出，金融冲击的影响已上升为近年周期波动的主要因素［例如，Kollmann（2013）、Claessens 等（2011）、Iacoviello 和 Pavan（2013）等估计金融冲击对波动的贡献已经超过 50%］。

不仅如此，近年来我国央行运用数量工具协调宏观经济波动的举措已经逐渐成为惯例，尽管其效果和作用在学界仍存在不少争议，但对此进行精确量化的意义不容置疑。同时，这种惯性还会持续，央行仍会更多地使用数量工具。所以，不断完善我们的数量工具，使金融货币政策既能够保证实体经济融资需求，又能够防范系统性风险，成为紧迫的理论和实践问题。

这方面研究的主流方法是在 DSGE 模型下，引入金融中介部门，主要注重波动传播机制方面的深层研究。从总体来看，这主要是对周期理论框架方法和内容的创新和改进，之所以称之为 FBC 理论，主要是区别于 20 世纪 80 年代兴起的 RBC 理论和 20 世纪 90 年代末逐渐形成的 RBC 框架与凯恩斯主义贡献结合的产物——GBC 理论。

从理论思想上看，FBC 理论同 RBC 理论、GBC 理论是一样的，本质上都是研究冲击传播放大的成因、机制的理论，因而本质都是周期理论；从方法上看，GBC 理论比 RBC 理论更加成熟，而 FBC 理论则是在 GBC 理论基础上进一步重视和嵌入金融部门因素的周期方法。因而，FBC 理论方法是最前沿、最先进、最成熟的宏观经济周期理论方法。为了便于对周期理论整体有清晰的认识以及对 FBC 理论的思想方法基础有系统深入的理解，非常有必要从 RBC 理论的基本思想方法开始介绍。因而主体综述按照下面几个方向展开：①RBC 理论概述；②GBC 理论的发展；③FBC 理论的突破；④金融危机后 FBC 理论的新进展；⑤周期与增长的关联；⑥国内周期理论进程与前沿研究。

下面具体安排为：1.1.3 节从 20 世纪 80 年代发展起来的现代周期基本框架 RBC 理论开始介绍，涵盖对 RBC 和 GBC 理论的介绍；1.1.4 节介绍初期的 FBC 理论，主要是以外生信贷约束机制为基础的理论；1.1.5 节介绍 2007 年次贷危机之后 FBC 理论的新进展，主要是引入金融中介部门后的内生信贷约束机制理论；1.1.6 节介绍短期波动性与长期增长关联机制方面的研究；1.1.7 节简要介绍我国学者关于 FBC 理论的研究与发展方向，最后在 1.1.8 节中进行总结，并给出几个可能的发展方向和一些问题。经济周期理论在发展过程中的主要代表性人物参见表 1-3。

表 1-3 经济周期理论发展脉络总表

研究内容	代表性人物
RBC 理论	Kydland 和 Prescott（1982, 1990, 1991）；Long 和 Plosser（1983）；Lucas（1977, 1987）；Nelson 和 Plosser（1982）；Prescott（1986）；Braun（1994）；Burnside（1993）；Campbell 和 Mankiw（1989a）；Carlstrom 和 Fuerst（1997）；Christiano 和 Eichenbaum（1992）；Cogley 和 Nason（1995）；Cooley 和 Hansen（1998）；Greenwood 和 Huffman（1991）；Hansen（1985）；King 和 Rebelo（1999）；King 和 Watson（1996）

续表

研究内容	代表性人物
GBC 理论	Bernanke 和 Blinder（1988）；Caballero 和 Engel（1993）；Calvo（1998）；Caplin 和 Spulber（1987）；Chari 等（1995，1998）；Christiano 等（1999）；Dotsey 等（1999）；Farmer（1991）；Fuhrer 和 Moore（1995）；Gordon 和 Leeper（1994）；Huang 和 Liu（2002）；Ireland（1997，2001）；Mankiw 和 Reis（2002）；Taylor（1980）；Tsiddon（1991）
初期的金融经济周期理论（FBC1）	Bernanke 和 Gertler（1989）；Bernanke 和 Blinder（1992）；Bernanke 等（1999）；Kiyotaki 和 Moore（1997）；Cordoba 和 Ripoll（2004）；Gertler 等（2007）；Goodfriend 和 McCallum（2007）；Kocherlakota（2000）
金融危机后金融经济周期理论新进展（FBC2）	Christiano 等（2007）；Gertler 和 Kiyotaki（2010）；Gertler 和 Karadi（2011）；Gertler 等（2020）；Jermann 和 Quadrini（2009）；Liu 和 Wang（2014）；Mimir（2012）；Kollmann 和 Zeugner（2012）；Liu 等（2009）；Jermann 和 Quadrini（2009）；Mimir 等（2013）；Claessens 等（2012）；Iacoviello 和 Pavan（2013）；Gertler 等（2020）；Ajello（2016）
周期与增长关联：理论与实证	Ramey G 和 Ramey V A（1991，1995）；Black（2012）；Blackburn（1999）；Blackburn 和 Pelloni（2004，2005）；Aghion 等（2005）；Caporale 和 McKiernan（1996，1998）；Cerra 和 Saxena（2008）；Grier 和 Tullock（1989）；Henry 和 Olekalns（2002）；Jones 等（2005）；Judson 和 Orphanides（1999）；Kneller 和 Young（2001）；Kormendi 和 Meguire（1985）；Kose 等（2006）；Turnovsky 和 Chattopadhyay（2003）
国内 FBC 研究现状（注：RBC、GBC 部分非课题重点，国内部分不再综述）	刘锡良和曾欣（2003）；王爱俭等（2009）；徐艳和何泽荣（2009）；刘金全和马亚男（2011）；何德旭和郑联盛（2009）；何德旭和张捷（2009）；杨宇和沈坤荣（2011）；王曦等（2012）；陈浪南和逯淑梅（2012）；廖理等（2013，2014）；李文溥和李昊（2014）；袁志刚和李宛聪（2015）；曹永琴和李泽祥（2009）；陈磊（2004）；庄子罐（2014）；赵振全等（2007）；袁申国等（2011）；许伟和陈斌开（2009）；汪川（2011）；陈昆亭等（2011，2015）；杜清源和龚六堂（2005）；汪川等（2011）；熊丹和涂竟（2012）；余雪飞（2013）；刘安禹和白雪梅（2010）；蔡祥锋（2012）；栗亮和刘元春（2014）；鄢莉莉和王一鸣（2012）；张伟进和方振瑞（2013）；王国静和田国强（2014）；周炎和陈昆亭（2012a，2012b，2016）
关于后危机时代中国经济周期波动实证研究	刘树成（2000）；孙振等（2009）；孙振（2010）；王成勇和艾春荣（2010）；唐晓彬等（2011）；谢太峰和王子博（2013）；张成思（2010）；涂巍等（2015）；丁志帆（2014）；李建伟（2003）；刘金全（2009）；饶晓辉（2013）；刘慧悦和刘汉（2016）；邓春玲和曲朋波（2009）；睢国余和蓝一（2005）；詹新宇和方福前（2012）；刘金全和张海燕（2003）；陈浪南和刘宏伟（2007）；司颖华（2014）；郭庆旺等（2007）；董颖等（2013）；王建军和陈珍珍（2007）；赵海英等（2008）；徐大丰等（2005）；刘金全和刘汉（2009）；林珊珊（2015）；卜永祥和靳炎（2002）；黄赜琳（2005）；黄赜琳和朱保华（2009）；陈晓光和张宇麟（2010）；吕朝凤和黄梅波（2011，2012）；贾俊雪和郭庆旺（2007）；祝梓翔等（2013）；杜婷（2007）；李晓峰等（2010）；陈昆亭等（2004a，2004b）；沈坤荣和孙文杰（2004）；蔡宏波和王俊海（2011）；祝梓翔和邓翔（2013）；陈师和赵磊（2009）；于尚艳和易小丽（2013）；陈银忠和易小丽（2016）；刘霞辉（2004）；许立成（2008）；孙立坚和孙立行（2005）；吕朝凤等（2013）

1.1.3 传统的主流周期理论——RBC、GBC 方法

RBC 理论是在理性预期和市场完备化假设条件下，建立在 DSGE 框架基础上，研究宏观经济周期波动成因、规律、波动传播机制的一类宏观经济模型理论。其核心思想是经济周期波动主要是实际因素影响的结果，把经济增长的周期性波动理解为经济系统对于外部冲击的自然的、有效的反应。因而，该理论主张

政府应该着重于对长期经济发展的规划设计，而不应该专注于对经济短期波动的干预[①]。

1. RBC 的产生

最早在一般均衡模型框架下研究周期波动问题的可能是 Lucas（1977）的研究，但这种方法被学界认同并确立其地位，即 RBC 理论的正式产生，一般认为是从 Kydland 和 Prescott（1982）的著名的"time to build"（建设时间）模型开始的。这篇发表在 Econometrica（《经济计量学》）上的大作的确精美，不但在模型设计方面富有创意，而且模拟实际经济的能力（在当时来看）也令人称奇。Lucas 就曾评价该文为经济学发展史上的里程碑式的开山之作，在此之前从来没有一篇文章能够如此精确地模拟出实际经济中如此多的主要经济变量的波动特征。正是这篇周期理论的经典巨作（主要是这篇），使得这两位学者获得了 2004 年的诺贝尔经济学奖。此后，一批具有代表性的优秀论文出世，如 Nelson 和 Plosser（1982）、Long 和 Plosser（1983）、Prescott（1986）、Greenwood 等（1988）、King 等（1988）、Cogley 和 Nason（1995）等的论文，RBC 理论很快成为这一时期最为流行的宏观经济方法理论。

2. RBC 的研究方法与模型机制

评估一个周期模型的好坏，是比较模型经济各阶矩同实际经济对应阶矩的近似程度。均衡经济周期模型的魅力就在于它能模拟出同实际经济非常近似的黏滞性（persistence）、共动性（comovement）和易变性（volatility）等特征。Prescott（1986）指出标准 RBC 模型较好地预测出了主要经济变量（如产出、就业、投资、消费等）的波动特征。特别地，标准理论正确地预测了波动的幅度、序列相关性，以及投资易变性是消费易变性的 4—6 倍的事实。Kydland 和 Prescott（1991）推算，RBC 模型可以解释经济波动的 77%，并指出，技术冲击占周期波动的 70%。使用 Prescott（1986）的模型可把产出波动的 75%归于生产性冲击。

标准 RBC 模型的实证结果显示，宏观总量间存在很强的共动性，例如，劳动与产出的共动性为 0.88，模型预测为 0.97，但实际经济中，实际工资、利率同产出相关性很低或负相关，这是标准 RBC 模型的一个瑕疵，也是一个引起众多学者研究兴趣的难题。对此问题，Christiano 和 Eichenbaum（1992）引入政府花费使其得到了一些改进，政府花费的引入对模型的改进是直观的：它打破了产出同实际工资之间的紧密关系。政府花费增加的结果是家庭实际工资收入的减少和劳动的增加，从而使产出同实际工资反方向变化。结果，在技术和政府花费的双重冲击下，模型得出实际工资既非强顺周期也非反周期的关系。

---

① 凯恩斯主义恰恰相反，认为货币短期非中性，政府在管理宏观经济方面可以大有作为。

关于黏滞性的讨论：经济周期理论中关注的一个重要的波动特征就是黏滞性。黏滞性连同另一个波动特征——共动性是经济预测的依据和基础。因而，对于实际观察到的黏滞性特征模拟得好坏成为判别经济周期模型最重要的一个标准。波动黏滞性问题最早由 Nelson 和 Plosser（1982）提出，他们考虑波动是否有永恒的部分，结论是不能拒绝波动有永恒的部分的零假设。

早期的标准 RBC 模型的传播机制来源于外生技术冲击的自相关性，而模型本身没有内生的传播机制，因而受到批评。1980 年以后 RBC 理论发展迅速，产生了很多不错的研究，主要的区别在于关于冲击和传播机制的假设。

一般而言，RBC 理论有三种传播机制：①资本积累；②替代效应；③调整成本（这与 FBC 模型机制有很大不同，FBC 模型中金融中介部门的传播放大机制影响很大，见后文）。三种传播机制的含义如下。

（1）资本积累。比较有影响的仅依赖资本积累以期产生内生传播机制的研究有 King 等（1988）、Greenwood 等（1988）的研究。他们都假定技术冲击是唯一的扰动源。Greenwood 等（1988）进一步假定技术冲击仅影响新资本物品的形成，但不影响已存在的资本，认为投资的边际有效性冲击对解释波动有重要作用。

（2）替代效应。替代效应既可以来自生产函数，也可以来自效用函数。一般替代效应有两种影响：跨期替代（intertemporal substitution）效应和期内替代（intratemporal substitution）效应，前者可产生模型经济的黏滞性，后者则可产生模型经济的共动性。以跨期替代为传播机制进行研究的思想是时间不可分的跨期替代效应；而通过劳动不可分效用假设，可以产生期内消费和休闲相互替代的效果（其融入了劳动供给和需求的波动性问题），如 Hansen（1985）假设劳动在很大程度上取决于经济中就业的人数，而与就业者工作的时间无关。Long 和 Plosser（1983）则假定各期消费品都是正常品，并假设存在多种生产性投入和光滑的纵向、横向替代技术，模型理论上证明了黏滞性和共动性的产生。

（3）调整成本。调整成本类型假设的模型有两种：一是资本调整成本；二是劳动调整成本。首先看资本调整成本假设的思想。正如 Kydland 和 Prescott（1982）所论述的那样，"酒不是一日酿成的"，资本从投资到开始生产要有一个过程，不同的项目资本投资周期不同，有的可能需要几个月，有的则需要几年。引入调整滞后和调整成本的事实来解释黏滞性的思想曾经很引人注目。Kydland 和 Prescott（1982）假定新的资本平均需几个季度才能安装到位，开始生产，同时采用时间不可分效用，并证明模型具有内生的传播机制，此后很多学者直接引用或在此基础上研究了资本调整成本问题。

另一类资本调整成本模型是著名的 Q 理论，该理论在很多教科书中都有介绍，其基本假定为：新资本的边际安装成本是投资率的增函数。其本质与上面的情形类同，效果相似。

以上几种类型的模型，理论上存在传播机制，然而 Cogley 和 Nason（1995）的实证结果却显示，要么根本不存在明显的传播机制，要么存在很小的内生传播性。究其内在的原因在于以上几种思想实质上都是通过改变资本和消费流来改变投资流的。一方面，投资流相对于总资本存量非常小，因而在以上几种思想下，其对资本积累的轨迹几乎没有影响。另一方面，资本占相对产出的贡献份额也不超过三分之一。因而从资本积累、安装和调整成本出发的各种模型，实际上都还需要依赖外生技术冲击的自相关性才能产生实际经济时间序列所表现出来的黏滞性水平。

其次看劳动调整成本的思想。考虑劳动的调整成本，劳动占产出的贡献份额比较多，Burnside（1993）假定公司劳动调整滞后一个季度，在他的劳动力囤积（labor hoarding）模型中，假定公司在观察到当期的经济状态之前决定劳动规模，但可以事后调整劳动强度，实际上也可看作劳动成本无限大的一种情况。Cogley 和 Nason（1995）考虑引入劳动的调整成本，得到的结果是：劳动调整成本的引入在一定程度上改善了模型的内生传播机制，但依赖较大的政府花费冲击才能产生和实际经济数据所表现出来的差不多的黏滞性。但这样的条件似乎过于苛刻，至少不能总得到满足。

3. RBC 理论的不足与改进

20 世纪 90 年代是思想多元化的时代。RBC 理论受到很多批评，不只是模型拟合实际波动特征好坏的问题，还有关于政府作用方面的批评。早期的实际派认为：波动是经济自身的最优反应，政府平稳经济的努力是没有必要的，只能造成总体社会福利的损失（Prescott，1986；Long and Plosser，1983）。但凯恩斯主义派坚持认为政府是可以有所作为的，因此一些改进性的研究备受瞩目。Christiano 和 Eichenbaum（1992）引入政府花费改进了一些解释力。Greenwood 和 Huffman（1991）以及 Braun（1994）引入了（资本和劳动的）扭曲税，资本税的波动性通过跨期替代效应会改变投资的波动，个人和公司收入税的变化会改变休闲与劳动的供给，从而引入扭曲税增加了对波动的解释力。这类模型的贡献是不可忽视的，它从根本上证明了政府的作用，此后人们开始同意政府干预不是毫无意义的。而且就这类模型本身而言，其意义还在于开创性地引入了财政政策，这是对 RBC 模型的完善，是对批评 RBC 模型缺乏政策因素的凯恩斯学派的回应。财政政策的引入增加了对波动的解释力，但并没有在较大程度上改善对内生传播机制的解释。通常政府需求与税收等财政政策冲击被视为实际冲击的一种，因而这类模型仍属于 RBC 理论的范畴。RBC 理论在这一时期受到的批评还包括缺少对货币政策冲击的效应的关注。针对这方面批评的改进，首先需要在 RBC 框架中嵌入货币，这样的模型构造包括 MIU 模型（money in the utility function model，效用函数中的货币模型)、CIA（cash in advance，货币先行）模型等。这方面的研究被归入对 GBC 理论的讨论。

4. GBC 理论的产生与发展

最早讨论货币冲击的研究可追溯到 Friedman（1960）的开创性工作，他指出货币与产出之间的共动性并非精确的反映，认为货币变化率是标度货币政策扰动的很好的近似。但是，因为流动性难题，此后几代经济学家都不认同该观点。Sims（1980）以及 Bernanke 和 Blinder（1992）建议用短期利率创新作为货币政策扰动的替代。在这种情况下，价格水平对政策扰动的反应难以判别。

估计货币政策变化冲击效应可以用纯统计方法吗？正如 Christiano 和 Eichenbaum（1992）所叙述的那样，除非我们所得到的数据来自与我们所关心的货币机构有相同操作的机构，但实际情况并非如此，因此用纯统计的方法解决该问题是不可行的，那么另一个选择是使用结构模型（structural models）。

20 世纪 90 年代出现了许多判别货币政策扰动的约束的时间序列模型，如 Gordon 和 Leeper（1994）、Chari 等（1996）、Leeper 等（1996）的研究。

就美国战后经济来看，关于货币政策对波动的影响有两种看法：一种观点认为影响是有限的；另一观点则认为有较大影响。一般的关于货币冲击的实证结论是：①货币冲击有短期产出效应，长期呈中性；②货币冲击有长期通胀效应；③货币冲击有产出的黏滞性效应；④实际产出与未来通胀有正相关关系；⑤通胀与未来实际产出有负相关关系。

在理性预期革命之前，价格与工资刚性模型占领宏观经济学的主要地位，它是凯恩斯主义和货币主义两大阵营的假设核心，但理性预期革命迫使经济学家使用一般均衡的思想方法，从而改变了对价格和工资刚性的模型化方法，这样产生了黏滞合同模型，如 Taylor（1980）的研究。这类模型在 20 世纪 80 年代成为解释货币非中性的工具，在 20 世纪 90 年代经进一步发展被许多国家银行用于政策分析，如美国联邦储备委员会（The Board of Governors of The Federal Reserve System）。

除了价格黏滞性机制之外，GBC 类理论模型对 RBC 类理论模型的另一个重要改进是关于市场是否是完备的以及能否迅速出清的假设。下面分析比较几类这样的模型。

（1）市场出清模型（market-clearing models）。市场出清模型（基本 RBC）假定价格和工资可立即调整到均衡状态。①在完美信息假设下，价格和工资的变化与货币供给增长成比例，结果是货币是纯中性的，价格非刚性，这和实证结果不一致。②在不完美信息假设下，当货币增加引发不同市场价格变化时，不同市场上的人们不知道各自价格的变化反映的是整体价格水平的变化，还是相对价格的变化。当被理解为后者时，就激发了产出的增加，但增加的程度低于货币增长的幅度。因此，这一模型仅依赖信息不完全条件即可产生货币非中性，但它存在明显不足：①和部分实证结论不一致，实证指出，未曾察觉的货币变化几乎没有产出效应；②不可预测的价格变化解释生产周期的部分很少；③要解释实际存在的黏滞性，需要假定信息在足够长的时间后才能为大众所知，这不符合实际。

（2）预期市场出清模型（expected-market-clearing models）。代替完美信息假设，这类模型直接把黏性工资和价格假设引入理性预期模型，假定每期市场开始时，可以预期确定工资和价格（当期不变），使市场出清。它的优点是可解释长期货币是中性的，不足是同样未能产生很好的货币冲击的黏滞性效应。

（3）黏滞合同模型（staggered contract models）。黏滞合同模型分为两类，一类为依赖时间的，另一类为依赖状态的。

依赖时间的黏滞合同模型：Taylor（1980）指出劳动合同期超过 1 年即可产生战后美国经济出现的失业的黏滞性，他假定每个单个合同都是参照过去的合同和现存的其他公司的合同来制定的，这样，反映在一个合同中的当期的任何一种冲击效应都可以通过合同传播到周围并传播很长时间，从而产生黏滞性效应和共动性效应。Blanchard 和 Summers（1987）发展了黏滞定价模型，假定投入品价格影响产出品价格，产出品价格又作为中间品影响其他投入价……如此联动，产生价格黏滞性的效果。Christiano 和 Rosa（1985）改进了上述模型，允许更短的合同期调整，其模型适用于合同期较短（如一季），但数据为年度数据的研究。Calvo（1998）等发展了更一般的模型，假定合同持续期的长短为随机的。

依赖状态的黏滞合同模型：Caplin 和 Spulber（1987）发展了所有价格完全依赖经济状态的模型。因为所有价格都同时依赖相同的状态，所以当经济状态变化时，所有的价格都变化，因此货币是中性的。Tsiddon（1991，1993）指出如果假定货币供给是高度自相关性的，则可得到货币非中性和总价格黏滞的结果，但不足之处是需依赖外生货币供给的自相关性。Dotsey 等（1999）假定每期改变价格的公司比例随通胀程度上升而增加。本质上，这一模型是依赖状态的模型和依赖时间的模型的混合。类似的研究有 Caballero 和 Engel（1993）的研究，他们假定每一期只有一部分公司调整价格。这种混合型模型的特点是，可产生纯依赖时间的模型具有的性质，但无法较好地模拟出波动行为。

黏滞合同模型理论的隐含前提是公司必须有市场力，以便确定最优价格。最优价格的确定常有两种途径：价格调整成本或固定的（或随机的）调整区间。在此基础上最大化效益，以确定最优价格。这种思想的总体不足是没有考虑消费者的作用。为此需考虑完全最优的模型。

Lucas（1988）发展了均衡条件下的最优价格模型，并假定存在两个市场（证券市场和商品市场），商品市场晚于证券市场开市，所以每期需预留恰当数量的钱用于当期消费（即 CIA 假定），从而将货币引入模型中，讨论货币冲击的影响。这一方法成为此后货币分析的理论基础。在该模型中，部分价格是由合同确定的。此后，Levin（1989）也发展了最优模型，假定工资以黏滞的方式最优确定。Kimball（1995）发展了一个一般均衡模型，假定价格黏滞确定，他注意到方程的参数可能比原来黏滞价格模型估计的黏滞性要少。Woodford（1995）对 Kimball（1995）的研究结果做了详细的综述性比较。

20 世纪 90 年代中期之后，有不少文章引入了其他形式的价格和工资刚性到一般均衡模型中，如 Kim（1999）、Cooley 和 Hansen（1998）的研究。Bhaskar 等（2002）发展了内生价格黏滞性的模型。然而，一个广泛讨论的关于滞后合同模型的计量问题是它明显不能产生实际观察到的通胀的黏滞性。Fuhrer 和 Moore（1995）修改了滞后合同模型，把价格水平换为价格通胀，讨论关于价格通胀滞后模型的分析，假定当前价格通胀与预期的将来价格通胀有关，这样产生了希望得到的通胀的黏滞性，但是该模型却缺乏充分的微观基础。一些学者如 Huang 和 Liu（2002）讨论了工资和价格制定滞后的货币冲击的黏滞性效应，结论是价格滞后不能独立产生理想效应，但工资滞后可以。

接下来的问题是：价格和工资刚性的假设是否合适？Chari 等（1998）发现在合理的参数范围内不能得到充分大的黏滞价格确定方程的系数，以保证产生贴近实际的黏滞性。此外，当经济中不只存在需求冲击，比如同时存在价格冲击，而且价格冲击占优时（如石油价格的巨大变化等），很强的价格与工资刚性只能增加不稳定性，从这个角度看，价格刚性越小，经济的稳定性可能越好。

5. 关于波动福利损失的讨论

关于波动福利损失的讨论始于 Lucas（1987）的研究，他的计算结果显示平稳经济的好处很小，对福利改进的贡献至多有 0.17%。这基本上与当时标准的 RBC 理论的结论（波动是自然的、帕累托有效的，政府平稳经济的努力是没有必要的，只能造成不必要的损失）是一致的。

此后，Hansen 和 Wernerfelt（1989）分析通胀税的经济成本。Greenwood 和 Huffman（1991）在基本 RBC 的框架下引入扭曲税，也讨论了福利成本的损失，结论是扭曲税加剧了波动性；他们还设计了状态或有税来平稳产出，结论是在其模型经济条件下可以改进福利。Dolmas 和 Wynne（1998）引入风险偏好，重新评估波动福利成本，发现潜在的成本远大于 Lucas 早年的结论。关于波动成本的研究还有 İmrohoroğlu 和 Kumar（2004）、Otrok（2001）等的研究。

总的来看，基本的结论应该是波动会有损失，但其大小取决于经济中关键参数的量值，实际上更准确地说，是取决于经济中人们的偏好、意愿、取向、预期、风险回避情况等。首先，当人们对损失比所得更敏感时，波动的福利成本就会比较大。其次，如果波动将降低消费的增长率，那么波动可能是高成本的，即如果消除波动能提高趋势增长率，那么消除波动的所得也会较大。Ramey G 和 Ramey V A（1995）实证研究了增长与易变性之间的关系，结论是，波动的不确定性的确会降低平均增长率。最后，在经济萧条时，人们被迫接受非意愿工作或失去工作，由此造成的人力资本的浪费是潜在的社会福利损失的来源。

1.1.4 初期 FBC 理论的产生与发展

1. 初期 FBC 理论的产生

近 20 年来世界经济周期波动中最显著的特征莫过于金融因素对实体经济的影响程度日益增强。20 世纪 90 年代的亚洲金融危机，2007 年的美国次贷危机，一次比一次严重的危机让人们认识到，金融市场摩擦、金融冲击、金融中介和信贷政策等金融因素正成为影响实体经济周期波动、引发各国经济危机的重要根源。因此，基于金融市场因素的经济周期波动和危机形成机制的研究已成为宏观经济政策管理中的一个重要问题，也是宏观经济周期理论研究的一个新的热点领域，是继 RBC 理论和 GBC 理论后的又一重大发展。由于这类研究与传统的经济周期理论方法相比，融入了金融中介、金融摩擦、金融冲击等大量金融市场因素，从而在周期波动根源、传播机制等方面产生了显著的不同，因此这方面的理论被称为金融经济周期理论。

系统地讲，金融经济周期理论是研究在金融经济活动内外部冲击下，通过金融体系传导而形成的持续性波动和周期性变化规律及其对实体经济影响机制和规律的理论，其核心内容为实体经济波动与金融因素之间的关系，主要体现为金融变量对经济周期的重要影响，研究方法是在传统 RBC 或 GBC 理论的 DSGE 框架基础上嵌入金融中介、金融摩擦和金融冲击等因素，以此研究这些因素对实体经济的影响，考察这些因素对冲击的传播和放大作用及其发生作用的机制。

2. 金融经济周期理论的研究内容和基本方法

经济危机作为经济波动的一种极端情况，其成因、发生、发展以及传播机制是经济周期理论研究的一个重要方面。金融经济周期理论从金融因素切入，研究经济周期的波动原因和机制，对经济周期中各阶段的动态转换机理进行完整的阐释。金融市场内部波动形成机制与成因问题，外部因素如何影响金融系统并如何形成金融市场系统性风险及如何进一步传导到实体经济的问题，实体经济中的各项实际冲击形成的经济波动与金融市场波动的关联机制问题等都是重要的金融经济周期问题。

金融经济周期理论的基本方法是在传统模型中引入外生信贷约束或引入银行中介内生信贷约束，通过信贷约束的传导机制研究冲击的传播和放大机制。经济冲击通过金融市场传导到实体经济的两个主要传导机制是：金融加速器机制和银行融资机制。其发生作用的前提条件是借贷双方信息不对称和金融摩擦的存在。

（1）金融加速器机制。金融加速器机制也称为资产负债表路径，主要是从企业获得贷款的角度考察金融经济周期。假设金融市场存在摩擦，企业和金融中介之间是信息不对称的，因此存在逆向选择和道德风险问题。银行在给企业发放贷款时，通常会将贷款的规模和贷款的价格同企业的净资产或资产负债表的其他项目联系起来。在发生负向经济冲击时，企业或者产出下降，净财富价值下降，或者资产（包括实物资产和金融资产）价值下降，企业的资产负债表和融资条件恶化，导致企业外部信贷融资能力下降，这又进一步恶化企业的生产活动，降低企业的净财富价值，通过这种传导过程，冲击将被放大数倍，这就是传统的金融加速器机制。

除上述传统的金融加速器机制外，广义金融加速器效应还包括 Christiano 等（2007）的研究中被称为 Fisher（费雪）通缩效应的机制。通常债务合同都是按名义项签订的，当经济冲击使价格水平上升时，企业实际债务负担下降，企业融资条件变好。因此，当经济冲击使价格水平和产出同向变动的时候，Fisher 通缩效应和传统的金融加速器效应相互加强，而当冲击使价格水平和产出反向变动的时候，两种效应相互抵消。

这两种机制都是通过考察经济冲击对企业资产负债表的影响来研究金融经济周期的，因此在传播机制上都属于资产负债表路径。

（2）银行融资机制。银行信贷是生产部门最重要的融资渠道。银行中介部门在储蓄和投资的转化过程中起决定性作用，影响着社会资金融通和配置的效率。金融冲击发生时，如果银行中介本身的资产负债表受到冲击，信贷收缩将从总供给和总需求两方面冲击宏观经济。而这种通过银行中介向实体经济传导金融冲击的渠道就是所谓的银行融资渠道。

银行融资渠道主要从银行角度考察金融周期。负向冲击直接影响银行的准备金，银行可贷资金减少，而金融摩擦妨碍企业从其他信贷渠道获得外部资金以代替银行贷款，也妨碍银行从金融市场融资以弥补存款或者超额准备金的减少。银行为了满足资本充足率和法定准备金率的要求，防范陷入挤兑危机和流动性困境，将采取压缩自身信贷规模、规定更加严格的信贷合同、催还企业贷款和提高信贷实际收益率等措施。企业因贷款规模减小，成本上升，投资急剧减少，整体经济的活跃程度降低。可见，融资渠道的信息不对称问题易形成冲击的乘数效应，从而形成经济波动加速、增强的传导机制。

美国次贷危机之前的金融经济周期理论，主要是通过外生银行信贷约束方程，把金融市场因素嵌入均衡经济框架中，但一些实证研究结果指出此类模型拟合实际经济的性能并不是很好。因此，次贷危机后的代表性研究开始引入内生信贷的新思路：在均衡模型框架中引入金融中介部门。

我们的初步研究发现，嵌入金融中介部门的内生信贷周期理论的基本思路应当是正确的。首先，现在已有的内生信贷理论的研究都宣称改进了原有机制和拟合实际经济的效果，理论上也起到了补充微观基础的作用。其次，嵌入金融中介部门后的模型的研究功能性大大提高，原来的模型简单引入银行信贷约束方程，无法具体讨论银行的微观优化行为，也无法体现政策和外部金融冲击下银行内部的反应，更无法讨论银行资本构成以及金融摩擦等对银行行为的影响。应当说是2008年全球性金融危机警示了学者，此次危机的根源就在金融系统内部，不从金融系统内部行为出发思考问题是不行的。因此，考察金融中介部门的独立行为的反应机制是必需的。同时，这个模型可以非常方便地讨论各项具体金融政策因素的影响，如准备金率、货币增长速度、银行资本率、银行利差等对整个金融和经济系统的影响，还可以用于讨论具体的政策手段的效率和反应情况。此外，内生信贷模型机制把各项金融因素和各项宏观经济总量融合到一个框架下，从而更容易看清金融因素与经济总量之间的关系。

综上所述，金融冲击、金融中介、金融摩擦是金融经济周期理论中最重要的因素，与其相关的传导机制和作用机理是交织在一起的。几种传导机制发生作用的前提条件是借贷双方信息不对称和金融摩擦的存在，核心论点是信贷约束机制理论，主要结论是负向冲击将被传导机制放大数倍，而由于企业外部融资依赖性不同，冲击将产生不对称的效应。

3. 外生信贷约束机制的FBC理论的传播机制

20世纪末亚洲金融危机之后，一系列论文，如Bernanke和Gertler（1989）、Bernanke等（1999）、Kiyotaki和Moore（1997）的研究开创性地在主流DSGE模型框架中，外生嵌入抵押信贷约束方程，或者本质上等同外生嵌入一个借贷约束不等式。这类试图解释金融市场因素具有传播放大波动的功能（这就是所谓的金融放大器原理）的研究，称为外生信贷约束机制的FBC理论。

其作用机制的基本原理是：经济中企业和私人部门的经济活动都会受到信贷约束的影响。在一般的经济社会中，贷款需要资产抵押，而代理人的固定资产或金融资产的价格受到金融市场和资产定价中多种不确定性因素的影响，在各种冲击形成的资产价格波动中，可贷资金因抵押资产价格波动而波动。在经济繁荣时期，预期良好，资产价格上升，抵押资产增加，加上这种时期一般政府信贷政策宽松，可贷系数增大，因此可贷资金大大增加，由此进一步扩大生产规模；而在经济预期不好的萧条时期，往往经济中总体信贷规模已经很大，政府开始降低抵押信贷系数，以便控制总体信贷规模，而金融市场（如股市）作为经济的先期反应部队，一旦出现不好信号，资产价值会快速下降，从而代理人抵押资产大大缩水，这样分母和系数同时缩小的结果会产生巨大的收缩效应。因而，信贷约束的效应在正反两方面都有放大作用。

这一时期的 FBC 理论从模型构造方法上看属于外生金融因素影响的机制，在研究内容上也主要着重信贷约束机制在经济波动中所起的作用，并分析最初的微小外生冲击是如何通过信贷市场状态的改变被传递和放大到实体经济的[①]。这方面的研究根据信贷约束机制的不同途径，可以分为以下两类。

1）信息成本类金融摩擦的信贷约束机制

这方面的研究是从 Bernanke（1983）的创始性工作开始的。Bernanke（1983）从探讨大萧条的非货币效果入手，发现信贷市场某些条件（如信息不对称导致的借贷代理成本等）的变化会放大并传播初始冲击对经济的影响（通过借贷双方信息不对称导致的外部融资溢价），因此，金融系统的崩溃并不是大萧条的结果，而是决定大萧条的深度和持续性的关键因素。

进一步地，Bernanke 和 Gertler（1989）正式分析了资产负债表在经济波动中的作用，指出冲击导致的企业资产净值的变动，会影响到外部融资成本的变化，从而影响到企业的投融资行为和产出。该文章在传统的 RBC 模型中，引入投资技术在企业家和储蓄者之间的信息不对称问题，并且假设"信息获取与状态的确认是有成本的"。该文章指出：一方面，通常而言潜在借款人的净财富水平越高，最优贷款合约的期望代理成本就越低，而借款人的净财富通常是顺周期的，因此经济繁荣时，代理成本下降，投资增加，这进一步加剧了经济的上涨，反之则相反，这就是金融加速器效应；另一方面，对借款人净财富的独立于总体产出水平波动之外的冲击会引发实际经济波动，这类似于 Fisher 的债务-通缩理论，当未预期到的价格水平下降导致借款人净财富下降时，由于代理成本增加，借款人投资下降，投资波动对总供给和总需求都产生负面效应，从而引发实际经济波动。

作为一种推广应用，上述模型框架方法还被 Bernanke 和 Gertler（1995）用于研究货币政策对实体经济的影响途径[②]。该文章指出传统观点认为货币政策影响短期利率，其杠杆作用又影响资本成本，从而影响耐用品的消费，最终需求的变化影响产出水平，这与观察到的经济事实不符。该文章分析后认为，货币政策的传

---

① 基本上还没有把金融市场因素本身看作冲击源，即没有对金融冲击的影响展开太多的讨论。

② 这当然也可以理解为金融冲击的一种，由此 Bernanke 和 Gertler（1995）的研究可以算是在 FBC 框架方法下研究金融冲击影响机制的开山之作。但 2007—2008 年金融危机后的研究提到的金融冲击，并不主要指货币政策的冲击，而是主要指金融中介部门（银行系统）受经济因素变化影响形成的自身不良状况的连锁反应（金融冲击或系统性金融风险）。因此，现代金融冲击是金融市场内生的一种冲击，本质上而言，金融周期和实体经济周期之间相互联系，相互影响，也互为冲击。

导主要依赖信贷路径，即货币政策直接通过信贷市场影响借款人的外部融资成本，由此影响投资水平，最终影响总产出水平。根据货币政策影响外部融资成本方式的不同，又可以分为资产负债表路径和银行借贷路径。前者强调货币政策的变化对借款人资产负债表和收入表的影响，后者更关注货币政策对存款机构的贷款供给的影响。该文的核心结论可概括为一句话：货币政策通过信贷市场影响借款人的外部融资成本，从而影响实体经济。

这方面研究的一个新突破是将其应用于可计算一般均衡模型。Carlstrom 和 Fuerst（1997）将信用市场的特征方程纳入 RBC 模型，量化分析了经济周期中代理成本对厂商投资需求和经济总产出的影响，从而建立起一个可计算的一般均衡模型。受此启发，Bernanke 等（1999）在 Carlstrom 和 Fuerst（1997）的研究基础上，将信贷市场不完美情况和企业净值纳入动态新凯恩斯模型的分析框架，设计了一个可计算的包含金融加速器的一般均衡框架（以下简称 BGG），并通过该模型定量地展示了金融加速器在经济周期中的作用。BGG 模型是金融加速器研究领域的重要模型，其所建立的数量经济周期中的金融加速器模型为后续学者的理论和经验研究提供了方法借鉴。此后许多有关金融经济周期的研究都是在 BGG 的框架下展开的。

2）直接的抵押信贷约束机制

Kiyotaki 和 Moore（1997）在 Hart 和 Moore（1996）债务合约框架的基础上，在一个动态的农业生产模型中分析土地价格和资产抵押信贷约束之间的交互影响。模型方法与上面提供的模型有较大不同，算是另外一条信贷约束机制的路径，相比来看，其直接在 DSGE 中嵌入借贷约束不等式，将实有资产作为抵押贷款的依据，这样，受外部冲击的影响，资本市场价格的波动会成为抵押物估值波动的诱因，从而放大传递到实际经济中，并引起投资和需求的波动。该模型的理论实验结果非常理想，即使相对较小且暂时的技术冲击或收入分配冲击也可导致产出和资产价格较大的、持续的波动。

Cordoba 和 Ripoll（2004）在此基础上引入对消费者偏好和生产技术的描述，给出了更为规范的分析框架。Iacoviello（2005）假设贷款人为家庭，分析了抵押约束对房地产投资的影响。

这期间还有不少实证研究支持这种观点，如 Zeldes（1989）、Jappelli 和 Pagano（1989）、Campbell 和 Mankiw（1989b）、Carroll 和 Dunn（1997）等的研究。这些实证研究在一定程度上证实了信贷金融市场的确是新时代背景下经济整体周期波动的重要根源。然而，也有一些研究指出，这类模型理论上虽然很好，但实际上并不能产生很好的接近实际经济的波动特征。例如，Kocherlakota（2000）在局部均衡框架下发现，在内生信贷约束条件下，冲击的传播放大效应过多地依赖资本和土地在生产中所占的份额；Cordoba 和 Ripoll（2004）在一般均衡框架下研究发现，在标准的生产和偏好参数下，抵押信贷约束机制的传播放大效应几乎是零。因此，关于信贷金融周期模型的研究又进入低潮。

1.1.5 次贷危机后 FBC 理论的新进展

2007 年美国次贷危机之前，FBC 研究大多重视企业或家庭在金融市场中的行为，而忽略银行等金融机构在金融市场中的重要性，而此次全球性的萧条表现出的一个重要特征是金融部门本身就是导致经济波动的重要因素来源。因此，次贷危机后，大量的文献将金融部门作为独立的经济部门引入宏观经济分析框架，就金融变量和经济波动之间的内在关联机制展开讨论。这些研究实质上已经与前期的外生信贷约束机制有很大不同，不再需要外生引进借贷约束不等式，而是通过金融中介部门的自身的最优化行为来实现信贷需求与供给的平衡。实际上是两个市场上的均衡，一个是私人部门储蓄供给与金融中介部门（银行）吸纳存款之间的均衡，另一个是金融中介部门（银行）放贷与企业生产部门信贷需求之间的均衡。这两个均衡同样会实现信贷的约束机制，只不过，这样的约束机制已经变成了模型系统内生的。因此，这些研究在本质上已经是内生信贷的模型机制理论。这方面的研究在国际上也是刚刚开始，但发展很快，下面进行具体讨论。

1）最初的把金融中介引入 DSGE 模型中的研究

2007 年的美国次贷危机推动了 FBC 理论领域的发展。大量的文献再次对其展开了讨论，其中具有代表意义的有 Jermann 和 Quadrini（2009）、Christiano 等（2010）、Goodfriend 和 McCallum（2007）、Gertler 和 Kiyotaki（2007）等的研究。这几篇文章代表并总结了西方学者在这一领域研究的前沿技术和主流方向。这些研究一个重要的改进是直接或隐性地引入了银行中介部门，以内生化信贷约束机制，这是最新的模型创新。虽然银行中介被嵌入模型中的研究在这之前就有，但引入的目的不同，过程也不同。以前的研究重在对银行和流动性方面的单一刻画和研究，最新的研究是把银行、货币政策和流动性问题统统纳入 DSGE 的周期框架之中，重在研究金融冲击、金融摩擦以及政策冲击等的周期波动问题。这些研究本质上是周期理论的创新，是纳入了金融摩擦、金融中介、金融冲击等因素的改进了的理论。

其中，Goodfriend 和 McCallum（2007）、Christiano 等（2007）以欧盟和美国两大经济体的实际金融和宏观总量数据为背景，将货币和银行中介引入标准增长模型中，着重讨论模型对金融变量和经济总量变量的波动性的解释力，模型结论获得显著改进。

Goodfriend 和 McCallum（2007）的模型中，除了有类似于现有模型中的金融加速器机制，还假定了银行减速器机制的存在，模型思想为：一方面，在黏滞价格的经济环境中，激励就业和产出增加的货币政策冲击，会引发资本边际产出增加，从而资本价格上涨，经济中可抵押价值增加，在银行储蓄需求不变的条件下，外部融资贴水下降，这是金融加速器机制部分；另一方面，货币政策激励花费的同时也增加了对银行储蓄的需求，在可抵押资产价值不变的条件下，外部融资贴水趋于增加，这形成银行减速器机制部分。该文利用实际历史平均利率、利率差、银行总量、宏观经济总量数据，校正稳态均衡模型系统参数；对数线性化系统非线性方程组，产生线性近似的模型动力系统；考察不同组合冲击下，系统的反应机制；研究认为引入银行中介和货币到标准增长模型中，显著改进了对金融变量和经济总量变量的解释力。

Christiano 等（2007）的文章是欧洲中央银行的长篇工作论文，多达 130 多页，实验图表多达千余个，以欧美两大经济体的实际金融和宏观总量数据为背景，建立嵌入银行中介的 DSGE 模型框架，是目前可以查到的该领域最细致深入的研究。

Jermann 和 Quadrini（2009）通过微观描述公司投融资行为，着重研究公司融资行为对经济周期波动的影响。通过实证研究公司股票与债务流总水平，建立公司股票和债务融资行为的商业周期模型，研究发现，单纯生产性冲击下，模型不能很好地模拟实际周期波动和公司股票与债务的周期行为，但假定直接影响公司借贷行为的信贷冲击后，模型预测结果在金融流量和实际经济变量两方面都非常接近实际情况。

类似地，Gertler 和 Kiyotaki（2010）建立了信贷市场摩擦与总量经济模型，并研究了两个问题：①金融中介市场崩溃如何形成影响实体经济的金融危机；②当前中央银行和财政部推行的各种政策如何化解金融危机。该文细致分析指出，金融中介市场崩溃是该次危机的主要特征。危机中，金融机构既难以获得储户存款，也难以从同行机构中获得拆借，即银行面临严重的流动性冲击。该文章也指出危机之后美国的一系列政策是必要的。Mimir（2012）量化分析了金融冲击、金融摩擦和金融中介的行为影响美国经济周期的强度。

总体来看，最初研究主要的贡献是把金融部门引入 DSGE 框架中，使信贷约束机制成为内生的。这当然是这一时期意义最大的理论突破，此后的研究在此基础上就开始百花齐放，相当丰富。

2）新进展：金融冲击及其机制的研究

内生信贷约束机制模型成形后的研究开始向各方面突破，但其中最为突出的一个共同特征是都强调直接产生自金融部门的冲击的重要性，即金融冲击及其效应的研究。金融冲击的广义概念可以包括金融政策性冲击，但单独考虑货币或财政政策冲击效应会更精确一些，因此，这里我们把金融冲击狭义地理解为金融部门内部受到微观层面影响而内生出的金融部门自身的波动性，这种波动性将形成对整个经济体的扰动。例如，Jermann 和 Quadrini（2009）强调企业盈利能力的变化对银行资产造成的冲击的影响，这种冲击作为金融冲击的一种，被认为是近年形成整体经济波动的重要根源；类似地，Mimir（2012）强调由银行与家庭间的道德风险引起的对银行净财富的冲击；Gertler 和 Karadi（2011）、Gertler 和 Kiyotaki（2010）等假设银行在获得存款时会受到资产负债表的约束效应；Kollmann（2013）、Iacoviello 和 Pavan（2013）则考虑贷款损失（loan loss）对银行造成的冲击，并分别考虑了银行资本率要求变化和信贷标准变化对银行的冲击；Christiano 等（2007）发现同金融合同相关的代理问题、银行自身的流动性约束，以及改变市场风险分布的冲击和对金融中介的冲击，是经济波动的基本决定因素。

其中，Iacoviello 和 Pavan（2013）认为美国经历的三次萧条中，有两次金融市场因素的影响是主要的，并指出主流理论 DSGE 模型或者忽视金融摩擦、金融冲击和金融中介的影响，或者把金融摩擦视作相互独立的，该文建立嵌入并重视金融因素的机制，并将金融摩擦视为相互联系、互为加强的。该文给出的机制是：在模型经济中，当一组代理人违约行为发生时，群组之间的财富再分配就发生了，价值断裂也就发生了，这种代理人群组之间财富价值流比例的变化就形成了一种冲击。这种冲击被称为财富再分配冲击，是金融冲击的一种形式。经济中贷款违约率上升到某个水平后，引起银行部门等金融机构遭受损失的严重程度增加，无法扩展实际经济所需要的信贷。当银行自有资本低于监管要求时，银行被要求提高资本率或去杠杆化，通过去杠杆化，银行将风险转化为信贷冲击。正是这种形式的冲击最终通过信贷约束机制传播放大成为实体经济的巨大波动，这种冲击本身也形成金融市场的巨大波动。金融市场的波动又进一步叠加到对实体经济的冲击中来，而实体经济的波动又会不断引起代理人群体之间财富分配比例的新的失衡和原有断裂的加深，从而形成现代经济中波动内生机制的根源。

3）实证与效应方面的研究

在实证方面，Claessens 等（2011）用 44 个国家，时间跨度为 1960 年 1 月至 2007 年 4 月，超过 200 个商业变量和 700 个金融变量的时间序列数据，分析经济周期和金融周期之间的关系，研究金融和经济变量之间的同步性、作用机制等。研究的主要结论包括：①经济萧条与复苏的长度和深度受金融周期强度及深度的影响；②当萧条伴随着房价的崩溃，萧条的长度和深度会更大；③经济恢复的强度显著正相关于之前萧条的深度，也受到金融因素的影响；④伴随着信贷和金融市场繁荣的复苏会更强劲有力，但如果前期的萧条过程中发生了房价的崩溃，则会更弱；⑤新兴经济体中，经济与金融周期特性比发达国家更显著；⑥总体来看，金融变量周期比经济变量周期更长、更深、更剧烈。这些结论证明了信贷和住房市场对经济发展的重要性。

Iacoviello 和 Pavan（2013）使用贝叶斯方法估计嵌入银行中介的 DSGE 模型，发现源于银行贷款损失的财富再分配冲击，与其他冲击一起，可以解释萧条期间产出下降的 50%以上。因而得出核心结论：现代周期是金融的而非实际的，即认为现代经济周期波动并非主要源于技术冲击的传播放大，而是因为不同代理人群体之间资源流的变化。

Mimir（2012）通过对美国经济的实证研究，指出：①银行信贷储蓄与贷款差（loan spread）比产出的波动性小，但净财富和杠杆率波动性大；②银行信贷和净财富是顺周期的，但储蓄、杠杆率和贷款差是反周期的；③金融变量超前产出波动 1 个到 3 个季度。文章最终结论也指出：金融冲击是推动当前美国经济波动的主要因素。

Kollmann（2013）使用美国和欧洲数据，采用贝叶斯方法估计一个带有全球性银行的两个经济体模型，研究指出：①模型可以拟合美国和欧洲实际经济；②一个经济体的存贷损失可以引发全球产出下降；③在 2007 年大萧条的过程中，银行冲击可以解释美国和欧洲经济产出下降的 20%，银行冲击对欧洲实际经济的影响大于美国，可以解释欧洲投资和就业下降的 50%以上。

4）开放经济框架下的 FBC 理论

FBC 理论也可用于开放经济下对经济波动的研究。

Angeloni 等（2015）建立了存在信贷摩擦的两国模型，比较不同的汇率制度，发现固定汇率制下，通过利率来影响企业净资产和投资的效应要比浮动汇率制下更持久。Gilchrist 和 Leahy（2002）讨论了在欧元区内，信贷市场摩擦为不对称冲击提供了不同国家间的传导途径，而且不对称的金融合同放大了不同国家间经济周期的差异。Gertler 等（2007）在一个小国开放经济中引入金融加速器机制，讨论了汇率体制和金融困境间的关系，表明固定汇率制下的金融加速器效应大于浮动汇率制下的金融加速器效应。Gilchrist 等（2014）考察了一个简单的两国模型，发现金融杠杆率高的国家更容易受到外部冲击的影响。

2007 年美国次贷危机引发了全球性的金融危机，也引发了 1930 年以来最严重的危机，引发了关于金融中介对实体经济的影响和重要性的重新思考。危机前，标准的开放宏观经济理论同样基本上没有考虑金融中介，这次危机促使许多研究者把银行引入开放型的 DSGE 框架中。在开放经济条件下，代表性的研究有 Devereux 和 Sutherland（2007）、Kollmann 和 Zeugner（2012）的研究，在新型 DSGE 框架中，银行资本成为影响本国和外国实际活动的核心变量，一个对银行资本的负向冲击将会增加银行存贷利差（金融摩擦的主要形式），从而引发信贷额度的下降，导致实际经济活动下降，在这样的机制中，因为金融市场全球一体化（银行间的相互关联度、相互影响度极大），一个国家内部的贷款损失将引起全球性经济下降。

到目前为止，在现有的新开放经济模型和量化实证研究中，主要是把银行解释为冲击源，而把它视为一种对全球性活动产生影响的传播机制的量化研究还很少。Kollmann（2013）使用美国和欧洲数据，采用贝叶斯方法估计一个带有全球性银行的两个经济体模型，模型假设：每个经济体中居住着一个代表性的工人、一个企业家和一个政府，存在一个全球性银行，从两个经济体工人家庭中收集存款，贷给两个经济体的企业。但根据管制的要求，银行必须要有一定比例的自有资本，这意味着存贷利差是银行资本的减函数（因为银行资本的边际收益是银行资本的减函数）。模型假设了原始的两个经济体中需求和供给的冲击（可以考虑近年全球经济中实体经济遭受硬性负向实际技术冲击的效应），同时假设两个经济体的经济中存在随机的贷款损失冲击，以及关于银行资本率要求的政策性冲击（这种冲击称为银行冲击或金融冲击）。该文着重研究了国际金融冲击的传播机制，而且该模型可以较好地拟合美欧实际经济波动规律。

5）FBC理论在房地产经济问题研究中的应用

FBC模型可以用于讨论房价在经济波动中的作用。比较有代表性的文献有如下几个。Iacoviello（2004）在BGG模型中引入名义贷款和与房价相联系的抵押约束，考虑两类具有不同效用贴现值的家庭，研究发现：对于正向的需求冲击，消费品和资产价格均上升，资产价格的上升提高了债务人借款的能力，促进其消费和投资，消费品价格的上升使实际财富从债权人转向债务人，由于后者有更高的边际消费倾向，总需求的净效应为正，因此正的需求冲击被放大并传播；而对使得产出和通胀反向变动的冲击（如不利的供给冲击）而言，由于名义债务，通胀上升实际上提高了债务人的净财富，刺激了总需求，从而缓和了冲击的影响。因此，金融加速器效应的实际影响取决于冲击的来源是需求冲击还是供给冲击。

Aoki等（2004）在家庭部门引入BGG模型的金融加速器机制，房产一方面作为消费品提供房产服务，另一方面作为抵押品降低借款的交易成本，结果发现房产会放大和传播货币政策冲击对房价、房产投资和消费的影响。

Davis和Heathcote（2005）指出在美国住房投资的百分比标准差是非住房投资的两倍，且消费、GDP和这两种类型的投资之间存在正的共动性。该文章建立了一个多部门模型，引入建筑业、制造业和服务业来生产消费、进行商业投资和提供住房服务，并通过校正模型得到了同实际经济相同的周期特征。

1.1.6 周期与增长关联机制研究

短期经济周期波动如何影响长期经济增长趋势是一个很关键的问题。首先，短期波动是否会改变长期增长的趋势方向？如果答案是肯定的，那么与短期波动相应的政策行为就会同时影响到长期增长趋势，因而短期货币政策、财政政策以及宏观审慎政策都必须纳入长期发展模型中进行考虑。如果短期波动被证实不会影响长期发展趋势，那么短期政策措施如果是短期最优的，也就是长期有效的。然而，关于这个问题的回答至今仍不清楚。其次，如果短期波动性影响长期增长，其影响机制是怎样的？这些问题的答案都还不是很清楚，至少国内的学者对这个问题的研究不多，基于中国经济的相关研究也很少。因此，这是一个亟待加强研究的问题。

周期波动问题和长期增长问题都是宏观经济学政策管理的主要问题，同时也是宏观经济学理论最主要的两个部分。周期理论主要研究宏观经济中纯粹波动部分的特征、诱因、机制、政策效应与规律等问题；增长理论主要研究经济趋势中相对中长期的影响因素与规律。从本质上看，研究的对象同是宏观经济，不过是不同部分的特征罢了，因此它们理应是紧密联系的。但这两个理论却长期处于独立研究和各自发展的状态，关于波动与增长关系的问题一直很少有人去研究。所以，这至今仍算是一个新问题，至少是一个有待深入研究的问题。

现存的研究中，产出波动性与长期平均增长的关系，无论在理论上还是在实证上都存在着正反两种不同的结论，一部分研究认为波动性与长期平均增长有正相关关系，而另一些研究则得出相反结论。实证上发现波动与增长有正的关系的代表性研究有 Kormendi 和 Meguire（1985）、Grier 和 Tullock（1989）、Caporale 和 McKiernan（1996，1998）、Grier 等（2004）的研究；发现负的关系的实证研究有 Ramey G 和 Ramey V A（1995）、Zarnowitz 和 Moore（1986）、Judson 和 Orphanides（1999）、Kneller 和 Young（2001）、Turnovsky 和 Chattopadhyay（2003）、Henry 和 Olekalns（2002）、Cerra 和 Saxena（2008）的研究。

国内学者在这方面的研究还很少，卢二坡和王泽填（2007）通过实证研究认为存在正负两种可能。这种相互矛盾的结果让我们在制定政策时无所适从，也引起很多学者的研究兴趣。

除了上面提到的实证方面的研究之外，现有的利用模型进行阐释的研究有 Smith（1996a）、Grinols 和 Turnovsky（1998）、Turnovsky（2000a）、Blackburn 和 Pelloni（2004，2005）、Fiaschi 和 Lavezz（2003）、Jones 等（2005）、Kose 等（2006）、Aghion 等（2005）的研究。

模型理论研究也存在正负两种不同的理解。一方面，认为产出波动与平均增长应当为负相关关系的研究，主要是从企业投资风险回避的角度，认为产出波动越大，投资就会越少，从而影响长期平均增长。Woodford（1990）从太阳黑子均衡的角度，Bernanke（1983）和 Pindyck（1991）从投资不可逆转的特性出发，进一步肯定了上述思想。Ramey G 和 Ramey V A（1991）也强调不确定性造成投资规划误差，由此高的产出波动性导致次优产出水平。另一方面，认为产出波动对于增长会有正效应的理论指出：产出波动性（收入不确定性）会因为谨慎性储蓄而增加，根据新古典增长理论，这意味着更高的均衡增长率。例如，Black（2012）指出，当新技术的期望回报足以补偿超额风险时，新技术投资就会增加；Blackburn

（1999）使用 learning-by-doing（干中学）内生增长模型证明波动性程度的增加对增长有正效应；Smith（1996a）、Grinols 和 Turnovsky（1998）、Turnovsky（2000a）证明，在封闭经济中，常弹性效用函数假设下，当风险回避系数大于 1 时，平均增长率与波动性正相关。其中 Smith（1996a）指出增长与波动性相关性的符号取决于跨期替代弹性是大于 1 还是小于 1。

陈昆亭等（2012）通过建立内生随机增长模型，研究波动与增长之间的关系。其基本思想是：人力资本在经济波动不同阶段的形成速度不同，从而内生出波动性与长期平均增长的关联机制。模型预测：短期经济波动性与长期经济平均增长趋势既有可能呈现正相关关系，也有可能呈现负相关关系；决定短期经济波动性与长期经济平均增长趋势关系符号的关键因素是形成人力资本的核心参数值（主观学习贡献弹性和 learning-by-doing 型贡献弹性）的大小。与现有的同类研究相比，该文提出了一种不同的机制——人力资本形成过程内生波动与增长的内在关联。同该文模型机制最接近的是 Blackburn 和 Galindev（2003）的研究，他们通过内生技术进步来验证波动与增长的关系，其结论本质上与上文相同，但陈昆亭等（2012）的模型比他们的更细致（包含物质资本和人力资本，可以纳入更多冲击，更贴合实际经济），并能够给出关于波动与增长实证研究中存在的相互矛盾现象的一种合理解释：在不同的经济政治制度文化环境中，人们主观学习的愿望、强度和贡献率不同，因而在决定人力资本形成的过程中，主观学习和非主观学习对人力资本形成的贡献比例不同，而这一比例是决定波动增长关系的关键参数，因此，在不同的环境下，波动与增长关系可能不同，既可能为正，也可能为负。

这一认识还得到其他一些研究的支持，例如，Smith（1996a）、Grinols 和 Turnovsky（1998）、Turnovsky（2000a）证明，在封闭经济中，在常弹性效用函数假设下，当风险回避系数大于 1 时，平均增长率与波动性正相关。此外，Smith（1996a）指出增长与波动相关性的符号取决于跨期替代弹性是大于 1 还是小于 1；Blackburn 和 Pelloni（2004，2005）考虑冲击类型的不同可能会有不同的影响；Fiaschi 和 Lavezz（2003）研究经济结构和规模差异的影响；Jones 等（2005）认为偏好函数的曲度参数的大小是决定波动与增长关系的重要变量；Kose 等（2006）研究国际贸易和国际金融一体化的影响；Aghion 等（2005）研究金融市场发展水平的影响；等等。

总体来看，无论是偏好函数的曲度，还是风险回避系数，或是市场结构参数，归根到底都取决于总体经济社会文化环境。从这个意义上来说，上述几种理论分析的内在机理同陈昆亭等（2012）与 Blackburn 和 Galindev（2003）的两种学习机制是内在一致的。

波动与增长的关联在包含金融部门、金融市场机制、金融因素影响的情况下会是怎样的呢？这将是本书研究的内容。

1.1.7　国内学者关于 FBC 理论的研究

华人学者在此领域也做了不少工作，如 Pintus 和 Wen（2013）、Liu 等（2009）、Liu 和 Wang（2014）等。这些研究理论方法也都比较前卫，但多数仍以外国经济为背景展开。总体来看，以中国经济为背景建立的信贷金融周期的 DSGE 模型研究还很欠缺。

国内学者在该领域也有不少的研究。杜清源和龚六堂（2005）的论文是国内较早的介绍信贷约束机制模型的文章，可惜并没有进行实际数值实验研究。此后有不少学者结合中国经济数据做了研究，如陈昆亭等（2008，2012）、许伟和陈斌开（2009）、谭政勋和魏琳（2010）、梁斌和李庆云（2011）、汪川（2011）、吕朝凤和黄梅波（2011）、刘安禹和白雪梅（2010）、梅冬州和龚六堂（2011）的研究等。其中，许伟和陈斌开（2009）把信贷作为一个生产函数要素，将其直接引入模型中，这种做法的好处是模型简单，但模型在理论上是无法产生金融放大器机制的。现有的研究主要是使用早期的信贷约束机制类模型，针对改进型新金融经济周期模型理论进行深入研究的文献还很少，使用内生信贷约束机制的模型化研究则更少。

在金融经济周期理论中，金融部门是关键，对我国金融业和金融部门的发展现状进行梳理总结，可以帮助我们更好地发现中国金融部门的特征，为本书建立适合中国情况的金融经济周期模型打好基础。

美国次贷危机及其引发的全球金融海啸表明当前虚拟经济与实体经济的失衡给全球经济带来了严峻挑战（王爱俭等，2009）。由于美国是世界第一大经济体、主要债务国，美元又是世界主要流通货币和储备货币，因此，美国次贷危机的国际传播不同于以往金融危机，它是通过金融渠道、贸易渠道和货币渠道从美国蔓延到与美国经济、金融联系密切的其他国家，形成了全球性的金融危机和经济衰退（徐艳和何泽荣，2009）。

刘金全和马亚男（2011）认为金融发展和金融创新与经济周期波动性之间存在内在关联。一方面，金融发展和金融创新增加了虚拟经济规模和活性，形成了内在的金融风险，进而增加经济周期波动；另一方面，金融发展和金融创新弥补了金融市场的不足，提高了金融市场效率，降低了金融交易风险，从而减小了经济周期波动。

从对危机的应对来看，李文溥和李昊（2014）认为国际金融危机仅仅是外因，中国经济发展产生重大变化的内因是政府主导型市场经济的微观基础难以继续维持下去，政府主导型经济宏观调控管理方式已经逐渐失效，因此要全面深化政府主导型市场经济的体制改革，核心在于重塑政府与个人的关系。何德旭和郑联盛

（2009）认为政府在金融危机防范和救援中具有极其重要的基础性作用，是金融危机的稳定器和吸收器，政府政策的合理性决定着危机处置的有效性。政府应该坚持及时性、针对性和与市场相协调的原则，采取合理有效的危机前、危机中和危机后等相关措施，并加强对政策措施的评估与反思。也有学者考虑到危机中所暴露的经济发展模式和产业结构问题，提出要认真进行产业结构调整、促进经济转型（廖理等，2013）。

杨宇和沈坤荣（2011）基于金融危机后积极财政政策和宽松货币政策的实施，认为仅仅依靠税收收入不足以保证中国财政可持续性，考虑非税收入后中国财政呈弱可持续性，进一步考虑铸币税收入后中国财政呈强可持续性；尽管中国传统税率的选择路径不是最优的，但是中国政府在利用不同手段筹集收入的同时权衡了不同收入方式的无谓损失，宏观税率和通货膨胀率的选择路径是最优的。这一研究结论对于后危机时代如何改善中国财政可持续性具有重要意义。王曦等（2012）对金融危机后中国的货币政策操作做了评价。

廖理等（2014）认为，利率市场化是我国金融改革的重要举措，并且提出我国信贷市场中的投资者具有良好的风险判断能力，这为利率市场化提供了良好的基础，但是目前还未有从微观数据角度探索利率市场化市场基础的研究。

通过对以上文献的整理，我们可以看出，国内学者对金融业发展的讨论从未停止。美国次贷危机引发的全球性金融危机对我国的金融行业产生的影响是巨大的，对此有不少学者展开了对其影响原因、影响机制的研究。还有另外一些学者将注意力放在金融危机之后我国金融行业的发展方向及现阶段存在的问题上，他们从多个角度，运用不同方法进行了分析研究，其中涌现出的大量极具创造性的思路和严谨的研究方法对本书的后续工作极具启发性。此外，也有不少学者在宏观层面提出了不少建设性的政策建议，非常值得政策制定者参考。然而，经济在发展过程中必然是不断波动的，这就要求我们站在经济波动、经济周期的角度去审视当今中国金融经济发展中的特征和问题。当然国内也有一大批学者对我国金融经济周期方面做出了大量研究，这些杰出的工作都是课题组进行课题研究的重要基础，下面将对我国金融经济周期方面的文献进行综述。

1. 我国金融经济周期理论发展及概况

我国金融经济周期理论的研究起步相对较晚。自1999年开始，随着中国金融深化程度和金融市场开放度的提高，金融经济周期与RBC的动态关联程度持续上升。金融因素对经济周期的影响越来越显著，货币政策对真实经济的引导效果进一步强化，金融经济周期在中国表现得愈加明显（曹永琴和李泽祥，2009）。陈磊（2004）考察了在经济转轨的不同阶段我国信贷波动的特征，并分析了信贷波动与经济周期波动的相互关系，发现总体上信贷波动与经济周期波动基本同步，信贷扩张和收缩是产生经济周期波动的显著影响因素，但这种影响从 20 世纪 90 年代中期开始有所下降，同时，信贷波动的内生性开始显现。

国内早期的研究也是以外生信贷约束机制为主，主要考察信贷系统在传播放大冲击时的金融加速器效应。何德旭和张捷（2009）对金融加速器理论的思想源头和发展脉络进行了梳理，认为现代经济表现出越来越明显的金融经济周期特征，有必要高度关注金融加速器效应对宏观经济政策的影响。庄子罐等（2014）则梳理了金融加速器理论产生的原因及其传导机制，并指出金融加速器在我国的存在性。

赵振全等（2007）强调中国信贷市场与宏观经济波动的关联是非线性的，在 1990 年 1 月至 2006 年，我国存在明显的金融加速器效应。袁申国等（2011）则在一个小型开放经济模型中，分析了中国开放经济中金融加速器效应的存在性。在不同冲击的影响方面，这两个研究得到了类似结论，前者认为信贷冲击对于信贷市场状态变化的影响最为显著，其次是货币冲击和价格冲击，最后是实际冲击；后者认为金融加速器主要传播和放大投资效率和货币政策冲击对经济的影响，对货币需求和国外冲击也有一定的放大作用，但对技术和偏好冲击的放大作用不明显。

许伟和陈斌开（2009）把信贷作为一个生产函数要素，将其直接引入模型中，而汪川（2011）则在 RBC 模型中引入了银行部门，这两种研究都讨论了银行信贷和中国经济波动的关系。陈昆亭等（2011）也做了类似工作，分析了 1991—2010 年中国 GDP 与信贷余额，结果显示，信贷余额表现为阶段顺周期和阶段反周期关系，特别是在次贷危机后，信贷与产出显著背离。

杜清源和龚六堂（2005）、汪川等（2011）则在 RBC 模型和 DSGE 模型中引入金融加速器来分析金融信贷市场中存在的信息不对称对经济所造成的影响。熊丹和涂亮（2012）基于金融经济周期理论，指出信息不对称产生的市场摩擦会放大流动性冲击，经由借款人资产负债表渠道和银行信贷渠道两个最重要的放大传导机制在金融体系内迅速传导和扩散。余雪飞（2013）从信贷供给的角度分析基于银行资本渠道的金融加速器效应。刘安禹和白雪梅（2010）则用金融加速器模型讨论名义利率变化对宏观经济造成的影响。

蔡祥锋（2012）分析了金融中介自身受信贷约束时，其资产净值变化对经济产生的金融加速器效应，得出在双重委托代理的信用契约下，企业外部融资溢价不但受自身资产净值的影响，还受金融中介资产净值的影响，各种外部冲击通过信贷市场中金融中介的传导对经济波动造成进一步放大的效应，经济波动的金融加速器效应在考虑金融中介资产净值的影响后得到了增强。

栗亮和刘元春（2014）通过构建附加金融加速器的 DSGE 模型讨论国外冲击的影响。他们指出 2008 年之后，中国经济越来越多地受到国外冲击的影响，传统的贸易渠道的传导出现弱化，金融渠道的传导不断增强；在2008年之后，以货币政策和财政政策为主的刺激政策成为推动产出增长的主要因素，技术驱动作用明显下降；在2008年之后，货币政策实施较之前更为有效，财政政策的有效性降低。

除强调金融因素在传播放大外生冲击过程中的作用外，也有很多研究关注来自金融市场的冲击，认为金融冲击是经济波动的重要根源。鄢莉莉和王一鸣（2012）建立了包含三种金融市场冲击的DSGE模型，研究发现，随着金融市场的发展，中国产出波动的1/4由金融市场冲击导致，金融市场的发展将降低贷款冲击和融资效率冲击对宏观经济的影响，增强直接投资津贴冲击的影响；金融市场的发展有助于减少社会福利损失。张伟进和方振瑞（2013）指出金融冲击是投资波动的最主要解释因素，也是总产出波动的第二大解释因素。

王国静和田国强（2014）发现金融冲击是驱动中国经济周期波动的最主要力量，它在解释产出增长、投资增长、债务增长、工资增长和就业的波动方面表现出非常重要的作用；即使存在其他多个冲击，金融冲击仍然能够解释近80%的产出增长波动。

周炎和陈昆亭（2012a）引入银行中介部门优化行为，建立了内生信贷需求与供给的金融经济周期模型，分析经济波动和货币政策对金融总量、经济总量、货币乘数等的影响。静态分析发现，准备金率具有逆周期特征。动态分析发现，货币创新与准备金率提高具有相互抵消效应。通过校准参数后进行模拟发现，单纯的法定准备金率调整政策不仅不能有效抚平信贷市场波动，反而可能会造成信贷市场的不稳定。同时，模型经济还预测到金融部门的活动会对经济产生巨大影响，而恰当的货币手段和准备金率手段的组合使用可以达到稳定经济的目的。

周炎和陈昆亭（2012b）在DSGE框架中嵌入银行部门，建立金融经济周期模型，发现基本模型在较大参数范围内能够较好地模拟实际经济中主要变量的数据特征；规则性政策模型和无规则政策模型都不是最接近实际经济的模型，半规则性模型预测的波动特征最接近实际经济的波动特征。

陈昆亭等（2015）通过引入异质偏好、利率分类因素，分别考察各类利率偏差的形成机制和周期波动性影响，研究利率扭曲冲击对宏观经济的影响，发现实际储蓄利率的负向冲击只在很短的时间内以很有限的幅度引致经济增长，接着出现远超过增长幅度的大幅度萧条，并导致一般工薪家庭社会平均消费比例下降，企业家家庭平均消费水平上升；金融市场摩擦（存贷款利差）冲击影响经济稳态解，因而影响中长期经济发展趋势。实验表明，金融部门的一单位需求中，81%来自对投资的挤出，18%来自对一般工人家庭消费的挤出，1%来自对企业家部门消费的挤出。因而，金融摩擦对收入分配和长期经济增长都有影响。综合来看，持续的利率扭曲是收入差距扩大的重要原因；长期持续的利率扭曲通过收入分配的长期扭曲，导致财富积累差距悬殊，从而影响长期经济增长的潜在动力；利率扭曲对长期经济的影响来源于直接的对投资的挤出和间接的收入分配两种途径。

周炎和陈昆亭（2016）基于两部门 DSGE 框架下金融经济周期模型理论，考虑中国经济中两类冲击对宏观经济波动性的影响，分析两类冲击对经济周期波动形成的重要性、贡献度，以及内在机制。他们认为供给侧冲击是有偏冲击，是产出正效应的冲击，一切激励供给侧冲击的政策是长期正增长效应的政策。用储蓄利率冲击代表的金融冲击，波动性幅度远小于技术冲击。单纯的金融冲击不足以解释实际经济周期波动，而联合的冲击基本可以较好地拟合实际经济周期波动的各阶矩特征。

简要述评：我国关于金融经济周期的研究起步比较晚，早期的研究方法主要是直接在 DSGE 框架中引入信贷约束方程，如许伟和陈斌开（2009）把信贷作为一个生产函数要素直接引入模型中，这样做的好处是可以简化模型，但未能刻画出信贷在经济中的约束和内生性质。随着中国融入世界经济和市场化程度的逐步提高，中国经济近年受到外部和内部金融、货币、信贷、资本市场等因素的影响越来越大。国内学者对金融因素如何影响中国经济的问题更加重视，逐步与世界前沿模型理论接轨，开始采用标准周期方法研究金融经济周期模型来拟合中国经济。但总体而言，这方面的研究还比较欠缺。随着中国经济进入新常态，金融因素在经济发展过程中的影响越来越大，在实际中国经济中，金融经济市场化特征与国外又有很大不同，特别是利率市场化程度不高，政策性手段多用货币政策，而且近几年来，准备金率、金融机构资本比例等宏观审慎政策手段频繁使用，同时中国经济和制度体制与西方经济也有较大的不同，因而对中国金融经济周期展开研究无疑是非常必要的，无论从实践上还是理论上看都有重要意义。

2. 关于中国经济周期波动的实证研究

本书的一个重要内容是研究中国金融经济周期波动的新特征、新现象，这是后续建立符合中国特征的金融经济周期理论的基础。因此，我们着重对次贷危机后我国经济波动的特征进行述评。

国内学术界从 20 世纪 80 年代中期开始对我国经济周期波动特征进行研究。早期的研究主要致力于经济周期波动特征方面，大多数以"说明性"为主；近年来，国内学术界对经济周期波动形成的原因展开了较多研究，但是总体而言，学术界关于经济周期波动的研究相对还比较匮乏，我们根据关键词"经济周期波动特征"进行文献检索，检索了 1990—2016 年发表在核心期刊上的国际经济周期波动特征问题相关论文，首先仔细阅读获取文献的摘要，以确定文章内容是否与经济周期波动特征相关，经过一轮筛选，最终确定在 30 余种核心期刊发表的 70 余篇相关论文。对这一部分文献的梳理主要关注对我国近年来经济波动特征的描绘，以及对中国经济周期波动原因的分析。

1）中国经济周期的确定和周期趋势的判断

刘树成（2000）利用产出增长率，按照"谷—谷"法对我国经济运行情况进行划分，认为我国经济经历了9个相对完整的周期，其中改革开放前有5个周期，改革开放后有4个周期，这是我国较早的对我国经济周期特征进行的研究。孙振等（2009）认为在1999—2008年，我国经济有21个季度处于紧缩状态，16个季度处于扩张状态，共出现了10次拐点。孙振（2010）又对2008—2009年中国经济衰退的拐点进行识别，发现2008—2009年的中国经济衰退出现在2008年7月至2009年2月，从2009年3月开始，中国经济已走出衰退，进入新一轮扩张期；同时发现中国经济的波动性存在非对称性，中国经济处于衰退阶段时的波动大于扩张阶段的波动。王成勇和艾春荣（2010）认为将经济周期划分为紧缩、恢复和扩张三个阶段能够较好地刻画我国经济增长的非线性动态结构，但是划分为紧缩、恢复、扩张和衰退四个阶段，在整体拟合效果和对经济增长结构的解释能力方面都有显著提高，其中扩张阶段的持续性最强，紧缩阶段次之，恢复或衰退阶段为过渡性阶段，持续期短。唐晓彬等（2011）认为1952—2008年中国共经历了10轮经济周期的波动，2000年以后，中国经济已步入了第10轮经济周期，经济扩张概率始终处于高位运行，到2008年为止，新一轮经济周期波动的低谷尚未出现。谢太峰和王子博（2013）考虑体制变革、通货膨胀预期、货币政策、国际贸易与投资等因素，发现当经济运行超过可接受产出缺口区间阈值时，根据扩张期长而收缩期短的新特征，可判断拐点的大致位置，若此时监测到潜在经济增长率趋势变动，则可对拐点做出预测。

张成思（2010）运用存在干扰系数情况下的内生断点检验方法，识别中国经济周期波动特征出现结构性转变的准确时点，认为1995年末是改革开放30年间经济周期由大波动向大缓和转变的分水岭。涂巍等（2015）则将中国的经济波动分为两个阶段：1978—1990年和1991—2013年。丁志帆（2014）认为中国经济前后共经历了五轮经济波动，根据市场经济体制的确立时间和经济周期波动特点将1978—2010年划分为改革探索时期和改革深化时期。

李建伟（2003）认为我国经济运行正处于存货投资短周期波动的扩张期、固定资产投资增长短周期和中周期波动的扩张期、产业结构升级中周期波动的衰退期和中长周期波动的复苏期。

刘金全等（2009）认为我国经济在2008—2009年一直处于"低速增长阶段"，而随着时间的推移，我国经济处于"低速增长阶段"的可能性逐渐减小，处于"适速增长阶段"或"快速增长阶段"的可能性不断加大。饶晓辉（2012）认为我国经济周期具有陡度型非对称特征，但并不具备深度型和尖度型非对称特征，他指出我国经济从低速增长状态转移到高速增长状态的可能性远远大于从低速增长状态转移到适速增长状态的可能性。

刘慧悦和刘汉（2016）认为国际社会上的外在不确定性和国内的外在冲击时有发生，在各种冲击的综合作用下出现了形态各异的非对称经济周期。在经济新常态下，我国增速均值下移，波动率降低，导致非对称性减弱，出现了"L"形波动征兆，这意味着新常态阶段将呈现平均增速下移的趋势性特征。

2）我国经济周期的特征

改革开放前后，经济周期的波动存在明显差异，非对称性特征比较明显（唐晓彬等，2011），在各种因素的作用下，我国经济周期呈现波动性较弱、增长性和稳定性较强的特征（邓春玲和曲朋波，2010；睢国余和蓝一，2005；詹新宇和方福前，2012）。刘金全和张海燕（2003）认为，我国经济周期分界变得模糊、波动性降低、主要宏观经济变量存在一定程度的非对称性，显示出我国经济增长过程中市场规模和体制转变的动态性和阶段性特征。

我国学者对我国经济周期非对称性实证问题展开了研究。

一是从各个阶段的非对称性展开。陈浪南和刘宏伟（2007）认为我国经济周期的非对称性主要体现在各个增长阶段的均值、方差、阶段性之间的转移概率的不同。司颖华（2014）通过讨论经济在各个波动阶段之间转换的内在演化机理，发现我国经济波动呈现出非线性特征。多数研究认为，我国经济周期非对称性特征在改革开放前后区分明显（郭庆旺等，2007；董颖等，2013）。郭庆旺等（2007）和董颖等（2013）都认为改革开放以前，宏观经济波动剧烈，情势转换发生得较为频繁，改革开放以后，宏观经济波动明显趋缓。

二是各主要宏观变量的非对称性。赵海英等（2008）利用时间序列的时域形变检验方法验证了我国实际产出序列存在一定程度的非对称性，认为我国实际产出序列的扩张过程无论是在幅度方面还是持续性方面均强于紧缩过程。徐大丰等（2005）也有类似的观点，并指出价格在经济周期的不同阶段表现出了非对称性调整，导致了对社会资源的非对称配置，进而导致了经济周期的非对称性。刘金全和范剑青（2001）、刘金全和刘汉（2009）则指出中国经济周期的非对称性，主要是由固定资产投资、财政政策和货币政策的非对称性造成的。

学者对于我国经济波动的不对称性也有不同意见，林珊珊（2015）认为我国经济的波动具有很强的波动聚集性和波动持续性，但不存在不对称性。

在各宏观变量的波动特征方面，一些研究指出中国的消费波动比产出波动剧烈，卜永祥和靳炎（2002）、黄赜琳（2005）对RBC的研究均发现了相同的特征，陈晓光和张宇麟（2010）除指出我国居民消费波动的幅度大于产出波动的幅度的特征外，还发现我国的就业波动较为平滑而投资和资本波动过大。但吕朝凤和黄梅波（2011）持不同观点，他们分析了1979—2009年中国宏观经济波动的特征，认为消费、投资波动与产出高度相关，但产出波动高于消费波动，低于投资波动。

黄赜琳和朱保华（2010）发现就业、城镇居民消费以外的经济变量的波动性均高于产出的波动性，投资、劳动生产率等经济变量与产出呈较强的正向协动变化，出口、政府消费、货币等经济变量的稳定性较强，就业、居民消费等经济变量的稳定性较差。

我国经济周期与其他国家相比具有独特性。陈昆亭等（2004c）指出我国经济周期波动基本上服从一般经济周期特征，又有相对独特性，这是由我国特殊的国情造成的。贾俊雪和郭庆旺（2007）也认为我国经济动态主要取决于自身内部因素，呈现出较明显的独立性和特异性，世界经济波动对我国经济动态尤其是对消费增长动态的影响较小，而发达工业化国家经济波动对我国投资增长动态的影响相对较大。祝梓翔等（2013）认为中国经济波动要比大多数新兴市场国家更平稳，中国虽然为新兴市场，但并不具有新兴市场经济周期的典型性。

各文献在讨论我国经济周期特征时采用了不同的方法。比如，陈昆亭等（2004c）、黄赜琳和朱保华（2010）等利用 BP 滤波（band-pass filter，带通滤波器）法；杜婷（2007）等采用 HP（Hodrick-Prescott，霍德里克-普雷斯科特）滤波法和 BP 滤波法；刘金全等（2009）、孙振等（2009）、孙振（2010）、李晓峰等（2010）、唐晓彬等（2011）、唐晓彬（2010）、董颖等（2013）、熊豪（2014）等使用马尔可夫区制转移模型。

3）经济周期波动形成原因研究

早期的研究主要关注实际类冲击的影响，如技术冲击、需求冲击、供给冲击等。例如，卜永祥和靳炎（2002）发现技术冲击这一因素可以解释 76%的中国经济波动，货币冲击的影响相对较小。黄赜琳（2005）发现技术冲击和政府支出冲击可以解释 70%以上的中国经济波动特征，认为中国经济波动是技术因素、供给因素和需求因素综合影响的产物。陈昆亭等（2004c）也认为实际冲击可以解释经济波动的主要部分，引入供给冲击可以改善模型对消费的预测能力，同时指出引入供给冲击优于引入需求冲击。吕朝凤和黄梅波（2011）指出中国经济波动是技术冲击、劳动供给变动、借贷约束和居民消费习惯综合作用的产物。

陈昆亭和龚六堂（2004b）在模型中引入人力资本及其利用率之后，发现连同物质资本，该模型可以很好地解释经济增长波动机制的形成。丁志帆（2014）认为资本窖藏机制对各种冲击尤其是投资边际效率冲击具有传导和放大作用；投资边际效率冲击可以解释 51.79%的产出波动，技术冲击也能解释 35.68%的产出波动，而消费习惯冲击和政府支出冲击对产出波动的解释力不足 10%。

沈坤荣和孙文杰（2004）从金融发展视角出发，指出 20 世纪 90 年代后金融发展与经济增长的相关性增强，但金融体系对投资效率和储蓄转化效率的改善极其有限；投资效率低下，进而全要素生产率（total factor productivity，TFP）不高是影响宏观经济波动的重要因素。

蔡宏波和王俊海（2011）认为当来自供给的不利冲击导致产出水平有下行风险时，政府降低资本和劳动所得税将激励生产者更多地投入生产要素，从而可以有效扩张产出并熨平经济波动。

祝梓翔和邓翔（2013）认为趋势冲击是驱动中国周期波动的重要因素，他们建立的包含趋势性冲击和暂时性冲击的开放经济 RBC 模型，较好地拟合了中国的大部分经济波动特征。

黄赜琳和朱保华（2010）考虑财政税收对经济周期波动的影响，发现政府支出冲击加剧中国实体经济波动，而税收冲击对经济波动的影响不显著。

研究国企在经济波动中的作用的文献有睢国余和蓝一（2005）、詹新宇和方福前（2012）等的研究。这两篇文献均认为中国转轨时期经济的波动性逐步减小，中国经济出现了由"高位波动"到"波幅收窄"的平稳化趋势。睢国余和蓝一（2005）将原因归结为国有企业预算约束硬化和稀缺资源在国有与非国有部门之间的优化配置。而詹新宇和方福前（2012）认为国有经济改革深入推进所导致的国有经济双重经营目标（利润目标和规模目标）相对权重的变化，是导致 2000 年前后中国经济波动特征发生转折性变化的重要冲击源。

研究技术变迁影响我国经济波动的文献有陈师和赵磊（2009）、吕朝凤和黄梅波（2012）、于尚艳和易小丽（2013）、陈银忠和易小丽（2016）等的研究。陈师和赵磊（2009）将偏向性技术变迁和投资专有技术变迁引入 RBC 模型；吕朝凤和黄梅波（2012）则构建了同时引入偏向性技术变迁与中性技术冲击的且包含居民消费习惯形成的 DSGE 模型。于尚艳和易小丽（2013）构建了一个引入偏向性技术变迁冲击的新凯恩斯价格黏性模型。陈银忠和易小丽（2016）构建了包含投资专有技术变迁的小国开放经济 RBC 模型。

4）货币金融类因素对经济波动影响机制研究

刘霞辉（2004）通过融入价格黏性，发现频繁的货币供给量波动会引起经济的大起大落。许立成（2008）认为政府主导下的投资和信贷波动是导致中国经济波动的主要因素。陈晓光和张宇麟（2010）发现信贷约束是中国经济波动的一个重要传导机制，而政府消费冲击则是一个重要的波动源。

孙立坚和孙立行（2005）、吕朝凤和黄梅波（2012）、吕朝凤等（2013）从开放经济的视角探讨了开放经济下影响经济波动的因素。孙立坚和孙立行（2005）认为各国的经济波动并不是由外部冲击直接造成的，而是国内经济的不确定因素导致的，汇率制度、金融市场的开放程度以及资本市场的发展状况对经济波动有很大的影响。吕朝凤和黄梅波（2012）认为以国际利率冲击为代表的国际金融冲击、资本利用、技术进步和政府支出冲击对各经济变量波动都有重要的影响，同时合理解释了各宏观经济变量与贸易盈余（或净出口）/总产出之间的逆向协动性。吕朝凤等（2013）建立了一个考虑外生的政府支出冲击与代表流动性冲击的偏好冲击的小国开放经济三部门 RBC 模型，发现上述机制对宏观经济变量波动有重要的影响；这个模型能够解释 92%以上的中国经济波动特征，可以合理预测各变量与贸易盈余（或净出口）/总产出之间的逆向协动性，可以合理预测各变量与产出之间的相关关系。

简要述评：从以上文献可以看出，国内外对经济周期成因问题的研究十分广泛，学者对经济周期波动成因的关注包含传统经济因素（如技术、货币、外部冲击等方面）和考虑中国现实经济情况的金融发展、政府需求、信贷约束等，较为全面地分析研究了我国改革开放前后的经济周期波动的成因。在经济周期波动特征的研究中非对称性和共动性是两个主要的研究特征，其主要反映的是经济繁荣和衰退形成机制的不同和经济周期波动中各经济变量之间的相关性，学者对这两个特征进行了大量的理论研究与实证研究，大部分的研究都证明了我国的经济周期波动存在非对称性与共动性。当前经济形势变化迅猛，经济周期的波动特征也发生了很大变化，亟须对经济周期的波动特征进行更进一步的研究。本书对后危机时代金融经济周期波动新特征的研究是十分重要的，我们应当重新考虑对我国经济波动产生深远影响的因素有哪些，更加深入地考虑如何充分重视中国实际情况，建立确实能够模拟中国经济实际金融经济周期特征的模型，为中国经济的发展提供理论依据。

1.1.8 小结

周期理论正如它所研究的问题一样，其本身就是波动起伏的。从凯恩斯主义之前的实际派理论到 20 世纪 30 年代凯恩斯主义的兴盛，再到 20 世纪 80 年代 RBC 的兴起，再到 GBC 和现在的 FBC，贯穿于这一理论的兴衰变迁过程的是一次次的危机。然而，我们从长期经济发展的周期波动曲线中，并不能发现显著的危机的痕迹。因此，危机是相对的，而周期是长存的，周期理论也必将如同经济的周期一样长青。

笔者认为关于 FBC 的亟须研究解决的问题包括如下几个方面。

（1）金融市场因素的影响方面。近年，金融市场因素（金融冲击、金融摩擦、金融中介等）上升为影响世界经济周期的主要因素，但关于金融市场因素影响的研究还存在一些不足：①新型世界经济周期理论模型的开发研究是一个学者们都非常关注的新课题，目前已经出现不少这些方面的探索性研究，有的已经产生很大影响，但仍处于初始实验研究阶段，距最终沉淀下来并出现在主流教科书之中还有一定距离。②当前，许多学者在使用 FBC 理论框架思想进行研究，但多基于部分或局部经济背景（比如，以发达经济体为背景的研究较多，而针对新兴经济体的研究相对较少）。这类针对单个经济体或部分经济体的研究方法、问题、技术、过程、结论等，本身就构成值得关注的研究问题。一方面，这些方面的发展值得研究和跟踪；另一方面，这些研究最终能形成怎样的一般性理论，也是一个值得关注的问题。

（2）国际因素的影响方面。随着国际社会经济活动相互关联度的不断增加，开放条件下经济发展理论研究的意义显得尤其重要，其包括如下几个方面：①开放经济条件下FBC理论框架模型的研究与开发，尤其是对经济体制异质性假设条件下适合中国混合经济状况的模型；②国际货币体系重塑[①]并走向稳定之前，国际金融市场、资本市场异常波动性特征描述，以及其对国内金融经济市场活动产生的影响；③我国宏观经济、金融周期与国际经济、金融周期的关联性特征与机制研究；④国家间金融冲击、金融货币政策性冲击、金融市场摩擦等因素影响与机制研究。

（3）国内转型改革因素的影响方面[②]。针对中国经济的专门研究的意义随着中国经济地位的上升而上升，这方面的研究包括：①在封闭经济中，适合中国混合经济状况的模型理论的研究与开发（特别是注重现实经济体制特征，并能预估未来经济特征的模型，比如，对国有经济与私营经济在现有的比重条件下的经济特征与未来比重变化后的经济特征都能够进行研究的模型理论；再如，对利率半市场化条件下的经济特征与利率完全市场化条件下的经济特征都能进行研究的模型）。②我国不断提升的市场化程度，特别是金融市场化程度的提升（如利率市场化程度提升），对于实际经济金融活动的影响。③外需型经济转向内需型经济后经济波动性特征的变化研究。④关于房地产和制造加工型经济向创新型经济的转移过程、波动特征、最优政策等问题的研究（研究重点是：两种类型的经济波动发展特征有何异同；转移过程中会形成怎样的风险，特别是金融风险；涉及财富转移和分配变化等的违约情况形成的经济、金融冲击的机制与概率估计和系统性风险估计等）。⑤在市场起决定性作用导向下，对私营企业与民间金融逐步融合发展的机制，以及新型经济周期增长潜力的估计等方面问题的研究。

（4）在现代化、信息化金融市场和大数据时代背景下，未来经济金融周期特征与理论的研究。①在新形势下，经济金融活动的特点、速度、规律发生极大变化，传统的交易成本、交易模式发生变化，但相应的成熟的研究范式有待确立，未来的理论框架甚至可能是颠覆性的。这方面的创新性研究意义很大。②在新时代特征下，经济金融活动虽然有极大变化，但本质规律不会变，波动频率和幅度加大是最显著的特征，但内在决定性因素的中长期趋势是不会变化的（比如，资本存量，劳动力供给水平，人力资本存量水平，文化、教育和卫生等基础条件，

[①] 实际上，国际货币体系重塑过程本身许多问题的理论研究也是周期理论框架方法应用的范畴，但这里为了更加专注于对FBC理论的介绍，对其采取狭义方式进行处理。

[②] 这方面的问题既可以在封闭经济中研究，也可以在开放经济中研究，各有意义。

以及社会文化环境等，都不会在短期内发生巨大变化）。因而重视新特征，但仍沿袭传统模型框架的拓展性研究仍将是相当长时间内理论和实践研究的主要课题。③在新时代特征下，波动频度和幅度加大将是常态，在这种情况下，波动性是否会影响中长期趋势方向？如何影响？关于这方面的理论研究是一个重要的课题。

1.2 应用研究（一）：内部冲击效应研究综述

1.2.1 文献整理情况说明与粗分析

本文以 housing、real estate、business cycle、business fluctuation 为关键词，对 Web of Science 参考文献数据库进行搜索，搜索结果显示，在 1995—2015 年关于房地产与宏观经济关系的 400 篇被引用次数超过 50 次的文献中，相当一部分发表在国际顶级期刊之中，这表明房地产与宏观经济的关系在二十年中一直是经济研究方面的焦点与热点。表 1-4 显示了发表相关研究文献最多的 16 种期刊，它们累计贡献了 52% 的高被引文献。

表 1-4　1995—2015 年发表相关研究文献最多的 16 种期刊

期刊名称	文献数量	占比
American Economic Review	30	7.50%
Urban Studies	25	6.25%
Journal of Urban Economics	22	5.50%
Housing Studies	15	3.75%
Review of Economics and Statistics	15	3.75%
Journal of Monetary Economics	14	3.50%
Landscape and Urban Planning	14	3.50%
Ecological Economics	11	2.75%
Housing Policy Debate	11	2.75%
Econometrica	9	2.25%
Quarterly Journal of Economics	8	2.00%
International Journal of Urban and Regional Research	7	1.75%
Journal of International Economics	7	1.75%
Journal of Political Economy	7	1.75%
Urban Affairs Review	7	1.75%
Journal of Money Credit and Banking	6	1.50%
合计	208	52.00%

由于近期发表的文献引用率相对较低，根据去除引用率限制后的相关文献的数量的变化，发现近年来特别是 2007 年美国次贷危机后对房地产和经济周期进行研究的相关文献数量急剧上升，表明与房地产相关的问题是当前经济周期问题研究的热点。

周期理论与方法是研究宏观经济的理论，核心目标是服务于宏观经济的管理。因而应用研究是周期理论方法必然的归宿。影响宏观经济周期波动的因素很多，内部冲击是一个大类，其中房地产业冲击和货币政策冲击是最重要的部分。房地产是一种具备多项功能的特殊商品：作为消费品供人们居住、使用；作为资本投入满足生产需要；作为资产在金融市场上充当抵押品。因此房地产与宏观经济的诸多变量紧密相连，是经济中极端重要的组成部分，但长期以来房地产一直为宏观经济研究所忽略（Iacoviello and Neri，2008）。直到近年来，学者才开始重视房地产在宏观经济中的地位，逐步将房地产引入宏观经济模型研究之中。在研究早期学术界针对房地产对宏观经济的影响做了大量实证研究，证明了其不论在宏观还是微观层面都对经济发展、社会文化甚至人口特征产生重要的影响。

课题组在这一部分中主要关注房地产业与宏观经济的相互影响，以及信贷供给、货币政策与房地产业发展之间的交互关系，着重关注信贷市场在房地产价格波动中的金融加速器机制，本节涉及的主要文献如表 1-5 所示。

表 1-5 内部冲击的代表性研究成果

研究内容	代表性人物
房地产业与宏观经济的相互影响	沈悦和刘洪玉（2004）；原鹏飞和魏巍贤（2010）；许宪春等（2015）；皮舜和武康平（2004）；黄忠华等（2008）；况伟大（2011）；梁云（2006）；张清勇（2012）；王重润和崔寅生（2012）；吴宝申（2007）；刘建江等（2005）；骆祚炎（2007）；黄平和沈雁（2009）；洪涛（2006）；刘旭东和彭徹（2016）；Iacoviello 和 Neri（2008）；Becker（1965）；Einarsson 和 Milton（1997）；Greenwood 和 Huffman（1991）；Iacoviello 和 Minetti（2003）；Iacoviello（2005）；Fehrle（2019）；Greenwood 等（2001）；Li 和 Yao（2007）；Carstensen 等（2009）；Campbell 和 Cocco（2007）；Muellbauer 和 Murphy（1997）；World Bank 和 International Monetary Fund（2004）；Case 等（2006）；Levin（1998）；Juster（2003）；Dvornak 和 Kohler（2007）；Green（1997）；Colson（2000）；Wagon 和 Webb（2006）；Maguire（2009）；Chen（2011）；Claessens 等（2012）；Negro 和 Otrok（2007）；Giuliodori（2002，2005）；Mishkin（2001，2007）；McDonald 和 Stokes（2013）；Fratantoni 和 Schuh（2003）；Bernanke 和 Gertler（2001）；Fisher（1911）；Meltzer（1998）；Goodhart（2001）；Cecchetti 等（2002）；Kontonikas 和 Montagnoli（2006）；Kiyotaki 和 Moore（1997）；Tkacz 和 Wilkins（2008）；Lamont（1997）；Wang 等（2018）；Campbell（2006）；González-Benito J 和 González-Benito Ó（2006）；Shack-Marquez 和 Wascher（1987）；Chambers 等（2009）
信贷供给、货币政策与房地产业发展之间的交互关系	李健飞和史晨昱（2005）；沈悦和刘洪玉（2004）；梁云芳和高铁梅（2007）；瞿强（2001）；陈鹄飞等（2010）；丰雷等（2002）；陈利锋和范红忠（2014）；周京奎（2006）；郑忠华和邸俊鹏（2012）；王来福和郭峰（2007）；高波和王先柱（2009）；张涛等（2006）；史永东和陈日清（2008）；段忠东（2007）；郭杰和吴斌（2011）；韩立达和肖云（2008）；梁斌（2011）；魏玮和王洪卫（2010）；梁斌和李庆云（2011）；王擎和韩鑫韬（2009）；丁晨和屠梅曾（2007）；段忠东和曾令华（2008）；胡浩志（2010）；陈耿和范运（2007）；蔡明超等（2011）；李蕙（2010）；肖争艳和彭博（2011）；骆永民和伍文中（2012）；杜敏杰和刘霞辉（2007）；毛其淋和盛斌（2010）；踪家峰等（2010）；况伟大（2008）；袁申国（2011）；龙奋杰和吴公泰（2003）；Mishkin（2001）；Davis（1993）；Senhadji 和 Collyns（2002）；Davis 和 Zhu（2009）；Kashyap 等（1993）；Lamont（1997）；Giuliodori（2002，2005）；Shack-Marquez 和 Wascher（1987）；Chambers 等（2009）；Fratantoni 和 Schuh（2003）；Meltzer（1998）；Goodhart 和 Hofmann（2002）；Baxter 和 Moosa（1996）；Aoki 等（2004）；Negro 和 Otrok（2007）；Calza 等（2013）

1.2.2 房地产业与宏观经济的相互影响

Becker（1965）最早指出应该把房地产业纳入宏观经济模型中。他认为如果没有把房地产业纳入宏观经济中，对于宏观经济来说是不完全的，然而对于到底如何将房地产业纳入宏观经济模型中，他并没有明确指出。

1. 房地产业与宏观经济波动的实证发现

较早地把房地产业纳入宏观经济模型中是 Einarsson 和 Milton（1997）、Greenwood 和 Huffman（1991）的研究。巧合的是他们都是在 RBC 模型框架下纳入房地产业的，这项工作可称为将房地产业纳入宏观经济模型研究中的开山之作。这些研究发现在模型中加入房地产部门，可以更好地拟合实际经济。Einarsson 和 Milton（1997）认为，在美国，居民房地产业的财富相当于总的国民生产总值的 20%—50%，房地产价格波动对宏观经济影响巨大，他们在模型中把房地产作为一项消费品进行引入。生产也是由两种商品的生产组成：普通商品的生产和房屋的生产。通过与无房地产业的模型进行比较，他们发现，在把房地产业引入模型中后，技术冲击使家庭能够更好地平滑在普通商品生产和房地产生产上的时间支出。平滑后的经济，无论是产出还是房地产价格波动，对战后的美国经济来说是一个很好的拟合。Iacoviello（2005）也得到了类似的结论，他们的研究发现在房地产价格的动态影响因素中加入房地产首付约束后，房地产价格脉冲响应的模拟效果较好。

也有研究考察房地产价格波动与经济波动之间的关系。多数研究支持房地产价格波动引起了经济波动的观点。Davis 和 Heathcote（2005）认为，在美国房地产投资波动是非房地产投资波动的 2 倍之多，房地产投资本身就引起了经济波动，他们同时指出房地产投资的高易变性是由房地产行业的劳动密集型的特征导致的，所以房地产投资增加不需要从资本生产增加中获得实现，而是更多地来自劳动投入的增加和土地供给的增加，也就是说劳动投入波动和土地供给波动对房地产的波动具有解释作用。

Campbell（2006）则把家庭分成两种类型：存款类家庭与借款类家庭。他们发现美国房地产首付约束降低与其经济波动相吻合，说明美国房地产市场的波动对其经济的影响十分显著。Greenwood 等（2001）将投资分解为房地产投资和商业投资，模拟的结果显示，生产率冲击对模型而言是长期均衡的原因，利率波动则是引起短期经济波动的因素，但是该模型的缺点是房地产投资和商业投资负相关，而实际数据显示，两者之间正相关。Muellbauer 和 Murphy（1997）

对 1957—1994 年英国房地产市场的研究发现，房地产供给量的增加促进了投资的增长，从而产出增加。Colson（2000）对住房投资、非住房投资以及经济的因果关系及影响进行了研究，构建了由多种组成成分驱动的正交冲击多元模型，结果发现住房投资冲击要比非住房投资冲击更重要。

Claessens 等（2012）研究了 44 个国家的时间序列数据，商业变量总数超过 200 个，金融变量超过 700 个，分析了金融周期与经济周期之间的关系。主要结论有：经济萧条与复苏的长度和深度受金融周期的强度及深度影响；当萧条伴随房价的崩溃，萧条的长度和深度更大；经济恢复的强度显著正相关于之前的萧条深度，也受金融因素影响；伴随着信贷和金融市场繁荣的复苏会更强劲有力，但如果前期的萧条过程中发生了房价崩溃的话，反而会更弱；在新兴经济体中，金融周期特征比发达国家更显著；从总体来看，金融变量周期比经济变量周期更长、更深、更剧烈。以上结论都说明了信贷和住房市场对经济发展的重要性。

2. 房地产与经济增长的关系

国内学者也就我国的房地产与经济增长的关系进行了深入的研究，基本结论都是肯定了房地产的发展对经济发展有促进作用。比如，沈悦和刘洪玉（2004）通过对我国房地产价格与城市经济指标的相关性进行研究，认为房地产价格适度增长能在一定程度上促进宏观经济发展。原鹏飞和魏巍贤（2010）通过构建可计算一般均衡（computable general equilibrium，CGE）模型，发现房地产价格上涨对经济增长的带动效应较大，但相同幅度价格下跌的负面冲击更大。许宪春等（2015）运用统计和国民经济核算理论与方法，对房地产经济的范围和内涵进行科学界定，在此基础上从房地产开发投资、房地产生产和房地产消费三大领域系统完整地定量分析房地产经济对我国国民经济增长的作用，结果表明：房地产经济合理增长对国民经济健康发展具有重要意义，但同时房地产经济增长速度过高或过低，都会影响国民经济的稳定增长。为了保障国民经济健康稳定增长，应保持房地产经济的合理增长。

更有很多研究关注房地产和经济增长之间的双向因果关系，得到的普遍结论是：房地产市场推动了我国经济的增长，而我国经济的增长也带动了我国房地产市场的繁荣。例如，皮舜和武康平（2004）利用面板数据的格兰杰因果检验模型，发现我国区域房地产市场的发展与经济增长之间存在着双向因果关系。

更细致的研究是从地域层面分析不同地区房地产和经济增长的关系。黄忠华等（2008）使用 1996—2006 年我国 31 个省区市的面板数据，并基于全国及区域层面的面板数据分析了房地产投资与经济增长的关系，发现无论是全国还是区域层面，房地产投资都能拉动经济增长，其中全国、东部、西部地区的房地产投资和经济投资存在相互反馈作用；房地产投资对经济增长的影响存在地区差异，其中东部地区最大，中部地区次之，西部地区最小，这说明房地产投资对经济增长的影响依赖于地区的经济发展水平。Chen（2011）使用省级数据的实证研究表明，中国的房地产投资、非房地产投资和经济增长之间存在长期的稳定关系，在国家层面上，房地产投资和经济增长之间存在双向因果关系，但将中国分为东、中、西三部分后，房地产投资对经济增长的影响却出现了极大的不同。而况伟大（2011）则使用中国35个大中城市1996—2007年的数据考察了房地产投资、房地产信贷与经济增长的互动关系。实证结果表明：第一，经济增长对房地产投资的影响大于房地产投资对经济增长的影响；第二，房地产购买对经济增长的影响大于房地产开发投资对经济增长的影响；第三，房地产投资对经济增长的影响大于房地产信贷对经济增长的影响，但经济增长对房地产信贷的影响大于房地产投资对房地产信贷的影响。

梁云（2006）则是分析了两者互动关系的结构性变化，他使用1995年第一季度至2005年第三季度的数据建立了变参数模型和向量自回归模型，结果表明房地产投资的冲击对经济增长具有长期影响，而且对相关行业的拉动作用也比较大。

持不同观点的是张清勇（2012），其运用1985—2009年中国各省区市的数据，指出无论是1985—2009年全时段还是以1997年大规模房改为分界线的分时段，无论是全国各省区市还是分区域的各省区市面板数据，经济增长引领住宅投资的单向格兰杰因果关系是稳定的，但找不到足够的证据支持住宅投资引领经济增长。

在总体肯定房地产发展对经济增长的促进作用的同时，也有研究关注了房地产投资的挤出效应，王重润和崔寅生（2012）发现，房地产投资挤出效应在东部发达城市比较显著，而在中、西部地区不明显；当考虑到挤出效应后，房地产投资对经济增长的影响大幅度降低。吴宝申（2007）通过对1994—2006年的相关数据进行研究，认为房价能显著影响投资规模。

3. 房地产价格与消费

房地产价格上涨对宏观经济产生影响的一个重要途径是影响消费，但对于房地产是否会影响消费学界看法不一。

Li和Yao（2007）与Campbell和Cocco（2007）都通过对消费者进行分类，发现不同类型的消费者面对不同的房地产收益时结果不同，总体来说，当房价上涨时，拥有房产的老年人受益，而无房的年轻人可能会出现整体状况恶化的情况。但Li和Yao（2007）认为老年人不会因为房价上升而增加消费，因此长远来看房价上升会抑制消费；而Campbell和Cocco（2007）通过研究英国的数据发现房屋对于消费是有影响的，总体的房价上升对于解释消费上涨是非常有说服力的。Dvornak和Kohler（2007）用澳大利亚的数据也证实了房地产对于消费有明显的财富效应。Case等（2006）则用14个发达国家25年的数据进行研究，发现与一般金融资产相比，房地产的财富效应更加明显。

也有研究认为房地产价格对消费影响不大。Levin（1998）采用美国 1969 年退休人员的纵向追踪调查数据发现，房地产价值变动对消费的影响不是很显著。Case 等（2006）认为，房价的高涨会产生三种效应来影响消费：财富效应、收入效应和金融市场的反馈效应。他们发现，随着美国房价长达 10 年的上涨，收入效应最明显，而财富效应最小。Juster（2003）运用 PSID（panel study of income dynamics，收入动态追踪调查）数据估计的结果显示，股票价格对消费的影响要大于房地产价格的影响，房地产的财富效应不是非常明显。Piazzesi 等（2007）则认为在理论上，房地产财富效应对消费的影响和股票等对消费的影响一样大。

国内学者运用中国数据对房地产价格上涨的财富效应进行研究得到的结论也不尽相同。刘建江等（2005）发现房地产价格上涨将使消费者的财富增加，从而使其消费增加；骆祚炎（2007）基于 1985—2005 年中国城镇居民的年度数据，在对房地产和金融资产两者财富效应的比较中，也证实了房地产的财富效应大于金融资产的财富效应。但洪涛（2006）给出了相反的观点，其通过面板数据检验我国房地产价格波动和消费增长的关系，发现房地产价格与消费存在一种负相关关系。

刘旭东和彭徽（2016）认为房地产价格波动通过财富效应、挤出效应和抵押效应影响城镇居民消费，指出房地产价格是居民消费的格兰杰原因，且房价对居民消费的财富效应大于挤出效应，但抵押效应不显著。以金融危机为节点的分析表明：越是临近金融危机发生时间，居民消费与房地产价格的正相关性越弱，且房价对消费的解释力度越差。

1.2.3　信贷供给、货币政策与房地产业发展之间的交互关系

Mishkin（2001）对房地产价格和货币政策以及经济波动间的关系做了一个总结，他指出，货币政策通过如下几个途径对经济产生影响：第一，当货币供给增加，增加的货币降低了利率，不但使家庭买房中贷款的利息偿还下降，降低了贷款成本，扩大了投资房地产的能力，同时利率下降有助于资产价格如房价的上涨，而高房价则会引发对房地产的投资热情，引起投资增加，经济增长；第二，货币供给增加引起房价上涨的同时，使得居民财富增加，在财富效应作用下，经济中消费增长进而带动总产出的增加；第三，房地产作为一种优良的抵押品，当货币供给增加，引发资产价格上涨，如果房价上涨，说明以房屋作为抵押品的借贷资产质量更好，风险更低，银行更容易将资金借贷给这类借贷者。

1. 信贷供给与房地产发展

房地产主要依靠债务融资获得资金，短期依靠开发贷款，长期依靠按揭贷款。

这使得大多数国家的房地产价格周期与信贷周期表现出很强的关联性。从理论上分析，房地产价格波动和银行贷款之间存在双向因果关系。

首先，房地产价格影响银行信贷规模。从借款人的角度看，房地产价格变化对他们的可观测财富和借贷能力有巨大影响，诱导他们改变借款计划和信贷需求。从银行的角度看，银行不仅直接持有房地产资产，而且提供房地产资产抵押贷款。建筑开发贷款是银行贷款中最"顺周期"和最容易波动的部分（Davis，1993）。当房地产价格很高时，银行愿意放松贷款条件并提供更多的房地产贷款，产生了一个使房地产和信贷周期密切关联的传播机制。在外资流入和监管薄弱的情况下，该机制可以被加剧（Senhadji and Collyns，2002）。李健飞和史晨昱（2005）检验了中国银行信贷和房地产价格波动的关系，发现房价上涨的根源并非银行的过度放贷，但房地产价格上涨对银行信贷扩张的影响作用显著。

其次，银行信贷可以通过多样的流动性效应影响房地产价格。信贷可得性和贷款态度的变化对房地产需求与新建筑的投资决策有相当大的影响，最终引起房地产价格变化。房地产按揭贷款刺激了需求，拉升了房地产价格；而房地产开发贷款刺激了供给，降低了房地产价格。由于房地产供求弹性具有不对称性，即供给弹性小，而需求弹性大，后者作用要比前者经过更长时间才能体现在价格中。随着经济自由化和市场管制放松，借款者发现他们的融资需求能在资本市场上以更低的成本得到满足。存款者发现了银行存款之外的新选择，如货币基金。面临紧缩的利差，银行被迫寻找更高的收益率，以重新建立利差，使得更多的信贷资源流向高风险的房地产项目，给房地产价格产生上涨的压力。

由于房地产业的数据缺乏，国内外关于二者相互作用的实证研究分散且有限。Oikarinen（2009）发现，在许多亚洲国家中信贷增长对住宅价格有显著的同期影响。Davis 和 Zhu（2009）的跨国因果检验表明，商业房地产价格引起信贷扩张，而不是紧缩。

关于中国房地产价格的实证研究非常缺乏。Gerlach 和 Peng（2004）研究了中国香港住宅价格和房地产信贷之间的关系。结果表明，虽然信贷和不动产价格之间的同期关系很显著，但影响方向是从不动产价格到银行信贷，而不是相反方向。沈悦和刘洪玉（2004）的研究说明了近年来中国大陆城市住宅价格的增长已经无法很好地用经济基本面和住宅价格的历史信息来解释。基于以上研究，本书将尝试对我国近年来房地产价格波动和银行信贷之间的关系进行定量分析。

梁云芳和高铁梅（2007）从地域的不同来分析各地房地产价格的差异，她们用了面板数据模型和修正误差模型对中国的东、中、西部地区的房价与信贷规模之间的关系做了比较，发现无论是长期贷款还是短期贷款，信贷规模对东、西部地区影响比较大，对中部地区影响比较小，实际利率对各个地区的房屋价格的影响都不大，信贷规模对房地产价格波动的影响要大于利率对其的影响。

2. 房地产价格与宏观经济政策

宏观经济政策,尤其是货币政策,与房地产市场的发展具有紧密的联系。研究房地产市场必须把房地产价格纳入货币政策传导机制中。Kiyotaki 和 Moore (1997)提出,贷款人的抵押资产价格会影响其从银行贷款的能力,贷款人从银行获得的信用额度取决于抵押资产的价格,反过来这些价格又会影响其信用额度,这种信用额度和资产价格之间的动态影响过程,使得信用约束和资产价格成为冲击产生效果、持续并放大同时传导到其他部门的传导机制。基于货币传导的信贷渠道理论,更多的学者开始关注资产价格和货币政策之间的相互关系以及在资产价格波动下的最优货币政策问题,讨论主要集中在中央银行是否应该对资产价格进行反应。瞿强(2001)也指出资产价格和货币政策两者存在重要关系。资产价格泡沫通常发生在物价稳定的时期,当物价稳定时,大量资金从一般商品领域转移到资产领域去追求增值,于是资产泡沫产生;当资金不能维持时,泡沫崩溃,引发经济波动。房地产等资产在其中扮演了重要的角色。

(1)货币政策与房价。许多文献认为宽松的货币政策是推高房价的重要原因。货币政策和名义利率在房价确定的过程中扮演特殊角色,货币冲击导致了住房投资和房价的显著波动。持此类观点的文献有陈鹄飞等(2010)、丰雷等(2002)、陈利锋和范红忠(2014)、周京奎(2006)、郑忠华和邸俊鹏(2012)、王来福和郭峰(2007)、高波和王先柱(2009)、张涛等(2006)、史永东和陈日清(2008)等的研究。其中,王来福和郭峰(2007)、高波和王先柱(2009)认为货币供给量推高房价;张涛等(2006)、王来福和郭峰(2007)、史永东和陈日清(2008)等认为贷款利率与房价正相关。段忠东(2007)则证实了中国房价上涨和信贷、通胀上涨之间互为重要解释因素。

首付约束也是影响房地产市场的重要宏观经济政策。国外关于首付约束的研究比较早,Kashyap 等(1993)首创了第一个首付效应模型,根据美国家庭数据提出在购买住房时家庭会遇到首付约束问题,房地产市场会产生房地产价格波动—首付能力波动—房地产需求波动—房地产价格波动的一个循环推进作用,并发现首付约束对房地产波动的影响较大。

Lamont (1997)认为房地产首付约束的降低,能够使房地产市场获得更大规模的住房抵押贷款,降低借款成本,增大贷款价值比。通过货币政策传导机制,从房地产市场到社会借款规模,再到经济总量,其货币政策的作用效果得到增强。Giuliodori(2002)认为货币政策刺激经济的效果会随着首付约束的降低而得到增强。

Shack-Marquez 和 Wascher(1987)在模型下分析首付约束对房地产价格的动态影响,研究发现房价的变化是由利率冲击引起还是由收入冲击引起,将决定首付约束对房地产价格的影响。Chambers 等（2009）通过建立一般均衡模型，分析了不同抵押贷款模式对住宅需求和投资决策的影响，研究发现首付约束方式会对住宅消费决策产生影响。

郭杰和吴斌（2011）则将实际购房分为首付和按揭还款两部分进行考虑，发现我国房地产市场的泡沫主要集中在首付部分。韩立达和肖云（2008）也认为房贷首付比例的变化在短期内对房价有一定的影响，但提高房贷首付比例的政策效应将会因为金融机构和消费者采取对策而减弱。梁斌（2011）通过引入住房贷款首付约束因素，发现正向的首付约束冲击不仅推动了房地产价格的上涨，而且冲击的持续效果很长；正向的首付约束冲击还使得房地产价格对货币政策冲击及产出冲击的脉冲响应效果放大。也有持不同观点的学者，Bernanke 和 Gertler（2001）、McDonald 和 Stokes（2013）就认为，货币政策和房价之间存在联系，但是货币政策有滞后性，当局对经济变化的反应是依据当前的一些变动而做出的，而实际上这些变动反映的是前一段时间内的经济运行，所以说货币政策和房地产有联系是有些勉强的。

（2）货币政策的区域性。Fratantoni 和 Schuh（2003）发现，虽然央行在执行货币政策的时候并没有特定的指向，但是由于各个地区的经济状况不同，货币政策在各个地区的效果会发生较大差异，从而使得各个地区在货币政策冲击下房地产价格波动不同。他们发现，美国东西海岸的各个州对货币政策冲击的反应的差异非常明显。魏玮和王洪卫（2010）把房地产看作区域性的市场，测度各种货币政策对中国东、中、西部地区房地产价格动态影响的异同，结果显示，东、西部房地产价格受到冲击后向稳态收敛的速度慢于中部，数量型工具对西部地区房地产价格的积累效应最显著，而东部地区对房地产价格的积累效应更敏感，此研究从本质上类似于 Fratantoni 和 Schuh（2003）的研究，都是从区域异质性来分析货币政策不同结果的。

（3）运用货币政策调控房价。Meltzer（1998）认为货币政策能够对房地产和股票的价格产生影响，并使其价格波动趋于稳定。以 Goodhart（1995）、Goodhart 和 Hofmann（2002）为代表的研究则认为，当资产价格与基本面存在差异时，货币政策应当直接对资产价格做出反应，从而更好地实现宏观经济的稳定。梁斌和李庆云（2011）认为中国的货币政策总体上是宽松的，房地产的成本冲击是中国房地产价格波动的主要因素，而且温和地对房地产价格波动进行反应是中国的最优货币政策，其可以降低通货膨胀和总的产出波动，使社会福利最大化。

也有很多研究认为货币政策不应该直接对资产价格做出反应（王擎和韩鑫韬，2009）。Bernanke 和 Gertler（1989）认为，只有资产价格变动影响到了央行对通胀的预测时，货币政策才应对资产价格做出反应；一旦央行将资产价格纳入通货膨胀预测过程中，货币政策就不应该再对资产价格波动做出反应。

对于使用何种货币政策工具调节房价，学者也从不同角度展开了论述。Iacoviello（2005）在新凯恩斯模型框架下引入房地产因素，发现房地产抵押贷款极大地放大了总需求对房地产价格冲击的反应，但中央银行对房地产价格的反应的福利收益很小。丁晨和屠梅曾（2007）则认为中央银行应在房地产价格波动冲击货币政策框架各个层面时做出反应，但并不是将目标只放在房地产价格一个要素上面，而是将房地产价格纳入损失函数当中，将房地产因素作为损失函数的一个约束条件。

认为应该通过房地产信贷政策调节市场的有段忠东和曾令华（2008）、胡浩志（2010）。陈耿和范运（2007）认为货币政策调控房地产市场的手段主要有两种，即提高房贷利率和提高首付约束，而首付约束的负面效应较小，调控房地产市场过热的具体货币政策应以提高首付约束为主。认为应该通过首付进行调控的还有蔡明超等（2011）、李蕙（2010）、肖争艳和彭博（2011）。

王维安和贺聪（2005a）认为通过合理调节货币供给量与利率，能在一定程度上发挥抑制房地产价格波动过大的作用。

骆永民和伍文中（2012）认为旨在对房产持有环节征税的房产税在长期可以有效地降低房价，并且能发挥良好的自动稳定器功能以平抑房价波动带来的宏观经济波动，但同时也会给宏观经济带来一定负面影响。

Cecchetti 等（2002）则提出为了抑制房地产泡沫的产生，货币政策应该根据房地产市场发展状况适当进行调整，以达到避免泡沫破裂造成经济动荡的目的。

也有极少数观点认为货币政策不用对房地产价格做出反应。Mishkin（2001）认为世界上的大部分国家都将物价稳定作为其宏观政策目标，如果房地产价格波动通过预期效用影响到社会对未来物价水平的预期从而造成通货膨胀或通货紧缩时，那么就应该及时根据房地产价格的波动幅度采取相机抉择的货币政策来进行调控。但是，通过对多个国家的数据检验发现：房地产价格与通货膨胀的相关性并不显著，所以货币政策不用对房地产价格做出反应。

（4）其他政策与房价。杜敏杰和刘霞辉（2007）建立了一个汇率变动和房地产价格变动关系的模型，把房地产作为一种投资性资产，外国投资者和国内投资者同时进行投资，当汇率发生变化时，通过久期杠杆使房地产价格大幅度变化，按照资产的无套利规则，房地产价格的上涨需要同等幅度的地租上涨来支持，当实际没有满足这一关系的时候，就产生了房地产泡沫。毛其淋和盛斌（2010）则对中国的房地产价格和开放程度做了分析，发现开放程度对房地产价格的上涨平均贡献程度为 4.45%，而且呈逐年增大的趋势；如果把对外开放度看作资本可流动性的代理变量，则对资本的阻碍越少，外资对国内房地产业的投资越多，与杜敏杰和刘霞辉（2007）的结论类似，外资流动对于推动房价上涨有很大的作用。踪家峰等（2010）则是从财政支出的角度来分析房价的变化。

3. 房地产领域的金融加速器机制

Baxter 和 Moosa（1996）指出，传统的经济函数模型缺少一个内部的冲击传导机制，利用单一生产函数解释在产出、消费、投资方面的持续波动缺少解释力度；在他们的模型中，房地产生产成为传播冲击机制的源泉，在冲击发生后，房地产存量会发生变化，这引起了房地产投资的变动，由于房地产生产和一般商品生产的替代作用，波动传播逐步发生。

Aoki 等（2004）、Giuliodori（2005）等都在 DSGE 模型中引入房地产，考虑房地产放大经济波动的金融加速器效应，但前者强调家庭借贷购房行为中的金融加速器机制，而后者则关注房地产抵押的作用。

Negro 和 Otrok（2007）、Calza 等（2013）则从实证角度证明了房地产领域的确存在金融加速器机制。Negro 和 Otrok（2007）利用动态因子和向量自回归模型从实证的角度分析了美国经济中货币冲击对房价的影响，他们指出房地产整体价格对货币冲击反应明显，而且这种冲击恰恰通过房地产的加速器机制传导到了金融领域，放大的冲击又对利率产生了作用，形成下一轮的冲击影响。Calza 等（2013）从抵押和利率传导机制入手，发现在抵押市场发达、抵押合同更灵活的国家，货币的传导作用更大。居民通过抵押房地产获得资金，扩大了在消费、投资上的支出，当出现紧缩的货币冲击后，房屋投资、消费、房价都经历了一个明显的下降，其中房屋投资下降幅度表现得更为突出，持续时间也更长，说明抵押借贷也同样发挥着放大冲击的作用。Giuliodori（2005）持相同观点，认为房地产抵押是经济波动的不可忽视的放大器。但 Mishkin（2007）则认为房价波动要远远小于股票等其他资产价格的波动，房地产中过度的风险积累是金融不稳定的主要原因。

Carstensen 等（2009）则分析了价格黏性在房地产价格和宏观经济变动中的作用，认为在欧洲地区，价格变化越快，冲击对实际经济产生影响的作用越快，冲击对经济的影响效果就越小，房地产价格的波动也越小，经济中的福利损失就越小；相反，价格黏性越明显，货币政策在真实的房价和产出上的作用就越大，房地产的价格波动也越大。房地产价格的变化和宏观经济波动的关系，是通过价格黏性产生作用的，单一地看待房地产价格和宏观经济变动而不考虑价格黏性是不完全的。

国内的学者也在这一领域做了很多研究。况伟大（2008）利用面板数据对中国 31 个省区市进行检验，得到类似于 Negro 和 Otrok（2007）的研究结果，他发现地区的差异使房地产业对中国的东、中、西部产生不同的影响，认为东部地区有房地产泡沫，而中、西部地区并没有明显的泡沫，因此政策的区别对待才能对房地产调控起到良好的预期效果。袁申国（2011）对 23 个省区市的房地产信贷及货币政策在金融加速器下的传导差异性进行了比较，发现有些省区市的货币政策传导不存在金融加速器效应，而上海等16个省区市存在明显的金融加速器效应，这与国外的研究结论类似，即区域的不同使货币冲击对房地产有不同的影响。

以上研究表明，在房地产市场中，抵押借贷、金融加速器机制以及调整成本都会对经济波动产生影响。然而，无论是理论还是实证研究，学者多是单一地考虑这几个因素，很少将它们联系在一起来综合研究房地产和宏观经济之间的关系，而只有将这几个因素结合在一起才能完整地勾画出房地产、金融和经济之间的作用过程，这也是我们在本书中将改进的地方。

简要述评：与国外相比，我国市场化的房地产制度起步较晚，因此，相关的理论研究也姗姗来迟，但我国学术界很好地继承与发扬了国外的研究。总的来说，有关房地产对宏观经济影响的研究一般有以下几个方向：财富效应与替代效应的分析、比较；房地产与经济增长的交互效应；房地产冲击对宏观经济的影响；房地产市场的结构性特征对宏观经济产生的差异化影响等。在宏观经济政策方面，国内对于货币政策给予了极高的关注度，不论是在宏观的整体效应上还是中观的区域化差异上，货币政策对房地产价格造成的影响都在学者的常规议程之内。一个较为明显的趋势是，近些年的文献开始越来越多地针对宏观政策的微观机制，而非仅将宏观政策的运作看作一个"黑匣子"。而随着房地产市场诸多改革的临近，一些新的问题也开始逐渐浮出水面，房地产税、地产杠杆等问题的热度也有所升温。

国内的房地产文献基本跨过了早期房地产建模阶段，一般均采用DSGE方法建模，主要研究问题为货币政策和信贷约束，部分学者也开始探索研究人口特征对房地产市场的影响。但与国外研究相比，国内将房地产作为资产从宏观经济角度进行的研究较少，更多的是从微观的视角研究房地产价格和各个因素的关系，没有从宏观整体角度进行分析，缺少对整体经济中房地产不同角色的分析和把握，未体现房地产资产和消费的二重属性。

1.3 应用研究（二）：外部冲击效应研究综述

1.3.1 文献整理情况说明与粗分析

根据文献检索结果，1985—2019年发表的所有文献中，国际经济周期（international business cycle）是和国际贸易（international trade）以及国际金融（international finance）紧紧联系在一起的。在翻阅大量相关文献后发现，经济周期的国际传导也是以国际贸易和国际金融为主要途径的。以经济周期、国际贸易和国际金融为关键词，以引用率为排序标准，选取引用率在 80 以上的该领域最权威的 700 篇文献进行研究。这些文献主要分布在 *Journal of Finance*、*Journal of Financial Economics*、*Journal of International Economics*、*American Economic Review* 等核心刊物上。文献数占比最大的前十个刊物如表 1-6 所示。

表 1-6 1985—2019 年发表的关于国际经济周期传导的研究文献分布情况

期刊名称	文献数量	占比
Journal of Finance	69	9.857%
Journal of Financial Economics	60	8.571%
Journal of International Economics	55	7.857%
American Economic Review	52	7.429%
Ecological Economics	39	5.571%
Quarterly Journal of Economics	29	4.143%
Review of Financial Studies	26	3.714%
Econometrica	23	3.286%
Review of Economics and Statistics	23	3.286%
Journal of Political Economy	16	2.286%

全球经济一体化被视为国际经济周期形成的根源，传统理论认为，国际经济周期的同步性会随着全球经济一体化的推进进一步加强，但是另一些学者持不同的观点。分析我国经济是否会受到来自国际社会的冲击，离不开对国际经济周期同步性的判断，对国际经济周期同步程度的判断也成为学者研究经济周期外部冲击的第一步。表 1-7 是有关外部冲击的相关研究方向和代表性研究。

表 1-7 外部冲击的代表性研究成果

研究内容	代表性研究
国际经济周期的同步性问题	陈昆亭等（2004b）；薛敬孝和张兵（2001）；杜群阳和宋玉华（2005）；张兵（2002，2006）；罗斐和庄起善（2005）；李晓和赵雪（2013）；彭斯达等（2008）；秦宛顺等（2002）；任志祥（2004）；欧阳志刚（2013）；Baxter 和 Kouparitsas（2003）；Kumakura（2006）；Calderón 和 Liu（2003）；Kose 等（2008）；Banerji 和 Hiris（2001）；Harding 和 Pagan（2006）；Duarte 和 Holden（2003）；Canova 和 Marrinan（1996）；Kose 和 Yi（2006）；Canova 和 Dellas（1993）；Ravn（1997）；Selover 和 Jensen（1999）；Kraay 和 Ventura（2002）；Kouparitsas（2001）；Ambler 等（2004）；Stock 和 Watson（2005）；Harding 和 Pagan（2006）

续表

研究内容	代表性研究
外部冲击周期效应研究	徐前春（2004）；宋玉华和高莉（2006）；徐艳和何泽荣（2009）；罗湘雄和李浩（2014）；顾国达和任祎卓（2016）；车维汉和贾利军（2008）；李晓峰（2009）；丁振辉（2013）；廖晓燕和刘晓玲（2006）；杜婷（2006）；郎丽华和张连城（2011）；罗知和郭熙保（2010）；曹飞（2015）；严志辉和宋玉华（2008）；杜群阳和朱剑光（2011）；刘恩专和刘立军（2014）；石柱鲜等（2009）；石林松等（2012）；程惠芳和岑丽君（2010）；杨湘玉和程源（2012）；朱孟楠和刘林（2010）；卜林等（2015）；赵进文和张敬思（2013）；李浩等（2014）；梅冬州等（2012）；Mitchell（1927）；Canova 和 Dellas（1993）；Backus 等（1994）；Heathcote 和 Perri（2002）；Kose 等（2003）；Kose 和 Yi（2006）；Calderón 和 Liu（2003）；Frankel 和 Rose（1996）；Kumakura（2006）；Imbs（2004）；Calderón 和 Liu（2003）；Frankel 和 Rose（1996）；Gruben 等（2002）；Canova 和 Marrinan（1998）；Heathcote 和 Perri（2002）；Baxter 和 Farr（2005）；Ketenci 和 Uz（2011）；Ioan C A 和 Ioan G（2001）；Zapf 和 Gross（2001）；Jansen 和 Stokman（2004）；Hsu 等（2011）；Mckinnon（1963）；Webb（1995）；Choe（2001）；Clark 和 van Wincoop（2001）；Baxter 和 Farr（2005）；Kim 和 Yang（2012）；Canova（2005）；Maćkowiak（2007）；Mendoza（1991）；Schmitt-Grohé（1998）；Blankenau（2001）；Eickmeier 和 Pijnenburg（2013）；Banerji 和 Hiris（2001）；Lee 等（2003）；Kose 等（2003）；Heathcote 和 Perri（2002）
外部冲击对经济长期增长的作用	沈程翔（1999）；赵陵等（2001）；许和连和赖明勇（2002）；林毅夫（2001a）；杨全发和舒元（1998）；王永齐（2006）；沈坤荣和李剑（2003）；谈儒勇（1999）；曹啸和吴军（2002）；薛田（2008）；赖娟（2013）；雷庆云（2013）；刘文革等（2014）；刘金全等（2014）；刘希章和李富有（2015）；王博峰等（2014）；孔东民（2007）；Either（1982a，1982b）；Romer（1990a，1990b）；Grossman 和 Helpman（1991a）；Aghion 和 Howitt（1992）；Cohen 和 Levinthal（1989）；Hoeffler 和 Keller（2002）
外部冲击下对我国发展的建议	沈娟和何泽荣（2009）；袁志刚等（2016）；易先忠等（2014）；吴晓求（2015）；刘锡良和齐稚平（2009）；季小立和洪银兴（2009）；陈浪南和逯淑梅（2012）；陆磊（2008）；孙浩轩和韩保红（2009）；曹凤岐（2009，2012）；刘锡良等（2014）；黄宪和杨姝怡（2016）；沈坤荣（2013）；沈坤荣和赵倩（2015）；何泽荣等（2014）；汤凌霄等（2014）；王曦和周高宾（2011）；王曦和朱洁瑜（2008）；钱一鹤和金雪军（2016）；黄宪和杨子荣（2016）；袁志刚和李宛聪（2015）；贾康和孟艳（2013）；刘希章和李富有（2015）

1.3.2　国际经济周期是否存在同步性问题

1. 国际经济周期是否存在同步性的判断方法

对于经济周期同步性的检验，最常见的方法是采用相关系数检验，皮尔逊相关系数、肯德尔相关系数以及斯皮尔曼相关系数等均是用来检验两国经济周期相关程度的主要指标。这种方法操作简便，结果明了，在一些不以检验同步性为主要目的的论文中用得最多（Baxter and Kouparitsas，2005a；Kumakura，2006；Calderón et al.，2007；Kose et al.，2008）。但是，不少学者提出经济周期同步程度的判断标准不能完全依赖相关系数检验，还取决于周期波动转折点的同步性，因此他们提出基于马尔可夫阶段转换模型的同步性判断方法。这种方法首先依据马尔可夫阶段转换模型对经济周期进行识别，然后再对周期进行相关性判断（Don and Adrian，2016）。另外，Duarte 和 Holden（2003）利用长短期 ADL 模型

（autoregressive distributed lag model，自回归分布滞后模型）检验各国经济周期的关系，这是一种基于协整检验的分析方法。

在对国际经济周期同步性的检验中，除了采用哪种方法进行同步性检验是关键之外，研究指标的选取以及对数据的处理方式也是影响同步性结果的重要因素。周期研究往往牵涉到时间序列的趋势问题，因此大多数学者会采用多种数据处理方法对原始数据的趋势项进行处理，最常用的方法包括 HP 滤波处理、对数一阶差分处理以及 BP 滤波处理（Canova and Marrinan，1998；Kose and Yi，2006；Calderón et al.，2007）。研究发现同步性检验对趋势项剔除方法的选取有一定的依赖性（Canova and Dellas，1993）。

2. 国际经济周期同步性实证结果

目前，学术界对于国际经济周期协同性的存在性及其程度尚存在一些争议，由于考察的国家和区域范围不同，考察结果呈现出了经济周期协同性和非协同性并存的情况。

赞同国际经济周期存在协同性的学者认为，随着世界经济一体化进程的加速，国际经济周期的协同性正在不断加强，这种国家间的经济周期协同性既存在于发达国家之间、发展中国家之间，也存在于一些贸易或金融联系紧密的发达国家与发展中国家之间。

Canova 和 Dellas（1993）采用 10 个工业化国家的数据和 4 种不同的滤波方法考察了贸易对一国经济周期波动的影响，研究发现显著增强的国际经济、贸易联系以及共同的外部或内部经济冲击是国家间的总量经济周期行为生成的主要因素。但是，他们也发现与 1973 年以前相比，贸易在经济波动传导方面的相对作用有所减弱。对此，他们的解释是，1973 年后全球性冲击（如两次石油危机、全球性技术进步）对经济生活的影响在增大，而金融市场一体化和各国政府之间有目的的政策协调也相对减弱了贸易的作用。

Ravn（1997）进一步证明，除政府支出的相关性程度较弱外，其他经济总量（如产出、消费、投资和进出口）都显示出了很强的正相关性，还呈现出较好的跨国协同性。

Selover（1999）考察了东盟各国之间经济周期传导的相互依赖性，使用频谱分析法检验了各国经济的"共振性"，并找到了本区域经济周期存在的证据。

与之类似，Kraay 和 Ventura（2002）证明了 OECD（Organization for Economic Co-operation and Development，经济合作与发展组织）国家之间的经济呈现出高度同步性，并进一步揭示了导致 OECD 国家经济周期同步性的内在机制：各国经济的高速增长伴随着劳动密集型产品价格的不断上涨，经由劳动密集型产品的价格差异，经济周期波动得以传递——劳动密集型产品的繁荣导致厂商对劳动力需求增加，从而引起工资的上涨，最终带来产出和就业的增加。因此，他们认为劳动密集型产品的价格差异是世界经济周期形成和传递的重要因素。

Kouparitsas（2001）发现，G7 国家间的经济周期具有较高的相关性，特别是布雷顿森林体系崩溃以后，他进一步指出世界经济周期特别是发达经济体之间的经济周期的协同性的确存在。沈子荣（2011）也得到了类似结果。但 Stock 和 Watson（2005）指出即使在 G7 内部，经济周期的协同性也在降低，而且发生了明显的分化，即出现了欧洲区域国家和英语语系国家各自内部的协同性增加。

王悦（2012）运用相关性分析、聚类分析等方法对不同区域的经济周期协同性的存在性进行研究，发现在 1980—2009 年，亚洲、北美洲、欧盟、拉丁美洲、大洋洲以及非洲六个区域组成的代表世界经济的多国经济周期协同性非常明显，世界经济周期协同性确实存在。

另外一些学者在实证研究中得出的结论则恰恰相反，即认为国际经济周期的协同性较弱，甚至在一些国家根本不存在经济周期的协同性。

Ambler 等（2004）质疑了 Backus 等（1995）的研究中认定的各国经济总量高度相关的观点。通过对 20 个工业化国家宏观经济总量的实证研究，发现尽管各国经济波动的相关系数大多数为正，但数值都较低。

Harding 和 Pagan（2006）采用他们自己定义的同步性检验方法发现，工业国在产出之间的同步性也是较低的。在发展中国家之间，经济周期的同步性更低于以往学者的预期（Kose et al.，2003）。

作为世界第二大经济体、第一大出口国，中国经济与世界经济的联系更加紧密，中国与主要经济体之间的经济周期协同性问题也逐渐成为一个重要的研究议题，国内学者和专家对此进行了较为深入的研究。

首先是对中国与东亚地区之间经济周期协同性的研究。

陈昆亭等（2004b）通过对中国、美国、日本、韩国各国经济总量的矩分析，发现中国同日本有相当强的顺周期关系，特别是 1978 年以后，两国的协同性关系很强。

薛敬孝和张兵（2001）通过计算东亚各国经济增长率之间的斯皮尔曼相关系数，对东亚地区的经济周期关系进行了研究。他们认为 20 世纪 70 年代以来，东亚各国的经济周期在某些时期表现出了比较明显的同步性，而在 20 世纪 90 年代存在离散的倾向。

杜群阳和宋玉华（2005）通过相关系数检验与聚类分析等方法对东亚经济周期同步性进行检验，他们认为东亚经济周期的同步性不仅存在，而且随着亚洲区域经济合作发展而加强；同时，东亚还存在次区域经济周期。但是，东亚地区性大国（中国、日本）与其他国家经济周期相关性相对较弱。

张兵（2002）从东亚地区内部因素与外部因素入手对整个区域的经济同步性

进行了分析。他认为东亚地区的经济随着贸易与直接投资的加强而变得越来越同步，但是罗斐和庄起善（2005）对这个观点却有着不同的看法，他们认为贸易强度的增加并不一定使得两国宏观经济波动相关性得到提升，也就是说，东亚国家和地区贸易一体化的进程不一定能导致该区域内宏观经济波动的同步运动。他们认为产生这一现象的原因可能是，东亚国家和地区贸易的主要形式是产业间贸易，而不是产业内贸易。

李晓和赵雪（2013）认为，自2000年以来，东亚地区的货币金融合作虽然取得了显著的成果，但却始终未能突破"清迈倡议"的框架，至今尚未在汇率协调与合作领域有所进展。在此背景下，深入分析东亚经济体汇率联动关系的现状及变化趋势，对推进东亚地区非制度性的汇率协调及制度性的汇率合作具有一定的现实意义。研究表明，短期来看，在实际钉住美元的汇率政策下，东盟五国对美元汇率存在着一致性的变动关系；长期来看，东亚经济体间汇率存在着正向的协整关系，而这种汇率的联动性特征实际上是通过钉住美元得以实现的。因此，现阶段维持东亚经济体对美元汇率的稳定、逐步提升中国作为区域内最终产品市场提供者的地位，是缓解"美元困境"并逐步实现东亚区域货币金融合作的重要途径。

其次是对中国和美国经济周期协同性的研究。

张兵（2006）从经济增长率的角度考察了中国和美国两国经济的相关性，发现中国和美国在一些历史时期经济周期波动协同性比较明显，并进一步指出，全球化进程的加快以及中国融入世界经济体系程度的加深，为两国经济协同性创造了基础条件，而且两国间的经济波动主要靠贸易和直接投资两个渠道来传导。

彭斯达等（2008）的研究认为，中国和美国两国经济周期波动的协同性并不高，主要经济指标之间的关系并不密切。

秦宛顺等（2002）对中国和美国、中国和日本经济周期波动之间的相关系数进行测算，以此判断它们之间经济周期的同步性，得到的结果表明中国和美国经济周期的联系为弱相关关系，中国和日本经济周期的关系为负相关关系。

最后是对中国与世界或区域经济周期关系的考察。

任志祥（2004）从冲击传导的角度，研究了中国经济波动与世界经济周期的协同性。他综合考量了世界整体、欧盟、东亚、美国及日本的数据，做出了比较完整的分析，得出中国经济增长率与世界经济增长率间存在显著的协同性的结论。

欧阳志刚（2013）基于国际经济周期理论，使用共同趋势与共同周期的方法检验中国经济波动的国际协同，基于此分解中国经济增长与国际经济增长的共同趋势与共同周期，进而针对共同趋势与共同周期分别设定非线性因子模型，以此刻画国际共同冲击、国别冲击对中国经济波动的效应。研究结果表明：中国经济波动的国际协同包括趋势与周期的协同，中国经济正面临着艰难的国内外环境，且具有恶化的趋势。中国经济波动的国际协同既有外国冲击对中国的溢出效应，也有国际共同冲击的作用。当前的国际共同冲击、外国冲击和本国冲击的综合作用，使得未来一定时期内中国经济增长速度将处于下行趋势。中国 2013 年的政策效果主要取决于本国内部经济形势，但同时也与重要贸易伙伴国的经济形势密切相关。

简要述评：目前在国际经济周期同步性的研究中，考查范围常是经济结构和发展程度较为相似的国家，如 G7 集团、OECD 国家等，但经济金融危机越来越表现出全球性的特征，发展中国家和发达国家间经济的传导关系和相互作用特征也是重要的研究课题。

1.3.3 国际经济周期的传导途径

对国际经济周期传导途径的研究被视为研究国际经济周期问题的基础，对国际经济周期传导效果的判断也离不开对传导途径的研究。国际贸易与金融市场作为两条最主要的传导渠道，早已得到了广泛的证明。国际经济周期研究的先驱者 Mitchell（1927）发现在金融一体化与贸易全球化的作用下，国际经济周期的相关程度在不断提高。其后，学者沿着这个方向对国际经济周期的形成与传导进行了深入研究，得出的结论基本上是，国际经济周期的同步性会随着贸易密度的提高与金融市场流动性的增强而上升（Canova and Dellas，1993；Backus et al.，1994；Heathcote and Perri，2002；Kose et al.，2003；Kose and Yi，2006；Calderón et al.，2007）。国内已有的研究大部分也赞同国际经济周期主要通过国际贸易与国际金融的途径进行传导的观点（徐前春，2004；宋玉华和高莉，2006）。Gelach（1988）用波谱分析技术来研究跨国经济周期，发现各个国家间的产出在经济周期频带上是相互联系的，并指出当各国经济变量具有良好的相关性并表现出时间序列运动的高度协同性时，一些经济冲击造成的经济波动会通过国际传导途径，如贸易、金融等渠道迅速传递到各国。徐艳和何泽荣（2009）认为，由于美国是世界第一大经济体、主要债务国，美元又是世界主要流通货币和储备货币，因此，美国次贷危机的国际传播不同于以往金融危机，它是通过金融渠道、贸易渠道和货币渠道从美国蔓延到与美国经济、金融联系密切的其他国家，形成了全球性的金融危机和经济衰退。

1. 国际贸易传导

国际经济关系以国际贸易为核心，资本的使用、科学技术的交流和服务的交换都以国际贸易为活动的中枢，所以世界各国之间经济活动的相互传导通常是通过国际贸易这个最重要渠道进行的。近年来，世界贸易快速发展，世界贸易的增长率几乎每年都比世界 GDP 的增长率高，而且国际贸易占 GDP 的比重逐年提高。

国际贸易不仅是现代国家间经济交往的重要组成部分，也成为国际经济波动传导溢出效应的主要渠道。

（1）国际贸易影响经济波动的实证结果。McKinnon（1963）重点考察了贸易开放程度与宏观经济活动的相关性，发现如果两国的贸易开放程度足够大，那么在它们之间建立自由贸易区以及固定汇率就是可行的，也是势在必行的，贸易必将带来经济活动的高度相关。

Choe（2001）研究了东亚国家的经济周期与双边贸易的影响，Baxter 和 Kouparitsas（2005a）考察了 100 多个发达国家和发展中国家的数据，他们均认为经济波动随着区域内贸易依存度的加深而具有显著的协同性，持类似观点的还有 Clark 和 Wincoop（2001）、Imbs（2004）等。

罗湘雄和李浩（2014）采用中国、美国、日本、德国、韩国、英国和巴西 1978—2011 年的经济数据进行研究，发现大部分国家都显示出了明显的增长趋势趋同性；国际贸易及他国经济对中国 GDP 同时存在着短期效应和长期作用，贸易波动会在相当程度上引致 GDP 波动。顾国达和任祎卓（2016）运用 1991—2014 年中国与东亚 9 国（地区）间的行业面板数据进行了检验，结论表明：随着资本、技术、劳动、资源密集型行业的垂直专业化程度呈阶梯性下降，它们对国际经济周期的影响也随之依次呈阶梯性减弱以至为负；强流动要素中间产品贸易对国际经济周期的影响大于弱流动要素中间产品贸易对国际经济周期的影响，而这主要取决于中间产品的要素替代弹性和中间产品替代弹性的"两个弹性"大小。

车维汉和贾利军（2008）将国际贸易对中国宏观经济波动的影响分解为供给冲击、国外需求冲击和名义冲击三个方面，研究结果表明：国外需求冲击与供给冲击能在较大程度上解释中国经济波动，所不同的是前者为正效应，后者为负效应，前者短期效应较明显，而后者长期效应较明显。李晓峰（2009）则分析了我国国际贸易波动的因素，研究表明贸易波动的主要因子是供给冲击、需求冲击、贸易竞争力、体制与政策因素和世界经济周期波动。

（2）贸易密度理论。国际贸易的存在使得各国对彼此在产出与消费上产生依赖。在研究国际贸易与国际经济周期之间关系的理论中，最引人注目的就是贸易密度理论。

Frankel 和 Rose（1996）指出了贸易和经济周期的两种重要联动机制：第一，当一国的国内需求增加使得该国经济出现繁荣状态时，这种效应会通过其更大的进口需求对贸易伙伴国产生一个溢出效应；第二，增大的贸易量引致了对国家间协调一致的货币政策和财政政策的需求，这就使得国家间的政策冲击趋于一致。这两种联动机制意味着贸易一体化程度的加深会导致更紧密的经济周期联系。为了进一步测度国际贸易与经济周期协同性之间的相关性，他们基于两国模型，创造性地提出了贸易强度的概念，后来被研究者广泛采用。

$$\mathrm{WX}_{ijt} = \frac{X_{ijt}}{X_{i,t} + X_{j,t}} \tag{1-1}$$

$$\mathrm{WM}_{ijt} = \frac{M_{ijt}}{M_{i,t} + M_{j,t}} \tag{1-2}$$

$$\mathrm{WT}_{ijt} = \frac{X_{ijt} + M_{ijt}}{X_{i,t} + X_{j,t} + M_{i,t} + M_{j,t}} \tag{1-3}$$

其中，WX_{ijt} 为时间 t 内 i 国对 j 国的出口强度；WM_{ijt} 为时间 t 内 i 国对 j 国的进口强度；X_{ijt} 为时间 t 内 i 国对 j 国的货物出口值；$X_{i,t}$ 为时间 t 内 i 国所有货物出口值；$X_{j,t}$ 为时间 t 内 j 国所有货物出口值；$M_{i,t}$ 为时间 t 内 i 国所有货物进口值；$M_{j,t}$ 为时间 t 内 j 国所有货物进口值；WT_{ijt} 为双边贸易强度。利用双边贸易强度指数，他们进一步构建了包含双边贸易强度以及两国宏观经济变量相关系数的回归模型，即 FR 回归，如今它也是用于分析贸易对国际经济周期影响的最主要的方法之一。

$$\mathrm{Corr}(v,s)_{ijt} = \alpha + \beta \mathrm{Trade}(w_{ijt}) + \varepsilon_{ijt} \tag{1-4}$$

其中，$\mathrm{Corr}(v,s)_{ijt}$ 为消除趋势后两国宏观经济变量的相关系数；$\mathrm{Trade}(w_{ijt})$ 为两国双边贸易强度指数。运用式（1-4），他们以 21 个工业化国家为研究对象，考察了各国之间的双边贸易强度对主要宏观经济变量相关性的影响，并进一步证实了两者之间存在显著的正相关关系，即两国贸易联系越紧密则经济周期的协同性越强。

随后这种方法受到了很多经济学家的青睐并得到进一步发展。通过在模型中增加新的经济因素，对贸易强度与国际经济周期的关系进行分析。

Kumakura（2006）在贸易密度模型中引入中间商品，将两国贸易强度与第三国中间商品贸易结合起来。这种改变进一步增强了模型对现实经济的解释力。

与之类似，Kose 和 Yi（2006）在检验贸易强度与经济周期关系的模型中还加入了交易成本，从而增强了贸易与产出之间的内生联系。他们分别采用季节性数据和年度数据估计了 21 个 OECD 国家双边贸易强度与经济周期协同性之间的相关系数，发现两者间存在显著正相关性，并进一步指出一国的贸易开放程度越高，与其贸易伙伴国的经济周期协同性越明显。

Imbs（2004）认为，生产结构相似的国家经济周期的同步性会大于生产结构相异的国家，依此 Calderón 等（2007）在贸易密度和经济周期同步性检验模型中，增加了衡量产业内贸易密度的指标 $\mathrm{GLI}_{i,j}$ 和衡量产业结构相似度的指标 $\mathrm{ASP}_{i,j}$。根据实证结果，贸易密度与经济周期之间有明显的正向关系，而相似的生产结构与产业内贸易密度的增强均能明显导致经济周期同步性增强。

虽然贸易密度被认为是贸易传导途径效果的主要决定因素，但是有研究表明国际经济周期贸易传导的效果还受到其他一些因素的制约。Frankel 和 Rose（1996）发现如果贸易双方产业内分工程度很高，那么面对产业冲击时，经济波动的联系就会降低。同时，周期的传导还取决于贸易双方在产业结构上的相似程度，产业内贸易比产业间贸易乃至所有贸易都更能引起 GDP 同步运动（Gruben et al., 2002, Kose and Yi, 2006）。流动资本回笼利用率非常高，同样也会导致贸易双方产业内分工的深化与经济周期联系的降低（Canova and Marrinan, 1998），实证显示在国际经济周期模型中增加变动资本利用率可以显著降低各国生产率的相关程度（Baxter and Farr, 2005）。Ketenci 和 Uz（2011）对多国的进出口和国际贸易余额同产出的相关关系进行了研究，证明进出口同产出有顺周期关系，国际贸易余额同产出存在非周期关系。Ioan C A 和 Ioan G（2001）在分析一国和其他国家之间经济周期协动程度时，把国际贸易渠道作为影响经常项目账户平衡的重要因素，得出相互贸易依存度大小以及进口商品和国内可生产商品之间的替代程度对经济波动的国际传导具有重要影响。丁振辉（2013）认为中国与主要贸易伙伴在生产上具有规模报酬递减的性质，随着中国与这些国家（或地区）生产依存度的加深，两国（或地区）之间的产出关联性也会加强，中国与这些国家（或地区）的经济周期有协同性趋势。

研究表明，国际贸易对我国经济波动的传导作用明显。廖晓燕和刘晓玲（2006）认为美国经济波动对中国经济的传导渠道是贸易，且主要是通过影响中国自美国的进口来传导。杜婷（2006）表明国际贸易冲击对我国的经济周期波动产生了重要的作用和影响，出口每波动 1%，会引发 GDP 波动 0.25 个百分点左右，随着我国对外贸易的快速增长，贸易波动对宏观经济的影响会进一步增加。郎丽华和张连城（2011）认为，中国的进口贸易周期决定于中国的经济周期，而中国的出口贸易周期则决定于世界经济周期；经济周期决定贸易周期，两者存在高度的相关关系。

罗知和郭熙保（2010）则强调进口商品价格对国内消费品有显著的价格传递效应，且其作用随贸易成本的变化而不同。曹飞（2015）则分析了国际油价波动对中国经济波动产生的负向影响。严志辉和宋玉华（2008）认为《北美自由贸易协议》签订并实施使得美国、加拿大、墨西哥三国间的经贸联系日益密切，而三国间经贸投资联系的加强会影响三国宏观经济波动的传导，同时也加强了北美自由贸易区内美国、加拿大、墨西哥三国经济周期的共动性程度，尤其是对美国、墨西哥两国经济共动性的提升最为显著。

杜群阳和朱剑光（2011）、刘恩专和刘立军（2014）、石柱鲜等（2009）都认为贸易强度与产业内贸易对我国经济周期协动性会产生影响。前两者认为贸易强度对东亚经济周期协动性具有显著正效应；但石柱鲜等（2009）则认为产业内贸易强度大，则双边贸易强度与经济周期协动性为正相关关系；产业内贸易强度小，则双边贸易强度与经济周期协动性为负相关关系。

（3）国际直接投资与经济周期协动性。有关国际直接投资与国际经济周期协动性的研究还处在起步阶段，目前研究文献还比较少。张兵（2006）指出中美两国的贸易和直接投资联系是经济周期同步的纽带和基本传导渠道。

Zapf 和 Gross（2001）通过对 17 个 OECD 国家经济冲击传递的分析，发现货物和服务贸易、金融资产交易［包括双边 FDI（foreign direct investment，外商直接投资）］的解释能力弱于国家间的共同特征，如类似的法律体系、健全的会计标准、共同语言、对新技术的开放等，由于 FDI 相对 GDP 的规模小于贸易，因此，FDI 的影响小于双边贸易。Jansen 和 Stockman（2004）对 OECD 国家 1982—2001 年数据进行分析，提出国际直接投资与国际经济周期协动呈正相关关系的观点，而且，从 1995 年开始，国际直接投资的影响有所增强，这与 FDI 的影响具有时滞性有关。Wu（2009）的结果表明，国际直接投资具有显著的正效应，认为 FDI 联系能比贸易和产业结构相似更好地解释经济周期协同变化模式。

2000 年以后中国与主要贸易对象国经济周期共动性不断增强，FDI 强度越大经济周期共动性就越强。FDI 已经成为影响中国与主要贸易对象国之间的经济周期共动性的主要因素之一（石林松等，2012）。程惠芳和岑丽君（2010）通过选取 1990—2008 年中国及其 27 个主要贸易伙伴的数据，研究发现双边贸易强度、FDI 强度、产业结构相似性与 GDP 周期协动性呈显著正相关关系。杨湘玉和程源（2012）以 1980—2008 年 14 个发展水平相近且外资开放度较高的发展中国家为研究对象，发现 FDI 和贸易是传递世界经济波动的两条主要渠道；FDI、进口和 GDP 因相互影响而形成一条循环，其中 FDI 对进口具有单向的预测能力，因此，FDI 相对于进口能更敏感地传递世界经济波动。

朱孟楠和刘林（2010）、卜林等（2015）、赵进文和张敬思（2013）都分析了我国短期国际资本流动、汇率及资产价格之间的相互关系。朱孟楠和刘林（2010）认为短期国际资本流入会导致人民币汇率升值和市场对人民币升值预期，还会导致股价和房价上涨；而人民币升值、升值预期以及股价上涨都会造成短期国际资本流入；股价上涨会导致房价上涨；房价的上涨会导致资本流出，股价下跌。卜林等（2015）则认为在同期，存在"人民币汇率、股价到短期国际资本流动"的单向因果关系，并且它们对短期国际资本流动具有几乎相等的解释力；同时，存在"股价、短期国际资本流动到房地产价格"的单向因果关系，在长期二者的作用也几乎等同，但后者的作用有一定的时滞，股价和汇率之间并不存在同期因果关系。赵进文和张敬思（2013）引入风险溢价因素，理论分析和实证结果揭示了其动态演化过程，发现人民币升值会导致短期国际资本获利流出，货币供给剪刀差扩大，股票价格下跌，从而短期资本继续流出，人民币贬值，进而短期资本逢低流入，货币供给剪刀差缩小，股票价格上涨。

近年来，国际实际经济周期模型以及开放条件下的 DSGE 模型在一定程度上占据了主导地位。比较具有代表性的研究包括：Rogoff（1996）对经常项目账户余额的变化进行了详细论述，总结了小国开放经济的一般均衡模型，并利用该模型讨论了经常项目余额与宏观经济波动之间的关系。Freire-González（2020）利用 Merton（1971）的随机动态资产组合模型，发现经常项目对宏观经济冲击的反应等同于冲击所引起的储蓄的上升，再乘上该国总资产中外国资产所占比重。Prasad（1998）将多个贸易变量置于同一框架下讨论不同冲击对经济周期波动的影响。

李浩等（2007）分别用封闭经济模型、小国开放经济模型和考虑了政府购买的小国开放经济模型对中国经济进行实证检验。研究发现，封闭经济模型仅能解释产出、消费、投资波动的 48.26%、24.39%、98.50%；而小国开放经济模型分别可以解释 68.70%、69.51%、98.50%和 TB/GDP 率的 97.42%；考虑了政府购买的小国开放经济模型的解释程度分别是 81.91%、81.95%、99.63%和 TB/GDP 率的 209.68%；比较分析表明开放经济模型比封闭经济模型能更好地解释中国的经济现象，并且随着将政府购买引入开放经济模型中，该模型对经济的解释能力显著提高。

梅冬州等（2012）建立了一个两国的国际经济周期模型，分析不同类别的商品贸易对跨国经济协动性的影响，指出消费品贸易的规模越大，两国的经济协动性越低，消费品的替代弹性越大，在同样的消费品贸易规模变动下，经济的协动性下降幅度越大；生产品贸易的规模越大，两国的经济协动性越高；进口的生产品与本国生产要素的替代弹性越大，同样的生产品贸易规模变动下，经济的协动性上升越小。

简要述评：目前不少学者都指出国际经济周期的传导受多方面条件的限制，面对我国的经济类型、体制和发展状态，少有学者建立我国特有的宏观波动传导模型。现有研究往往从某单一角度入手分析国际贸易和我国 GDP 等相关关系，在多部门 DSGE 框架下的研究较少。

2. 国际金融传导

近几十年来，在金融自由化的推动下，金融全球化发展异常迅速。在此背景下，任何地方出现的经济周期波动或经济危机，无论是 20 世纪 90 年代爆发的墨西哥经济危机、欧洲货币危机、东南亚金融危机，还是 2008 年发生的始于美国的金融危机，都会引发区域性甚至世界性经济波动，尽管巨额财政赤字、急剧通货膨胀、经济衰退等引发经济金融危机的传统因素往往存在，但金融传导机制在危机中的推波助澜作用越来越明显。因此，研究经济周期波动中金融跨国传导机制，对于防范经济危机，建立有效的预防机制具有十分重要的意义。

（1）金融市场对于国际经济周期的传导主要是通过货币政策、信贷、资本市场的自由投资等途径进行。国际金融市场的存在使得一些国家的货币政策变动可以通过国际利率影响到其他国家的利率水平与资产价格，从而对国际经济周期进行传导。当前对国际金融市场影响最大的，无疑是拥有国际主要流通货币的美国，它的货币政策变动、美元价值变动均会对这个市场造成巨大冲击，现有的研究发现美国货币政策的变动对一些国家的价格水平、真实产出均会造成明显冲击（Kim and Yang，2012；Canova，2005；Maćkowiak，2007），浮动的汇率制度更是将这种经济冲击放大到国际贸易领域，但是综合来说货币政策的影响与国际贸易传导比起来其作用还是相对小一些（Maćkowiak，2007）。

随着国际金融市场的日益完善，不仅各国的金融指标变动会引起经济周期传导，而且由各国金融系统流动性构成的世界利率也能对国际经济周期进行传导。Mendoza（1991）以及 Schmitt-Grohé（1998）发现世界利率的冲击对于小规模开放经济体的产出、消费和劳动量甚至投资、净出口以及净外国资产都能产生一定的影响，但是影响程度并不高。但是，Blankenau 等（2001）在运用方差分解方法对世界利率在国际经济周期传导中的作用进行分析时发现，以加拿大数据为例的实证显示世界利率对小规模开放经济体的经济周期波动有很强的解释力，同时他们证实世界利率对于加拿大 1/3 的产出波动拥有解释力，而对净外国资产波动则有超过 50%的解释力。Eickmeier 和 Pijnenburg（2013）认为对于全球 2001 年前后出现的一致性经济衰退，国际利率在这一段时间所起的作用可能要大于国际贸易传导所起的作用。

（2）资本市场则主要通过财富效应的同步运动进行经济周期传导。Kose 和 Blankenau（2006）认为金融市场一体化程度的提高，让资本的自由流动成为可能，这就使得机构可以通过投资不同国家的资本市场来分担风险，而各国的资本价格将通过这种套利行为变得越来越接近，从而影响各国经济周期的同步性。Anwar 和 Cooray（2012）认为金融市场对国际经济周期的传导主要体现在财富的同步运动。他们认为金融市场的联系使得两国的消费需求与投资需求随着财产的同步变化而变得同步，从而使得经济周期得以传导。

Lee 等（2003）集中研究了在固定汇率制度和浮动汇率制度下，美国和日本分别对澳大利亚经济周期传导的影响。因为澳大利亚经济周期的传播渠道不是出口，而是金融市场，因此美国对澳大利亚的影响是直接的，而日本对澳大利亚的影响则是缓慢的。

总体来说，国际经济周期通过金融市场进行传导的效果主要取决于各国金融市场的开放程度与各国金融结构的相似程度。Kose 等（2003）对一组发达国家与一组发展中国家的国际经济周期进行了研究。他们发现金融一体化的趋势极大地强化了各经济周期的同步性，且这一现象在发达国家中更为明显。Heathcote 和

Perri（2002）在对不同开放程度的金融市场进行比较时发现，与借贷利率密切相关的国际借贷机会对于经济周期波动的跨国传导是非常重要的。有学者通过在DSGE模型中引入黏性价格与金融摩擦，对OECD成员国的经济周期同步性与其金融结构差异的关系进行分析，发现这两者呈现出负相关的关系。并且，当两国钉住同一个可信任汇率并开放贸易时，他们产出的协同性增强，而当他们各自的金融开放度提高时，产出的协同性则降低。

简要述评：在国际经济周期传导影响力的研究中，虽然国际贸易与国际金融市场构成国际经济周期的主要传导渠道，但是在复杂的经济形势面前，众多因素可以对这两个传导途径产生影响，甚至可以对传导途径形成阻碍，这就对国际经济周期传导效果的测定提出了很高的要求。尤其是发展中国家和发达国家间不同的政策制度、不同的经济结构，都成为研究传导机制时不可忽略的问题。

1.3.4 外部冲击（国际贸易、国际金融）对我国经济长期增长的影响

1. 国际贸易促进经济长期增长的理论及证据

在20世纪70年代中、后期，按照新增长理论，国外经济学家和学者逐步建立了产品种类增加的技术进步模型（Ethier，1982a；Romer，1986，1990b）和产品质量改进的技术变迁模型（Grossman and Helpman，1991a；Aghion and Howitt，1992），通过这些模型进行的实证分析表明，企业对技术研发的投入带来的不仅是产品数目的增加，而且还有产品质量的升级。企业的技术研发活动带来了新技术的产生与企业对外来知识和技术的消化以及复制能力的增强（Cohen and Levinthal，1989）。但是，依靠一国已有的技术研发的资本存量以及资本的持续投入来自主创新以促进国内技术进步的行为只会出现在封闭经济系统中。在开放经济系统中，一国技术进步不仅取决于国内对技术研发的资本投入，而且其他国家的技术研发的行为也通过各类技术溢出机制直接或间接地影响了本国的技术进步。国际经济活动中这种技术研发活动的外部性现象被称为国际技术外溢，即国外的技术研发活动通过国际经济活动间接地对本国的技术进步产生溢出效应。国际技术溢出传导渠道主要有国际商品贸易（包括国际服务贸易）、FDI、劳务输出、人口迁移以及信息交流等（Hoeffler and Keller，2002）。以国际贸易作为传递渠道在不同国家间发生的技术溢出是一种典型的物化型技术溢出。因为在国际贸易中知识和技术是附着在国际贸易商品之上的，通过国际贸易中商品从出口国到进口国的流动，在国际贸易商品上附着的知识和技术就从出口国转移到了进口国，比如，进口国从出口国进口资本品和中间品，随着资本品和中间品从出口国流动到进口国，附着于资本品和中间品中的知识与技术就从出口国转移到进口国。

2. 国际贸易促进我国经济增长的研究

改革开放 40 多年来，我国的国民经济和对外贸易发展迅速，多数研究认为对外贸易对经济增长有促进作用。沈程翔（1999）发现 GDP 和出口值之间存在着互为因果的双向关系。赵陵等（2001）发现名义汇率、真实 GDP 和真实出口之间存在长期稳定的协整关系。许和连和赖明勇（2002）也对出口贸易促进经济增长的国内一系列实证研究进行了分析和评论，并对不同实证研究中得出的结论不一致的原因进行了解释。

一般而言，对外贸易影响经济增长的途径主要有增加进口、促进投资、增加收入（林毅夫，2001a）。另外可能的方式是对外贸易产生的技术溢出效应。近年来国内学者利用我国经济数据也进行了大量的实证研究，但研究结果却很难一致。有的认为对外贸易产生的技术溢出效应的确有助于国内的技术创新，中国出口产品技术水平的推动因素逐渐转变为熟练劳动力、利率机制、国内各部门的效率水平（黄永明和张文洁，2012a）。但另一些学者的研究结果表明对外贸易没有产生显著的技术溢出效应，出口部门的技术进步没有传递到非出口部门，而且我国的经济增长也不是由技术创新或技术进步推动的，而是由资本投入的增加推动的（杨全发和舒元，1998）。持相同观点的还有王永齐（2006），他认为单纯地依赖贸易量这种外延性贸易方式来拉动经济增长可能并非最优选择，无论是在促进资本积累还是技术溢出方面，结果可能并不理想。但沈坤荣和李剑（2003）认为对外贸易影响经济增长不是通过人力资本增加的渠道，而是可能有其他的渠道。

3. 国际金融促进经济长期增长的理论及证据

Bagehot（1873）最早提出金融发展对于经济增长具有十分重要的推动作用。他认为在英国工业革命时期，正是金融部门的发展使得实体经济得以稳定增长。Schumpeter 和 Nichol（1934）重点研究了银行系统对于经济增长的影响机理，通过研究发现建立一个具备成熟制度的银行系统能够促进资本的积累，提升生产效率，最终影响实体经济的增长。Goldsmith（1959）以 Schumpeter 和 Nichol（1934）等的思想为研究基础，开创性地对金融发展与经济增长之间的关联机制进行了实证研究。他将金融机构资产与国民生产总值的比率作为金融发展度量的代理变量，选取了世界范围内比较具有代表性的 35 个国家 1860—1963 年的数据作为样本进行研究。他得到的结论是金融发展与经济增长之间的关联机制是正向的，即经济增长与金融发展几乎是同步的，经济的快速增长时期恰好也是金融体系快速发展的时期。King 和 Levine（1993a，1993b）选取了 80 个国家 1960—1989 年的经济金融数据进行研究，同时对除金融因素外经济增长中的其他因素做出了合理的控制。他们得到的结论是：金融发展通过提升资本配置效率以及生产效率促进经济的长期稳定增长。Leigh（1966）则首先深入研究了金融发展与经济增长之间的因果关联，他将金融发展与经济增长之间的因果关系分为两大类，即如果金融发展先于经济增长，并且金融的发展带动了经济的增长，则将这种关系称为"供给引导型"；反之，如果经济增长先于金融发展，金融发展的水平只是被动地随着实体经济增长而不断提升，即经济的增长促使金融发展，则将这种关系称为"需求跟随型"。Abu-Bader 和 Abu-Qarn（2008）以埃及 1960—2001 年的经济金融数据为基础，深入研究了金融发展与经济增长之间的因果关系，采用的方法是协整检验法和 VECM（vector error correction model，向量误差修正模型）。他们得到的结论是金融发展与经济增长互为格兰杰因果关系，而且还发现了金融发展对经济增长影响的传导机制，金融发展通过提高生产效率，促进资本积累进而推动经济增长。近些年，更多的经济学家采用先进的经济计量模型，针对一些欠发达国家或地区的样本进行了深入研究，得到了很多重要结论。研究发现，如果乌干达的金融发展水平能够达到世界发达国家水平，那么实体经济的增长率能够提升 40%以上，甚至达到 80%，这就意味着乌干达的实际产出与潜在产出之间存在 34%—40%的产出缺口。Uddin 等（2013）在柯布-道格拉斯生产函数中纳入了金融因子，采用肯尼亚 1971—2011 年的经济金融数据，探究了金融发展与经济增长之间的关联，得到的结论是：金融发展与经济增长在长期内存在显著的正向相关关系。Hakeem 和 Oluitan（2012）则是重点探究了金融发展与经济增长之间的因果关联，采用的方法是平稳性与弱外生性检验的方法，他们认为金融发展与经济增长互为因果。

随着非线性模型的不断发展，越来越多的经济学家开始研究金融发展与经济增长之间的非线性关联机制，得出了许多重要的结论。Saint-Paul（1992a，1992b）通过深入研究，发现金融市场的发展路径不是线性的，而是具有结构化与离散化的特点，并且认为金融发展与经济增长之间的关联很可能具有离散性的特征，具体表现为：当金融发展处于较为低级的水平时，金融发展与经济增长之间存在某种关联，而这种关联会随着金融发展水平的不断提升而不断进行改变。Rioja 和 Valev（2004a）采用门限自回归（threshold autoregressive，TAR）模型对金融发展对于经济增长的作用机理进行了深入研究，所选取的门限变量是收入水平，他们得到的结论是：金融发展与经济增长存在显著的收入门限效应，当收入水平较高时，金融发展与经济增长之间存在显著的正向相关关系；当收入水平较低时，金融发展与经济增长之间不存在任何关联。Rioja 和 Valev（2004b）基于同样的方法选取了金融发展自身作为门限变量进行研究，他们得到的结论是：金融发展与经济增长之间同样存在着金融发展门限效应，当金融发展水平较高时，金融发展与经济增长之间存在显著的正向依存机制；而当金融发展水平较低时，金融发展与经济增长之间不存在任何关联。Brooksbank 等（2015）采用了带有工具变量的门限选择模型，深入研究了金融发展与经济增长之间的关联，选取的门限变量是通货膨胀率，他们得到的结论是：当通货膨胀处于较低水平时，金融发展对于经济增长具有显著的促进作用；反之，金融发展与经济增长之间存在不显著的反向相关关联。

简要述评：国际贸易和国际金融促进一国经济增长，往往是从促进技术进步、物质和人力资本积累、产业结构升级、促进金融中介发展等角度入手。但发展中国家通过后发优势和技术模仿获得的经济快速增长被许多学者认为具有不可持续性，其存在的如模仿成本增加、产权保护困境等问题如何通过国际贸易和国际金融渠道解决，有待进一步分析。

4. 国际金融促进我国经济增长的研究

我国作为世界第二大经济体，金融系统的发展对于我国同样具有非常重要的影响，因此国内的经济学家针对我国金融发展与经济增长之间的关联同样做了非常深入的研究，并取得了一些重大的发现。

谈儒勇（1999）是我国最早进行这一方面实证研究的经济学家，他认为当采用不同的代理变量时，金融发展与经济增长的关系是不同的；当金融中介作为金融发展代理变量时，金融发展与经济增长之间存在显著的正向相关关联，而当股票市场作为金融代理变量时，金融发展与经济增长之间存在负向相关关联，并且这种关联是不显著的。

曹啸和吴军（2002）及薛田（2008）都认为我国金融发展与经济增长之间存在单向因果关系。但前者认为金融发展促进了资本的积累，最终推动经济增长；而后者则认为恰恰相反，是经济增长单向带动金融发展。赖娟（2013）则发现金融发展的规模与经济增长之间存在双向格兰杰因果关系，而金融发展效率是经济增长的单向格兰杰原因。

刘文革等（2014）也认为，金融发展对于经济增长具有重要的促进作用，但他们同时指出政府干预、实物资产和金融资产价格的上升对金融发展促进经济增长质量提高的作用有一定的抑制，当前经济资本化和虚拟经济的发展出现偏移，引起金融资源向投机领域过快集中，而政府的干预也影响了金融资源的有效配置；只有进一步明确政府边界、实行激励实体经济发展和技术创新的政策，才能更好地发挥金融发展促进经济增长质量提升的作用。雷汉云（2013）则考察了我国中部、东部、西部地区金融发展与经济增长之间的关联。

孔东民（2007）、刘金全等（2014）等研究了金融发展与经济增长之间存在的非线性关系，他们认为存在某个门限水平，当门限变量低于或高于门限水平时，金融发展与经济增长之间的关系是相反的。孔东民（2007）将通货膨胀率作为门限变量，刘金全等（2014）则以收入增长率作为门限变量。

简要述评：总体来说，目前国内的研究不论是在研究的深度还是研究的广度上都与国外的研究有一定的差距。当前中国经济正处于高质量发展阶段，我国与海外市场越来越紧密的联系要求我们必须对国际经济周期问题有深入的认识。在这些现有理论的基础上，我们国内的研究完全有可能在发展中国家的经济周期问题上取得一定的突破，充实国际经济周期领域中关于发达国家与发展中国家经济周期问题的研究内容。

1.3.5　外部冲击下对我国经济发展的建议

在外部冲击对我国经济造成影响的背景下，不少学者根据不同的理论方向，对我国经济发展提出了建议。在此我们主要梳理了 2008 年金融危机后的一些文献和建议。

沈娟和何泽荣（2009）从马克思主义视角分析 2008 年国际金融危机产生的制度性原因，认为资本主义社会经济制度的内在矛盾，特别是其基本矛盾的长期积累是资本主义国家经济金融危机的根源。易先忠等（2014）指出，制度环境决定了国内市场规模对出口产品结构的作用方向，因此在制度环境各维度中，要特别注意法制环境、金融系统的开放性和透明度以及政府对投资领域的限制和对企业的管制效率，这些是影响国内市场作用方向的关键制度。

袁志刚等（2016）则认为，2050 年中国经济能否达到发达国家水平，与中国内陆未来 30 年能否崛起一座世界级的全球城市有关，其建议深化关键领域改革，促进上海全球城市建设和率先崛起：一是服务于人民币国际化，推动上海国际金融中心建设；二是促进国内外资本流动，巩固上海国际经济、贸易中心地位；三是推动现代服务业发展，助力上海全球城市建设；四是着力于信息产业发展，构建上海科创中心地位；五是依托城市群协同发展，实现"大上海"和全球城市区域建设目标。

中国作为经济大国，需要与之相匹配的大国金融体系，而资本市场处于金融体系的核心地位，中国资本市场发展的战略目标是构建具有全球财富管理功能的国际金融中心，深化改革的重点是资本市场的市场化和相关法律、法规、政策的调整，开放与国际化是中国资本市场改革和发展的必然趋势，因此，为了适应发展趋势，第一，人民币要国际化；第二，中国的金融体系要开放；第三，中国需要强有力的、具有国际影响力的金融机构（吴晓求，2015）。通过改革、调整，必须让国际资本有序进入中国资本市场进行投资，不断提高国际投资者的投资比例，以期构建与大国金融相匹配的资本市场。

我国是一个正在转型的发展中国家，金融自由化是一把双刃剑，在一定条件下可以充分发挥市场的调节力量，但发展过度或路径选择错误就会引发金融混乱，甚至导致金融危机的发生（刘锡良和齐稚平，2009）。因此在金融自由化加速改革的进程中，为了防止金融危机发生、阻断危机蔓延和维护我国转型经济安全，应采取以下对策：合理安排金融自由化的次序和速度；实现金融监管与金融创新的动态匹配；转向内需主导型经济发展模式；政府对金融市场实施积极干预；拓展国际合作、重建国际金融新秩序等（季小立和洪银兴，2009）。陈浪南和逄淑梅（2012）构造了中国金融开放程度的法定和事实测度方法，并分析了我国金融开放的总体走势及结构特征，为进一步扩大金融开放提供思路和依据。

在当前经济金融全球化背景下，中国面临紧缩压力和宏观金融不稳定问题。第一，在当前全球经济已经处于增速放缓和金融风险走高的局势下，中国经济面临着紧缩性压力，这种压力直接体现为经常项目可能出现的逆转、FDI下降和投资放缓；第二，在紧缩性压力下，中国经济面临着相对比较严重的信贷需求不足和通货紧缩压力，其主要迹象是中低收入群体的收入增幅保持在较低水平，消费增长在未来面临不可持续性；第三，针对通货紧缩压力，中央银行货币政策应更多地面向包括低收入群体在内的全体公众，通过关注资产价格降低城市化和工业化的社会风险，以及必要的价格和数量控制，管理即将到来的行政周期性问题，并综合运用法律和行政手段控制全局性金融风险，最大限度地保持金融稳定（陆磊，2008）。

美国金融危机从美国的房地产市场开始，以惊人的速度蔓延，波及信贷市场、资本市场，对全球尤其是西方金融机构和金融市场造成重大冲击，短期内升级为全球金融风暴（孙浩轩和韩保红，2009；曹凤岐，2009）。世界性金融系统风险已成为经济动荡的主要根源之一，中国金融市场在美国金融危机和欧洲债务危机中都受到了显著冲击，同时对其他国家也具有显著的溢出效应，特别是货币市场和外汇市场。因此，在金融全球化背景下，金融传染加剧了各国金融波动和系统性金融风险。为治理世界性金融系统风险，各国当局应加强政策协调性，合理进行风险分担，共同防范和化解金融风险（刘锡良等，2014）。

从金融监管角度看，曹凤岐（2012）认为未来金融监管将日趋国际化，更加注重风险性监管和对创新业务的监管，重视金融机构的内部控制制度和同业自律机制，中国金融监管体系改革要加强宏观金融审慎监管，保证整个金融系统的稳定，注重保护投资者的合法权益，并不断完善与金融监管体系改革相配套的其他制度与措施。黄宪和杨姝怡（2016）则提出金融监管部门应负责微观审慎监管职能，宏观审慎监管职能可以由中国人民银行和监管部门共同实施，另一种思路是考虑在中国人民银行与金融监管部门之间设置类似于"金融政策委员会"的机构，负责宏观审慎各金融监管机构之间的目标和政策协调，逐步建立起具有中国特色的宏观审慎框架。

郭熙保和陈志刚（2013）则认为2008年国际金融危机并不是简单的商业周期，而是涉及世界经济深层次结构性问题，后危机时期世界经济将面临重大结构性调整。犹如一面镜子，这场国际金融危机也让人们更清晰地看到了中国外贸发展的不平衡、不协调、不可持续问题。在后危机时期，基于世界经济增长、生产和贸易格局等方面的重大结构性调整，我国迫切需要加快外贸发展方式的转变，稳定和拓展对外贸易规模，调整与优化外贸空间结构，提升对外贸易质量和效益，促进外贸协调和持续发展。

沈坤荣（2013）、沈坤荣和赵倩（2015）指出，在应对国际金融危机挑战中，发达国家相继提出"再工业化"战略，力图以高新技术为依托，通过发展高附加值制造业来重建具有强大竞争力的新工业体系。这一战略的实施，将对世界经济竞争格局产生重要影响，对我国经济产生巨大冲击。我们只有坚持以科学发展为主题，加快转变经济发展方式，大力提高科技创新能力和人力资本水平，着力培育国际竞争新优势，才能在国际经济发展新格局中赢得主动。

在同其他国家的金融合作方面，何泽荣等（2014）认为，在东亚货币金融合作不断深入、东亚外汇储备库成立的背景下，东亚外汇储备库建设呈现阶段性、"危机驱动型"特征；不同经济体从中受益差异明显，就中国而言，其在外汇储备库建设中投入了最高的份额，收益也十分显著；未来外汇储备库的建设应该重点考虑对无参与动力经济体的补偿问题和参与动机强度不一致经济体的协调问题。汤凌霄等（2014）认为，金砖国家新开发银行是国际金融合作的创新形式，金砖国家在经济的发展与稳定方面是互助性关系，其为设立金砖国家新开发银行奠定基础。作为转型中的新兴大国间的金融合作机构，它自应选择一种适宜性机制，但在总体上仍需遵循市场规则和国际规则，依托政府和市场，设计适宜的低成本、中长期融资管理机制。

20世纪70年代初布雷顿森林体系瓦解之后，有关国际货币体系改革的呼声从未中断。2008年全球金融危机爆发之后，围绕危机肇因以及发达国家量化宽松货币政策的国际经济效应的争论使这一话题再度趋向炽热，并与人民币国际化的讨论密切相关（王国刚，2014a）。人民币入篮对中国的货币政策和金融发展提出了新的挑战，这不仅是中国经济全球化发展进程中具有里程碑意义的重大事件，也是国际货币体系改革历程中具有实质性意义的重大事件，不论对中国经济的全球化进程还是对世界经济的进一步发展，抑或是对IMF（International Monetary Fund，国际货币基金组织）的功能强化，都展示了合作共赢的良好前景（王国刚，2015a）。王曦和周高宾（2011）提出国际货币制度历次的变革都是基于对国际货币流动性与稳定性的权衡取舍后的制度安排，金融危机内生于现有国际货币制度，如果现有的国际货币制度得不到本质性的改变，那么源于美国的金融危机也将无法得到彻底消除，偶发的金融危机也必将是国际货币体制内在的特征。在流动性与稳定性的双重视角下，推进国际货币体系改革的最有可能的路径是美国之外的国家之间增加非美元结算，减少对美元的需求，并且随着经济实力的提升，进一步加强改革的力度。在当前国际货币金融体系约束下，人民币在国际化进程中的短期操作思路仍是通过与美国之外的国家的非美元结算合作以弱化对美元的需求。

在我国汇率制度的选择上，王曦和朱洁瑜（2008）将中国数据应用于国际经验模型，得出中国选择各种汇率制度的概率分布，发现发达和非发达国家具有不同的汇率制度选择规律；国际金融危机影响了非发达国家的选择规律；以发达国家经验来看，中国选择浮动汇率制度的概率接近 1；而以非发达国家经验来看，中国选择固定汇率制度的概率为 0.67。数量分析解释了这种表面上的矛盾。关于中外争议颇大的人民币汇率弹性问题，分析表明，中外双方从逻辑上来说都没错，只是看问题的角度不同，套用的经验模型不同。

金融市场的有效性和稳定性是实现利率市场化的必要条件，它体现了金融市场对各种信息的反应和过滤能力。其中一类重要的信息是不同市场之间的相互影响，也称为风险溢出。在全球金融市场一体化的背景下，这类信息的影响尤为突出。中国正处于利率市场化改革的关键时期，钱一鹤和金雪军（2016）通过研究国内外不同市场之间的风险溢出效应，发现国内市场的有效性在样本期间逐渐增强，但对美国市场的风险抵御能力尚未形成，据此建议国内市场对外开放需要慎重。黄宪和杨子荣（2016）则认为中国货币当局在一定程度上已经具备了制衡和主动抵御美国货币政策冲击的能力。他们认为随着中国成为全球第二大经济体和它在国际贸易中占比的提升，中国不应仅是美国货币政策的被动接受者，其货币政策也可能对美国产生一定的冲击，研究表明，中国货币政策的实施对美国的利率和汇率均存在溢出效应，数量型货币政策工具的溢出效应更强，价格型货币政策工具的溢出效应相对较弱。另外，美国对华贸易依存度和中国金融开放度会影响中国货币政策冲击对美国利率和汇率的净溢出程度。

袁志刚和李宛聪（2015）发现，美国的银行体系既有为大公司服务的银行集团，又有基于软信息的小银行来为中小企业服务。主要发达国家的银行目前都是混业经营，配合混业监管，提高银行效率的同时防范系统性风险。中国银行体系主要是大银行，且以分业经营为主，效率较低，需要借鉴发达国家的经验来促进中小银行发展并逐步转向混业经营。互联网金融的历史较短，中国应在不损害市场创新活力的情况下加强监管，为中小企业提供更多融资渠道，并注重防范影子银行的风险。贾康和孟艳（2013）则指出要正确处理政策性金融与商业性金融的关系。现阶段，对政策性金融认识模糊、政策性银行功能错位等问题，阻碍了我国对政策性金融体系的积极探索和它的健康发展，这既不利于以财政金融手段推进现代化发展，也不利于商业性金融体系的进一步健全发展。我们需要重新审视政策性金融在整个国家金融体系中的地位和作用，将政策性金融体系作为我国社会资金融通的重要组成部分，合理填充补足财政直接支出和商业性融资之间的"中间地带"，同时追求政府财力依托机制转换、实现效率提升的倍加效应，服务于全面、协调、可持续的统筹发展要求和某些战略重点上的赶超突破。当然，在任何一个实施市场经济制度的国家里面，相对于商业性金融来讲，政策性金融都是补充性的，处于"配角"地位的，商业性金融应在社会资金配置中起到基础性、主导性作用，使得社会资金配置基本能够体现"效率优先"的理念和原则。但是，这并不意味着政策性金融可有可无，它发挥作用的领域通常是商业性金融所不能发挥作用或者是作用存在扭曲的领域。因此，政策性金融与商业性金融又是相互补充的，所谓"配角"地位，同样具有其战略意义，主角、配角齐全，才能上演有声有色、又好又快发展的历史活剧，构成我国社会资金间接融通体系的全部。刘希章和李富有（2015）则提出了介于政策性金融和商业性金融之间的另一金融概念——开发性金融，指出开发性金融可以有效地促进经济增长，其途径主要是通过拉动消费和投资促进经济增长，并且对消费的拉动作用要大于对投资的拉动作用；同时，开发性金融可以有效地促进区域经济增长，其中对东部地区经济增长的促进效果最大，对中部次之，对西部最小，但从长期看，开发性金融对区域经济增长的作用差异会缩小。

简要述评：总的来看，学者对于我国应对外部冲击的建议有，把握机遇、应对挑战，深化改革、促进创新与人力资本积累，防范和化解系统性风险，调整与优化外贸空间结构，保持金融稳定与发展，并不断完善与金融监管体系改革相配套的其他制度和措施等。

1.4 总体评价与发展评述

1. 国外研究的总体评述

最新的 FBC 理论已经将对现代宏观经济周期波动问题的讨论引向一个新的境界，现代信息计算技术正在帮助学者建立越来越复杂的 DSGE 模型，模型拟合实际经济的能力也在不断提升。这些方面的改进是以往不曾有过的，是当今宏观经济模型逐渐成熟、日趋完美的象征，但周期理论的发展仍存在以下亟须研究解决的问题。

（1）当前许多 FBC 模型框架多基于部分或局部经济背景（比如，针对发达经济体的研究较多，而针对新兴经济体的研究相对较少）。这类针对单个经济体或部分经济体的研究方法、问题、技术、过程、结论等，本身就构成了值得关注的研究问题。一方面，这些方面的发展值得研究和跟踪；另一方面，这些研究最终能形成怎样的一般性理论，也是一个值得关注的问题。

（2）开放经济条件下的 FBC 理论模型的研究与开发，特别是在经济体制异质性假设下的理论研究不足。现代经济的一个典型特征是国际一体化程度不断加深，国家间的联系错综复杂但又异常紧密，但现有的开放型模型并不能很好地模拟现实经济，特别是当不同经济体具有不同的经济体制时，该如何刻画描绘这种差异，以及这样的差异在冲击发生和传播过程中会产生什么样的影响，这些都是未来的研究中应该引入和改进的方向，由此也期待能发展出拟合效果更好的开放经济的 FBC 模型。

（3）现有研究中在 FBC 框架下周期与增长关联机制方面的研究几乎是零，有待深入。短期波动性对长期增长趋势具有影响的事实已经被广泛接受，但存在的相关研究主要在传统的简单化模型中进行讨论，在金融市场环境下的讨论显然更加有现实意义，对这一方面的研究也是未来研究的方向。

（4）对各类冲击在不同阶段对经济波动的贡献的大小和稳定性理论等方面的研究不足；对国家间金融冲击、金融货币政策性冲击、金融市场摩擦等因素的影响与机制的研究有待加强。

2. 国内研究的总体评述

首先，我国学者关于 FBC 的研究总体比国际前沿研究慢，大多数国内研究者使用的方法仍是金融危机之前的方法，即外生信贷约束的模型方法，仅有少数研究能够跟随国际前沿进展；其次，国内学者总体 DSGE 建模水平和模型运用能力不高，这严重影响了 FBC 方法的发展，因为 FBC 新方法数学运算的复杂性非常高。但近年年轻学者发展进步很快，近 3 年的进步超过之前 10 年进步的总和。针对中国经济的研究仍存在如下方面的问题待解决。

（1）适合中国混合经济现实状况的模型有待重点开发。我国经济最典型的特征是国有经济比重较高，但针对中国经济体制结构的专门化研究非常不足，需要在充分消化成熟模型方法的基础上，建立真正能够拟合中国经济的模型。

（2）我国宏观经济、金融周期与国际经济、金融周期的关联性特征与机制研究不足。改革开放后，我国经济已经融入世界经济，我国经济中的宏观经济总量特征、金融变量特征、周期特征等都同世界经济形成高度相关性，但其多边性、不稳定性和复杂性极高，存在的研究极不充分，需大力加强。

（3）我国市场化程度不断提升，特别是金融市场化程度的提升，对实际经济金融活动会有哪些方面的影响？这方面还几乎没有可靠的研究。

（4）在结构转型过程中，缺乏对经济周期波动的变化规律的研究，以及外需型经济转向内需型经济后经济波动性特征的变化的研究。

（5）对房地产和制造加工型经济向创新型经济转移的过程、波动特征、最优政策等问题的研究不足（研究重点是：两种类型经济波动发展特征有何异同；转移过程中会形成怎样的风险，特别是金融风险；涉及财富转移和分配变化等的违约行为形成经济、金融冲击的机制与概率估计和系统性风险估计等）。

（6）在市场决定性作用导向下，对私营企业与民间金融逐步融合的发展机制，以及新型经济周期增长潜力估计等方面的问题研究不足。

（7）在新时代特征下，经济金融活动虽然有极大变化，但其本质规律不会变，波动频率和幅度加大是最显著的特征，但内在的决定性因素的中长期趋势是不会跳跃的（比如，资本存量，劳动力供给水平，人力资本存量水平，文化、教育和卫生等基础条件，以及社会文化环境等，都不会在短期内发生巨大变化）。因而重视新特征，但仍沿袭传统模型框架的拓展性研究仍将是相当长时间内理论和实践的主要课题。

（8）在新时代特征下，波动频度和幅度加大将是常态，这种情况下，波动性是否会影响中长期趋势方向？如何影响？这方面的理论研究是一个重要的课题。这些问题都是亟须解决的问题，需要广泛关注、讨论和各种形式的联合研究。

（9）国外关于房地产与宏观经济的研究成果大多是以发达国家的交易市场为研究对象，以其特定社会制度架构为背景展开研究的。在我们检索到的1500篇国外有关房地产与宏观经济的文献中，很少有专门研究中国这种新兴国家的经济周期问题的，即使有所研究，也常常是以己度人，很多设定有偏离中国（及其他新兴国家）的发展背景之嫌。因此，对于国外发达国家经济周期理论及应对策略，我们虽要吸取，但绝不能盲目照搬，而是必须结合中国国情加以借鉴。房地产对宏观经济影响的研究有以下几个方向：财富效应与替代效应的分析、比较；房地产与经济增长的交互效应；房地产冲击对宏观经济的影响；房地产市场的结构性特征对宏观经济产生的差异化影响等。很少有研究关注房地产部门引致金融部门系统风险的机制，或房价波动以金融部门为中介的传播机制等。

（10）我国学者在处理 DSGE 模型时，能够编写自己的系统程序进行研究的不多，大多数采取直接网上下载外国学者的程序包或现成软件的方式，这样存在极大的隐患：一是不能准确诊断可能的问题；二是不能保证精度；三是不能避免模型系统失根问题；四是无法进行参数实验等。

总之，通过国内外大量文献检索可知，虽然学者的研究方法、所用模型多种多样，研究对象千差万别，所得到的结果也有较大的差异，但在世界范围内，经济普遍存在波动性是毋庸置疑的，这也是经济周期的基本特征。而正是基于学者多方面的研究，我们才能对波动性的本质有一个清晰、全面的认识，这也正是我们后续研究的基础。另外，世界各国家、地区在不同时期的共动性和同步性均呈现出了不同的特征。从文献中可以看出，虽然学者研究的样本范围和所使用的方法有所不同，并导致对于共性因素随着时间变化的趋势以及对各国经济周期波动贡献的看法有所不同，但是他们都一致认为世界经济周期存在共性因素。同时非对称性又是经济周期、经济波动的另一个重要特征，即经济周期会因市场环境的不同呈现出不同的规律和特点，如经济政策、资本品价格、石油和房地产价格等均对经济周期有重要的影响。经过几十年的发展，FBC理论在RBC理论基础上，已发展出一套成熟的体系。但尽管全球性金融经济危机造成的影响巨大，也引起了学术界的足够重视，还是鲜少有学者将后危机时期作为一个特定的经济发展阶段进行研究，这也坚定了我们对后危机时期中国经济周期波动理论进行深入研究和讨论的想法，我们力求建立一套完整的理论体系来分析我国经济发展的现实问题。

3. 项目检索情况的综述

近几年来，我国两个国家基金（国家社会科学基金和国家自然科学基金）都十分重视经济周期发展的立项问题，并已初步形成一个有关中国经济周期理论发展的项目研究群。同时两个国家基金的相关立项项目，绝大多数是对经济周期的政策效应或基本FBC理论的某一专题展开研究，如经济周期与就业、经济周期与财政状况、金融摩擦与宏观经济波动等，很少有课题能系统性地涉及金融市场的各主要部门。更重要的是，目前尚未发现有课题强调后危机时代的FBC理论及其应用，更遑论将其提升到国家发展战略、促进我国国民经济调整、消费结构升级的战略层次，而这便是本书研究重大意义之所在。

4. 本书待研究的主要问题

本书项目的立项是对国内关于FBC理论发展的国家项目研究群的重要补充和延伸研究，也是对我国金融危机理论研究的深入与创新。结合已有研究和当前我国经济和理论发展的需要，除上面评述中已经提到的问题外，本书将重点开展以下问题的研究。

（1）FBC理论的产生、发展及演进趋势研究。系统研究近年来国际主流宏观经济周期理论的方法、思想、体系的变迁过程。

（2）我国经济周期波动特征的实证研究及与外国的比较。运用BP滤波方法，系统研究中国FBC的主要特征，全面分析其规律及相互联系，同时使用标准美国国家经济研究局（National Bureau of Economic Research，NBER）周期特征表报告全部变量特征。

（3）中国经济特定的FBC模型建设研究。深入总结并抽象出中国经济的独特性质，建立针对中国经济的嵌入金融中介部门的FBC模型。

（4）我国经济中房地产、政策等内部冲击的周期与增长效应研究。基于针对中国经济的FBC模型理论，重点研究内部冲击（如房地产价格，货币、财政政策等）的可能性、诱因及影响机制等问题。

（5）我国经济中外部冲击的周期与增长效应研究。基于针对中国经济的 FBC 模型理论，系统研究各类外部冲击影响我国经济的周期、增长效应，其中汇率波动、对外直接投资（资本流出）、国际贸易波动等对我国经济的影响机制是研究的重点。

第2章 滤波技术与FBC波动特征

2.1 基本概念

商业周期（business cycles）也常译为经济周期，这方面的理论已较为成熟。它的实证研究来源于NBER的经典贡献（Mitchell，1927；Burns and Mitchell，1946）。但在近几十年里，周期理论及其实证研究都发生了很大的变化。Hodrick和Prescott（1981）重新考察，发现了近似于Mitchell研究结论的结果，在当时计量技术的进步和Lucas理性预期革命的推动下，周期理论的研究发生了很大变化，理论模型方面，微观基础又受到重视，DSGE模型逐渐成为主要周期模型框架。20世纪80年代，RBC理论的研究达到空前高潮，具有代表性的研究有Kydland和Prescott（1982）、Long和Ploesser（1983）、Hansen（1985）、Prescott（1986）、Lucas（1987）、Greenwood等（1988）、King等（1988）、Christiano和Eichenbaum（1992）等的研究。Lucas（1987）曾经评价RBC理论的开创性工作说："Kydland和Prescott已经把宏观模型引入了一个新领域，一种实现了易懂的一般均衡理论和可操作的实证严肃性相结合的范式，（这种理论）至少是可以和早期凯恩斯模型相竞争的。"RBC理论在当时热度空前的原因是，它第一次使用数量化的语言来描述经济波动特征，使得模型对于实际经济波动的解释一目了然。这就不但决定了波动理论的发展方向，同时也扭转了周期理论实证研究的侧重点，新的实证研究不再对经典周期研究有兴趣，也不再试图把经济波动理解为有固定的波动周期或多个固定周期的组合，而是首先接受现代周期理论的观点，把经济波动理解为多种随机冲击效应，经过传播、放大和复合的结果，然后重视分析经济波动的纯波动特征，即消去了趋势部分的时间序列的各阶矩特征。最常用于现代周期问题研究的矩有：①各宏观经济总量的标准差，这一时间序列矩被用作对变量波动性或易变性特征的刻画；②各宏观经济总量时间序列的一阶自相关，这一矩特征用于描述变量的黏滞性；③各宏观经济总量与总产出之间的相关性，这一矩表示各变量与总经济活动之间的共动性特征。

商业周期的实证研究主要以美国战后经济的时间序列为基础，以NBER的早期工作为参照，以宏观经济理论为检测对象，除了上面的几种周期特征分析之外，还有如转折点确定、波形处理技术分析、超前或滞后（leading or lagging）因素分析、产出波动的非对称性等。其中最重要的特征为宏观总量间的共动性、黏滞性和易变性。

基本分析方法一般是：①对数化实际宏观总量时间序列数据；②选择合适的滤波算子处理；③计算、分析、比较所感兴趣的问题。

关注的宏观总量通常有：总产出（GDP）、就业水平（部门分类）、投资（部门分类）、消费（部门分类）、价格与工资、货币总量、能源价格与利用、财政收入（支出）等。Stock 和 Watson（1999）把它们分为八大类，70 余种。

除 NBER 的经典研究之外，有代表性的商业周期的实证研究有 Hodrick 和 Prescott（1981）、Baxter 和 King（1994）、Stock 和 Watson（1999）等的研究，这些研究的结论有广泛应用，如共动性、黏滞性是经济预测的基础；参照商业周期转折点可以帮助政策策划者和经济专家做出正确决策；经济周期研究可帮助判断问题（如什么因素造成了滞胀和衰退？经济政策是否奏效？金融市场同商业周期的关系如何？不同的地区或国家间经济关系怎样？）；等等。

本章的一个思路是，以上提到的文献都是研究美国经济的，美国经济之外的实证研究很有限，而且也主要集中于发达工业经济国家，因而实际上成熟起来的商业周期理论及其实证结果可以说都是对发达工业经济的概括，但商业周期作为市场经济的产物并不仅存在于西方国家，因为任何经济的运行都不可能发生于绝对的真空中，都将会受到许许多多的不确定因素的影响，所以，任何经济都会有波动，因而，我国经济也会存在波动，也一样存在商业周期的问题，因为按照 Burns 和 Mitchell（1946）的定义，商业周期就是指波动的客观事实，商业周期理论研究的是宏观经济总量波动的规律，所以中国也一样存在商业周期理论问题，那么，现存的商业周期理论适用于发展中经济体吗？中国经济波动特征有自身的独特性吗？中国经济的商业周期特征是什么样的呢？另一个思路是基于 Lucas（1977）的结论：所有的经济都有相似的波动特征。Lucas 的这一结论对发展中经济体也成立吗？我国作为发展中的经济大国，其经济特征会同发达经济体相同吗？同世界领导型经济又有何关系？对这些问题进行正确而严肃的回答，显然具有重大意义，因而对中国的商业周期理论进行研究毫无疑问是必要的。因此，本章尝试探讨性地开展这方面的研究。

本章计划研究两个方面的问题，一是探讨适合于我国年度数据特征的滤波算子，国外研究多用季度数据，通常采用的滤波方法必须在经过调整且检验合理后，才能用于我国实际经济数据分析；二是初步分析我国 1952—2001 年经济波动的主要矩特征以及波动图形特征。

本章后续内容安排如下：2.2 节介绍滤波算子的比较与选择，寻找适合于我国年度数据特征的滤波算子；2.3 节为中国宏观经济总量的波动特征分析；2.4 节介绍中国经济同其他国家经济的关系；2.5 节介绍我国金融经济周期特征；2.6 节为本章小结。由于我国数据的限制，本章只能做几个相关变量的分析。本章所用的中国经济数据全部来自各期《中国统计年鉴》。

2.2 滤波算子的比较与选择

图 2-1、图 2-2 分别是 1952—1999 年我国实际 GDP 的趋势图和对数化后的 GDP 趋势图。这样的图形有利于研究增长趋势问题，但无法讨论波动问题。早期经典商业周期分析中常用的几种方法有先考虑绝对变化，后消去线性趋势的方法（如图 2-3 中消去线性趋势后的波形仍存在潜在的趋势），还有进行一阶差分以消去趋势的方法（这种方法常放大非主流信息），这些方法都因缺乏统计基础受到了批评（Koopmans，1947），所以现代周期理论中把长期趋势看作非线性的，首先需要估计长期非线性趋势，其基本分析方法都采用滤波技术，如 Hodrick 和

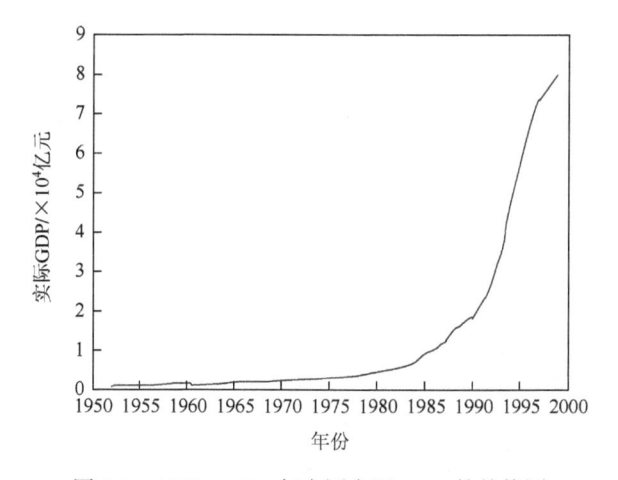

图 2-1 1952—1999 年中国实际 GDP 的趋势图

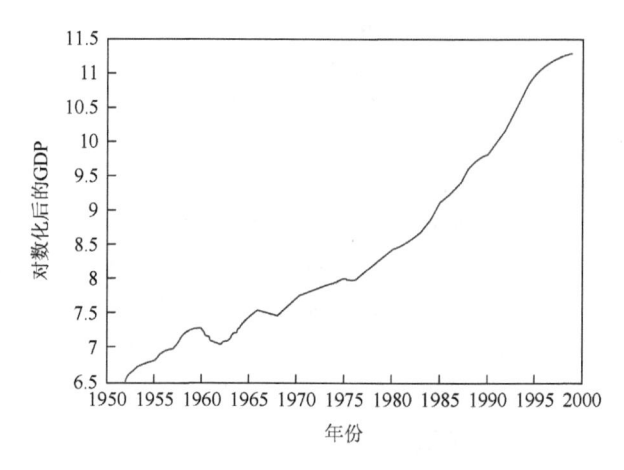

图 2-2 对数化后的中国 GDP 趋势图

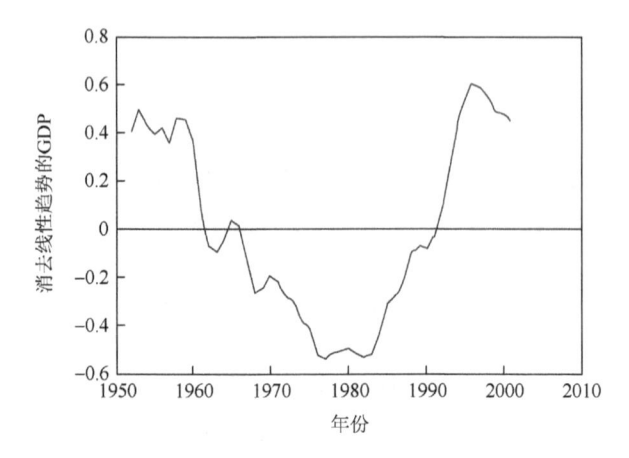

图 2-3 消去线性趋势的中国 GDP 波形

Prescott（1981）、Stock 和 Watson（1999）、King 和 Plosser（1994）、Kydland 和 Prescott（1990）的研究。关于最优滤波技术的理论研究源于基本谱分析知识，常用的滤波算子有移动平均算子、高通（high-pass）滤波算子、BP 滤波算子、HP 滤波算子。不同的滤波技术有不同的特性，适合于不同的样本背景。

2.2.1 滤波的目标

一般而言，实际世界中，对经济产生影响的因素很多，影响程度大小不一，对应的经济波动的信号强弱也会不同。这种包含所有频段的波动杂乱无章。因此，有必要滤去随机扰动部分（这部分不代表实际经济波动规律），抽出长期趋势部分（长期趋势部分被认为是与经济政策等短期冲击无关的趋势部分，如人口、技术等的趋势增长），留下实际周期波动部分（这一部分才是宏观经济学家真正希望研究的部分）。滤波的设计应该遵循以下基本原则。

（1）滤波能够抽取出指定频段的波，而且保证性质不变。
（2）滤波不改变任何频段时间序列的时间对应关系。
（3）滤波算子不依赖于样本时间点。

所以理想的滤波算子应当保留一部分频段而消除其余部分，如消除随机误差或噪声构成的高频部分和长期趋势对应的低频部分，留下来的才是周期波动部分。这要求滤波的核（可以简单理解为对应频段的权系数）对于周期波动部分为 1，而对于其余部分为 0，或近似为 0，然而理想的滤波也只能是有限截断意义下的近似。图 2-4 给出几种线性滤波的核。由此可以看出，一阶差分方法恶化了噪声部分的影响，高通滤波也放过了很多无为信息，只有黑粗线表示的 BP 滤波只留下了目标信息，而滤去了无效内容，这才是我们希望的结果，是最优的滤波方法，也是接下来我们要详细研究的方法。

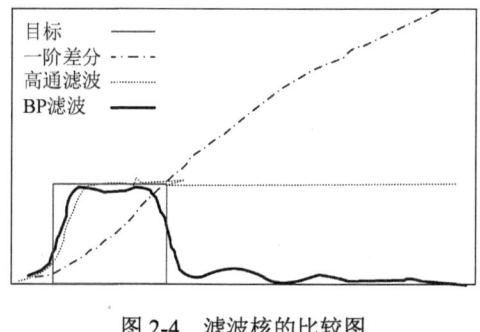

图 2-4 滤波核的比较图

2.2.2 移动平均应用

商业周期理论中所有滤波都是对称的，这是为避免波相偏移。设 y_t 为原时间序列，采用移动平均技术产生一个新的序列 y_t^*：

$$y_t^* = \sum_{k=-K}^{K} a_k y_{t-k} \tag{2-1}$$

其中，a_k 为权重。为了方便起见，我们下面把移动平均表示为滞后算子（定义 k 阶滞后算子：$L^k x_t = x_{t-k}$）的多项式：

$$a(L) = \sum_{k=-K}^{K} a_k L^k \tag{2-2}$$

对称意味着：

$$a_k = a_{-k}, \quad k = 1, 2, \cdots, K \tag{2-3}$$

为使一个对称移动平均算子具有趋势消除或分离功能，需使权和为零：

$$\sum_{k=-K}^{K} a_k = 0 \tag{2-4}$$

可以证明，在式（2-3）和式（2-4）的条件下，移动平均算子具有趋势消除性质。下面看一下在此条件下 $a(L)$ 的性质：

$$a(L) = \sum_{k=-K}^{K} (a_k L^k - a_k)$$

$$= \sum_{k=-K}^{K} a_k (L^k + L^{-k} - 2)$$

$$= \sum_{k=-K}^{K} a_k (-(1-L^{-k})(1-L^k))$$

$$= -(1-L)(1-L^{-1})\varphi_k(L)$$

其中，$\varphi_k(L) = \sum_{k=1}^{K} a_k(1+L+\cdots+L^{k-1})(1+L^{-1}+\cdots+L^{-(k-1)}) = \sum_{k=1}^{K} a_k \sum_{h=-(k-1)}^{k-1} (k-|h|)L^h$，为一个 $K-1$ 阶对称向前和滞后的算子，其不改变任何序列的平稳性，所以，任何满足 $\sum_{k=-K}^{K} a_k = 0$ 的 $a(L)$ 同时包含一个向前算子和一个向后算子，这样的对称移动平均算子有有效消除趋势的能力。

2.2.3 低通滤波

滤波设计中，最基本的部分就是低通滤波的设计，即只允许移动很慢的低频信息通过的滤波算子，这意味着要求低通滤波的核对于较低的频波近似为 1，而对高频波取 0，或近似于 0。这就是说假定存在一个表示信息或波的频率上界的量 w^*，一个理想的对称低通滤波只允许 $[-w^*, w^*]$ 内的低频信息通过，之外的则不能通过，即要求频反函数 $\beta(w)$ 满足以下条件（这里，我们所说的频反函数是构成滤波的重要部分，也就是滤波算子的核）：

$$\beta(w) = \begin{cases} 1, & |w| \leqslant w^* \\ 0, & |w| > w^* \end{cases} \quad (2-5)$$

对称性要求为

$$\beta(w) = \beta(-w) \quad (2-6)$$

由频反函数，我们可构造滤波算子，首先定义 $b_h = \frac{1}{2\pi} \int_{-\pi}^{\pi} \beta(\varpi) e^{i\varpi h} d\varpi$，称为滤波算子的权函数，可通过逆傅里叶（Fourier）变换求得。

依据式（2-5）和式（2-6）可以得到：

$$b_h = \frac{1}{2\pi} \int_{-\pi}^{\pi} \beta(\varpi) e^{i\varpi h} d\varpi = \frac{1}{2\pi} \int_{-\varpi}^{\varpi} e^{i\varpi h} d\varpi$$
$$b_0 = \overline{\varpi}/\pi, \ b_h = \sin(\overline{\varpi} h)/\varpi h, \quad (2-7)$$

$$b(L) = \sum_{h=-\infty}^{\infty} b_h e^{i\varpi h} \quad (2-8)$$

这就是一个理想的低通滤波算子。但实际使用的滤波算子都是对理想算子的一定阶数的近似，即对式（2-8）所示的无穷多项求和进行有限截断来获得的。

定义

$$\mathrm{LP}_k(p) = \sum_{-K}^{K} b_h L^h \quad (2-9)$$

为 k 阶近似低通滤波算子，其中，$p = 2\pi/w$ 为可通过信息或波的最小周期，w 为容许通过的信息或波的最高频率。

2.2.4 高通滤波、BP 滤波及其他

首先需要说明，习惯上 HP 滤波常指 Hodrick-Prescott 滤波，常常会和高通滤波（high-pass 滤波）混淆，为区分两者，我们用带有下标的 HP 表示高通滤波。高通滤波和低通滤波正相反，其只允许高频波或信息通过，而消除低频信息。它可以由低通滤波构造得到。BP 滤波是选择性地只允许一部分频率区间的信息或波通过的算子，它也可以由低通滤波复合而成。在介绍高通滤波和 BP 滤波之前，我们首先做一些符号的规定。

p 表示波或信息的周期，$p=\dfrac{2\pi}{w^*}$，w^* 为对应频率。

$\text{LP}_k(p)$ 表示可通过的波或信息的周期的下界为 p，近似阶数为 k 的低通滤波算子。

$\text{HP}_k(p)$ 表示可通过的波或信息的周期的上界为 p，近似阶数为 k 的高通滤波算子。

$\text{BP}_k(p,q)$ 表示可通过的波或信息的周期的下界为 p，上界为 q，近似阶数为 k 的 BP 滤波算子。

当 k 为 ∞ 时，表示对应的理想滤波算子。如 $\text{HP}_\infty(p)$ 表示理想的高通滤波算子。

根据定义，高通滤波和低通滤波做完全相反的允许通过的选择，如果我们主观地选定一个频率 w（当然，就对应一个周期 p）作为一个分水岭，把大于这个频率 w（小于这个周期 p）的信息看作高频的，把小于这个频率 w（大于这个周期 p）的信息定为低频的，则原始时间序列就仅由高频和低频两部分组成。从而，对应于低频的高频滤波算子的权如下：当 $h=0$ 时，为 $1-b0$；当 $h=\pm1,2,3,\cdots$ 时，为 $-bh$。于是高频滤波和低频滤波有简单的关系式：

$$\text{HP}_\infty(p)=1-\text{LP}_\infty(p)$$

或者，同理有截断近似的关系：

$$\text{HP}_k(p)=1-\text{LP}_k(p) \tag{2-10}$$

理想的 BP 滤波可选择确定的频率区间，只留下区间内的频波而滤去两端高频部分和低频部分，设选定频率区间为 $w_1 \leqslant w \leqslant w_2$，则它可以用两个低通滤波或两个高通滤波做差来实现，我们用两个低通滤波为例来说明。

设有两个分别以 w_1, w_2 为截断下界的理想低频滤波，其对应频反函数分别为 $\beta_1(w), \beta_2(w)$。现在我们定义函数 $\beta_0(w)=\beta_2(w)-\beta_1(w)$，则易知在区间 $w_1 \leqslant w \leqslant w_2$ 内，$\beta_0(w)$ 为单位 1，其余地方为 0，所以，$\beta_0(w)$ 正是合适的以 $w_1 \leqslant w \leqslant w_2$ 为频选区间的 BP 滤波的频反函数。由此易证，如果记 b_{1k}, b_{2k} 分别为对应 $\beta_1(w), \beta_2(w)$ 的

低通滤波的权，那么，对应频选区间为 $w_1 \leq w \leq w_2$ 的低通滤波的权就是 $b_{2k} - b_{1k}$。于是有理想的 BP 滤波与低通滤波的简单关系式：

$$\text{BP}_\infty(p,q) = \text{LP}_\infty(q) - \text{LP}_\infty(p)$$

或者截断到 k 阶近似的滤波关系：

$$\text{BP}_k(p,q) = \text{LP}_k(q) - \text{LP}_k(p) \tag{2-11}$$

简单对称移动平均方法的思想是通过一段对称时间的平均来获得近似长期（或中长期）趋势，从时间序列中消去所得趋势即得波动曲线，这种方法使用简单、计算方便，在股票价格趋势技术分析中有广泛应用，但是计算较粗糙，不能对信息进行选择处理，不适于精确分析。这里不做深入讨论，仅给出其滤波算子：

$$\alpha(L) = 1 - \frac{1}{2k+1} \sum_{j=-k}^{k} L^j \tag{2-12}$$

其中，k 为平均区间半径。

HP 滤波：十年前商业周期理论学者最喜欢的滤波工具是由 Hodrick 和 Prescott (1981) 提出的，甚至现在仍然有许多人偏爱这种方法。理想的 HP 滤波（无限样本型）定义一个时间序列 y_t 的纯周期部分（消去趋势后的波动部分）为

$$y_t^c = \left(\frac{\lambda(1-L)^2(1-L^{-1})^2}{1+\lambda(1-L)^2(1-L^{-1})^2} \right) y_t \tag{2-13}$$

其中，λ 为罚因子（对于季节数据样本，Hodrick 和 Prescott 建议 λ 取值 1600）。由式 (2-13) 可以看出，显然算子是消除单位根的（且是 4 阶消除非平稳的）而且是对称的，从而 HP 滤波不仅有消除非线性随机趋势的能力，而且是相位不变的。这些特点是现代流行的滤波分析的共同要求，也正是这一滤波算子广为流行的基础。

综上所述，根据对各种算子性质的比较，符合要求而且滤波效果好的有两种，一种是 BP 滤波算子，另一种是 HP 滤波算子，但根据核的比较，前者更好些。本章接下来采用第一种滤波算子进行讨论。

2.2.5 滤波参数的讨论

关于滤波带宽的选取，一般认为商业周期的长度应不少于 6 季（18 个月），太短的波动会被视为随机噪声而忽略；最长应不超过 32 季（8 年），这种划分最早基于 NBER 的定义，如 Burns 和 Mitchell (1946) 都如此处理。比较科学的实证性讨论是由 Baxter 和 King (1999) 对美国实际经济时间序列进行分析时所给出的，他们证明了 BP 滤波 BP(6, 32)，截断长度 $k = 12$ 时最经济、最好用。而且指出，年度数据下最佳滤波为 BP(2, 8)，截断长度不少于 4。由此，我们决定在本章

下面的具体应用中采用 BP(2, 8)的滤波形式。

  截断长度的选择也是一个麻烦的事情。一方面，如果截断半径为 k，就意味着有 $2k$ 个观察点的损失；另一方面，较大的 k 又可以得到较好的近似滤波算子，两者间存在矛盾，很难确定到底多长才算最优。在选择截断长度时，我们通常需要考虑以下多方面因素：时间序列的总长度；对具体问题的要求；对理想滤波要求的精确程度；数据为年度数据还是季度数据。

  为此，我们做了不同截断长度的数据实验，图 2-5 和图 2-6 以 $k = 5$ 为最佳截断长度（因篇幅之故略去细节）。

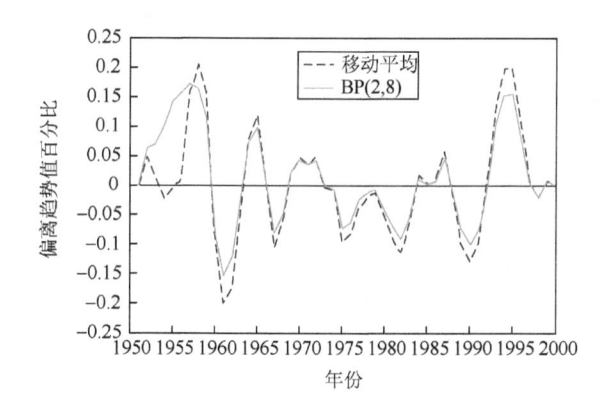

图 2-5 移动平均与 BP 滤波比较

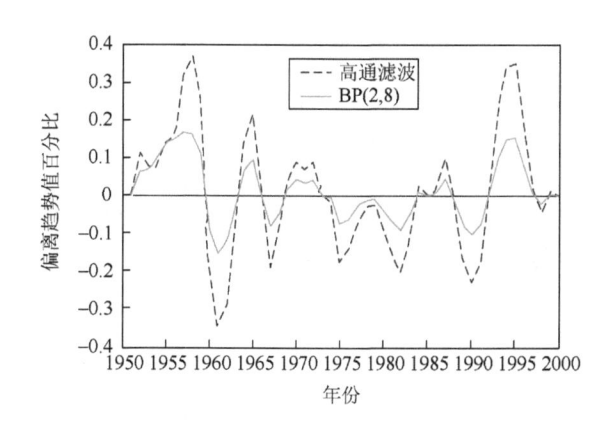

图 2-6 高通滤波与 BP 滤波比较

2.3 中国宏观经济总量的波动特征分析

  在这一部分，我们来分析我国 1952—2001 年宏观经济总量的时间序列性质。

首先做简单的经典分析；然后重点做现代流行的矩分析和图形分析。

本章使用年度数据，滤波后波形特征可能不同于使用季度数据的情况，但使用年度数据可观察出相对较长时期的顺周期关系，相反，若用季度数据，则不易发现。当然，年度数据的不足是容易遗漏一些高频信息，但我们实验结果显示并未损失高频信息，如图 2-6 所示，高通滤波同 BP(2, 8)两种滤波效果差不多。因而以 BP(2, 8)滤波结果为标准总产出周期，基本反映了我国 1952—1999 年的经济周期。图 2-5 和图 2-6 中有 6 个峰顶、6 个谷底，共 12 个转折点。这是符合我国经济史实的，例如，1952 年至 1958 年对应一个不太平坦的上升过程，1959 年后的下跌对应三年困难时期，这个时间段也对应第一个波峰。

2.3.1 波动周期与非对称性

由表 2-1 可看出经济波动的非对称性，平均下跌期比平均上涨期短。第一次上涨期如果从 1952 年算起到 1957 年是 5 年，第一次下跌期从 1957 年下半年到 1961 年是 4 年，此后也大体如此。平均周期长度为 7—8 年，这近似于一些早期研究。1909 年，Herbert Stanley Jevens（赫伯特·斯坦利·杰文斯）提出商业贸易存在 7 年周期假说。Moore 在 1914 年出版的 Economic Cycles：Their Law and Cause（《经济周期的规律与原因》）中认为有 8 年的经济周期存在，Moore 不仅考察了美国各地的情况，还验证了英国和法国的情况（Moore，1914）。

表 2-1 经济周期转折点

峰	1957 年	1965 年	1970 年	1979 年	1987 年	1995 年	2001 年
谷	1952 年	1961 年	1967 年	1975 年	1982 年	1990 年	1998 年
上涨持续期/年	5	4	3	4	5	5	3
下跌持续期/年	0	4	2	5	3	3	3

2.3.2 现代周期理论特征

商业周期的一个重要现象是宏观经济总量间的共动性，即宏观经济总量间存在着大体固定的波动规律，要么顺周期，要么反周期，或者非周期关系。这就是说，如果两变量间存在顺周期关系，则它们之间的时间序列数据就不会有非周期或反周期现象。我们希望知道我国经济数据是否有此规律，但限于数据不足，只能做几组有较长记录的总量研究，如表 2-2 所示。

表 2-2　中国经济时间序列周期性态描述（1952—2001 年）

项目	标准差	同产出的横向相关 corr($x(t), y(t+k)$)												
		−6	−5	−4	−3	−2	−1	0	1	2	3	4	5	6
GDP	0.0800	0.01	−0.18	−0.26	−0.11	0.28	0.76	1.00	0.76	0.28	−0.11	−0.26	−0.18	0.01
财政收入（支出）	0.1125	0.00	−0.18	−0.28	−0.21	0.09	0.54	0.79	0.56	0.16	−0.08	−0.08	0.08	0.23
基建投资	0.2248	0.05	−0.24	−0.46	−0.37	0.05	0.55	0.76	0.46	−0.06	−0.42	−0.50	−0.21	0.10
建筑安装固定投资	0.1829	−0.60	−0.74	−0.57	−0.19	0.33	0.78	0.96	0.74	0.27	−0.25	−0.60	−0.71	−0.53
设备固定投资	0.2221	−0.65	−0.76	−0.54	−0.13	0.40	0.81	0.91	0.65	0.21	−0.24	−0.51	−0.56	−0.36
其他固定投资	0.2567	−0.66	−0.74	−0.52	−0.10	0.41	0.83	0.92	0.65	0.16	−0.34	−0.63	−0.66	−0.41
总就业人数	0.0267	0.20	0.44	0.47	0.27	0.08	−0.00	0.01	0.09	0.12	−0.09	−0.34	−0.43	−0.40
第一部门就业人数	0.0370	0.35	0.59	0.60	0.35	0.05	−0.17	−0.25	−0.18	−0.09	−0.17	−0.30	−0.33	−0.27
第二部门就业人数	0.0228	−0.23	−0.14	−0.02	0.03	0.14	0.32	0.44	0.47	0.38	0.08	−0.24	−0.37	−0.47
第三部门就业人数	0.0339	−0.38	−0.22	−0.10	−0.07	0.13	0.44	0.67	0.71	0.53	0.16	−0.19	−0.37	−0.44
消费	0.0222	−0.58	−0.20	0.15	0.28	0.25	0.18	0.13	0.12	0.28	0.38	0.23	−0.03	−0.31
资本	0.0486	0.30	0.30	0.30	0.34	0.23	0.07	0.01	0.03	0.08	0.10	0.06	0.01	
工资	0.0420	−0.45	−0.36	−0.07	0.33	0.61	0.61	0.30	−0.12	−0.32	−0.26	−0.04	0.13	0.07

注：消费、就业和工资数据年限为 1978—2001 年，资本由基建投资按年折旧率 10% 累加所得近似估计，数据资源有限，可能存在一定误差。表中的第 2 列数据为对应的第 1 列参数的标准差，从第 3 列开始右边对应的数据表示对应于第 1 列的同行变量的不同阶数的共动性，阶数对应于顶端显示的所在列的数据。0 左边的 6 阶数据表示超前产出的阶数，0 右边的 6 阶数据表示滞后产出的阶数

（1）财政支出与产出关系。无论是凯恩斯学派还是 GBC 理论都认为国家宏观经济政策对总波动有影响。其中，财政政策指标很多，如各种税收和对物价的调控等。有时国家财政收入（税收的总和）和财政支出也被用作财政政策指标，那么，它们同总波动存在何种关系呢？图 2-7 为财政收入、财政支出与 GDP 之间的协动关系，由图 2-7 可以看出它们是强顺周期的（strongly procyclical），这说明它们之间确实有关系，但这还不够，我们总是希望能够看到财政政策对经济有推动作用的信息，这也是近几十年宏观经济学家所强调的，然而图 2-7 似乎无法反映

出这些信息，至少 1978 年之前的数据不能，1978 年以后的数据展现得也不是很清楚。但从图 2-7 可以看出，我国财政支出的波动幅度随着经济发展呈逐渐下降的趋势，这反映了我国经济实力增强后，财政支出日趋稳定。

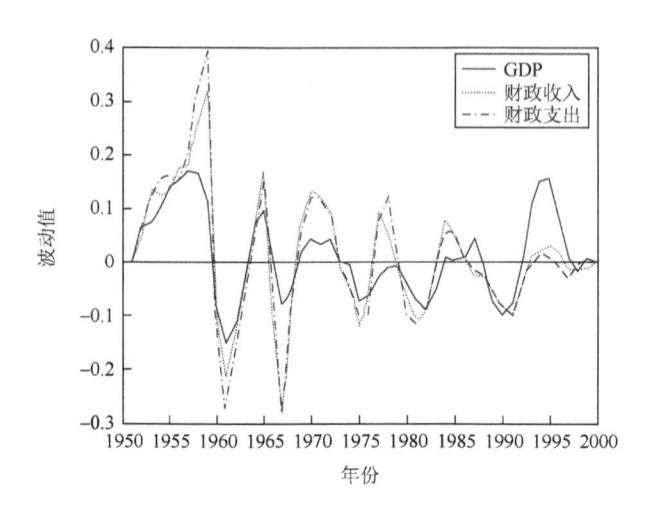

图 2-7 财政收入、财政支出与 GDP 之间的协动关系

表 2-2 所反映的矩关系显示，财政支出有高于产出的易变性水平，有较高的一阶自相关和与产出的共动性特征，这些关系都与图 2-7 所示的一致。

（2）总产出与投资关系。最直接地推动经济发展的因素是投资，产出与投资的关系是最重要的现代宏观经济总量关系之一。

从表 2-2 和图 2-8—图 2-11 [表示 GDP 同几项全社会固定投资（分别为基建投资、建筑安装固定投资、设备固定投资和其他固定投资）的关系] 可以发现如下关系。①几种投资都表现出极高的同产出的正相关性。②投资的波领先于总产出的波，都比总产出早约半个单位期。这一点可以从表 2-2 中看出，表 2-2 显示的左端，即 $k-1$ 期的 4 种投资与 k 期产出的相关度分别为 0.55、0.78、0.81 和 0.83，$k+1$ 期的 4 种投资与 k 期产出的相关度分别为 0.46、0.74、0.65、0.65。总之，从以上的分析可以得到一般性的结论：投资是推动经济发展的重要因素。③易变性高于总产出。几项投资的易变性大多是产出易变性的 3—4 倍。这一数值基本与 Kydland 和 Prescott（1982）、Prescott（1986）、King 和 Rebello（1999）的估计一致，低于 Greenwood 等（1988）的估计。④几种投资都是强顺周期的。建筑安装固定投资、设备固定投资和其他固定投资与产出的同期相关度分别为 0.96、0.91 和 0.92，是所有总量中与产出关系最密切的，换句话说，是对产出影响最直接、最大的因素。基建投资与总产出的同期相关度为 0.76，也较高。

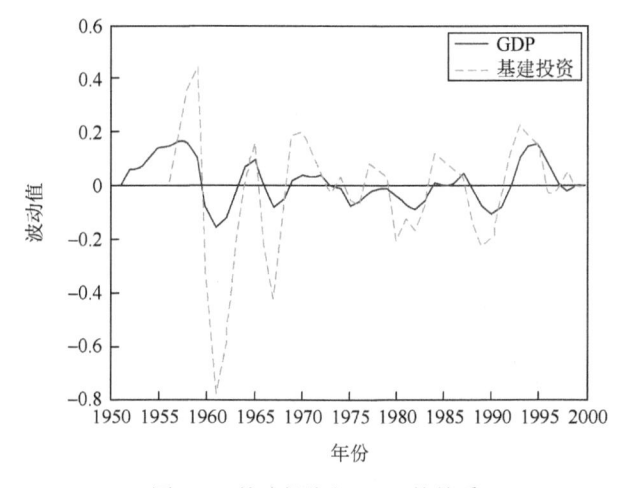

图 2-8 基建投资与 GDP 的关系

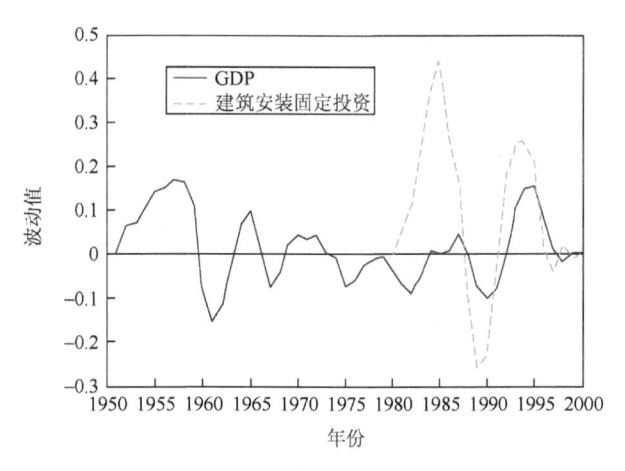

图 2-9 建筑安装固定投资同 GDP 的关系

（3）就业与产出关系。就业是对产出贡献最大的因素之一。图 2-12 为各部门就业人数同 GDP 的关系图，其虽受样本量的制约，但也反映了就业对产出的重要贡献这一事实。就业数据应是顺周期的，一般的结论是就业数据的波滞后于总产出约一季度，但我们的计算结果并不支持这一结论，其原因可能有：①与使用年度数据有关，数据尺度造成了信息遗漏；②《中国统计年鉴》上经济活动人数不是合适的代表就业数据的指标；③样本量太小，造成计算误差太大，因而结果失真。表 2-2 的结果显示：①总就业人数与经济总产出弱相关；②第三部门就业人数与总产出之间是顺周期的，这一点是基本正确的。这可以说是由于我国国情的特殊性，得到的研究结论不同于国外一般研究结论，当然，不能仅由此说一般结论不正确，但也不能不看到特殊性的存在。要弄清楚存在特殊性的原因，我们需要更进一步的研究。

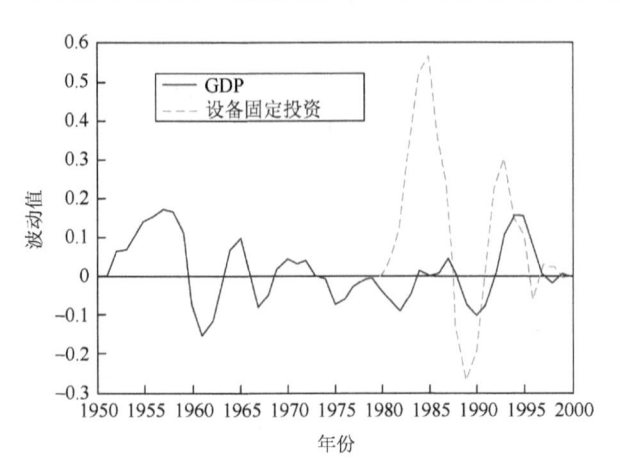

图 2-10　设备固定投资同 GDP 的关系

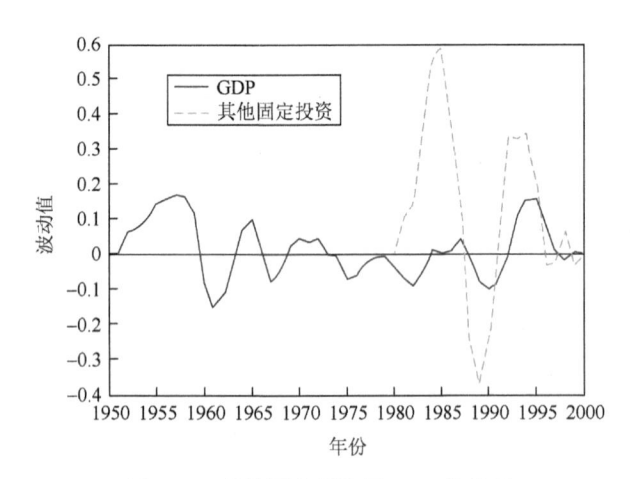

图 2-11　其他固定投资同 GDP 的关系

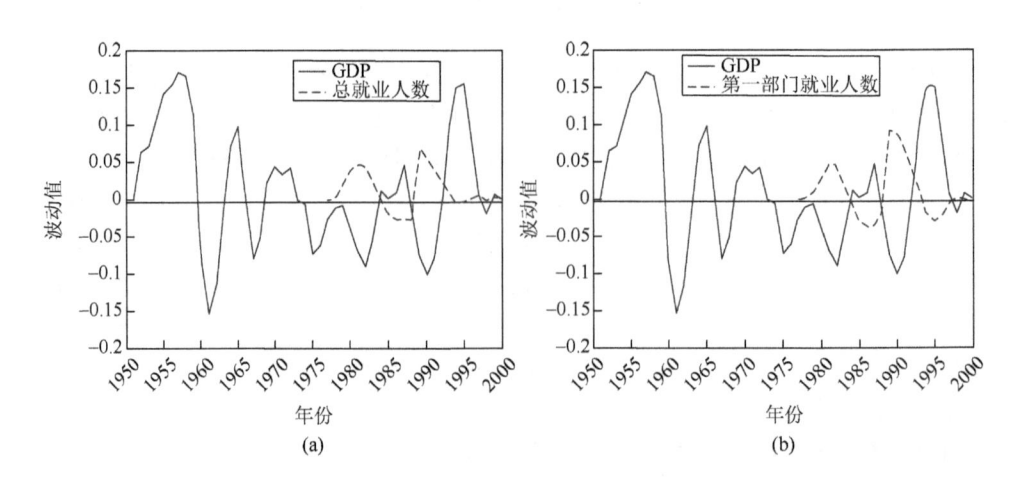

(a)

(b)

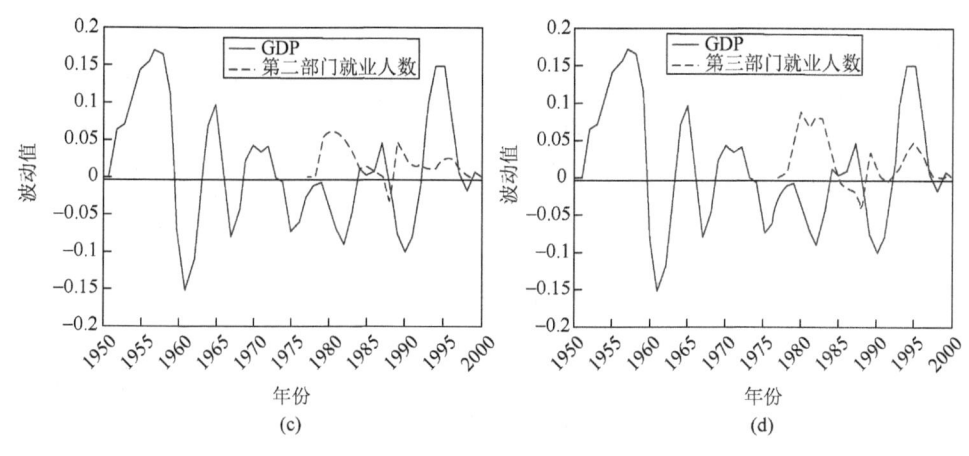

图 2-12　就业人数同 GDP 之间的协动关系

（4）消费与产出关系。一般结论认为消费应与产出高度正相关，我们得到的结果显示消费与当期产出相关度并不高，而与预期经济发展和前几期产出水平有相对较高的相关度。总体来看，消费是标准差较小、较平稳的宏观经济变量，这也符合理性预期假设下平滑生命期消费假说。

King 和 Rebelo（1999）通过对美国经济的研究指出，非耐用品消费几乎完全相似于总消费，说明非耐用品消费占总消费的主要部分；服务消费相对于非耐用品消费有较小的易变性。服务消费和非耐用品消费以及它们的综合都表现出强顺周期、低易变性、稍稍先于总产出的特征。耐用品消费则表现为强顺周期、高易变性、稍稍先于总产出的特征。

简要述评：消费品的划分对于商业周期问题的分析有重要影响，在这个问题上，很多研究的划分标准是很不同的，例如，把住房建设投入算作消费还是投资，这显然会有很大不同，我们也认为进一步深入研究这一问题是有意义的。另外，消费有较小的易变性，它的不确定性会产生较大的总产出的波动，其发生机制不可能是直接的，必须依赖某种放大机制，这对仍坚持依靠需求拉动经济的观点形成一个挑战。

另外，最新的思路是考虑把奢侈品消费从总消费中分离出去，即将总消费划分为：日常消费和奢侈品消费。前者可以包括上面出现的每一项，后者可能包括旅游、高档汽车、宠物费用，以及各类名牌等高档品消费，这样的划分源于它们有较大的不同的需求弹性，通过此种分类有利于更加准确地解释一些问题。

（5）资本与产出关系。资本与产出的关系是最重要的关系之一，本章因数据限制，推算的资本数据可能不准确，但结果与一般结论基本一致，而且和张军（2003）所估算出的资本的时间序列大体一致，即资本的波相对于产出的波而言，有较小的波动性（标准差）、较高的共动性和较高的黏滞性。

（6）工资与产出的关系。工资与产出的关系在现代商业周期理论中颇受关注，原因是无论是凯恩斯理论还是 RBC 理论都不能很好地解释这一关系，RBC 理论的结论是劳动的边际回报应同产出高度正相关，凯恩斯理论的结论是劳动的边际回报应同产出高度负相关，但一般国外经济的实际情况是弱正相关，本章研究得到的我国经济的结论与一般结论一致，即同当期产出弱正相关，同前期产出有较高的正相关度。

2.4 中国经济同其他国家经济的关系

经济全球化使不同国家的经济都相互联系在一起，这种相互联系通过商品和服务的贸易、相互联系的金融市场，以及技术的扩散而实现。然而，因这样那样的原因，逐渐形成了国际经济带、经济群等多种关系。一般地，发达经济体间多存在近似的共动性关系；发展中经济体多以领导型经济为首，存在滞后的共动反应；小经济体以大经济体为载体，也反映出滞后的共动性；周边经济多有共动反应。

本节研究了中国同几个主要经济大国之间的关系，图 2-13—图 2-16 分别是中国经济同美国经济、法国经济、日本经济和韩国经济的关系图，显示了不同程度的顺周期关系。表 2-3 总结了 1964—2001 年中国同几个国家经济的矩关系。考虑到中国 1978 年改革开放后才同国外经济有较多贸易关系，所以本节通过表 2-4 展示了 1978—2001 年中国同几个国家经济的矩关系，同时表 2-4 中增加了各国经济一阶自相关的估计，这一统计量表示各经济体自身的黏滞性，其直接的经济含义是经济活动表现出的持续偏离长期趋势的特征，内在的含义包括经济自身可持续发展的能力。各国横向比较可以看出，美国经济自身黏滞性最高，为 0.8263，中国经济的黏滞性次之，为 0.7671，其他几个国家也在 0.7 左右，这说明我国可持续发展的能力相当强。

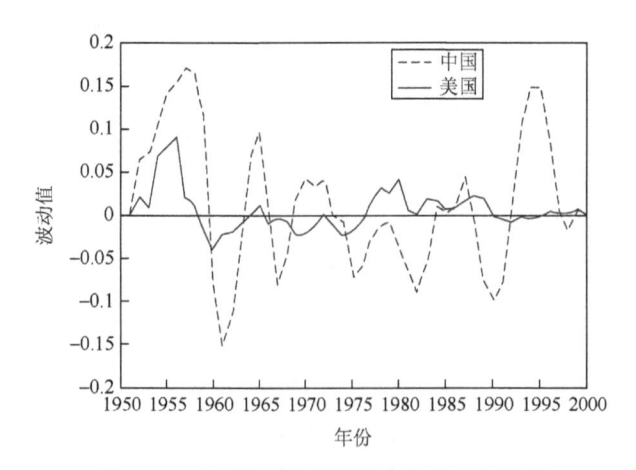

图 2-13 中国经济同美国经济的总动态关系

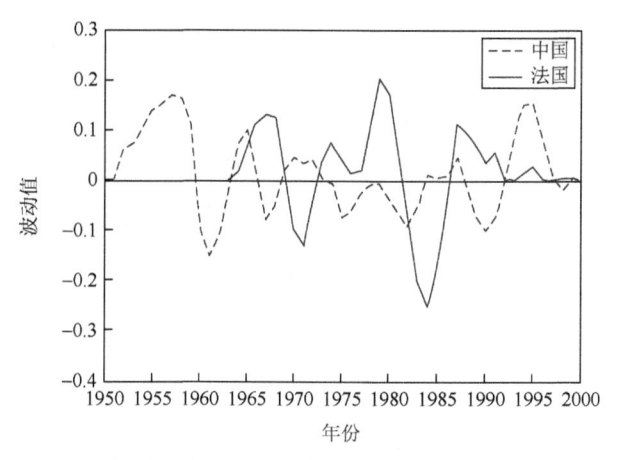

图 2-14　中国经济同法国经济的总动态关系

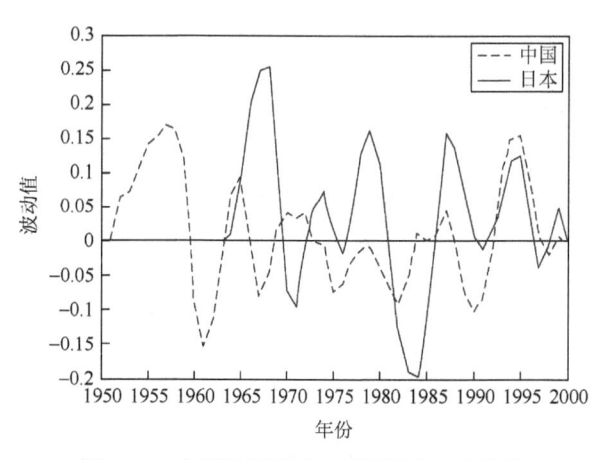

图 2-15　中国经济同日本经济的总动态关系

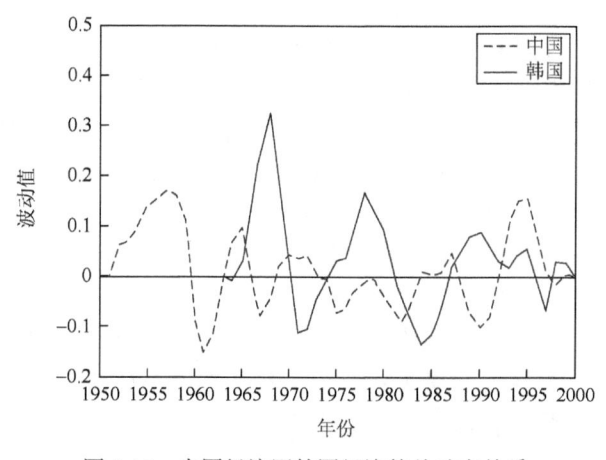

图 2-16　中国经济同韩国经济的总动态关系

表 2-3　1964—2001 年中国同几个国家经济的矩关系

国家	标准差	同产出的横向相关 corr($x(t), y(t+k)$)											
		−6	−5	−4	−3	−2	−1	0	1	2	3	4	5	6
中国	0.0800	0.01	−0.18	−0.25	−0.11	0.28	0.76	1.00	0.76	0.28	−0.11	−0.26	−0.18	0.01
美国	0.0248	−0.15	−0.13	0.03	0.21	0.35	0.45	0.41	0.27	0.07	−0.11	−0.24	−0.31	−0.23
日本	0.1049	0.41	0.25	−0.01	−0.18	−0.13	0.08	0.32	0.38	0.31	0.17	−0.02	−0.16	−0.13
法国	0.0968	0.51	0.39	0.13	−0.16	−0.26	−0.17	0.01	0.14	0.21	0.16	0.015	−0.12	−0.11
韩国	0.0992	0.21	0.25	0.19	0.06	−0.00	0.01	0.05	0.10	0.15	0.17	0.12	0.03	−0.04

表 2-4　1978—2001 年中国同几个国家经济的矩关系

国家	标准差	一阶自相关	同产出的横向相关 corr($x(t), y(t+k)$)												
			−6	−5	−4	−3	−2	−1	0	1	2	3	4	5	6
中国	0.0667	0.7671	−0.28	−0.37	−0.36	−0.10	0.31	0.76	1.00	0.76	0.31	−0.10	−0.36	−0.37	−0.28
美国	0.0484	0.8263	−0.12	−0.12	−0.00	0.18	0.40	0.55	0.52	0.28	0.02	−0.16	−0.19	−0.15	−0.16
日本	0.1002	0.6947	0.07	−0.28	−0.61	−0.64	−0.39	0.02	0.40	0.45	0.23	0.01	0.00	0.23	0.51
法国	0.1052	0.7398	0.02	−0.29	−0.54	−0.56	−0.39	−0.08	0.22	0.33	0.26	0.15	0.15	0.32	0.52
韩国	0.0884	0.7338	−0.16	−0.47	−0.58	−0.41	−0.14	0.14	0.36	0.37	0.24	0.17	0.26	0.39	0.40

通过波动性（标准差）的横向比较发现，美国经济相对平稳，中国次之，法国、韩国、日本波动性较高（表 2-3）。

表 2-4 显示，1978 年改革开放后，我们同各国经济相关度的估计值显著高于表 2-3 所示的量。

中国与美国：我们清楚地看到，美国经济的波动幅度（易变性）渐趋减小，这反映了第二次世界大战（简称二战）后美国经济逐渐趋于平稳的事实，相比之下，我国经济易变性并不平稳，反映出我国经济波动加剧，经济风险增加的现实。

中国与法国、韩国、日本：我国同日本也有相当强的顺周期关系，观察图 2-15 可以清楚地看到，1978 年后，共动关系很强，但表 2-4 中的矩估计所反映的相关性只有 0.40。造成这一结果的原因可能是样本太短，滤波效果误差较大。我国与韩国和法国关联的估计结果可能也有此问题。

值得注意的是，表 2-4 报告的我国经济的波动性小于表 2-3 的估计，相对于其他国家的波动性更是显著减少。但必须明白，矩估计报告的是长期平均波动性程度，没有趋势性预测力，从波形图中可以看出，我国经济波动有加剧之势，值得注意。

2.5 中国金融经济周期特征

刻画金融冲击的因素有很多，如利率、货币量、汇率、信贷额度等。其中常用于宏观经济周期波段关联分析的还是信贷量。目前国内关于信贷和中国经济波动关系的计量研究［如李斌（2001）、周英章和蒋振声（2002）等的研究］主要运用向量自回归等计量方法进行实证分析，由于计量方法和样本数据区间不同，研究得到的结论不尽相同，经济含义也比较模糊。运用滤波工具进行标准周期关系分析的研究很少，许伟和陈斌开（2009）做了 1993—2005 年季度数据的研究，时间稍短，仅包含一个"U"形反转的过程，至多算半个周期，且滤波效果不够理想，很难分析出令人信服的关系结论。基于此，本节尽最大可能，把数据延长到 20 年的季度数据，下面是我们的研究结果。

图 2-17 是我国信贷余额和 GDP 1991—2010 年与上年同期相比实际季度增长率的数据图，其中 2010 年第四季度数据为我们根据当时发展趋势得出的预期估计值。由图 2-17 已经可以粗看出信贷与产出之间有较强的共动性，但在 2004 年前后有比较明显的不同特征，2004 年之前，波动幅度也大体正相关，但 2004 年之后，在波动共动性仍然基本一致的情况下，波动幅度和大趋势出现背离，特别是在 2008 年之后，背离显著，这与我国信贷政策的明显变化相对应。为了进行标准化周期分析和更清楚地判断，我们使用 BP 滤波对这两个时间序列数据进行滤波，结果呈现在图 2-18 之中。图 2-18 中，cdr1 和 gdpr1 分别是信贷和 GDP 数据的滤波曲线（未去势），信贷 cd 和 gdp 分别是信贷和 GDP 源波，可以看出，滤波效果是良好的，基本体现了源波的波动特征（去除了过渡短期随机噪声部分），而又呈现光滑波动形态，最主要的是保持了和源波同相的波动规律。这样，我们下

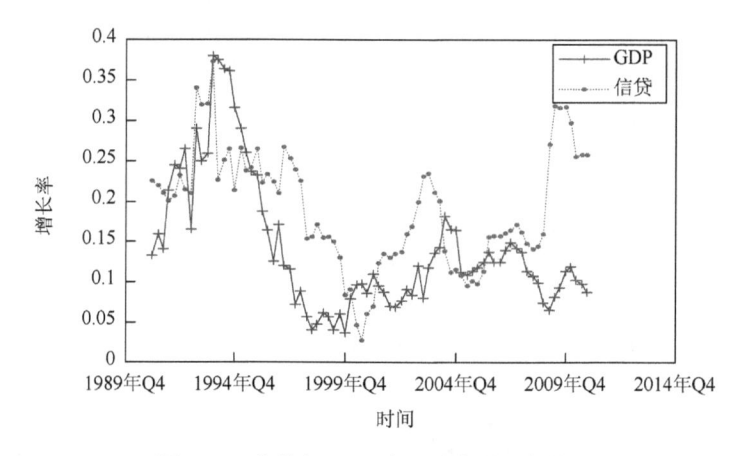

图 2-17　信贷与 GDP 实际季度增长率数据

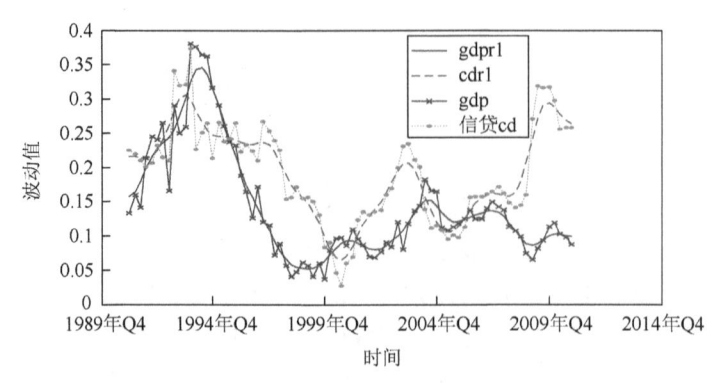

图 2-18 信贷与 GDP（滤波）图

面的分析使用此波代替源波进行（因为源波包含过渡噪声因素，波形凌乱，无法进行比较和分析）。

图 2-19 是滤波序列与中期趋势的关系图，其中的 cdr2 和 gdpr2 是 cdr1 和 gdpr1 的中期趋势[①]。可以看出，就产出而言，1994—1999 年是实现"软着陆"的过程，1999—2004 年产出上升，而 2005—2009 年产出下降；从趋势上看，2010 年已经出现底部反转势头，按照周期规律，"十二五"期间应该是一个繁荣发展的阶段。由信贷趋势可以看出，信贷增长已经达到历史高位，之后一段时间必须紧缩。原因有二：一是政策过于宽松，信贷增速太高，有流动性过剩和造成过多不良贷款的隐患；二是过高的信贷增长并不能从本质上改变实体经济潜在趋势，以至于出现 2005—2010 年显著的趋势背离。由此也说明一个问题：实体经济内在的趋势不能简单依赖货币财政政策来改变。因而，过高流动性有害而无益。

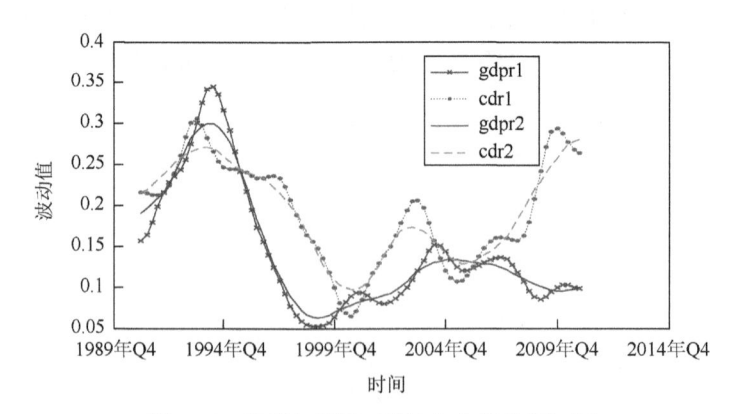

图 2-19 信贷与经济（滤波与中期趋势）图

---

① 中期或中长期趋势参数的选取主要根据研究问题而定，如果关注相对中长期的问题，则数据要多，趋势步长参数也可选取长一些，如果关注和研究短期波动问题，则趋势步长不必很长。本节所用中期趋势步长半径为左右各 8 个季度，合起来跨度为 17 个季度。时间上对应一个 5 年计划的跨度。

标准周期研究专门研究消去趋势的纯周期部分,因此,我们利用图 2-19 中 cdr2 和 gdpr2 对 cdr1 和 gdpr1 去势,由此得到短期周期部分[①],如图 2-20 所示。至此,我们才真正得到我们需要的信贷与 GDP 的周期波动关系。

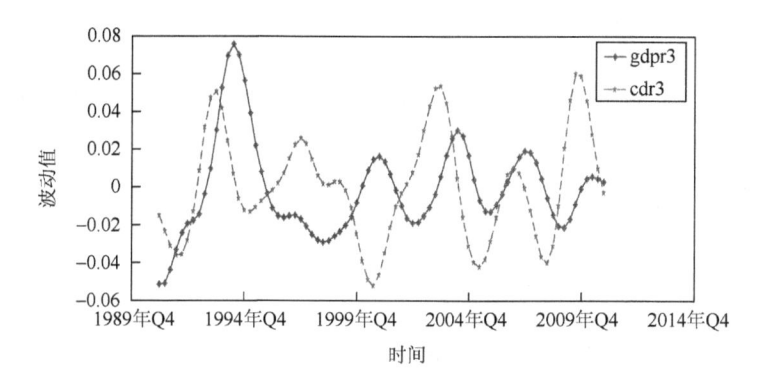

图 2-20　信贷与 GDP 的周期波动(1991—2010 年)

由图 2-20 可以看出,我国经济中,信贷对于宏观经济的影响是明显的,但同时又有明显的阶段性特征:1998—2003 年出现短期反周期特征,除此之外,都表现出显著的超前 2 个到 3 个季度的正相关性,特别是 2003 年之后,信贷与 GDP 之间存在稳定的共动特征。但从波动幅度来看,2000 年之前,信贷的波幅小于产出,但 2000 年之后,信贷的波幅超过产出近一倍。这表明,在我国,信贷途径的放大、约束和影响经济的能力正在下降,杠杆倍数效应逐渐消失退化为分数效应。短期内,信贷继续下降,进入紧缩周期,产出也随之进入一波下降过程(按照周期波动规律,会下降 3—4 个季度,即一个下降周期为 6—7 个季度)。

综合来看,虽然信贷短期纯波动部分多数时间呈现顺周期特征(图 2-20),但部分阶段呈现反周期特征,且中期趋势在 2007 年次贷危机之后呈现显著同 GDP 背离的特征(图 2-19)。

2.6　小　　结

本章依赖于 Hodrick 和 Prescott(1981)、Baxter 和 King(1994)、Stock 和 Watson(1999)等关于滤波研究的主要成果,结合我国年度数据特征,简单讨论了较好的滤波方法的选择问题,并利用滤波技术处理我国接近 50 年的经济样本数据(部分不足),探索性地研究了我国经济的主要特征。

[①] 实验表明,中期趋势步长半径的选取对纯周期部分波形特征没有显著影响,基本上改变不太大,鉴于本节重点不在于研究趋势选择问题,所以不予深究。

商业周期的分析结果依赖于数据的准确性和广泛性，本章受数据的限制，只能做几个变量的分析。这也体现了建立更多数据库的必要性。同时我们的讨论还很肤浅，将来更深入广泛的实证商业周期理论研究必将是意义深远的。我们利用有限的经济数据，分析了我国经济接近 50 年的商业周期关系，并研究了同几个发达经济体的关系，做了商业周期分析的有益的实践。我们的基本结论是：我国经济基本上服从一般商业周期特征，但特殊的国情造成 1978 年之前经济的独特性，即可能存在个别宏观总量关系不服从一般经济学假定的情况，但 1978 年之后的数据基本验证了 Lucas（1977）的结论。Lucas 所说的所有经济有类似特征，是指各经济中总量关系应是一样的，而并非指有同样的波动图形，本章前面的分析结论基本上肯定了 Lucas 的估计，因为我们所得的宏观总量间的关系基本上与 Stock 和 Watson（1999）基于美国经济所得的结论是一致的。

就中国商业周期问题的研究来说，本章只是开了个小头，还很不全面，还需要更多、更深入的研究。例如，对于黏滞性，本章虽已涉及，但并未展开讨论，还有在更全面的数据基础上的更多总量关系的讨论等。另外，通过具体的数据分析，我们也发现了不少问题，有些问题，我们研究得还不深入，但这些问题很重要，进一步研究的意义很大；有些问题，我们的能力有限，希望同行继续深入研究；这些问题都需要在以后做更深入的研究来解决。

第 3 章 外生信贷的 FBC 模型拟合中国经济的数值检验

3.1 信贷约束问题

随着国际贸易、国际金融市场的繁荣和发展，来源于金融市场的动荡已成为诱发全球经济波动和影响各国经济发展，特别是影响新兴发展中国家发展的重要因素。因而，金融信贷约束与经济周期波动问题正成为当前宏观经济周期波动理论领域最重要的热点问题之一。

传统的 RBC 模型和凯恩斯主义模型，除了在利率期限结构以及预期对资产价格影响方面有所涉及外，都认为金融和信贷市场不影响实际经济（基于 M-M 定理）。因而，这些传统周期模型理论显然已经无法准确解释现代经济发展的新特征。所以，把金融市场、信贷约束等问题纳入 DSGE 框架下研究周期波动问题已成为一种必然。代表性研究如 Bernanke 和 Gertler（1989）、Bernanke 等（1999）、Kiyotaki 和 Moore（1997）等的研究都认为信贷金融市场具有传播、放大波动的作用，其作用机制是：经济中企业和私人部门的经济活动都会受到信贷约束的影响。在一般的经济社会中，贷款需要资产抵押，而代理人的固定资产或金融资产的价格受到金融市场和资产定价中多种不确定性因素的影响，在各种冲击形成的资产价格波动中，可贷资金因抵押资产价格波动而波动，在经济繁荣时期，预期良好，资产价格上升，抵押资产增加，加上这种时期，一般政府信贷政策宽松，可贷系数增大，这样可贷资金大大增加，由此进一步放大生产规模；而在经济预期不好的萧条时期，往往经济中总体信贷规模已经很大，政府开始降低抵押信贷系数，以便控制总体信贷规模，而金融市场（如股市）作为经济的先期反应部队，一旦出现不好信号，股票价格会快速下降，从而代理人抵押资产大大缩水，这样分母和系数同时缩小的结果是产生巨大的收缩效应；因而，信贷约束的效应在正反两方面都有放大作用。一些实证研究，如 Campbell 和 Mankiw（1989a）的研究等，都支持这种观点；但也有很多文献发现信贷约束的作用并不大，如 Kocherlakota（2000）、Cordoba 和 Ripoll（2004）等的研究。

那么信贷约束机制的周期模型能否或在多大程度上解释中国经济呢？存在的关于中国经济信贷约束机制模型分析的研究不多，最早的可能是杜清源和龚六堂（2005）的《带"金融加速器"的 RBC 模型》，该文在标准 RBC 模型中引入信贷约束机制，研究指出，同没有加速器的 RBC 模型相比，带有加速器的模型有放大波动和传播波动的机制，从而可以更好地模拟实际经济。次贷危机之后，陈昆亭等（2008）同样建立了信贷约束机制的周期模型，主要工作在于解释危机成因，但以上这两篇文章都没有实证，没有说明模型拟合和解释实际经济的效果怎样。许伟和陈斌开（2009）依据 1993—2005 年季度数据校正黏滞价格周期模型，指出该模型可以较好地模拟中国实际经济，但他们的研究实际上并没有引进信贷约束机制，而是把信贷作为一个生产因素引入生产函数之中，这样做的结果必然是信贷是严格顺周期的，就如资本和劳动是高度顺周期的一样。但本书第 2 章的实证研究表明，中国经济中，信贷并不总是顺周期的（见 2.5 节中的实证研究结果），特别是次贷危机之后，各国采取反常政策，中国经济中信贷也呈现同产出显著背离的特征。已有的研究不能解释这些背离（反周期）现象。还有不少研究，如蔡辉明（2005）、周英章和蒋振声（2002）、李斌（2001）等的研究，主要从实证角度研究信贷与经济周期的关系，基本没有模型机制方面的分析。

为此，我们拟基于中国实际经济，对现代金融市场典型关联实体经济的机制进行模拟研究，以期弄清以下两个问题：①信贷约束机制周期模型在多大程度上可以解释和拟合中国实际经济；②中国经济中，信贷反周期特征的成因机制是怎样的，存在的模型能否解释清楚。

本章后续内容安排如下：3.2 节结合当前主流经济模型的发展，建立简单的包含信贷金融约束机制的模型，模拟研究中国经济；3.3 节校正接近实际经济的模型参数，考察冲击反应实验效果；3.4 节依据模型实验结果讨论和分析我们上面提出的问题。我们的实证结果显示，信贷余额与 GDP 有阶段性显著的顺周期特征，也有阶段性反周期特征；模型研究结果发现，信贷约束在经济中有传播、放大机制，模型可以较好地解释危机的形成，但研究认为，单纯信贷约束机制的周期模型不能很好地解释中国实际经济。

3.2 信贷周期模型分析

本节我们考虑建立一个嵌入信贷金融市场的周期模型。这方面的奠基性工作有 Bernanke 和 Gertler（1989）、Bernanke 等（1999）、Kiyotaki 和 Moore（1997，2008）的研究[1]。Bernanke 和 Gertler（1989）、Bernanke 等（1999）的研究假定异质厂商，

---

[1] 已有研究开始考虑金融摩擦、金融中介、金融冲击等更多的金融因素是影响经济周期的重要因素，如 Jermann 和 Quadrini（2009）、Christiano 等（2007）、Goodfriend 和 McCallum（2007）与 Gertler 和 Kiyotaki（2010）的研究，但本章重在考察信贷约束机制周期模型的性能，对于其他金融因素将在以后的研究中进行考虑。

重视企业差异,通过将门限企业质量水平引入信贷约束机制,从而可以研究在危机中不同企业的反应,而 Kiyotaki 和 Moore(1997,2008)的研究在同质厂商背景下,随机赋予厂商新投资机会,引入外生的信贷约束条件。两种引入信贷市场的方法各有长短,前者缺乏对外生流动性制约的考虑,而后者则缺乏对企业差异的分析。这两种代表性文章也有共同点,就是都建立在分散经济模型下,即都假定了借贷者和放贷者属于不同部门,有不同的最优化问题。Pintus 和 Wen(2013)主要走 Kiyotaki 和 Moore(1997,2008)的道路,采用代表性同质厂商,引入外部信贷约束,但他们的模型是建立在中央计划者框架下的,虽然也假定了不同的代理部门,但模型偏好却叠加集中考虑。这样做的不足是缺乏充分的理论保证,在嵌入信贷约束(扭曲)的情况下,是否仍能够等价于一个分散经济模型的解,至少需要相应的额外证明;但他们强调说,他们的模型改进(即假定贷出方不生产)使得他们的模型可以产生显著的优于前面研究的扰动传播、放大机制。杜清源和龚六堂(2005)主要套用类似于 Bernanke 和 Gertler(1989)、Bernanke 等(1999)的模型,主要贡献是同标准 RBC 模型相比,证明引入金融加速器(即信贷约束机制)后,模型具有传播波动和放大波动的机制,但在拟合实际经济效果方面没有深入讨论。许伟和陈斌开(2009)的研究实际上并没有引进信贷约束机制,而是把信贷作为一个生产因素引入生产函数之中,这样从理论上应当没有金融加速器效应。本章模型考虑吸收上面研究的各自优点,修正其不足。我们考虑建立同质的模型,引入外生信贷约束机制,假定私人部门(家庭)不生产[与 Pintus 和 Wen(2013)的关键改进一致],但采用分散经济模型[这一点与 Pintus 和 Wen(2013)的研究不同]。另外,Kiyotaki 和 Moore(1997,2008)与 Pintus 和 Wen(2013)都假定资本和土地为生产的两个主要要素,我们考虑房地产和土地有独立运行机制,所以另文研究,这里先淡化土地作用,引入劳动要素,以更好地符合实际和传统的考虑。下面给出我们的模型的详细描述。

(1)企业。类似于 Bernanke 和 Gertler(1989)、Kiyotaki 和 Moore(1997,2008)、Pintus 和 Wen(2013)等的研究,我们假定企业群体为独立的部门,有不同于私人部门的偏好行为[如 Bernanke 和 Gertler(1989)、Pintus 和 Wen(2013)都假定企业部门有不同于私人部门的折现率]:

$$\max E \sum_{t=0}^{\infty} \beta^t ((c_t^f)^{1-\sigma_f} / (1-\sigma_f)) \qquad (3-1)$$

其中,c_t^f 为企业消费(主要包括企业形象、广告消费、企业招待消费、企业文化建设,以及企业日常基本运营支出等);β 为主观折现率。假定企业原有生产资本为 k_t,资本折旧率为 δ,则本期结束时完成的实际资本积累为

$$k_{t+1} = i_t + (1-\delta)k_t \qquad (3-2)$$

其中,i_t 为本期新增投资。假定企业经营活动受到 CIA 型流动性约束:

$$c_t^f + \phi k_t \leq p_t m_t^f \qquad (3\text{-}3)$$

其中，ϕ 为固定资本受流动性制约的比例（如设备维修和工资支付），这一参数在 Gertler 和 Kiyotaki（2010）的研究中被赋予新的含义——可变的资本利用率，我们为简单起见，仅仅定义为不变的（受流动性制约的）使用率，其在本模型中不发挥核心作用，但可以引导后期扩展；p_t 为以实物计量的货币的价格［实物价格的倒数，仿照 Kiyotaki 和 Moore（1997）的假设］；m_t^f 为企业的货币需求。

假定只有固定资产才可以作为抵押品在信贷市场融资（直接卖出有价证券来融资被视为抵押行为的一部分），则有信贷市场的约束条件为①

$$(1+r_{t+1}^b)p_{t+1}b_{t+1} \leq \psi k_{t+1} \qquad (3\text{-}4)$$

其中，b_{t+1} 为企业借贷量；r_t^b 为借贷利率。因而，企业资本积累增量可以合成为

$$k_{t+1} = (1-\delta)k_t + r_t k_t + p_t(b_{t+1}^f - (1+r_t^b)b_t^f) - c_t^f - p_t(m_{t+1}^f - m_t^f) \qquad (3\text{-}5)$$

其中，r_t 为资本投资收益率。式（3-5）中等号右侧第 2 项是资本投资平均收益，第 3 项是借贷净增量，第 4 项是企业消费项目支出，第 5 项是企业流动性支付净增量。这几项合起来就是新增投资量 i_t。这里暗含了自由竞争市场假设，即我们假定资本和劳动都获得边际收益，虽然近年关于企业生产垄断性的描述有很多，但我们仍然采用竞争假设，这将大大简化模型复杂程度。

假定企业生产在完全竞争市场中进行，服从新古典生产一般技术和条件，即有函数：$y_t = A_t F(k_t, l_t)$。其中，k_t 为人均资本存量水平；y_t 为人均总产出水平；A_t 为外生技术冲击的随机部分，服从对数 AR（1）过程：$\log(A_t) = \rho \log A_{t-1} + \varepsilon_t$，$\rho$ 为外生冲击一阶自相关系数。

（2）家庭。考虑代表性家庭的最优化问题：选择劳动、投资（储蓄），以及消费。因而家庭部门最优问题为

$$\max E \sum_{t=0}^{\infty} \beta^t ((c_t^h)^{1-\sigma_h}/(1-\sigma_h) - \omega(l_t^h)^{\gamma+1}/(1+\gamma)) \qquad (3\text{-}6)$$

家庭受到流动性约束和财富预算约束：

$$c_t^h \leq p_t m_t^h \qquad (3\text{-}7)$$

$$c_t^h + p_t(b_{t+1}^h - b_t^h + m_{t+1}^h - m_t^h) = w_t l_t^h + r_t^b p_t b_t^h \qquad (3\text{-}8)$$

其中，c_t^h、b_t^h、m_t^h、w_t、l_t^h、r_t^b 为家庭私人部门消费、借贷（借出或借入）、流动性

---

① 类似于 Kiyotaki 和 Moore（1997）、Bernanke 和 Gertler（1989）、Bernanke 等（1999）的研究，不同的是我们增加了敏感性检测参数 ψ，用以近似表示实际现代金融市场上，由于金融杠杆、金融衍生品、按揭贷款等诸多金融产品的存在，实际被执行的比例，现实经济中，经过多次保险和风险转移，信贷约束行为已经发生很多本质变化，实际被执行的比例由原来的小于 1 变成远大于 1，以按揭贷款为例，50% 的首付意味着 2 倍的杠杆比例，而危机之前，美国实际经济中小于 5% 和近似于 0 的首付要求都有存在，这种情况下的杠杆倍数从几十倍扩大到了无穷倍，在一个简单模型中很难刻画清楚实际机制，故我们选取一种抽象折中的办法，用此系数来近似表示。

需求、工资、劳动和利率。

(3) 政府。政府主要通过贷款利率来调控经济，假定政府服从一般泰勒 (Taylor) 规则：

$$\hat{r}_{t+1}^b = \theta_1 \hat{r}_t^b + \theta_2 \hat{y}_t + \theta_3 \hat{\pi}_t \tag{3-9}$$

其中，$\hat{r}_t^b$、$\hat{y}_t$、$\hat{\pi}_t$ 为利率、产出和通胀偏离均衡（或目标）的百分比；θ_1、θ_2、θ_3 为政府规则参数，分别代表参考前期利率偏差、产出偏差和通胀偏差的权重。

(4) 市场出清条件如下。

商品市场出清：$c_t^h + c_t^f + i_t = y_t$。

信贷市场出清：$b_t^h + b_t^f = B_t = 0$。

流动性市场出清：$m_t^h + m_t^f = M_t = M_{t+1}$。

模型说明：我们构造的上述模型非常简单，以便省去不必要的枝节麻烦。其中，流动性市场简单假定为维持短期名义价格稳定的不变策略，实际上，假定了政府绝对执行规则政策条件下，货币内生统一于价格的变动。稳定价格假设下，货币创新为 0；信贷市场维持实际均衡需要借入与借出维持相等。

在理性最优假设条件下，假定货币均衡流动性需求条件总是紧的，企业信贷约束条件分为紧和非紧两种情况。在非紧的情况下，信贷金融市场对实体经济没有影响，完美竞争条件下的经济处于满足第一福利定理的最优状态，类似于 Pintus 和 Wen (2013) 讨论的优先最佳解的情形，其动态和冲击扰动也与标准 RBC 模型框架的结果一致，因而，这种情况无须进行深入研究。我们重点考察约束为紧的情形。

在紧的信贷约束条件下，企业部门最优化得到方程：

$$\beta^t u'\left(c_t^f\right) = \lambda_{t-1}(1+\pi_t) \tag{3-10}$$

$$\lambda_t (r_t - \delta + \phi + 1 - \psi) = ((1+\pi_t)/(\phi - \psi/(1+r_t^b))+1)\lambda_{t-1} \tag{3-11}$$

由此得到：

$$\left(c_{t+1}^f / c_t^f\right)^\sigma = \beta \frac{1+\pi_t}{1+\pi_{t+1}} \frac{r_t - \delta + \phi + 1 - \psi}{1+(1+\pi_t)(\phi - \psi/(1+r_t^b))} \tag{3-12}$$

$$k_{t+1} = \frac{(r_t - \delta + \phi + 1 - \psi)k_t - (1+\pi_t)c_t^f}{1+(1+\pi_{t+1})(\phi - \psi/(1+r_{t+1}^b))} \tag{3-13}$$

家庭部门最优条件：

$$\beta^t \left(c_t^h\right)^{-\sigma_h} = \lambda_{t-1}(1+\pi_t) \tag{3-14}$$

$$\lambda_t \left(r_t^b + 1\right) = (1+\pi_t)\lambda_{t-1} \tag{3-15}$$

$$\beta^t \varpi \left(l_t^h\right)^\gamma = \lambda_t w_t \tag{3-16}$$

由此得到：

$$w_t = \varpi\left(1+r_t^b\right)\left(l_t^b\right)^\gamma \left(c_t^h\right)^{\sigma_h} \tag{3-17}$$

$$\left(c_{t+1}^h / c_t^h\right)^{\sigma_h} = \beta \frac{1+r_t^b}{1+\pi_{t+1}} \tag{3-18}$$

类似于传统标准 RBC 方法，我们需要获得稳态解（见附录 3.1），然后将上述系统方程沿稳态解离散，求出关于偏离于稳态解的偏差的离散方程（见附录 3.2），接下来需要进行参数校正，以拟合实际经济。

模型参数主要有：①偏好参数 σ^f 和风险回避系数 σ^h。我们采用接近于 Pintus 和 Wen（2013）的参数取值。②主观折现率 β。在 Bernanke 和 Gertler（1989）、Bernanke 等（1999）、Pintus 和 Wen（2013）等的研究中，都假定企业部门和私人消费部门有不同的折现率，而且这些研究的结果也依赖于这一参数值，本章模型不需要依赖此条件，我们采用相同的值来表示企业部门和私人消费部门的折现率。③生产相关的参数。其包括：资本和劳动的产出份额参数 α，一般多取 1/3 左右；资本折旧率参数 δ 按季度水平，一般用 0.025（约合年度 10%折旧率的 1/4）表示；资本流动性约束比例参数 ϕ，系统对参数颇为敏感，只有当取足够小的值时才不影响系统的稳定性，考虑该参数的实际含义，认为取低于 10%的值是基本合理的，在其他类似文献中未见有对此参数的讨论。④政策性特征相关的参数。其包括信贷约束比例参数 ψ 和货币政策参数 $\theta_1,\theta_2,\theta_3$，这些参数在系统中都很敏感，后面还将专门讨论。⑤休闲偏好参数 γ。其理论意义的取值范围大于 1 即可。表 3-1 是我们校正使用的参数值。

表 3-1 参数校正数据

β	δ	α	ϕ	σ^f	σ^h	γ	ψ	θ_1	θ_2	θ_3
0.989	0.025	0.35	0.001	10.0	4.0	1.25	1*	0.1*	0.3*	1.5*

注：带*的几个数据不确定是最优的，下面还将专门讨论其敏感性

3.3 模型实验与分析

按照表 3-1 给出的参数值，在本章的模型中，给定产出技术冲击 1%，可得到图 3-1 所示的冲击反应结果。图 3-1 中 a_t 曲线代表技术冲击，在图中波动幅度对应 10 的位置，而产出（y_t）和资本收益率（r_t）超过 15 的位置，因而，模型在信贷金融市场机制下，显著放大了正向效应，这证实了 Kiyotaki 和 Moore（1997）、Bernanke 和 Gertler（1989）等的模型预测结论，也与杜清源和龚六堂（2005）的结论一致。其他参数如 k_t 为资本积累，c_t 为消费，r_t^b 为借贷利率，π 表示通胀率。可以看出，产出和资本收益率与实际冲击同期反应［可以预见，类似于 Kydland 和 Prescott（1982）的研究，引进资本或安装成本的改进会使资本收益有时间滞后］，其他变量有一期滞后，消费有两期滞后，除资本积累和消费之外全部为顺周期，

但资本收益率在 6 期之后即走向负向反应，表现为过度衰减；资本积累和消费为缓慢增加，图像上表现为反周期，实际上只是滞后反应，本质上也是顺周期的。

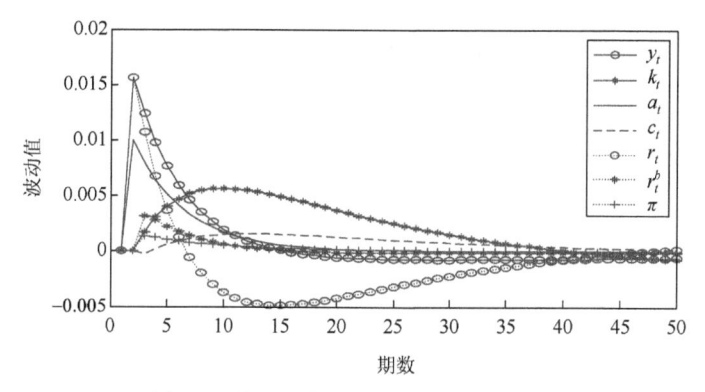

图 3-1　表 3-1 中参数对应的冲击反应图

信贷约束比例参数 ψ 的敏感性分析：保持其他参数为表 3-1 中的标准值不变，调整 $\psi \in (1, 25)$，拟取 7 个值，标准情况取值 1 时类似于一般标准 RBC 模型冲击反应时的状况，见图 3-1，下面我们研究 ψ 取值依次为 1.5、2、5、10、15、23 时的情况，如图 3-2 所示。从图 3-2 中可以看出，经济危机的根源之一就是信用放大（如按揭贷款等），这也是近年国际上主要的资本运作特征。我们看到当资本杠杆倍率达到 1.5 倍时就增加了内生的波动性，达到 10 倍以后，波动频率加剧，而达到 23 倍以后波动幅度趋向发散，这种情形下，只要有任何一个微小的外生冲击，危机就会发生。而且，这不单是金融市场的波动，还诱发了资本市场和实体经济的波动。因而，金融市场加剧经济动荡的说法是正确的，控制在合理的安全倍数范围内的政策制约是必要的（如不超过 20 倍[①]）。

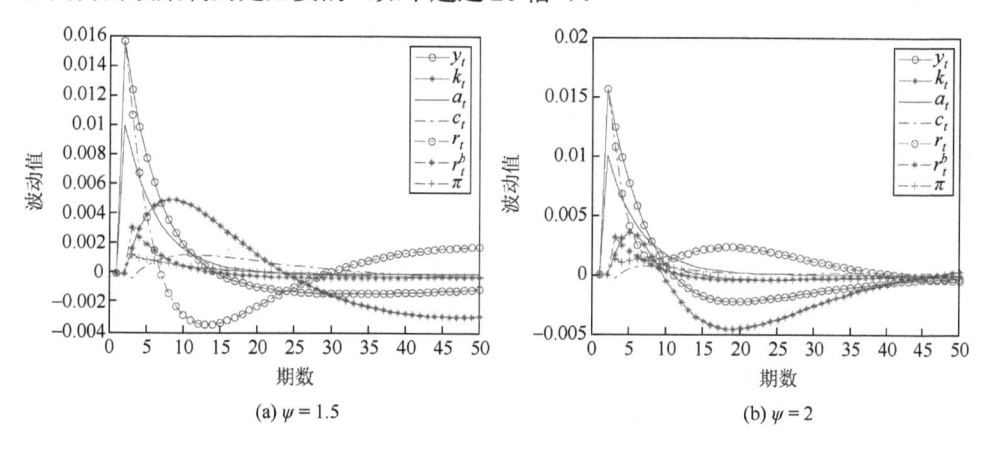

(a) $\psi = 1.5$　　　　　　　　　　　(b) $\psi = 2$

[①] 这个倍数也仅是根据本章简单参数模型得到的结果，更精确的实际操作参考要靠更精确的模型得出。

(c) $\psi = 5$

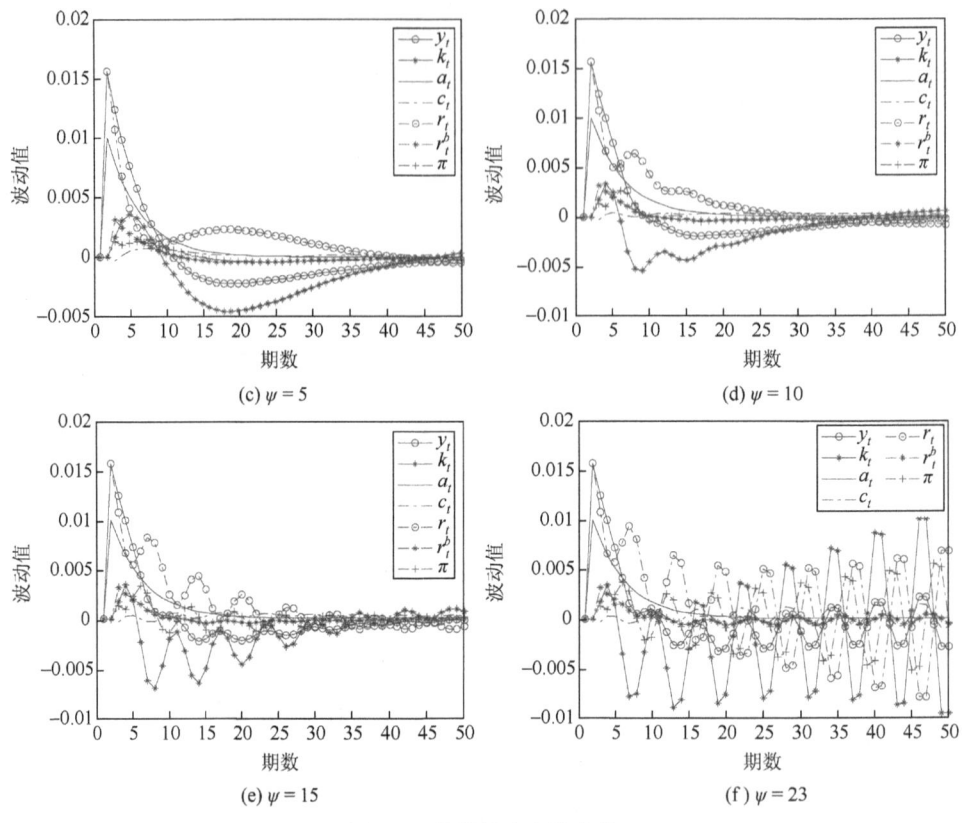

(d) $\psi = 10$

(e) $\psi = 15$

(f) $\psi = 23$

图 3-2　信贷约束参数实验

总结上述系列参数敏感实验结果，可以得到如下基本判断。

结论 1：①信贷约束机制的周期模型有传播、放大波动机制（与同类研究结果一致）；②单纯信贷金融杠杆倍数增大就可以导致波动幅度逐步放大，直到系统发散（即危机发生）。

模型在多大程度上可以拟合实际经济中金融和宏观经济总量数据特征是本章关心的主要问题，为此我们给外生技术冲击（图 3-3 中的 a_t）一个正弦原波，模型经济给出的总产出波在图 3-3 中表示为 y_t，即波动幅度最大的虚线，模型经济产生的信贷量波为 cd_t 表示的半虚线。可以看出，模型中产出水平被放大约 5/3 倍，但信贷同产出基本上呈反周期关系，这同中国实际经济中，大部分时间信贷与产出呈顺周期关系的事实相冲突。进一步的标准周期关系分析对比结果可由表 3-2 和表 3-3 给出。表 3-2 和表 3-3 分别报告了实际经济和模型经济中信贷同产出的关系以及多个周期特征数据。实际经济中（表 3-2）产出标准差与信贷标准差对比关系为 0.0143/0.0178，这表明信贷的波动幅度大于产出的波动幅度。模型经济中（表 3-3）产出标准差与信贷标准差对比关系为 0.0399/0.0196，这表明信贷的波动幅度小于产出的波动幅度。模型经济预测的产出的一阶自相关度 corr(y,y) 同实际经济中的数据比较接近，即模型经济可以较好地拟合实际产出水平（也证明了信贷约束机制放大经济波动机制的存在）。模型经济预测的信贷的一阶自相关数据 corr(cd,cd) 同实际经济中数据差距较大，模型经济低估了实际经济中信贷数据的黏滞性。最大的不同在于信贷同产出的共动性特征方面的数据 corr(y,cd) 的差异，表 3-2 中数据表明，信贷表现为超前产出约 3 个季度的顺周期特征（标示尖号的数据表示峰值出现的位置）；而表 3-3 中，信贷基本上同产出呈反周期关系。

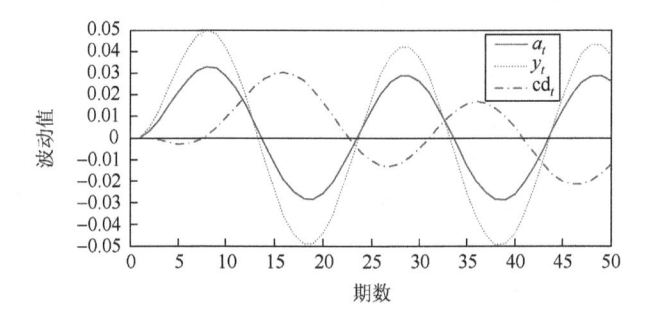

图 3-3 模型经济中信贷与产出波动关系

表 3-2 实际经济：信贷与产出时间序列周期性态描述（1991 年 Q1—2010 年 Q4）

项目	标准差	同产出的横向相关 corr($x(t), y(t+k)$)											
		−6	−5	−4	−3	−2	−1	0	1	2	3	4	5	6
corr(y, y)	0.0143	−0.25	−0.19	−0.02	0.28	0.63	0.90	1.00^	0.90	0.63	0.28	−0.02	−0.19	−0.25
corr(cd, cd)	0.0178	−0.54	−0.49	−0.27	0.10	0.53	0.84	1.00^	0.87	0.53	0.10	−0.27	−0.49	−0.54
corr(y, cd)		−0.09	−0.19	−0.28	−0.33	−0.31	−0.20	−0.02	0.21	0.42	0.53^	0.50	0.34	0.11

注：原始数据同图 3-1，来源于中国人民银行网站公布数据

表 3-3 模型经济：信贷与产出时间序列周期性态描述

项目	标准差	同产出的横向相关 corr($x(t), y(t+k)$)											
		−6	−5	−4	−3	−2	−1	0	1	2	3	4	5	6
corr(y, y)	0.0399	−0.02	0.20	0.42	0.63	0.80	0.91	0.94	0.91	0.80	0.63	0.42	0.20	−0.02
corr(cd, cd)	0.0196	0.09	0.18	0.25	0.32	0.38	0.41	0.42	0.41	0.38	0.32	0.25	0.18	0.09
corr(y, cd)		0.42^	0.36	0.23	0.09	−0.05	−019	−0.32	−0.42	−0.49	−0.51	−0.50	−0.44	−0.37

我们在研究过程中还进行了大量参数实验，发现在相当宽泛的参数范围内，上述结果大体不变，具体数值上会有些差异，但性质相对稳定。因而可以得出以下判断。

结论 2：单纯信贷机制的周期模型不能很好地解释实际经济中数量周期特征关系。

3.4 分析与总结

本章建立的信贷约束机制的周期模型虽不完美，但的确从模型理论的角度验证了信贷约束机制对扰动的放大作用，这一机理实际上很清楚：即便在完全封闭的总量货币供给不变的经济中，在经济繁荣和萧条的不同阶段，市场上商品价格总会是波动的，资本品价格也会连带波动，而在实际经济中，企业信贷受到自身可抵押资产估价的约束，这样在繁荣阶段，资本需求上升，价格上升，可抵押资产估值增加，从而信贷乘数增加，进而进一步助长经济的繁荣；反之，在预期不好和萧条阶段，资产价格下跌（比如，先于经济的股市的萧条），引致企业可抵押资产估值下降，企业信贷乘数下降，于是，进一步加速经济的萧条。由此可以看出，信贷约束机制犹如一把双刃剑，有双向放大波动的作用。其中乘数越大，放大的幅度和倍数就会越大。

基于上面的研究，我们总结出以下几点问题：①信贷和金融市场的发展，加剧了全球经济的波动性，过度的信用透支和滥用成为经济系统不稳定的根源之一。②按揭贷款行为应当受到严格约束。如果是 20%的按揭首付，则意味着 5 倍的放大倍数，50%的按揭首付也对应 2 倍的放大倍数。这样的倍数在本章模型中虽然仍应该是安全的（若仅考虑这一因素的话），但也已经造成极大的波动[图 3-2（b）和图 3-2（c）]。美国房地产市场存在严重超额信用放大情况，其倍数已经远大于 20，甚至达到了 30 倍，所以美国发生金融危机是必然的。③关于货币政策的传统经典理念需要进一步更新补充。例如，凯恩斯主义模型系统下的规则性政策存在短时性问题，多以短期政策等因素变化为冲击源来进行研究，对于外生技术性冲击等考虑不够，而这两类冲击规模和频率有很大不同，策略也有很大不同，前者所需考虑的主要是平稳性问题，而后者还需要考虑中长期繁荣的延续问题，甚至是中长期增长问题。④单纯的信贷约束机制假设方面的改进不足以很好地拟合金融因素对于实际经济的影响，已有研究开始考虑在影响机制中引入银行中介、金融摩擦、金融冲击等金融因素，这些方面的改进会有利于解决本章模型存在的问题，这应当也是以后该领域研究发展的方向。⑤资产价格泡沫、外部需求和国际金融冲击方面的影响机制是有关金融周期模型理论发展的方向，对于改进金融变量同宏观经济总量的关系会有帮助。

附录3.1 稳 态 解

$$1 = \beta(1+r^b)$$
$$r^b = 1/\beta - 1$$
$$1 = \beta(r-\delta-\phi+1-\psi)/(\phi-\beta\psi+1)$$
$$r = r^b + \delta + \phi(1+1/\beta)$$
$$k = (1-\delta+r)k + wl - c^f - c^h$$
$$k = ((r-\delta-\phi+1-\psi)k - c^f)/(\phi-\beta\psi+1)$$
$$c^f/k = (1-\beta)(r-\delta-\phi+1-\psi)$$
$$c^h = wl + kr^b/(1+r^b)$$
$$c^h/k = (1/\alpha - 1)r + 1 - \beta$$
$$w = (1-\alpha)A(k/l)^\alpha \quad r = \alpha A(k/l)^{\alpha-1}$$
$$(k/l) = (\alpha A/r)^{1/(1-\alpha)}$$
$$y/k = A(k/l)^{\alpha-1} = r/\alpha$$

附录3.2 离 散 方 程

$$\hat{k}_{t+1} = (1-\delta)\hat{k}_t + \hat{y}_t \cdot y/k - \hat{c}_t^f \cdot c^f/k - \hat{c}_t^h \cdot c^h/k$$
$$\hat{c}_{t+1}^f = \hat{c}_t^f + \frac{1}{\sigma}(\hat{\pi}_t - \hat{\pi}_{t+1} + \hat{r}_t - ((\phi-\psi\beta)\hat{\pi}_t + \hat{r}_t^b)/(\phi-\psi\varphi+1))$$
$$\hat{c}_{t+1}^h = \hat{c}_t^h + \frac{1}{\sigma}(\hat{r}_t^b - \hat{\pi}_{t+1})$$
$$\hat{w}_{t+1} = \hat{r}_{t+1}^b + \frac{1}{\gamma} \cdot \hat{l}_{t+1} + \sigma \cdot \hat{c}_{t+1}^h$$
$$\hat{l}_{t+1} = \frac{1}{\alpha}(\hat{A}_{t+1} - \hat{w}_{t+1}) + \hat{k}_{t+1}$$
$$\hat{r}_{t+1} = \frac{1}{\alpha}(\hat{A}_{t+1} - (1-\alpha)\hat{w}_{t+1})$$
$$\hat{r}_{t+1}^b = \theta_1 \hat{r}_t + \theta_2 \hat{y}_t + \theta_3 \hat{\pi}_t$$
$$\hat{\pi}_{t+1} + (1/(1+r^b) + c^h/k)^{-1}((\hat{k}_{t+1} - \hat{r}_{t+1}^b)/(1+r^b) + \hat{c}_{t+1}^h \cdot c^h/k)$$
$$= (wl/k+1)^{-1}(\hat{w}_t \cdot wl/k + \hat{l}_t \cdot wl/k + \hat{k}_t)$$
$$\hat{y}_{t+1} = \hat{A}_{t+1} + \alpha\hat{k}_{t+1} + (1-\alpha)\hat{l}_{t+1}$$
$$\hat{b}_{t+1} = \hat{k}_{t+1} - \hat{r}_{t+1}^b - \hat{\pi}_{t+1}$$

第 4 章 内生信贷的 FBC 模型理论

本章将银行中介部门引入模型中，建立了一个内生信贷需求与供给的金融经济周期模型，分析经济波动和货币政策对金融总量、经济总量、货币乘数等的影响。比较静态分析发现，准备金率具有逆周期特征。动态分析发现，货币创新与准备金率提高具有相互抵消效应。通过依据中国经济数据的模拟研究发现，单纯法定准备金率调整政策不仅不能有效抚平信贷市场波动，反而可能是造成信贷市场不稳定的原因；同时，经济模型还预测，金融部门的活动对经济有巨大影响；恰当的货币手段和准备金率手段的组合使用可以达到稳定经济的目标。对中国数据的实证分析表明，经济模型的主要特征同实际经济特征具有很好的一致性。

4.1 内生信贷问题

近 20 年来世界经济周期波动中最显著的特征莫过于金融因素对实体经济的影响程度日益增强。20 世纪 90 年代的亚洲金融危机，2007 年的美国次贷危机，一次比一次严重的危机让人们认识到，金融市场摩擦、金融冲击和波动、金融中介和信贷政策等金融因素正成为影响经济周期波动，甚至引发经济危机、国家政府危机，继而引起社会动荡的重要因素。因而，基于金融市场因素的经济周期波动和危机形成机制的研究已成为宏观经济政策管理中的一个重要课题，也是宏观经济周期理论领域的一个新热点。

前沿研究中主要关注的金融因素有金融市场摩擦、金融冲击、金融中介等，以及与这些因素紧密联系的货币信贷政策，更复杂的问题还涉及财政政策的组合效应。从方法上看，最初是计量方面的研究，然后逐步发展到在 DSGE 框架下关于波动传播机制方面的深层研究，总体来看主要是周期理论框架方法和内容方面的创新和改进，我们称这些研究为 FBC 理论，以区别于 20 世纪 80 年代兴起的 RBC 理论和 20 世纪 90 年代后逐渐形成的 RBC 理论与凯恩斯主义相结合的产物——GBC 理论（也有一些学者称为组合的周期理论）。

金融周期方面的研究很新，能否适用于中国经济问题的分析还不能确定，经怎样改造才能适用也不清楚。为此，本章拟在 DSGE 框架下建立嵌入银行中介部门的金融经济周期模型以研究模拟中国经济，研究目标为：①与传统周期模型相比，该类模型机制有何创新，理论上有哪些改进；②在模拟中国实际经济方面效果如何，数值方法方面有哪些问题和难点；③主要金融因素影响实体经济方面的问题，如如何影响、影响机制和程度怎样；④在国际金融市场迅猛发展的大趋势下，应当采取怎样的政策措施以应对各种内外部冲击，长期有效性和短期最优如何协调等。

4.2 文献综述

早期周期理论中（无论是实际派还是凯恩斯主义学派）都没有考虑金融的周期波动效应。亚洲金融危机使这一切开始改变。Bernanke 和 Gertler（1989）较早地把信贷问题纳入一般均衡框架下进行讨论，类似的还有 Bernanke 等（1999）、Kiyotaki 和 Moore（1997）的研究等。这些研究都认为信贷金融市场具有传播、放大波动的作用，并初步模拟出了信贷约束机制，发现其在经济繁荣过程中具有杠杆放大效应，在经济萧条过程中具有加速经济下沉的负向作用（也被称为金融加速器效应）。这期间还有不少实证研究也支持这种观点，如 Zeldes（1989）、Jappelli 和 Pagano（1989）、Campbell 和 Mankiw（1989b）、Carroll 和 Dunn（1997）等的研究。这些实证研究在一定程度上肯定了信贷金融市场对经济整体周期波动的重要影响。然而，一些研究指出，这类模型理论上虽然很好，但实际上并不能产生出很好的接近实际经济的波动特征。例如，Kocherlakota（2000）在局部均衡框架下发现，在内生信贷约束条件下，冲击的传播、放大效应过多地依赖资本和土地在生产中所占的份额；Cordoba 和 Ripoll（2004）在一般均衡框架下的研究发现，在标准的生产和偏好参数下，抵押信贷约束机制的传播、放大效应几乎是零。因而，关于信贷约束机制的金融周期模型研究又进入了低潮。

2007 年的美国次贷危机推动了这一领域的理论发展，大量的文献再次就此展开讨论，其中具有代表意义的大作有 Jermann 和 Quadrini（2009）、Christiano 等（2007）、Goodfriend 和 McCallum（2007）、Gertler 和 Kiyotaki（2010）等的研究，这几篇文章作为美国和欧洲两大主要中央银行核心智囊的大作，代表并总结了西方学者在这一领域研究的前沿技术和主流方向。这些研究的一个重要改进是直接或间接地引入了银行中介部门，以内生前面研究中的信贷约束机制，这是一个最新的模型创新方面的特征，虽然银行中介被嵌入在模型中的研究在这之前就有[如 Lucas（1993）的研究]，但目的不同，过程不同，以前的研究重在对银行与流动性方面的单一刻画和研究，但最新的研究是把银行、货币政策和流动性问题统统纳入 DSGE 框架之中，重在研究金融冲击、金融摩擦以及政策冲击等因素对经济周期波动的影响。这些研究本质上是周期理论的创新，是纳入了金融因素的周期理论，因而我们称之为 FBC 理论。下面简单介绍这几项代表性的研究。

Jermann 和 Quadrini（2009）通过微观描述公司投融资行为，着重研究公司融资行为对经济周期波动的影响。通过实证研究公司股票与债务流总水平，建立公司股票和债务融资行为的商业周期模型，研究发现，单纯生产性冲击下，模型不能很好地模拟实际周期波动和公司股票与债务周期行为，但在假定直接影响公司借贷行为的信贷冲击后，在金融流量和实际经济变量两个方面，模型预测结果非常接近实际情况。

Goodfriend 和 McCallum（2007）的模型中，除了有类似于金融加速器的机制外，还假定了银行减速器机制的存在，模型思想为：一方面，在黏滞价格的经济环境中，激励就业和产出增加的货币政策冲击，会引发资本边际产出增加，从而导致资本价格上涨，经济中可抵押价值增加，则在对于银行储蓄需求不变的条件下，外部融资贴水下降，这是金融加速器机制部分；另一方面，货币政策激励消费的同时也增加了对银行储蓄的需求，则在可抵押资产价值不变的条件下，外部融资贴水趋于增加，这形成了银行减速器机制部分。该文利用实际历史平均利率、利率差、银行总量、宏观总量数据作为校正模型实际数据的基础，校正稳态均衡模型系统参数；通过对数线性化系统的非线性方程组，产生线性近似模型动力系统；同时考察不同组合冲击下系统的反应机制；研究认为引入银行中介和货币到标准增长模型中，显著改进了对于金融变量和经济总量变量的解释力。

Christiano 等（2007）的文章是欧洲中央银行的长篇工作论文，多达 130 多页，实验图表多达千余幅，以欧美两大经济体实际金融和宏观总量数据为背景，建立嵌入银行中介的 DSGE 模型框架，形成目前可以查到的该领域最细致深入的研究。他们的实证研究发现，金融财富风险冲击几乎解释信贷市场的全部，占外部融资贴水方差的份额在欧洲和美国分别为 85% 和 96%，占实际信贷的份额在欧洲、美国分别为 60% 和 73%；另外，风险冲击可以解释欧洲、美国经济周期波动中投资波动性的比例分别在 1/3 以上和 60% 以上；解释 GDP 的比例分别为 35% 和 47%；因而认为信贷市场信息结构对于整体推断至关重要，并以预期偏差与修正为符号机制形成建模思想；风险冲击的真正解释力在于其符号功能，是过去对于未来预期的均衡修正过程在驱动着经济的波动。信贷、资本、资产价格、就业和生产活动的动态关系与变化过程依赖于符号的显示发现机制与过程，由此产生资本预期回报的黏滞性，并衍生经济的各个环节的黏滞性。研究结论指出：包含金融中介市场摩擦、金融市场冲击和货币政策冲击的金融加速器机制模型是刻画实际经济的最好框架，在没有金融因素的基本模型中，资本价格表现为反周期特征，和实际经济数据特征相反，在引入金融因素的金融加速器模型中，资本价格顺周期，与实际经济特征一致。

我们研究发现，该研究的模型构造足够复杂精细，以至于没有充分深入的研究很难厘清其方程、变量之间的关系，但本质上仍是遵循 Ramsey 模型的基本思路，仍然假定企业家、资本家、银行家的人格虚化，假定这些部门的存在，但利润最终归属唯一的私人部门，即最终的唯一的经济法人——"鲁滨孙"。我们认为这样做多少有些遗憾，因为引入银行中介的目的在于通过存贷款利率差异来刻画金融部门摩擦的机制，同时通过银行家和银行部门职员的努力，实现银行部门利润最大化，以此来内生信贷约束机制（或金融放大机制），如果人格归一，则逻辑上很难理解存在严格正利差的情况下，"鲁滨孙"同时存贷行为的矛盾。相比之下，生产部门和私人部门人格异质性特征的引入则有利于解决这一问题，如 Bernanke 和 Gertler（1989）、Bernanke 等（1999）、Gertler 和 Kiyotaki（2010）等的研究。

Gertler 和 Kiyotaki（2010）的研究可以说是这一领域真正的权威力作[①]，其建立了信贷市场摩擦与总量经济模型，研究了两个问题：①金融中介市场崩溃如何形成影响实体经济的金融危机；②当前中央银行和财政部推行的各种政策如何化解这次次贷危机。该研究经过细致分析指出，金融中介市场崩溃[②]是此次危机的主要特征。危机中，金融机构既难以获得储户存款，还难以从同行机构中获得拆借，即银行面临严重流动性冲击，因而认为危机之后美国的一系列应对政策是必要的。

总体来看，这些研究都肯定了金融因素对经济的重要影响，但强调的方面和重点不同，手段不同，解决问题的途径也各不相同。概括起来存在如下问题。

（1）这些研究几乎一致地强调了银行中介的作用，并通过引入银行中介替代传统的信贷约束机制，但引入银行中介的办法很不统一，究竟哪种比较好，哪种办法更贴近实际，还有待深入比较研究；同时，关于金融因素的考虑主要集中在金融市场摩擦机制、金融冲击、金融政策等几个方面，内在机制如传统的信贷约束机制的影响效应还很不清晰，存在的研究在多个核心问题上还没有达成一致。

（2）关于金融市场摩擦的刻画和对经济周期动态的影响机制方面的研究还有待深入；Goodfriend 和 McCallum（2007）与 Gertler 和 Kiyotaki（2010）通过借出方（银行中介）构造金融市场摩擦；Christiano 等（2007）则通过企业家部门资本经营管理嵌入金融摩擦。哪种更有代表性，或者在不同的经济背景下，应该用怎样的手段刻画金融市场摩擦的影响是一个重要问题。

（3）现代经济中金融杠杆效应对经济周期动态的影响机制是值得研究的，但已有的研究没有就此进行专门讨论。

（4）金融冲击是金融市场中足以诱发整个经济变量显著变化的扰动。关于金融冲击的研究还只是个开始，但其对未来经济的影响足以证明了对其研究的重要性。Gertler 和 Kiyotaki（2010）仅仅考虑了资本质量变化冲击，其他几个研究考

[①] 该研究融该领域两大主要奠基性工作 [Bernanke 和 Gertler（1989）、Kiyotaki 和 Moore（1997）的研究] 为一体，并引入银行中介等新研究成就，预期将成为未来高级研究和教科书中的标准内容。

[②] 关于此次金融市场崩溃的描述可参见 Brunnermeier（2009）和 Fuhrer 等（2009）的研究；关于数百年来的金融危机的描述可参见 Reinhart 和 Rogoff（2009）的研究中的表述。

虑到了金融财富冲击（摩擦冲击）、银行技术冲击（中介冲击）和银行超额储备价值冲击，但系统比较和专门讨论很不深入。其中，金融冲击的诱发机制、金融冲击与其他因素相互促进的机制等问题都有待进一步研究。

（5）除了上面几个重要研究，类似的研究还有很多，其中，华人学者在此领域也做了不少工作，如 Pintus 和 Wen（2013）、Liu 等（2009）、Liu 和 Wang（2014）等。但是，以中国经济为背景建立信贷金融周期的 DSGE 模型的研究还很欠缺。陈昆亭等（2008）、许伟和陈斌开（2009）是已知的较早把信贷量嵌入 DSGE 模型中的国内学者。许伟和陈斌开（2009）把信贷作为一个生产函数要素直接引入模型中，使这种模型简单化了，但未能刻画出信贷在经济中的约束和内生性质。陈昆亭等（2008）采用了类似于 Bernanke 和 Gertler（1989）、Bernanke 等（1999）、Kiyotaki 和 Moore（1997）的办法，在模型中引入了信贷约束机制，但仅仅重点讨论了危机形成机制方面的参数安全范围问题，没有较好地进行实证研究。因而，有关中国经济 DSGE 模型方面的研究还非常需要加强。

4.3 模型建立

经济模型由家庭、企业家、商业银行和中央银行构成，代表性家庭提供劳动，获得劳动收入，收入用于当期消费和储蓄积累；代表性企业家是复合型的，既负责生产部门商品生产的组织工作，还计划资本品的投资和运作，并实现资本积累；银行部门吸收私人部门存款，通过调查和监控，给企业部门发放贷款，中央银行观察经济生产性缺口和通胀水平，确定准备金率、基准利率和货币增量。

家庭部门：代表性家庭消费经济中的单一物品，C_t 表示 t 期 Dixit-Stiglitz（迪克西特-斯蒂格利茨）消费流，家庭由两种成员构成——企业工人和银行职员，工人给家庭提供工资收入，银行职员给家庭提供工资和分红收入；最优问题为如何选择消费、劳动供给和储蓄。因而家庭部门最优生命期效用问题为

$$\max_{\{C_t, A_t, L_t\}} E_t \sum_{t=0}^{\infty} \beta^t \left(\frac{C_{ht}^{1-\sigma_h}}{1-\sigma_h} + x_t \frac{(1-l_t)^{1-\sigma_h}}{1-\sigma_h} \right)$$

$$\text{s.t.} \quad C_{ht} + \frac{S_t}{P_t} = (1 + r_{at-1}) \frac{S_{t-1}}{P_t} + w_{ft} l_{ft} + w_{bt} l_{bt} + \Pi_{bt} / P_t \quad (4-1)$$

$$l_t = l_{ft} + l_{bt} \quad (4-2)$$

其中，S_t 为 t 期储蓄水平；下标 t 为 t 期；l_t, l_{ft}, l_{bt} 分别为家庭总劳动、企业部门劳动和银行部门劳动；w_{ft}, w_{bt} 分别为企业和银行实际工资水平；r_{at} 为储蓄利率，在西方经济模型中该利率由商业银行和金融机构与私人部门之间关于储蓄的需求及供给之间的市场平衡（trade-off）决定，受货币当局基准利率影响，但本质上由

市场决定,但在中国,中央银行直接指导存款利率来进行货币政策干预,因而本章模型中,该利率假定为政府货币政策指导利率,即货币政策工具,用于研究货币政策冲击效应;Π_{bt}为银行红利(本章研究重点不是银行部门盈利情况,为简单起见,本章中假定商业银行是完全竞争的,始终获得零利润,因而私人部门分红始终为0);β为代表性家庭主观折现率;x_t为相对于消费的外生休闲偏好冲击,本章中用于考察需求冲击的波动效应。

在劳动市场自由流动假设下(假定没有行业转移成本),银行劳动和企业劳动相同时间的边际价值相同,从而有相同的工资收益水平,本章中不再区分这两种工资,根据一阶最优条件有下面统一的工资劳动关系:

$$w_t = C_{ht}^{\sigma_h} \cdot x_t (1-l_t)^{-\sigma_h} \qquad (4\text{-}3)$$

私人部门的最优化行为还表现为消费品需求的欧拉方程:

$$E_t\left(\left(\frac{C_{ht+1}}{C_{ht}}\right)^{\sigma_h} - \beta \cdot \frac{1+r_{at}}{\pi_{t+1}}\right) = 0 \qquad (4\text{-}4)$$

其中,定义通胀率$\pi_{t+1} = P_{t+1}/P_t$。

根据上式得到下面的模型推论。

命题 4-1:私人家庭部门(未来一期的)期望消费增长率与现期储蓄利率水平正相关,与(未来一期的)预期通胀水平负相关。

这一结论与一般宏观经济学理论一致。

银行中介:虽然现实中国经济中,银行部门资信业务收益占有很大比例,但我们试图暂时忽略这一点,而重点关注其经济中实现的从私人部门储蓄存款到企业部门投资贷款的中间集散功能。引入银行中介部门到模型中的目标在于嵌入金融市场摩擦、金融冲击、金融市场传播及放大波动的机制,此点与已有的模型如 Chari 等(1995)、Christiano 等(2007)的研究相一致,同时我们虚化银行家的独立法人地位,假定银行净利润归私人家庭部门所有,实际上,我们在本章中假定金融市场完全竞争,银行净利润为 0,这样银行资本和劳动获得全部边际产品。

类似于 Lucas(1990)、Chari 等(1995)、Jermann 和 Quadrini(2009)、Christiano 等(2007)的研究,我们假定银行是以银行劳动和抵押品为投入因素生产流动性和贷款的一种特殊的生产性部门,假定银行的功能函数关系为

$$D_t/P_t = \phi_t [(K_{bt})^\lambda (l_{bt})^{1-\lambda}]^\eta \left(\frac{E_t}{P_t}\right)^{1-\eta} \qquad (4\text{-}5)$$

其中,D_t为银行中介部门产生的全部流动性;E_t为商业银行超额储备;K_{bt}为银行部门资本利用;ϕ_t为一种金融市场的外生冲击,本章中也将考虑其效应。另外假定S_t为私人部门储蓄,L_t为企业部门贷款,比较易于理解的假设是企业获得大

额贷款额度后，商业银行开设专门的户头供企业部门支配使用，因而形式上，企业部门贷款成为商业银行的负债部分，构成流动性需求的主体之一，与私人部门储蓄存款一样都体现为流动性服务的增量，所以有①

$$D_t = S_t + L_t \tag{4-6}$$

银行超额储备是银行正常运行的重要因素，设 ξ_t 为政府规定准备金率，本章中将其视为货币政策冲击的一种，后面将讨论其效应；设 X_t 为中央银行货币创新部分，是货币政策工具之一，本章中假定其为一种政策冲击，后面会讨论其效应。中央银行的货币创新路径为中央银行购买商业银行的外汇；这一途径是货币创新的主体，因而进入超额储备，则超额储备表示为

$$E_t = S_t + X_t - \xi_t(L_t + S_t) \tag{4-7}$$

用 r_{ft} 表示企业平均贷款利率（该利率在市场中受中央银行指导利率影响，但主要是由企业与银行的具体合同确定，平均来看由市场对于贷款供给与需求的平衡来决定）。Q_t、W_t 分别为资本和劳动名义价格。银行利润最大化问题为选择合适的存款需求、贷款供给，以及资本、劳动投入来最大化下面问题：

$$\Pi_{bt} = r_{ft}L_t - r_{at}S_t - (Q_t K_{bt} + W_t l_{bt})$$

s.t. 式（4-5）～式（4-7）

银行部门最优行为有如下最优方程：

$$r_{ft} = r_{at}\left(\frac{(1-\eta)D_t}{(1-\eta)(1-\xi_t)D_t - E_t} - 1\right) \tag{4-8}$$

$$K_{bt} = \beta\eta r_{ft}\frac{\tilde{D}_t}{Q_t} \tag{4-9}$$

$$l_{bt} = (1-\beta)\eta r_{ft}\frac{\tilde{D}_t}{W_t} \tag{4-10}$$

其中，

$$\tilde{D}_t = D_t\left((1-\eta)\frac{D_t}{E_t}\xi_t + 1\right)^{-1} \tag{4-10'}$$

企业家资本运作与生产：类似于 Bernanke 和 Gertler（1989）、Kiyotaki 和 Moore（1997，2008）等的研究，首先，我们假定企业家群体为独立的部门，有不同于私人家庭部门的偏好行为（如假定企业部门有不同于私人部门的贴现率），设 γ 为企业家主观贴现率。假定家庭相对于企业家群体而言是更有耐心的，即假定 $\gamma < \beta$。其次，我们将企业家和资本家人格化为一个群体，即企业家群体既组织生产，也经营资本的形成、营运，并实现资本积累；企业家群体家庭成员分别

---

① 式（4-6）与式（4-7）以及后面关于银行优化结构的思想来源于 Chari 等（1995）、Christiano 等（2007）的模型。

独立负责管理 Dixit-Stiglitz 型中间生产性企业，家长管理终端产品组合性生产，则代表性企业家家庭有最优化问题：选择合适的消费、投资、借贷规模、劳动需求和资本租赁来最大化下面问题：

$$\max \sum_{t=0}^{\infty} \gamma^t \frac{C_{ft}^{1-\sigma_f}}{1-\sigma_f}$$

$$C_{ft} + I_t\left(1 + T\left(\frac{I_t}{K_t}\right)\right) = Y_t + b_t - (1+r_{ft-1})b_{t-1}/\pi_t + q_t K_{bt} - w_t l_{ft} \quad (4\text{-}11)$$

$$K_{t+1} = (1-\delta)K_t + I_t \quad (4\text{-}12)$$

式（4-11）和式（4-12）为企业部门财富约束资本积累方程。其中，$q_t = Q_t/P_t$，为资本品价格；$b_t = B_t/P_t$，为企业贷款。最优条件如下：

$$q_t = \alpha \frac{Y_t}{K_{ft}} \quad (4\text{-}13)$$

$$w_{ft} = (1-\alpha)\frac{Y_t}{l_{ft}} \quad (4\text{-}14)$$

$$E_t\left(\left(\frac{C_{ft+1}}{C_{ft}}\right)^{\sigma_f} - \gamma(1+r_{ft})/\pi_{t+1}\right) = 0 \quad (4\text{-}15)$$

$$E_t\left(q_{t+1} + (1-\delta)g(t+1) + \tilde{g}_{t+1} - (1+r_{ft})g(t)\frac{1}{\pi_{t+1}}\right) = 0 \quad (4\text{-}16)$$

其中，$g(t) \triangleq 1 + T\left(\frac{I_t}{K_t}\right) + T'\left(\frac{I_t}{K_t}\right)\frac{I_t}{K_t}$；$\tilde{g}_t \triangleq T'\left(\frac{I_t}{K_t}\right)\left(\frac{I_t}{K_t}\right)^2$；$T(\cdot)$ 为新装资本成本函数，定义 $T(I_t/K_t) = \tau_t(I_t/K_t)^2$，$\tau_t$ 为所有增加资本成本的因素的集成，我们重点解释其为资源品（如石油等）价格贡献的成本冲击。

中央银行：中央银行的一般性目标为促进经济发展，平衡国际收支，稳定物价，充分就业。其中，促进经济发展和充分就业是一致的，我们用一个产出目标来代替；稳定物价通过通胀目标来实现；国际收支平衡在封闭经济模型中无法考虑，一个变通的办法是考虑外部利率环境对于本国经济的影响，利率是货币政策的主要工具，考虑外部利率冲击效应，等价于考虑外部政策冲击的效应。为此我们假定中央银行需要参考外部利率水平以实现国际收支平衡（主要是考虑国际金融市场流动性方面的平稳和平衡）。另外，根据中国实际情况，利率作为政策工具，直接由中央银行指令性调整实行，这样本章模型中，利率既是工具，又是目标，即可以作为工具直接进行调整，但要参考外部利率水平；同时，假定中央银行还可以通过调整准备金率和货币创新等手段调控经济（后面，我们会分别考虑几种政策手段的效应，并研究几种手段的组合效应）。这样中央银行的问题就是：选择合适的基准利率（为与中国实际一致，将其替代为选择储蓄利率）、准备金率和货币创新来最小化下面问题：

$$\min E_t(\mu_y(Y_{t+1}-\overline{Y}_{t+1})^2 + \mu_\pi(\pi_{t+1}-\overline{\pi}_{t+1})^2 + \mu_r \sum_{j=0}^{1}(r_{at+j}-\tilde{r}_{t+j})^2)$$

其中，$\overline{Y}_t$ 为政府产出增长目标（或者理解为均衡产出水平）；$\overline{\pi}_t$ 为政府通胀调控目标水平；$\tilde{r}_t$ 为外部利率综合水平，本章中表示为一种外部政策冲击。有下面三个一阶最优条件方程：

$$E_t(\mu_y(Y_{t+1}-\overline{Y}_{t+1})\frac{\partial Y_{t+1}}{\partial r_{at+1}} + \mu_\pi(\pi_{t+1}-\overline{\pi}_{t+1})\frac{\partial \pi_{t+1}}{\partial r_{at+1}} + \mu_r(r_{at+1}-\tilde{r}_{t+1})) = 0 \quad (4-17)$$

$$E_t(\mu_y(Y_{t+1}-\overline{Y}_{t+1})\frac{\partial Y_{t+1}}{\partial x_{t+1}} + \mu_\pi(\pi_{t+1}-\overline{\pi}_{t+1})\frac{\partial \pi_{t+1}}{\partial x_{t+1}} + \mu_r(r_{at+1}-\tilde{r}_{t+1})\frac{\partial r_{at+1}}{\partial x_{t+1}}) = 0 \quad (4-18)$$

$$E_t(\mu_y(Y_{t+1}-\overline{Y}_{t+1})\frac{\partial Y_{t+1}}{\partial \xi_{t+1}} + \mu_\pi(\pi_{t+1}-\overline{\pi}_{t+1})\frac{\partial \pi_{t+1}}{\partial \xi_{t+1}} + \mu_r(r_{at+1}-\tilde{r}_{t+1})\frac{\partial r_{at+1}}{\partial \xi_{t+1}}) = 0 \quad (4-19)$$

其中，式（4-17）就是通常关于利率的泰勒规则政策方程，我们在这里增加了式（4-18）、式（4-19）两个政策方程，这样，中央银行就有了三个操纵杆，而不再是只有一个"扳手"了。如果我们假定准备金率恒定不变，以及货币创新不变，则退化为只有单一利率泰勒规则。但显然在实际中，中央银行经常将几个工具配合使用，因为在有外部政策（利率）冲击的环境中，本国单一的利率工具是不够的。这一思想同样可以应用于开放经济模型。

市场出清条件包括以下要求。

产品市场出清：

$$C_{ft} + C_{ht} + I_t\left(1 + T\left(\frac{I_t}{K_t}\right)\right) = Y_t \quad (4-20)$$

劳动市场出清：

$$l_{ft} + l_{ht} = l_t \quad (4-21)$$

资本市场出清：

$$K_{ft} + K_{bt} = K_t \quad (4-22)$$

金融市场出清：

$$L_t = B_t \quad (4-23)$$

$$\tilde{A}_t = S_t \quad (4-24)$$

外生冲击：模型考虑多种外生冲击变量，它们分别服从简单随机过程。

生产技术冲击 e_t：

$$\log e_t = \rho_e \log \overline{e} + (1-\rho_e) \log e_{t-1} + \varepsilon_{et},\ \varepsilon_{et} \in N(0,\sigma_e) \quad (4\text{-}25)$$

偏好冲击 x_t：

$$\log x_t = \rho_x \log \overline{x} + (1-\rho_x) \log x_{t-1} + \varepsilon_{xt},\ \varepsilon_{xt} \in N(0,\sigma_x) \quad (4\text{-}26)$$

金融市场冲击 ϕ_t：

$$\log \phi_t = \rho_\phi \log \overline{\phi} + (1-\rho_\phi) \log \phi_{t-1} + \varepsilon_{\phi t},\ \varepsilon_{\phi t} \in N(0,\sigma_\phi) \quad (4\text{-}27)$$

外部利率/政策冲击 $\tilde{r}_t$：

$$\log \tilde{r}_t = \rho_r \log \overline{\tilde{r}} + (1-\rho_r) \log \tilde{r}_{t-1} + \varepsilon_{rt},\ \varepsilon_{rt} \in N(0,\sigma_r) \quad (4\text{-}28)$$

资源品价格/成本冲击 τ_t：

$$\log \tau_t = \rho_\tau \log \overline{\tau} + (1-\rho_\tau) \log \tau_{t-1} + \varepsilon_{\tau t},\ \varepsilon_{\tau t} \in N(0,\sigma_\tau) \quad (4\text{-}29)$$

另外，ξ_t 为政府规定准备金率，X_t 为中央银行货币创新部分，都是货币政策工具，也是政策冲击；但本章模型中我们首先假定其为系统内生决定，然后再研究外生确定情况下的政策冲击问题。

均衡的描述：均衡时，以下四个部门达到最优且市场出清：私人家庭部门、私人厂商部门、银行部门、政府（货币与财政政策）部门。家庭决定消费、储蓄和劳动供给，资本品价格、贷款市场利率由市场决定。中央银行代表中央政府部门决定存款利率（代表基准利率）、准备金率和货币创新；厂商决定投资和生产，依据工资水平决定劳动需求，通过权衡对其最终产品的总需求决定总产出，实现其利润最大化；银行根据指导性货币政策决定投贷量、供给流动性，实现利润最大化；政府以社会福利最大化为目标[①]，选择政策行为。总价格水平和货币供给在本章模型中内生，因而均衡由系统内生。下面我们来讨论模型系统是否可以产生稳定的内生均衡。

4.4 政策效应与途径：局部均衡分析

根据银行部门的最优均衡条件，我们有下面的结论。

命题 4-2：超额准备金率与利差呈负相关；法定准备金率与利差呈正相关；货币创新使利差缩小。

证明：由式（4-8）、式（4-9）、式（4-10）和式（4-10′）得到：

$\dfrac{r_{ft}}{r_{at}} = \dfrac{1}{\Omega_t}\left(\dfrac{D_t}{E_t}\right)^{\frac{1}{\eta}} \dfrac{1}{r_{at}} - 1$，所以超额准备金率 E/D 与利差 $\dfrac{r_{ft}}{r_{at}}$ 呈负相关关系；进一步计

[①] 关于政府目标问题，本章不深入讨论，仅简单假定政府以平稳经济为目标，政策方程的设定基于实证结果，见政策方程讨论部分。

算有：$\frac{r_{ft}}{r_{at}} = \frac{1}{\Omega_t}\left(\frac{S_t + L_t}{S_t + X_t - \xi(S_t + L_t)}\right)^{\frac{1}{\eta}} \frac{1}{r_{at}} - 1$。其中，$\Omega_t \triangleq \varphi_t^{\frac{1}{\eta}} \left(\left(\frac{\lambda}{q_t}\right)^{\lambda} \left(\frac{1-\lambda}{w_t}\right)^{1-\lambda}\right) \frac{\eta}{1-\eta}$，

则易得 $\frac{d\left(\frac{r_{ft}}{r_{at}}\right)}{d\xi_t} > 0$，$\frac{d\left(\frac{r_{ft}}{r_{at}}\right)}{dX_t} < 0$，即证命题。

命题 4-2 的经济学含义是，利差的扩大意味着金融市场摩擦的增加。法定准备金率的变化影响信贷的途径——银行的利差，具有反周期性。在合理的参数范围内，法定准备金率上升，银行面临利润损失，会减少信贷供给。商业银行最优化自身利润水平的行为要求在均衡时利差水平上升，从而加大市场摩擦，信贷需求降低，从而使均衡信贷水平下降。单纯货币供给量增加，在增加流动性的同时，也减少信贷市场摩擦，增加信贷供给。而商业银行超额储备的增加，增大其自身信贷的压力，有主动降低利差的倾向，从而增加信贷供给。因而，法定准备金率与超额准备金率对于信贷的影响是反向的。

4.5 均衡存在性、稳定性与政策效应：比较静态分析

模型生成的 23 个方程共同形成模型经济系统，模型系统中包含 23 个变量：$\{C_f, C_h, I_t, K_t, K_{bt}, K_{ft}, Y_t, l_t, l_{bt}, l_{ft}, A_t, S_t, L_t, B_t, \pi_t, P_t, r_{at}, r_{ft}, Q_t, W_t, D_t, E_t, X_t\}$。

式（4-1）至式（4-29）有稳态关系如下：稳态时，市场出清，从而私人部门储蓄供给 A 恒等于银行吸纳的储蓄量 S；银行贷款供给 L 等于企业信贷需求 B。假定稳态时银行吸纳储蓄 S 与放出贷款 L 有稳定关系：$\tilde{s} \triangleq S/L$。用 b^*、q^* 分别表示实际信贷需求和实际资本价格，即 $\frac{B}{P}$、$\frac{Q}{P}$。假定稳态时货币创新维持稳定增长率 v，即有：$X \triangleq v(S+L)$。则稳态时超额准备金和流动性为

$$E = ((1+v-\xi)(1+\tilde{s})-1)L \qquad (4\text{-}^*1)$$

$$D = (1+\tilde{s})L \qquad (4\text{-}^*2)$$

均衡时，$L = B$，由式（4-5）得到 $D = \varphi(P^\eta K_b^{\eta\beta} l_b^{(1-\beta)\eta}) E^{1-\eta}$，推出：

$$b^* = \left(\frac{\varphi}{\hat{s}}((1+v-\xi)\hat{s}-1)^{1-\eta}\right)^{\frac{1}{\eta}} K_b^\lambda l_b^{1-\lambda} \qquad (4\text{-}^*3)$$

其中，$\hat{s} \triangleq \tilde{s} + 1$。再由式（4-9）、式（4-10）和式（4-10'）得到：

$$K_b = \lambda \eta r_f \frac{\tilde{D}}{Q} = \lambda \eta r_f l_d b^* / q^* \qquad (4\text{-}^*4)$$

第4章 内生信贷的FBC模型理论

$$l_b = (1-\lambda)\eta r_f \frac{\tilde{D}}{w} = (1-\lambda)\eta r_f^* \frac{b^*}{w^*} l_d \qquad (4\text{-}^*5)$$

其中，$l_d = \dfrac{\hat{s}((1+v-\xi)\hat{s}-1)}{(1-\eta)\hat{s}\xi+(1+v-\xi)\hat{s}-1}$；$\tilde{D} = D\left((1-\eta)\dfrac{D}{E}\xi+1\right)^{-1} = l_d L$。

并利用银行利润函数表示关系式得到：

$$\frac{\Pi_b}{P} = \frac{r_f L}{P} - \frac{r_a S}{P} - r_f q K_b - w l_b = ((1-\eta l_d)r_f^* - r_a^*\tilde{s})b^* \qquad (4\text{-}^*6)$$

稳态时，由式（4-*1）、式（4-*2）得 $\dfrac{D}{E} = \dfrac{1}{1+v-\xi-\dfrac{1}{1+\tilde{s}}}$，代入式（4-8）中

得到：

$$\frac{r_f}{r_a} = \frac{1+v-\eta\xi-\dfrac{1}{1+\tilde{s}}}{-\eta-v+\eta\xi+\dfrac{1}{1+\tilde{s}}} \qquad (4\text{-}^*7)$$

由此易得：$\partial\left(\dfrac{r_f}{r_a}\right)/\partial\xi = \dfrac{\eta^2-\eta}{\left(-\eta-v+\eta\xi+\dfrac{1}{1+\tilde{s}}\right)^2} < 0$。因而，稳态均衡关系是，

法定准备金率与利差负相关；同理还易得[由式（4-8）得]，超额准备金率 $\dfrac{E}{D}$ 与利差在长期稳态均衡下正相关。因而有下面结论。

命题 4-3：长期稳态时，超额准备金率与利差正相关，法定准备金率与利差负相关。

这与前面局部均衡结论正相反。这说明准备金率与利差关系的局部均衡反应和长期均衡反应是不一致的。直观的解释是，超额准备金率与利差的直接关系是负的，但均衡所对应的综合关系是正的。进一步可能的解释如：假定银行预期经济形势不好，不愿意放贷，超额准备金率增加，而不好的经济形势下，往往也会对应实体经济中资本平均收益率的下降，因而银行部门利差水平也会同比例减少，这反映出短期局部均衡关系；但从中长期看，银行较高的超额准备金率意味着生产性投入资金比例较低，银行支付同样成本所需的利差水平必然较高才能维持系统运行，这反映出长期均衡关系。我们后面将进行实证对照验证其正确性。再重复利用式（4-8）得到：$\dfrac{r_{ft}}{r_{at}} = \dfrac{(1-\eta)D_t}{(1-\eta)(1-\xi_t)D_t - E_t} - 1$，解之得到：

$$\tilde{s} = \frac{1}{1+v-\xi-\tilde{\Omega}} - 1 \qquad (4\text{-}^*8)$$

其中，$\tilde{\Omega} \triangleq (\Omega(r_a + r_f))^\eta$。

命题 4-4：准备金率上升，贷款与存款比率下降；货币创新增加，贷款与存款比率上升。

证明：由式（4-*8）易推知，$\partial \tilde{s} / \partial \xi > 0$（过程略），即存款与贷款比率上升，贷款与存款比率下降。同理，$\partial \tilde{s} / \partial v < 0$，即存款与贷款比率下降，贷款与存款比率上升。

该命题的经济学含义很清楚，准备金率上升，导致信贷紧缩，即贷存比下降，货币增速加大，信贷增长。

下面假定银行部门与企业部门劳动工资相同，则由式（4-1）至式（4-4）得出：

$$C_h = r_a \cdot \frac{A}{P} + wl + \frac{\Pi_b}{P} = r_a \cdot \tilde{s}b^* + wl^* + \frac{\Pi_b^*}{P} = (1 - \eta l_d) r_f^* b^* + wl^* \quad (4\text{-}^*9)$$

$$w = C_h^{\sigma_h} \bar{x}(1-l)^{-\sigma_h} = \bar{x} \left(\frac{C_h}{1-l} \right)^{\sigma_h} \quad (4\text{-}^*10)$$

$$r_a = \frac{\pi^*}{\beta} - 1 \quad (4\text{-}^*11)$$

由式（4-11）至式（4-16）得到：

$$(I/K)^* = \delta \quad (4\text{-}^*12)$$

$$C_f^* = (q^* - \delta(1 + \phi \delta^2))K^* - r_f b^* \quad (4\text{-}^*13)$$

$$r_f^* = \frac{1}{\gamma} \pi^* - 1 \quad (4\text{-}^*14)$$

$$q^* = (1 + r_f^*) g^* \frac{1}{\pi^*} - \tilde{g}^* - (1-\delta)g^* = \left(\frac{1}{\gamma} - 1 + \delta \right)(1 + 3\phi \delta^2) - 2\phi \delta^3 \quad (4\text{-}^*15)$$

$$q^* = \alpha \frac{Y_t}{K_f} \quad (4\text{-}^*16)$$

$$w^* = (1-\alpha) \frac{Y_t}{l_f} \quad (4\text{-}^*17)$$

则 $\frac{K_f}{Y^*} = \frac{\alpha}{q^*}$，$\frac{l_f}{Y^*} = \frac{1-\alpha}{w_f^*}$，有

$$w^* = \left(e \left(\frac{\alpha}{q^*} \right)^\alpha \right)^{\frac{1}{1-\alpha}} (1-\alpha) \quad (4\text{-}^*18)$$

再由 $K_f + K_b = K$，$l_f + l_b = l$，结合式（4-*16）、式（4-*17）得到：

第 4 章 内生信贷的 FBC 模型理论

$$l_f = \Delta l_0 \left(\frac{q}{w} \frac{K}{l} - \frac{\lambda}{1-\lambda} \right) l \qquad (4\text{-}^*19)$$

$$l_b = \Delta l_0 \left(\frac{\alpha}{1-\alpha} - \frac{q}{w} \frac{K}{l} \right) l \qquad (4\text{-}^*20)$$

$$K_f = \frac{\alpha}{1-\alpha} \Delta l_0 \left(\frac{K}{l} - \frac{\lambda}{1-\lambda} \frac{w}{q} \right) l \qquad (4\text{-}^*21)$$

$$K_b = \frac{\lambda}{1-\lambda} \Delta l_0 \left(\frac{\alpha}{1-\alpha} \frac{w}{q} - \frac{K}{l} \right) l \qquad (4\text{-}^*22)$$

其中，$\Delta l_0 = 1 / \left(\frac{\alpha}{1-\alpha} - \frac{\lambda}{1-\lambda} \right)$。再利用式（4-*3）、式（4-*4）得到：

$$K / l = \left(\left(\frac{1}{1-\lambda} \frac{\alpha}{1-\alpha} \Delta l_0 - 1 \right) w - e \left(\frac{\alpha}{1-\alpha} \right)^\alpha \Delta l_0 \left(\frac{w}{q} \right)^\alpha \frac{\lambda}{1-\lambda} \right)$$

$$\times \left(q + \frac{q}{1-\lambda} \Delta l_0 - e \left(\frac{\alpha}{1-\alpha} \right)^\alpha \Delta l_0 \left(\frac{q}{w} \right)^{1-\alpha} \right)^{-1} \qquad (4\text{-}^*23)$$

$$b / l = \frac{1}{1-\lambda} \Delta l_0 \frac{q}{\eta r_f l_d} \left(\frac{\alpha}{1-\alpha} \frac{w}{q} - \frac{K}{l} \right) \qquad (4\text{-}^*24)$$

由此反推即可以解释全部实体经济部门关系，由式（4-*15）可以知道稳态资本价格 q 与通胀和名义量无关，由此顺延下来，由式（4-*18）可知实际工资 w 与名义量无关，进而资本分配、劳动供给与分配、实际信贷等都与名义量无关。这说明，稳态所代表的长期均衡状态下，货币对实际经济变量的影响长期呈中性。

式（4-*8）代表的金融变量关系为：贷存比依赖于通胀水平和外生货币创新增长率 v。由式（4-*3）、式（4-*20）～式（4-*22）可以推导出 v 与通胀水平 π 之间的非线性关系：

$$v = \xi - 1 + \tilde{\Omega} + \frac{\Theta}{\tilde{\Omega}^{\frac{1-\eta}{\eta}}} \qquad (4\text{-}^*25)$$

其中，$\Theta = \left(\frac{b}{K_b^\lambda l_b^{1-\lambda}} \right)^\eta \frac{1}{\varphi}$，这是与名义量无关的实际量；$\tilde{\Omega} \triangleq (\Omega(r_a + r_f))^\eta$，$\Omega$ 与名义量无关，根据式（4-*11）～式（4-*14）建立 v 与通胀水平 π 的直接关系，式（4-*25）确定了均衡通胀与货币增长速度以及准备金率的关系，假定准备金率

不变时，v 与 π 存在一个映射关系：

$$v = \xi - 1 + \Omega^\eta \left(\frac{\pi}{\beta} + \frac{\pi}{\gamma} - 2\right)^\eta + \frac{\Theta}{\Omega^{1-\eta}\left(\frac{\pi}{\beta} + \frac{\pi}{\gamma} - 2\right)^{1-\eta}} \quad (4\text{-}^*26)$$

我们有下面的条件：

$$\frac{\eta}{1-\eta} > 1 + v - \xi - \frac{1}{1+\tilde{s}} \quad (4\text{-}^*27)$$

命题 4-5：在式（4-*27）成立时，稳态解存在且唯一；且货币增长与通胀呈正相关关系。

证明：由式（4-*26）推出，当式（4-*27）成立时，$\dfrac{\mathrm{d}\pi}{\mathrm{d}v} > 0$［推导过程很简单，返回去根据式（4-*11）～式（4-*14）和变量定义推导即可］，从而，式（4-*26）确定出货币增长与通胀之间的单调关系，因而，解唯一。稳态均衡解的存在性也因这一关系的最后唯一确定而总体唯一存在（实体经济部分关系已经在上述过程中唯一确定）。

式（4-*27）在合理的参数范围内是很容易成立的，Christiano 等（2007）在拟合美国和欧洲的经济实验中，η 的取值在 0.95 或 0.94 以上，这样左端项至少大于 10，而右端项根据意义不可能超过 1，因而式（4-*27）可以说是绝对成立的，就我国情况来看，即便 η 取 0.5 该式也照样成立。这一点会在参数校正部分进行再次讨论。

4.6 实证分析与结论检验

数据来源与说明：1996—2007 年的准备金率数据来源于网址 http://finance.ifeng.com/bank/special/zhunbeijinlv4/20101119/2918646.shtml；2007 年之后的准备金率数据来源于网址 http://data.eastmoney.com/cjsj/ckzbj.html。由于存在同一季度中多次调整准备金及同一季度准备金率数据不单一等情况，我们对数据进行了处理，即对每个季度中多个阶段数据的情况进行算术平均，使每个季度只有一个近似数据。对于利率的数据我们也做了类似处理，利率数据来源于中国人民银行网站。货币数据来源于中国人民银行网站。为了简单说明问题，我们没有细分 M0、M1、M2，而是用 M2 表示总货币量。

法定准备金率的影响：近年我国中央银行频频用准备金率进行宏观调控，显示出与以往显著的不同，理论上，准备金率通过影响金融市场摩擦等市场因素，进而影响信贷。实际中存在怎样的关系呢？在图 4-1 中，我们给出了我国金融机构准备金率与贷存利差从 1996 年 Q1 到 2011 年 Q1 的实际波动情况，由于实际中利差波动相对较小,我们采用 5 倍利差数据以使数据有差不多的量级。图 4-1 中,金融机构准备金率呈现显著"U"形波动特征,而利差则呈不太显著的倒"U"形,说明金融机构准备金率与贷存利差呈现反交叉关系,这一特征与我们在 4.5 节中得到的长期稳态时准备金率与利差的关系相一致。特别是 2006 年之后,反交叉特征显著。

货币创新的影响:货币创新是货币供给增长的直接手段。图 4-2 报告的是 1996 年 Q1 到 2010 年 Q4 我国经济货币总量实际增量数据图,由于量级不同,很难同图 4-1 中数据进行对比分析,为此我们需要计算货币增长率的数据,这一结果显示在图 4-3 中,同时所有数据列除以其最大值以对数据作标准化处理。类似地,本节后面的图也都经过了此处理。数据显示,1996 年以来,我国货币增长率大概走势与准备金率近似一致,但波动频繁,短周期而言存在与利差的非周期关系;2008 年以来,在极端经济情况下,呈现同利差的背离关系,这与模型报告的货币创新与利差的关系不一致。

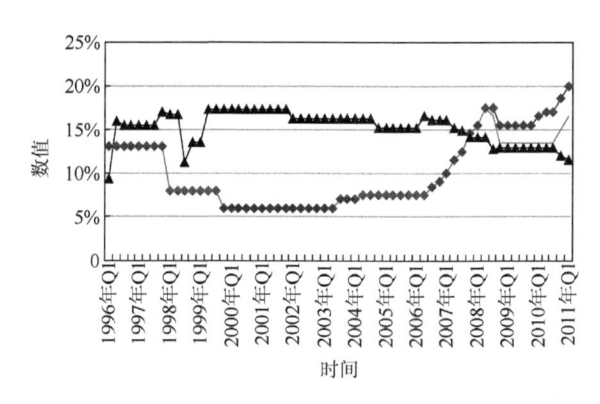

图 4-1　金融机构准备金率与 5 倍利差实际关系图

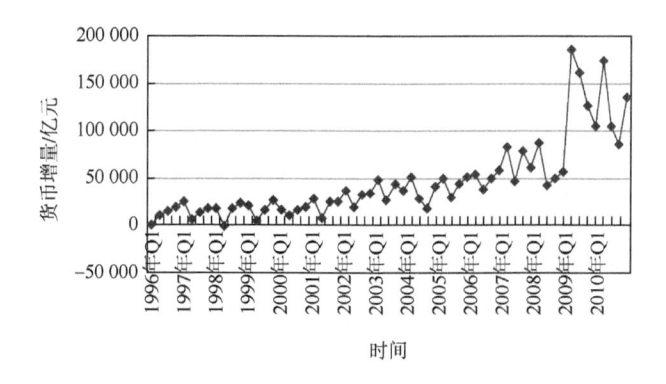

图 4-2　中国经济货币总量实际增量季度数据图

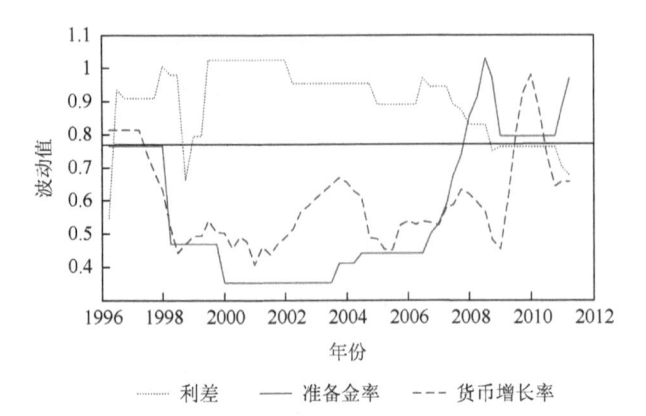

图 4-3 货币增长率、准备金率与利差之间的关系

货币增长率的这一波动特征说明以下情况：我国政府在利用货币工具进行宏观调控的过程中，始终配合使用准备金率和货币创新两种手段，特别是 2008 年以来，一方面增加准备金率以控制金融经济风险，另一方面又增加货币供给以期激活经济。同时采用两种效应相反的手段显示出一段时期以来，央行处于左右为难的境地。而实际经济利差在两种影响相反的政策手段的同时作用下，呈现出不显著的下降特征。这种情况下，经济表现不可能同时与模型经济中两种对立的政策手段的效果一致。

不同政策手段对贷存比的影响：贷存比是直接刻画金融市场中信贷结构的变量，也是刻画经济状况的温度表。理论模型显示不同政策手段对该变量有不同的影响。图 4-4 刻画了两种政策手段与贷存比的关系，贷存比的数据来源于中国人民银行公布的金融机构信贷收支情况表（表中数据也都经过标准化处理），图 4-4 中显示准备金率与贷存比近似呈现反向交叉关系，基本上支持命题 4-4 的结论；而货币增长率与贷存比关系不清晰，不能否定命题 4-4 的结论。

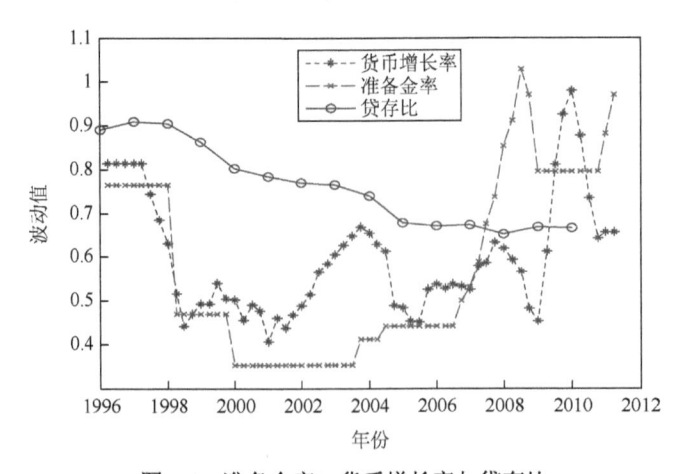

图 4-4 准备金率、货币增长率与贷存比

利率工具的影响：我国利率市场化程度有限，不像西方国家那样频用利率工具进行政策调控，但利率毕竟是调节价格和分配的有力工具。图 4-5 刻画了利率变化与贷存比和利差的关系。其中，基准利率与利差呈近似反向关系，与理论模型预测结果基本一致；但基准利率波动似乎对于贷存比波动贡献甚微。

总体来看，实际中中长期存在的金融、政策数据关系与模型预测的长期稳态关系基本上一致，表明经济模型能够总体宏观描述我国经济中金融、政策因素与实体经济波动规律之间的关系。

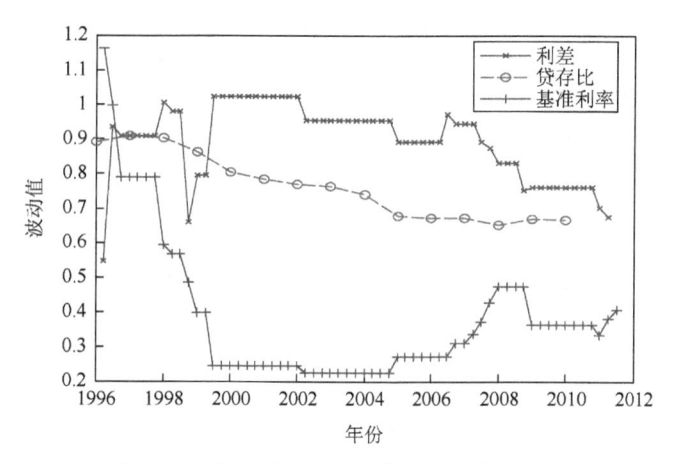

图 4-5 基准利率、利差与贷存比之间的关系

4.7 动态模型与数值实验

前文从理论上分析了模型经济稳定的条件和解的性态关系。本节我们将具体确定出能够使模型最好地模拟中国经济波动特征的参数，并比较模型经济的波动特征（给定外生波动源，引发模型经济波动）同实际经济的波动特征的接近程度。好的经济模型可以有很广泛的应用研究空间。具体地，利用对数线性化方法[①]把各部门最优条件和市场出清条件沿稳态展开，易得（带有尖号的量表示偏离稳态的百分比）近似线性化系统方程组，我们通过研究该方程组的解的性态来近似估计原系统方程在受到不同冲击后，在均衡附近的变化情况，这种方法是动态宏观研究中流行的近似算法。模型系统离散方程在本章附录中显示。

4.7.1 参数校正

偏好参数：首先我们需要估计时间偏好参数 β 和 γ，调节其取值满足以下几个

[①] 参见 King 等（1988）或 陈昆亭等（2004）中的线性化方法。

要求：①稳态均衡条件下通胀取值与实际中国 1996—2010 年平均通胀水平 3.612% 一致；②稳态利差值等于中国实际经济这一期间的利差均值水平 3.0433%；③储蓄利率与实际经济中该阶段均值水平 3.8497%一致。按此要求，β 和 γ 分别取值 0.998 和 0.969。

生产参数：我们首先根据稳态关系式（4-*15）计算出资本租赁价格，其中，φ 为资本安装成本冲击因素，我们取能源价格（1996—2010 年）阶段内平均标准水平 1；资本折旧率 δ 比较通用的数值是季度折旧率 0.025，以近似年度折旧率 0.1，实际中应该是变化的，随使用率的上升而增加，我国经济发展速度较高，平均使用率要高一些，但由于没有好的估计数据，我们采用传统近似值；外生技术冲击的一阶自相关系数 ρ_A 取值 0.78，以与中国实际经济波动中产出的一阶自相关系数近似，其非本章实验参数；资本产出份额弹性 α，由下面内生决定。另外，外生生产技术冲击参数 e 取值值 1。

金融市场参数：准备金率参数 ξ 取实际经济阶段平均值 9.7%；货币创新速度（即货币增速）v 取实际经济中货币平均增长率 0.17；存贷比参数 $\hat{s}$ 取实际经济中贷存比均值 0.7620 的倒数 1.31；超额准备金在流动性生成函数中的弹性参数 η 与金融系统资本劳动弹性参数 λ 通过式（4-*7）和式（4-*26）求解得到，这两个参数的调整使均衡通胀率 π 与货币增速 v 之间存在稳定关系，存贷比存在稳定关系。金融系统外生冲击参数 ψ 取稳态值 1。

现在仍然需要确定的参数有资本产出份额弹性 α、相对风险回避系数 σ、参数 η、参数 λ。这几个参数可以根据几个实际关系确定：①实际经济中劳动时间份额 l 按平均 8 小时工作制，一般取 1/3，但我国经济中劳动使用强度较高，参照劳动统计数据我们取近似值 3/8；②根据统计数据，经济中企业劳动与金融服务系统劳动比例参数 l_f/l_b 大约为 220/1（对统计局 1996—2002 年数据进行平均，这一期间此比例大体稳定）。这样结合式（4-*7）和式（4-*26）我们可以确定稳态时与实际经济变量比例关系一致的全部参数。模型稳态参数如表 4-1 所示。

表 4-1　稳态参数表

δ	β	γ	φ	e	ψ	ξ	$\hat{s}$	v	α	λ	η	σ	x
0.025	0.998	0.969	1	1	1	9.7%	1.31	0.17	0.36	0.1	0.904	2	2.34

政策偏好参数：政策偏好参数的选取主要参考实际政策执行情况。因为中国货币政策在执行过程中思想体系变化频繁，很难用规则来准确刻度。分段考察则在每一个阶段都不能独立成立规则，因为所谓规则是要在私人部门形成认知、信誉、认可后才会真正有规则效应（如此才能形成市场自律），但每一个这样的阶段

都太短，以至于这样的过程在没有形成市场自律效应之前，就被修改了。因而，更准确的描述应当属于相机抉择性态。有关政策参数以及政府政策行为的全面研究将另文载出，所以这里省略这部分讨论。

4.7.2 冲击反应实验

本章模型包含六种冲击，但限于篇幅，本章仅说明有关货币政策冲击和技术冲击的影响，其余以及更进一步深入的研究暂不讨论。下面分别报告这些实验结果。

Part Ⅰ：在完美市场化背景下，假定政府维持利率、货币增长率、准备金率在均衡水平不变，则单一技术冲击引起的变化如图4-6—图4-17所示。

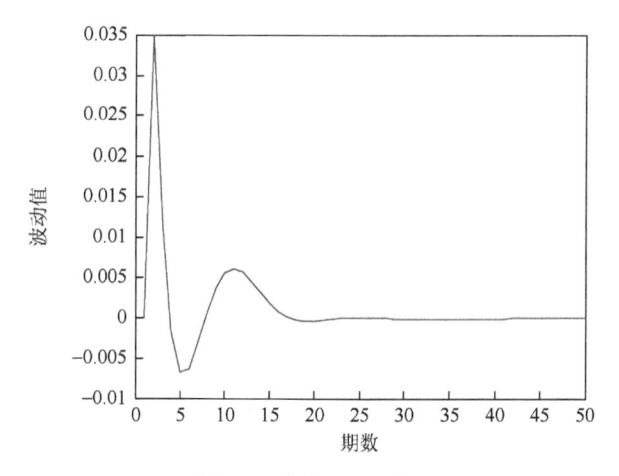

图4-6 产出（Part Ⅰ）

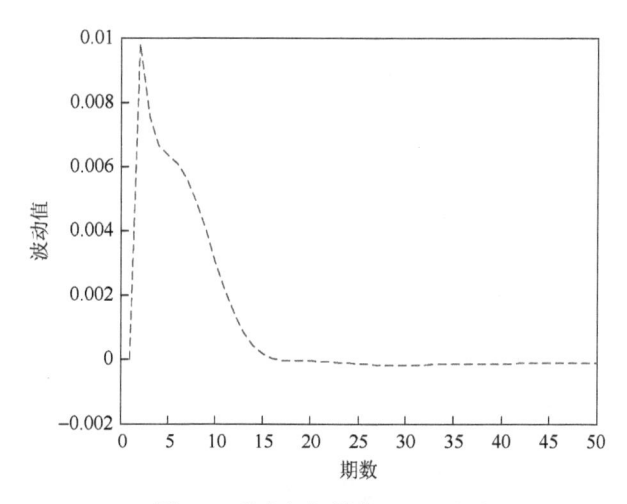

图4-7 私人部门消费（Part Ⅰ）

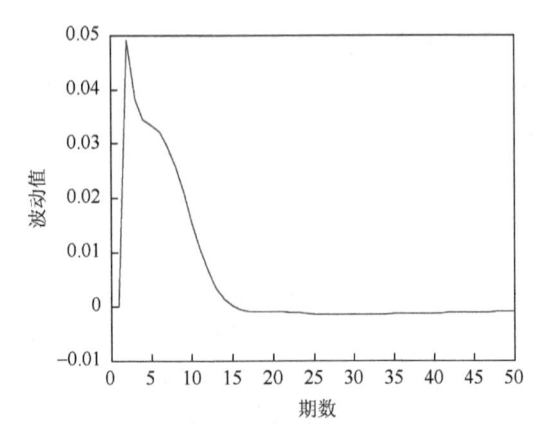

图 4-8 企业家消费（Part Ⅰ）

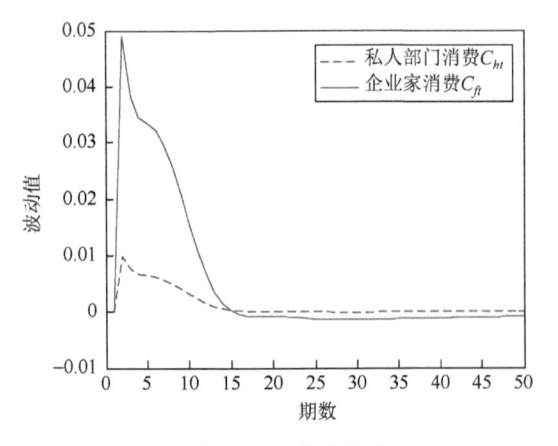

图 4-9 私人部门与企业家消费对比（Part Ⅰ）

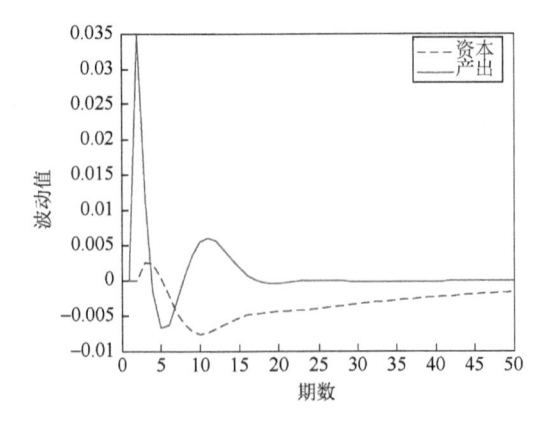

图 4-10 产出与资本（Part Ⅰ）

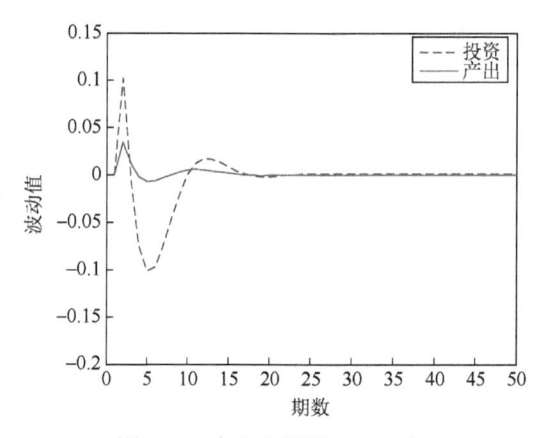

第4章 内生信贷的FBC模型理论

图4-11 产出与投资（PartⅠ）

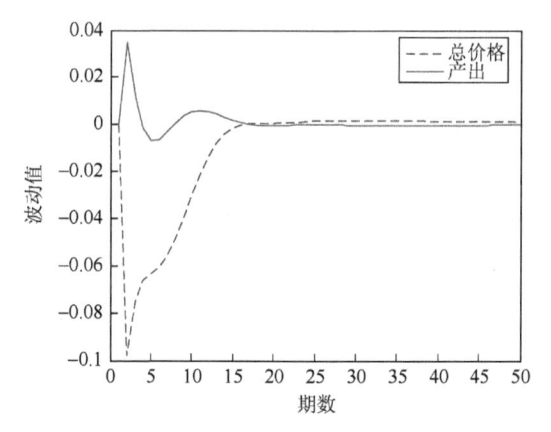

图4-12 产出与总价格（PartⅠ）

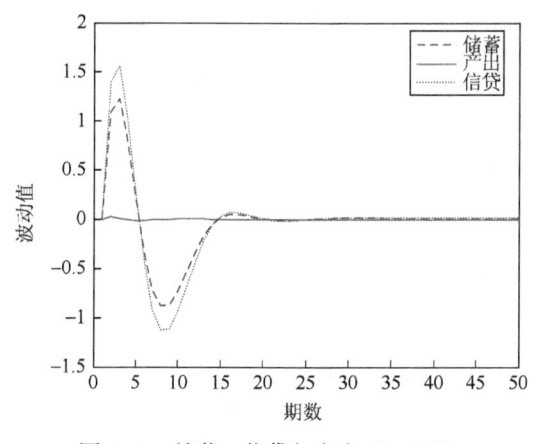

图4-13 储蓄、信贷与产出（PartⅠ）

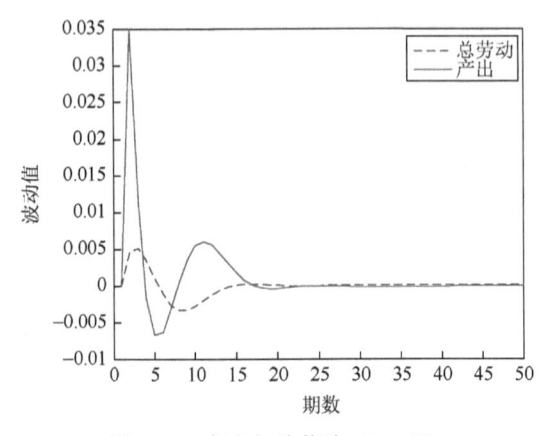

图 4-14 产出与总劳动（Part Ⅰ）

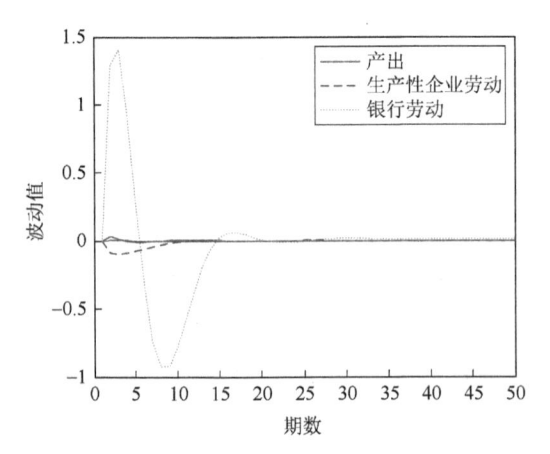

图 4-15 产出、生产性企业劳动与银行劳动对比（Part Ⅰ）

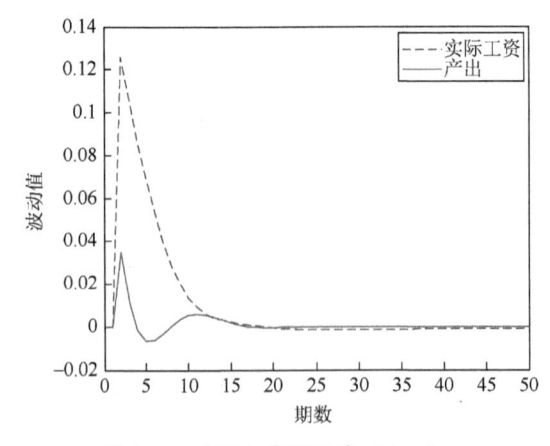

图 4-16 产出与实际工资（Part Ⅰ）

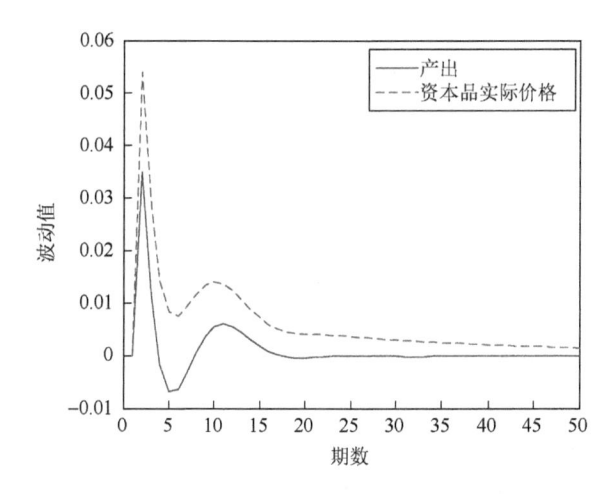

图 4-17 产出与资本品实际价格（Part I）

Part II：在完美市场化背景下，假定政府维持利率、准备金率在均衡水平不变，且没有其他外生冲击情况下，政府给出一次性货币增长率 10%的上调的结果如图 4-18—图 4-26 所示（一次性货币冲击效应）。

特征 1：金融市场因素形成的信贷波动对经济波动的影响成为经济波动的主要原因；货币供给的微小冲击可以形成极大而且久远的信贷冲击；但实际冲击不会被过分放大而形成对经济的剧烈冲击，一次实际冲击的所有影响会在 15 个季度后迅速衰减至零。

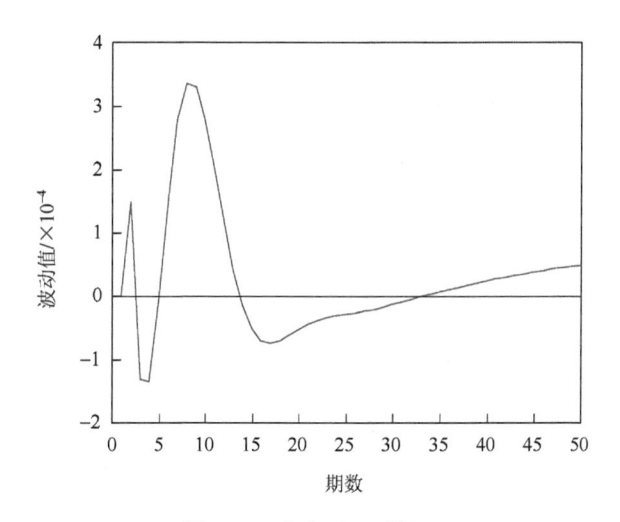

图 4-18 产出（Part II）

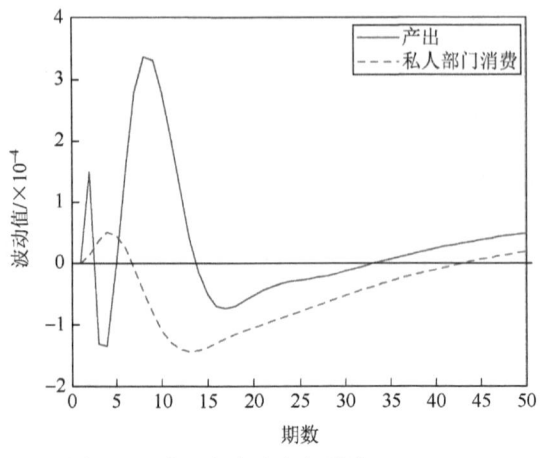

图 4-19 产出与私人部门消费（PartⅡ）

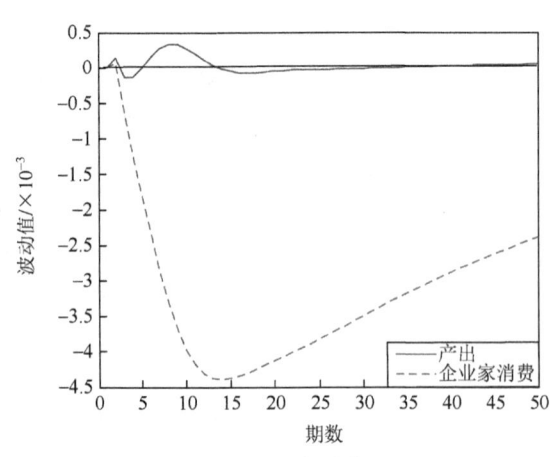

图 4-20 产出与企业家消费（PartⅡ）

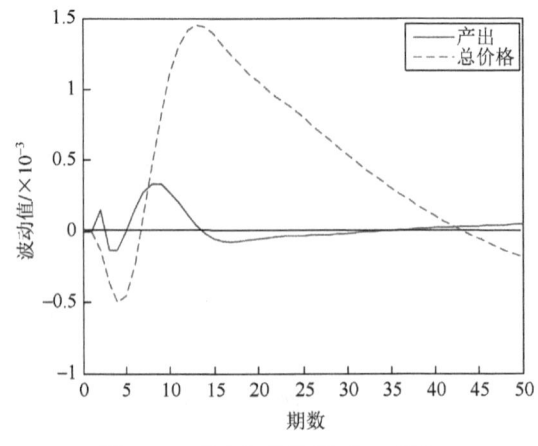

图 4-21 产出与总价格（PartⅡ）

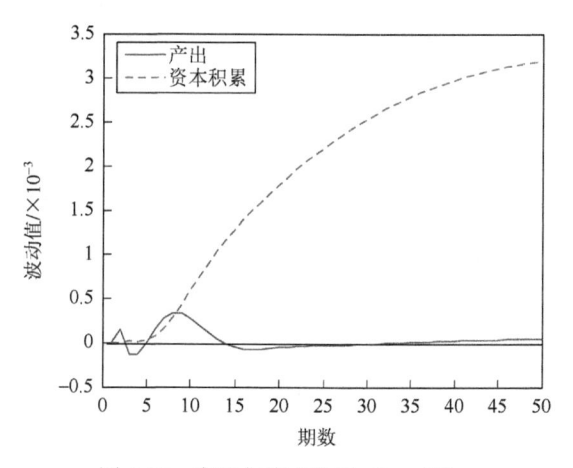

第4章 内生信贷的 FBC 模型理论

图 4-22 产出与资本积累（Part II）

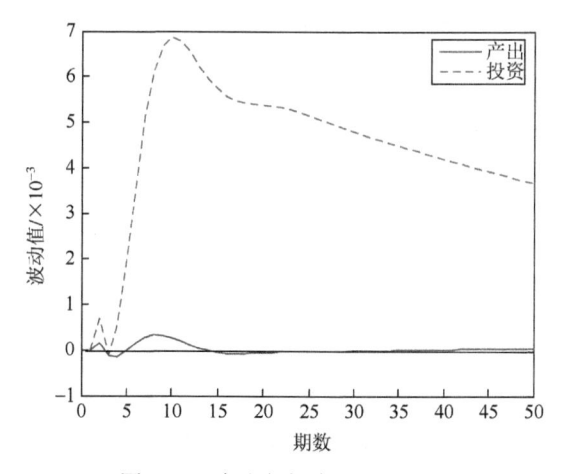

图 4-23 产出与投资（Part II）

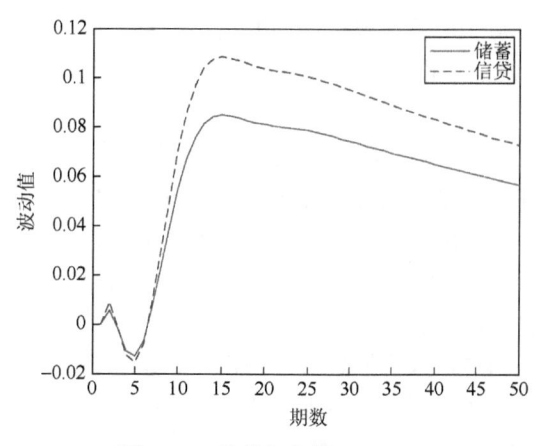

图 4-24 储蓄与信贷（Part II）

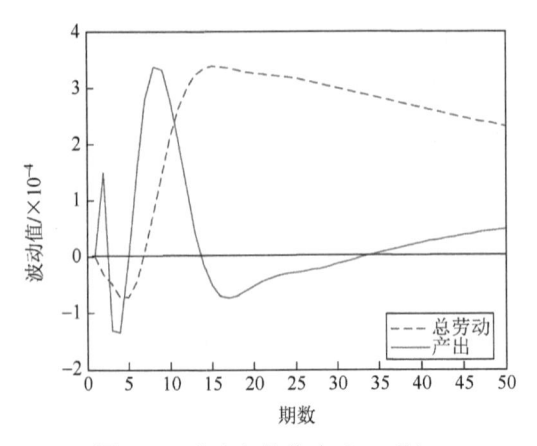

图 4-25　产出与总劳动（Part Ⅱ）

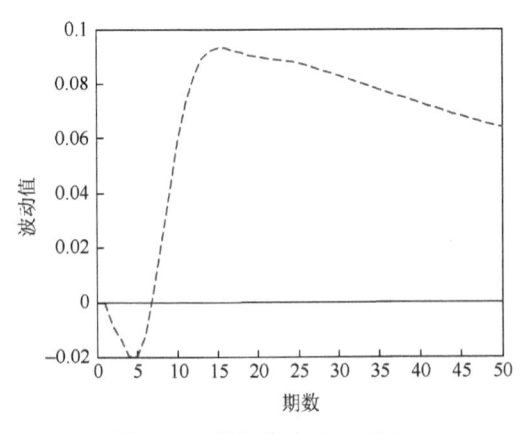

图 4-26　银行劳动（Part Ⅱ）

从实验结果来看，银行的活动成为影响经济波动特征的主要因素，内在的逻辑或机制为：银行活动（主要是银行劳动的贡献）几乎完全决定了储蓄和信贷行为，而信贷发生额度决定了投资和总价格水平，进而间接决定了生产和消费行为。即有如下决定路径：

银行劳动→信贷发生额→投资与价格→生产与消费

特征 2：一次正向货币冲击并不立即表现为价格水平的上升，而是先抑后扬，大约 5 个季度后价格水平开始反转上升，10—13 个季度后达到顶峰，此后价格水平反转，但上涨和下跌过程表现出不对称的速度特征，因而，通胀在高位有极强的黏滞性。

通胀高位黏滞性特征与实际经济中的一般特征一致，早期的周期理论研究有很多专门讨论这一问题的，人们发现实际经济中的这一特点，但大部分周期模型无法模拟出来。本章经济模型中形成的通胀黏滞性来源于信贷的高位黏滞性，而信贷的黏滞性来源于银行劳动的黏滞性。

另外，货币冲击效应在实际中也的确有很大的滞后期，例如，应对国际金融危机的一揽子计划大约在 3 年后才开始形成通胀效应，与本章经济模型的预测基本一致。

关于实际经济中银行劳动没有被观察到显著波动特征的事实，我们认为可以解释为，实际中，虽然银行部门在经济萧条和繁荣过程中，不一定表现为非常显著的就业状况的波动，也不一定表现为一般银行职员的劳动时间的显著变化，而是很有可能表现为银行劳动强度的变化，特别是中高层劳动强度的变化，更准确的应当是，投资性银行的中高层劳动的强度变化，从这个角度看，上述结论就会正确得多，虽然我们不一定能提供充分的数据证明，但实际中我们的确知道，银行高级职员劳动和休假旅游之间的变化标准差是非常大的。

有一点需要我们考虑，即上述机制中银行活动对信贷继而对经济活动有如此之大的影响的原因是否仅仅是银行部门流动性生成函数中劳动弹性参数值 η 过高？回答应当是肯定的，关键是这一参数值过高的合理性。认真地思考这一问题，我们认为，如果是 10 年，甚至 20 年前，这一参数值就可能太大了，但通信技术的发展已经从根本上改变了这个世界几乎一切常规性行为的本质特点，现代金融服务业对于实际经济的影响同 20 年前有了本质不同，这种差异性构成了一个方面，另一个重要的方面是流动性总量的极度放大，说明经济对流动性需求也确实很大，但限制和制约流动性生成的真正瓶颈如果不是银行超额储备，那就是银行活动（劳动和资本）。当然，这有些猜测的成分，不一定可靠，基于此，我们也真诚希望有兴趣的读者沿着这个问题研究下去，看能否证明我们的猜测。

Part Ⅲ：在完美市场化背景下，假定政府维持利率、货币增长率在均衡水平不变，且没有其他外生冲击情况下，政府给出一次性准备金率 10% 的上调的结果如图 4-27—图 4-32 所示。

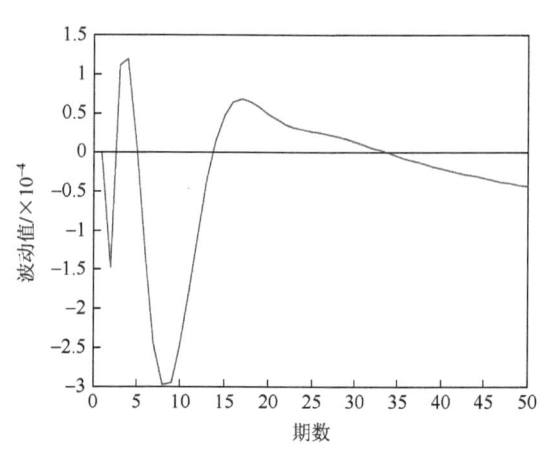

图 4-27　产出（Part Ⅲ）

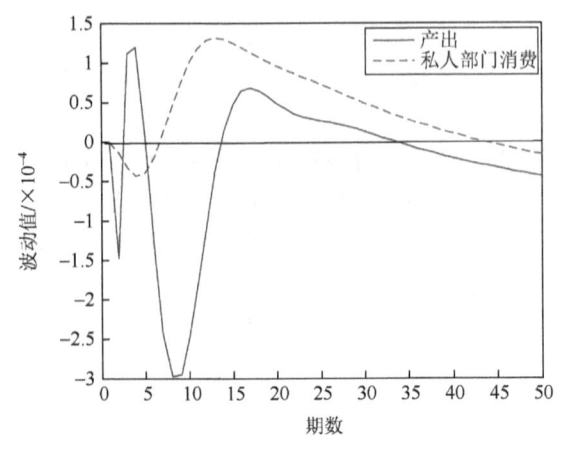

图 4-28　产出与私人部门消费（Part Ⅲ）

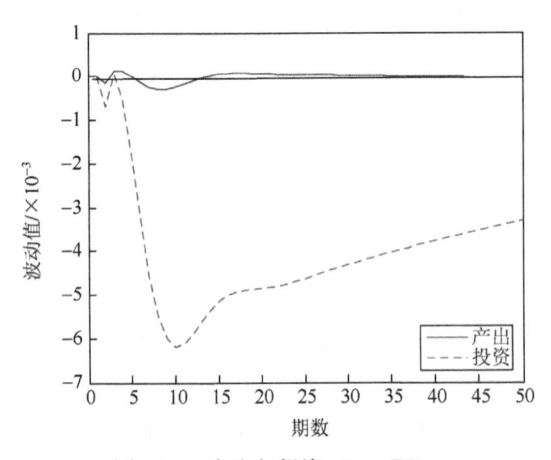

图 4-29　产出与投资（Part Ⅲ）

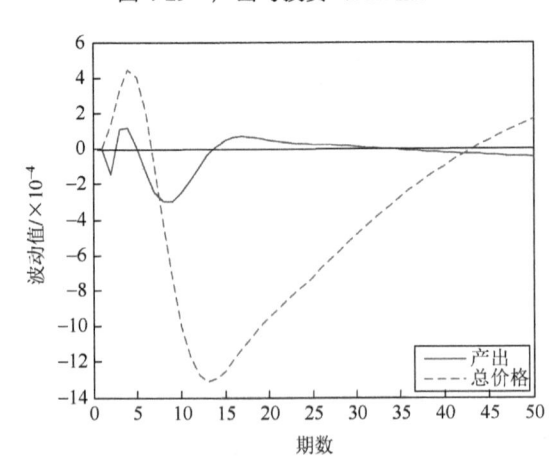

图 4-30　产出与总价格（Part Ⅲ）

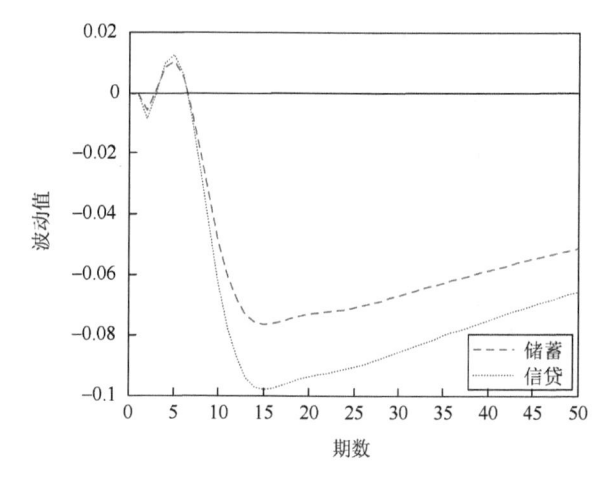

第 4 章　内生信贷的 FBC 模型理论

图 4-31　储蓄与信贷（Part Ⅲ）

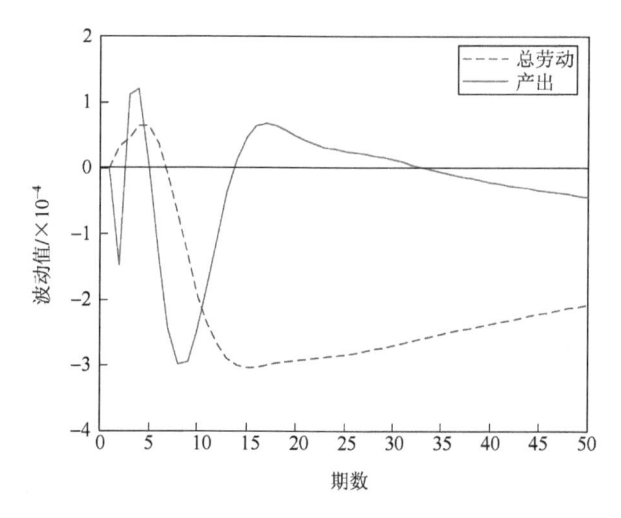

图 4-32　产出与总劳动（Part Ⅲ）

特征 3：准备金率的效应与货币增长率完全相反，与实际情况一致。

Part Ⅳ：在完美市场化背景下，假定政府维持准备金率、货币增长率在均衡水平不变，且没有其他外生冲击情况下，政府给出一次性基准利率 10% 的上调的结果如图 4-33—图 4-38 所示。

特征 4：利率上升有显著价格/通胀消减效应，但同时也有短期生产活动负效应，但中长期产出效应为正。

Part Ⅴ：在完美市场化背景下，假定政府维持基准利率在均衡水平不变，且没有其他外生冲击情况下，政府给出一次性准备金率、货币增长率 10% 的组合上调的结果如图 4-39—图 4-41 所示。

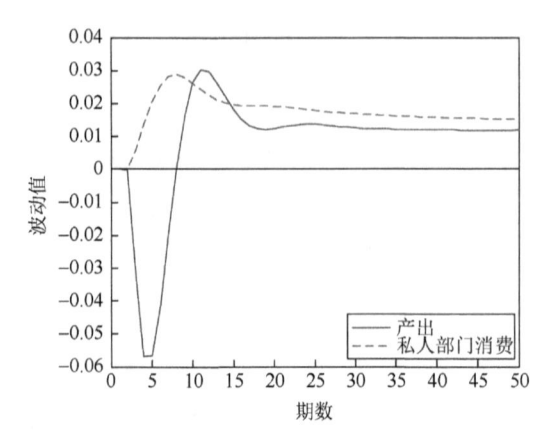

图 4-33 产出与私人部门消费（Part Ⅳ）

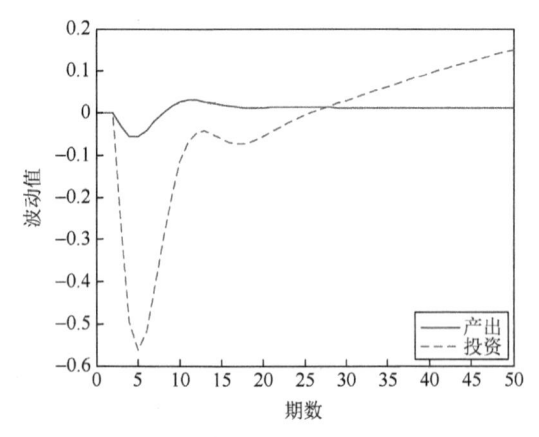

图 4-34 产出与投资（Part Ⅳ）

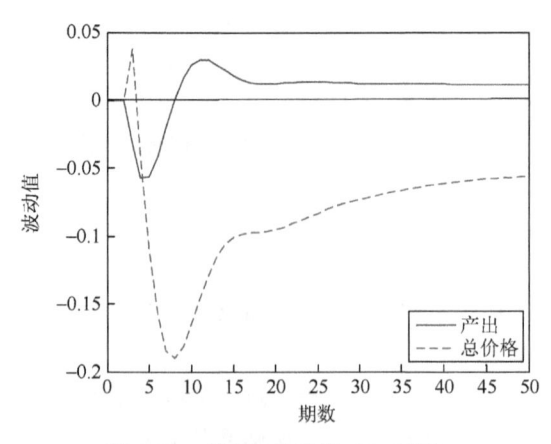

图 4-35 产出与总价格（Part Ⅳ）

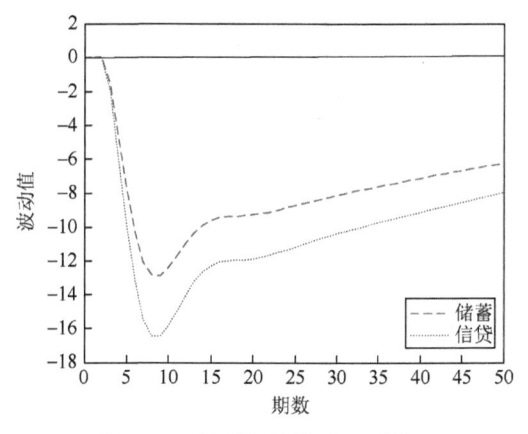

第 4 章 内生信贷的 FBC 模型理论

图 4-36 储蓄与信贷（Part Ⅳ）

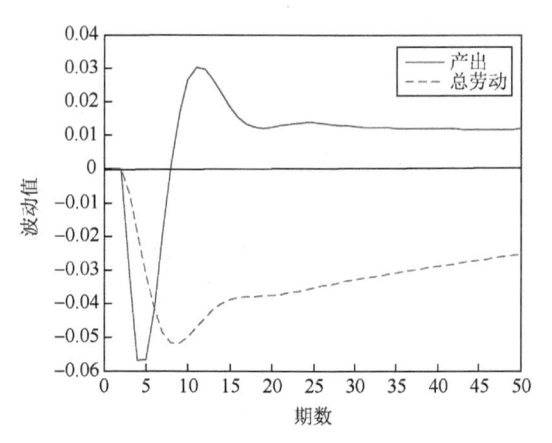

图 4-37 产出与总劳动（Part Ⅳ）

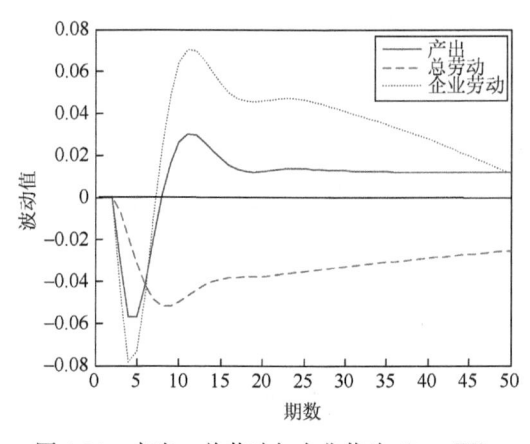

图 4-38 产出、总劳动与企业劳动（Part Ⅳ）

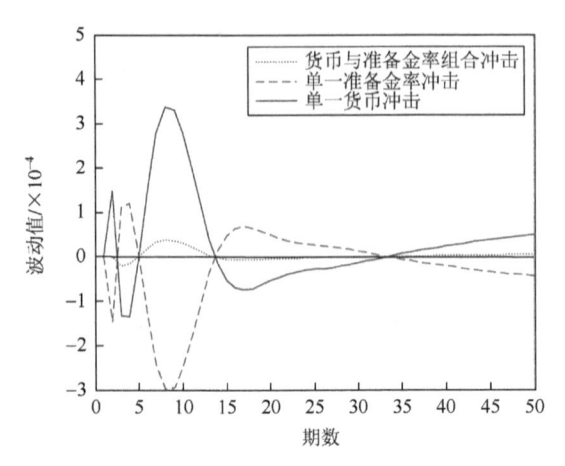

图 4-39 不同政策冲击下的产出反应（Part Ⅴ）

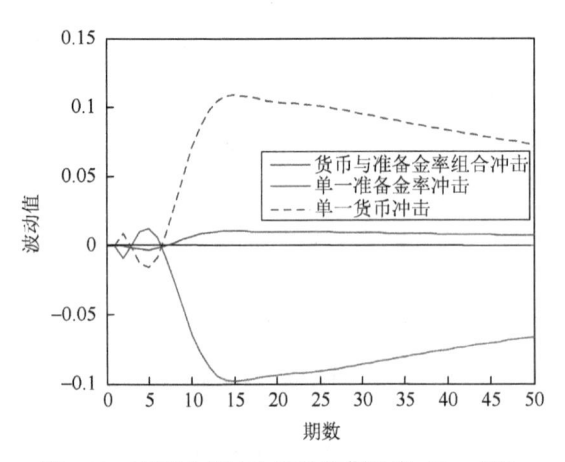

图 4-40 不同政策冲击下的信贷反应（Part Ⅴ）

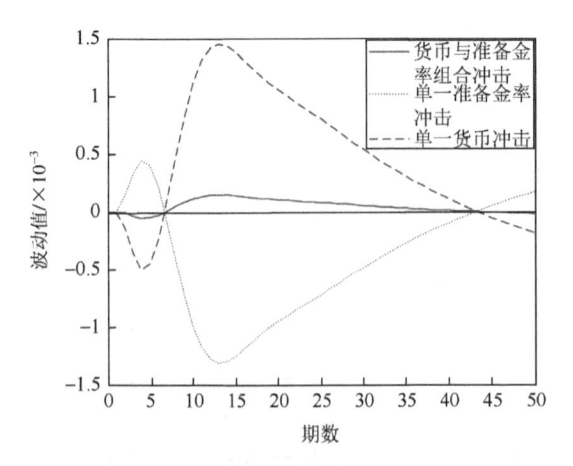

图 4-41 不同政策冲击下的价格水平反应（Part Ⅴ）

特征 5：货币增长率与准备金率手段有相互抵消的作用，组合使用可以获得相对平稳的经济波动。

这一特征印证了中国货币增长与准备金率同向波动的理论基础，如图 4-3 和图 4-4 所示，货币创新与准备金率呈顺周期关系。

4.8 小　　结

本章引入银行中介部门优化行为，建立了一个内生信贷需求与供给的金融经济周期模型，分析经济波动和货币政策对金融总量、经济总量、货币乘数等的影响。比较静态分析发现，准备金率具有逆周期特征。动态分析发现，货币创新与准备金率提高具有相互抵消效应。通过中国数据校准参数后的模拟发现，单纯的货币增长或法定准备金率调整，都会引起巨大经济波动，即单纯准备金率手段不仅不能有效抚平经济波动，反而可能是造成经济不稳定的原因；同时，经济模型还预测，金融部门的活动对经济有巨大影响。

综合来看，金融市场因素是经济波动的重要原因；但恰当的货币手段和准备金率手段的组合使用可以使经济趋于稳定，然而，如何确定最佳的政策组合比例？如何调整政策组合的步调？如何构建多种政策手段最优组合？这些问题将是我们未来进一步研究的重点之一。对中国数据的实证分析表明，经济模型的主要特征同实际经济特征具有表面一致性，但就标准周期特征方面有待进一步研究；除此之外，本章潜在的另一个没有回答的问题是，本章模型虽然对政府政策手段的内生选择，以及长期最优规则方面构筑了框架，但并没有真正深入讨论和有效解决，这也将是未来研究的重点；当然，本章的模型也还很简单，改进的空间很大，可以从多方面入手，最需要改进的点就是应当引入价格黏滞调整假设和生产部门的不完全竞争假设，我们的估计是，这样的改进将会使动态冲击反应特征更接近实际，系统复杂性更高，同时，稳态均衡解可能会不唯一，但这样的结果意义更大。

附录　模型系统离散方程

为了方便读者参考，我们按照模型构造方程出现的顺序给出离散方程，个别地方可能略有差异。

部门 1：私人家庭部门优化条件及约束方程离散方程：

$$\hat{w}_t = \sigma_h \cdot \hat{C}_{ht} + \hat{x}_t + \sigma_h \cdot \frac{l}{1-l} \cdot \hat{l}_t$$

$$\hat{C}_{ht+1} = \hat{C}_{ht} + (\frac{1}{1+r_a}\hat{r}_{at} - \hat{\pi}_{t+1})\frac{1}{\sigma_h}$$

$$\hat{C}_{ht} = \frac{b^*}{C_h}(-(1+r_a)\tilde{s}(\hat{S}_t + \frac{1}{1+r_a}\hat{r}_{at}) + r_f(\hat{r}_{ft} + \hat{B}_t) + \frac{wl}{b^*}(\hat{W}_t + \hat{l}_t)$$

$$+(1+r_a)\tilde{s}(\hat{S}_{t-1} + \frac{1}{1+r_a}\hat{r}_{at-1}) - \eta r_f \frac{\tilde{D}}{B}(\hat{r}_{ft} + \hat{\tilde{D}}_t)) - \hat{P}_t$$

部门2：银行部门优化条件及约束方程离散方程：

$$\hat{r}_{ft} = \hat{r}_{at} + \Delta_1(\hat{\xi}_t + \hat{D}_t - \hat{E}_t) - \Delta_2\left(-\hat{\xi}_t \frac{1}{1-\xi} + \hat{D}_t - \hat{E}_t\right)$$

$$\Delta_1 \triangleq \left((1-\eta)\xi\frac{D}{E} + 1\right)^{-1}(1-\eta)\xi\frac{D}{E}$$

$$\Delta_2 \triangleq \left((1-\eta)(1-\xi)\frac{D}{E} - 1\right)^{-1}(1-\eta)(1-\xi)\frac{D}{E}$$

$$\hat{K}_{bt} = \hat{\tilde{D}}_t - \hat{Q}_t$$

$$\hat{l}_{bt} = \hat{\tilde{D}}_t + \hat{r}_{ft} - \hat{W}_{bt}$$

$$\hat{\tilde{D}} = \hat{D}_t - \Delta_1(\hat{D}_t - \hat{E}_t)$$

部门3：企业部门优化条件及约束方程离散方程：

$$\hat{I}_t + (1+\varphi\delta^2)^{-1}(\hat{\varphi}_t + 2(\hat{I}_t - \hat{K}_t)) = (k\delta(1+\varphi\delta^2))^{-1}(\hat{Y}_t y + \hat{b}_t b - ((1+r_f)^{-1}\hat{r}_{ft-1}$$

$$+\hat{b}_{t-1} - \hat{\pi}_t)((1+r_f)b/\pi) + r_f q k_b(\hat{r}_{ft} + \hat{q}_t + \hat{K}_{bt})$$

$$-wl_f(\hat{w}_t + \hat{l}_{ft}) - \hat{C}_{ft}C_f)$$

$$\hat{r}_{ft} + \hat{q}_t = \hat{Y}_t - \hat{K}_{ft}$$

$$\hat{w}_{ft} = \hat{Y}_t - \hat{l}_{ft}$$

$$\hat{C}_{ft+1} = \hat{C}_{ft} + \left(\frac{1}{1+r_f}\hat{r}_{ft} - \hat{\pi}_{t+1}\right)\frac{1}{\sigma_f}$$

$$r_f q(\hat{r}_{ft+1} + \hat{q}_{t+1}) + (1-\delta)g \cdot \hat{g}_{t+1} + \tilde{g} \cdot \hat{\tilde{g}}_{t+1} = \left(\frac{1}{1+r_f}\hat{r}_{ft} + \hat{g}_t - \hat{\pi}_{t+1}\right)\overline{g}$$

$$\overline{g} \triangleq r_k q + (1-\delta)g + \tilde{g}$$

$$\hat{g}_{t+1} = \frac{3\varphi\delta^2}{1+3\varphi\delta^2}(\hat{\varphi}_{t+1} + 2\hat{I}_{t+1} - 2\hat{K}_{t+1})$$

$$\hat{\tilde{g}}_{t+1} = \hat{\varphi}_{t+1} + 3(\hat{I}_{t+1} - \hat{K}_{t+1})$$

$$g = 1 + 3\varphi\delta^2$$

$$\tilde{g} = 2\varphi\delta^2$$

$$\hat{K}_{t+1} = (1-\delta)\hat{K}_t + \delta \cdot \hat{I}_t$$

$$x_1\hat{q}_t - x_2\hat{K}_t = \frac{Y}{K}\hat{Y}_t + \frac{b}{K}\hat{b}_t - \frac{b}{K} \cdot \frac{1+r_f}{\pi}(\hat{r}_{ft-1} + \hat{b}_{t-1} - \hat{\pi}_t)$$

其中，$x_1 = \delta(1+\varphi\delta^2) + 2\psi\delta^3 = \delta + \frac{3}{2}\tilde{g}$；$x_2 = 2\psi\delta^3 = \tilde{g}$。

市场出清条件：

$$\hat{K}_t = \frac{K_f}{K} \cdot \hat{K}_{ft} + \frac{K_b}{K} \cdot \hat{K}_{bt}$$

$$\hat{L}_t = \frac{L_{ft}}{L} \cdot \hat{L}_{ft} + \frac{L_{bt}}{L} \cdot \hat{L}_{bt}$$

$$\hat{S}_t = \hat{b}_t + \hat{P}_t$$

$$\hat{E}_t = \frac{S}{E} \cdot \hat{S}_t + \frac{x}{E} \cdot \hat{x}_t - \frac{\xi(L+S)}{E}\left(\hat{\xi}_t + \frac{L}{L+S}\hat{L}_t + \frac{S}{L+S} \cdot \hat{S}_t\right)$$

$$\hat{D}_t = \frac{L}{D} \cdot \hat{L}_t + \frac{S}{D} \cdot \hat{S}_t + \frac{x}{D} \cdot \hat{x}_t$$

$$\hat{D}_t - \hat{P}_t = \tilde{\beta}\eta\hat{K}_{bt} + (1-\tilde{\beta})\eta\hat{L}_{bt} + (1-\eta)(\hat{E}_t - \hat{P}_t)$$

$$\hat{Y}_t = \hat{A}_t + \alpha\hat{K}_{ft} + (1-\alpha)\hat{L}_{ft}$$

第 5 章　FBC 模型拟合中国经济的数值实验

金融经济周期理论是经济周期理论领域最新发展的前沿热点。本章将银行部门嵌入 DSGE 框架中建立金融经济周期模型，依据 1992 年 Q1—2011 年 Q1 的中国实际经济季度数据校正模型，研究模型拟合中国实际经济的效果。研究发现：①基本模型在较大参数范围内能够较好地模拟实际经济中主要变量的数据特征；②规则性政策模型和无规则政策模型都不是最接近实际经济的情形，半规则性模型预测的波动特征最接近实际经济的波动特征。

5.1　金融经济周期问题

传统的 RBC 模型、凯恩斯主义模型以及它们融合而成的 GBC，都不认为金融和信贷市场影响实际经济（基于 M-M 定理）。那么信贷金融市场对实际经济究竟有没有影响呢？这一问题实际上早在大萧条时 Fisher（1933）就提出来了，他认为信贷市场条件的恶化（如债务负担的加重和资产价格的下降），并不仅仅是经济周期的消极反应，它们本身就是经济萧条的一个主要因素。但早期对这个问题的研究主要建立在局部均衡的框架下，并没有引起足够的重视。

亚洲金融危机使这一观点开始受到关注。如第 4 章已经讨论过的那样，Bernanke 等（1999）、Kiyotaki 和 Moore（1997）等开始研究信贷金融市场对实际经济波动的作用，并初步认定信贷约束机制（也称为金融加速器效应），在经济繁荣过程中具有杠杆放大效应，在经济萧条过程中，具有加速经济下沉的负向作用。2007 年的美国次贷危机进一步推动这一领域理论发展，代表性研究有 Jermann 和 Quadrini（2009）、Christiano 等（2007）、Goodfriend 和 McCallum（2007）、Gertler 和 Kiyotaki（2010）等的研究。

除了上面我们提到的模型，最新发展起来的内生信贷机制模型拟合中国经济的研究还很少见，拟合中国经济效果的研究更是没有。然而，随着中国融入世界经济和市场化程度的逐步提高，中国经济受到外部和内部金融、货币、信贷、资本市场等因素的影响越来越大。但对于金融因素如何影响中国经济的研究还很不充分，特别是基于前沿模型理论（内生信贷周期模型）研究中国经济的文献还几乎没有。但这方面的研究无疑是非常有必要的，无论从实践上还是理论上来看都有很重要的意义。

基于上述考虑，本章拟试探性研究这种最新的 FBC 模型拟合中国实际经济的能力和效果，毕竟在中国实际经济中，金融经济市场化特征与国外有很大不同，如利率市场化程度不高，政策性手段多用货币量，而且准备金率、金融机构资本比例等宏观审慎政策手段频繁使用，另外中国经济和制度体制与西方经济也有很大的不同。因而，模拟中国实际经济时应当重视什么特征及怎样修改模型等，都是需要慎重考虑的。

本章的研究思路是：①使用 BP 滤波[①]对我国 1992 年 Q1—2011 年 Q1 的主要宏观经济总量数据和主要的金融数据进行实证分析，不同于一般的周期分析，我们选择滤波参数以获得尽量短期的波动特征，尽可能滤去相对中长期的波动特征部分（即最大限度地获取纯粹短期政策性冲击和金融市场因素影响的波动部分[②]），这部分研究除了为校正模型经济中的参数提供依据，还在后面用于比较经济模型拟合实际经济周期波动特征的效果；②建立嵌入银行中介部门的信贷内生化的 FBC 模型，并依据实际经济校正模型参数，使其最大限度地拟合中国实际经济的主要特征；③比较经济模型产生的波动特征同实际经济数据特征，研判经济模型拟合实际经济的效果；④依据经济模型和实证数据的证据，研究中国经济周期的波动特征，检讨政策效率和失当之处。

本章后续安排如下：5.2 节建立包含金融市场部门的 DSGE 周期模型，使信贷需求和供给成为内生决定问题；5.3 节报告中国经济实证研究结果，重点是研究宏观经济总量和主要金融变量的滤波后数据序列的周期波动特征；5.4 节分别考察几种政策机制下经济模型基于中国实际经济背景进行参数校正后报告的波动特征结果，需要分别比较不同政策机制下经济模型拟合实际经济的能力，并需要考察不同政策机制下，经济模型给出的波动特征差异，以此判断政策对于波动性的影响；5.5 节进行总结。

5.2 模型建立

假定经济包含家庭、企业家、银行和政府。家庭供给劳动，获得工资收入，用于消费和银行储蓄；企业家运作资本投资并组织商品生产，谋求利润最大化，实现资本积累；银行部门吸收家庭存款，实现对企业贷款的发放；政府（中央银行）观察经济生产性缺口和通胀水平，决定准备金率、基准利率和货币增量。

5.2.1 家庭部门

假定家庭消费一揽子消费物品，用 C_t 表示 t 期的消费流，家庭成员从事两种

---

① 关于 BP 滤波，Baxter 和 King（1999）的研究中有详细介绍。
② 一般来说，技术进步等实际冲击造成的波动会有较长的波动周期，为使我们的研究目标集中于政策和金融因素，我们将努力消除其他因素的影响。

工作，生产性企业工人和金融系统（如银行）职员。两类家庭成员共同给家庭提供工资收入，银行职员还给家庭提供分红收入[类似于 Christiano 等（2007）的研究中的描述]。家庭部门的最优问题为选择消费、劳动供给和储蓄，以使效用最大化：

$$\max_{\{C_{ht},S_t,l_t\}} E_t\left(\sum_{t=0}^{\infty}\beta^t U(C_{ht},l_t)\right)$$

家庭面临的预算约束为

$$\text{s.t.} \quad P_t C_{ht} + S_t = (1+r_{at-1})S_{t-1} + W_{ft}l_{ft} + W_{bt}l_{bt} + \Pi_{bt} \tag{5-1}$$

其中，总家庭劳动分配为

$$l_t = l_{ft} + l_{bt} \tag{5-2}$$

其中，即时效用函数定义为特殊形式 $U = \dfrac{C_{ht}^{1-\sigma_h}}{1-\sigma_h} + x_t\dfrac{(1-l_t)^{1-\sigma_h}}{1-\sigma_h}$。涉及参数定义：$S_t$ 为 t 期家庭储蓄水平；W_{bt} 为银行名义工资水平；r_{at} 为储蓄利率；l_t 为家庭总劳动；W_{ft} 为企业名义工资水平；Π_{bt} 为银行红利；l_{ft} 为企业部门劳动；β 为家庭主观折现率；l_{bt} 为银行部门劳动；x_t 为相对于消费的外生休闲偏好冲击。

在劳动市场自由流动假设下，银行劳动和企业劳动相同时间的边际价值应当相同，从而有相同的工资收益水平，本章中不再区分这两种工资，根据一阶最优条件有下面统一的工资劳动关系：

$$w_t = C_{ht}^{\sigma_h}\cdot x_t(1-l_t)^{-\sigma_h} \tag{5-3}$$

私人部门的最优化行为还表现为消费品需求的欧拉方程：

$$E_t\left(\left(\dfrac{C_{ht+1}}{C_{ht}}\right)^{\sigma_h} - \beta\cdot\dfrac{1+r_{at}}{\pi_{t+1}}\right) = 0 \tag{5-4}$$

其中，通胀率定义为 $\pi_{t+1} = P_{t+1}/P_t$。

在西方经济模型中该利率由商业银行和金融机构与私人部门之间关于储蓄的需求及供给之间的市场平衡决定，受货币当局基准利率影响，本质上由市场决定；但在中国，中央银行直接指导存款利率进行货币政策干预，因而本章模型中，该利率直接假定为政府货币政策指导利率，即货币政策工具，用于研究货币政策冲击效应。

5.2.2 企业家部门

关于企业家部门做三点基本假设：①假定家庭是相对于企业家群体而言更有耐心的，即假定企业家是不同于一般工人的群体，他们有更强烈的创业精神和欲望。这些特定品质的刻画有很多途径和方法，但主流经济学认为主观贴现率是可以等价描述这种品质的极好途径[如 Bernanke 和 Gertler(1989)、Kiyotaki 和 Moore(1997，2008)、Pintus 和 Wen (2013) 等的研究]。设 γ 为企业家主观贴现率，即假定 $\gamma < \beta$。②我们通过假定企业家有追求资本积累倾向来直接描述企业家群体的企业家精神，这种思想源于经济学家对资本主义精神的思考 [如 Zou (1994, 1995)、Bakshi 和 Chen (1996)、Boileau 和 Braeu (2007) 等的研究]，即假定资本积累直接进入效用。③假定企业家和资本家人格化为一个群体，即企业家群体既组织生产，也经营资本的形成、营运，并实现资本积累。

基于上述假设，代表性企业家部门最优化问题为选择消费、投资、借贷规模，以及劳动需求和资本租赁，来实现利润最大化：

$$\max \sum_{t=0}^{\infty} \gamma^t U(C_{ft}, K_{ft}) \tag{5-5}$$

企业家部门预算约束方程为维持支出需求（消费需求 + 投资需求）与总收入（生产收入 + 信贷）的平衡：

$$C_{ft} + \tilde{I}_t = Y_t + (B_t - (1 + r_{ft-1})B_{t-1})/P_t + q_t K_{bt} - w_t l_{ft} \tag{5-6}$$

$$K_{t+1} = (1-\delta)K_t + I_t \tag{5-7}$$

其中，$q_t = Q_t / P_t$，为实际资本品价格；B_t 为企业信贷额度；$\tilde{I}_t \equiv I_t \left(1 + T\left(\dfrac{I_t}{K_t}\right)\right)$，为社会实际投资支出总额，函数 $T(\cdot)$ 度量资本新装成本函数；生产函数定义为 $Y_t \equiv F(K_{ft}, l_{ft})$；即时效用函数定义为 $U_t = \dfrac{C_{ft}^{1-\sigma_f}}{1-\sigma_f} + \varsigma(t) \ln K_{ft}$，这里 $\varsigma(t)$ 度量企业家精神的强度，本章中，我们假定为一个服从正态分布的随机变量。

利用哈密顿函数易得最优条件①：

$$q_t = \alpha \frac{Y_t}{K_{ft}} \tag{5-8}$$

$$w_{ft} = (1-\alpha)\frac{Y_t}{l_{ft}} \tag{5-9}$$

$$E_t\left(\left(\frac{C_{ft+1}}{C_{ft}}\right)^{\sigma_f} - \gamma(1+r_{ft})/\pi_{t+1}\right) = 0 \tag{5-10}$$

$$E_t\left(q_{t+1} + (1-\delta)g(t+1) + \tilde{g}_{t+1} - (1+r_{ft})g(t)\frac{1}{\pi_{t+1}}\right) = 0 \tag{5-11}$$

---

① 本章中我们暂不分析资本积累强度的影响，该问题在后文会有研究。因而本节给出的一阶条件是假定企业家精神强度系数为零时的结果。

其中，$g_t \overset{\Delta}{=} 1 + T\left(\dfrac{I_t}{K_t}\right) + T'\left(\dfrac{I_t}{K_t}\right)\dfrac{I_t}{K_t}$；$\tilde{g}_t \overset{\Delta}{=} T'\left(\dfrac{I_t}{K_t}\right)\left(\dfrac{I_t}{K_t}\right)^2$，$T(\cdot)$ 为新装资本成本函数，定义 $T(I_t/K_t) = \tau_t (I_t/K_t)^2$，$\tau_t$ 为所有增加资本成本的因素的集成，可以解释为资源品（如石油等）价格贡献的成本冲击。

5.2.3 银行中介

银行中介的引入是本章的核心内容，是有别于传统模型的重要创新点。2007 年美国次贷危机之前的周期模型框架之中，信贷约束的引入都是通过在生产部门或家庭部门，或二者最优生命期优化问题中增加一个借贷约束方程，如 Bernanke 和 Gertler（1989）、Bernanke 等（1999）、Kiyotaki 和 Moore（1997）等的研究。最新的研究则通过引入银行中介部门的最优化问题来内生信贷行为，如 Jermann 和 Quadrini（2009）、Christiano 等（2007）、Gertler 和 Kiyotaki（2010）等的研究。这种情况下，信贷问题本质上由家庭和企业两端的供给与需求决定，影响这一供求平衡的因素至多是政府的信贷管制政策。把银行部门引入 DSGE 模型中之后，银行部门的自身利益最大化行为，使得家庭部门与银行部门之间储蓄的供给与需求平衡，同时使银行部门与企业部门之间贷款的供给与需求平衡，最终实现整体金融市场的总体平衡。这样就使得信贷量问题成为系统的内生性因素，同时也将金融市场因素与经济（供需）的两端连接在一起。金融放大器效应也由此更加生动地被刻画出来[①]。

类似于 Lucas（1990）、Chari 等（1995）、Jermann 和 Quadrini（2009）、Christiano 等（2007）的研究，我们假定银行是以银行劳动和抵押品为投入要素生产流动性和贷款的一种特殊的生产性部门，假定银行的功能函数关系为

$$D_t / P_t = \phi_t ((K_{bt})^\lambda (l_{bt})^{1-\lambda})^\eta \left(\dfrac{E_t}{P_t}\right)^{1-\eta} \quad (5\text{-}12)$$

其中，D_t 为银行中介部门产生的全部流动性；ϕ_t 为金融市场的外生冲击；E_t 为商业银行超额储备；K_{bt} 为银行部门资本利用。

企业获得大额贷款额度后，商业银行开设专门的户头，企业部门可以支配使用，因而形式上，企业贷款成为商业银行负债部分，构成流动性需求的主体之一，类似于私人部门储蓄存款，都体现为流动性服务的增量，所以有[②]

[①] 另外，嵌入银行中介的 DSGE 模型的承载能力将大大增加，金融市场摩擦、金融冲击、金融中介等多种问题可以很方便地引入。

[②] 式（5-12）、式（5-13）以及后面关于银行优化结构的内容来源于 Chari 等（1995）、Christiano 等（2007）的模型思想。

$$D_t = S_t + L_t \tag{5-13}$$

其中，S_t 为私人部门储蓄；L_t 为企业部门贷款。银行超额储备是银行正常运行的重要因素。本章视准备金率为货币政策冲击的一种，后面将讨论其效应；货币增加量也是货币政策工具之一，本章假定为一种政策冲击，后面会讨论其效应；中央银行货币创新不管以什么路径（比如，西方经济中常假设为私人消费信贷许可；而中国实际经济中则以中央银行购买商业银行的外汇途径为主）都会进入超额储备，故超额储备表示为

$$E_t = S_t + X_t - \xi_t(L_t + S_t) \tag{5-14}$$

其中，X_t 为中央银行货币增量；ξ_t 为政府规定准备金率；方程（5-14）把货币政策准备金率、货币增长量（或货币增长率）等嵌入模型中，传统标准模型是无法讨论这些变量的内生影响的。

企业平均贷款利率在市场中受中央银行指导利率影响，但主要是由企业与银行的具体合同确定的，常见的是由市场对贷款供给与需求的平衡来决定。银行最优化问题为选择存款需求、贷款供给和资本、劳动投入来最大化利润的问题：

$$\Pi_{bt} = r_{ft}L_t - r_{at}S_t - (Q_t K_{bt} + W_t l_{bt})$$

s.t. 式（5-12）~式（5-14）

其中，Q_t 为资本名义价格；W_t 为劳动名义价格；r_{ft} 为企业平均贷款利率。

银行部门最优行为要求：

$$r_{ft} = r_{at}\left(\frac{(1-\eta)D_t}{(1-\eta)(1-\xi_t)D_t - E_t} - 1\right) \tag{5-15}$$

$$K_{bt} = \beta\eta r_{ft}\frac{\tilde{D}_t}{Q_t} \tag{5-16}$$

$$l_{bt} = (1-\beta)\eta r_{ft}\frac{\tilde{D}_t}{W_t} \tag{5-17}$$

其中，

$$\tilde{D}_t = D_t\left((1-\eta)\frac{D_t}{E_t}\xi_t + 1\right)^{-1} \tag{5-17'}$$

市场出清条件包括以下几项。

产品市场出清：

$$C_{ft} + C_{ht} + I_t\left(1 + T\left(\frac{I_t}{K_t}\right)\right) = Y_t \tag{5-18}$$

劳动市场出清：

$$l_{ft} + l_{ht} = l_t \tag{5-19}$$

资本市场出清：

$$K_{ft} + K_{bt} = K_t \qquad (5\text{-}20)$$

金融市场出清：

$$L_t = B_t \qquad (5\text{-}21)$$

$$\tilde{A}_t = S_t \qquad (5\text{-}22)$$

外生冲击：模型考虑多种外生冲击变量，它们分别服从简单随机过程。

生产技术冲击 e_t：

$$\log e_t = \rho_e \log \bar{e} + (1-\rho_e)\log e_{t-1} + \varepsilon_{et},\ \varepsilon_{et} \in N(0,\sigma_e) \qquad (5\text{-}23)$$

偏好冲击 x_t：

$$\log x_t = \rho_x \log \bar{x} + (1-\rho_x)\log x_{t-1} + \varepsilon_{xt},\ \varepsilon_{xt} \in N(0,\sigma_x) \qquad (5\text{-}24)$$

金融市场冲击 ϕ_t：

$$\log \phi_t = \rho_\phi \log \bar{\phi} + (1-\rho_\phi)\log \phi_{t-1} + \varepsilon_{\phi t},\ \varepsilon_{\phi t} \in N(0,\sigma_\phi) \qquad (5\text{-}25)$$

外部利率/政策冲击 $\tilde{r}_t$：

$$\log \tilde{r}_t = \rho_r \log \tilde{\bar{r}} + (1-\rho_r)\log \tilde{r}_{t-1} + \varepsilon_{rt},\ \varepsilon_{rt} \in N(0,\sigma_r) \qquad (5\text{-}26)$$

资源品价格/成本冲击 τ_t：

$$\log \tau_t = \rho_\tau \log \bar{\tau} + (1-\rho_\tau)\log \tau_{t-1} + \varepsilon_{\tau t},\ \varepsilon_{\tau t} \in N(0,\sigma_\tau) \qquad (5\text{-}27)$$

模型系统均衡解的稳定性、存在性以及离散数值近似方程系统求解方法等理论方面的讨论非本章重点，有兴趣的读者可以直接向我们索要。

5.3 1992年Q1—2011年Q1中国经济周期特征实证分析

这部分研究是本章的基础，我们关注的宏观经济总量的时间区间为1992年第一季度到2011年第一季度。经济变量序列数据包括实际GDP增长率、通胀率（用GDP平减指数表示）、固定资产投资、基本建设投资、消费支出。金融与政策序列数据包括M1增长率，法定存款准备金率，存、贷款利率，信贷总量，贷存比，金融部门就业劳动占总劳动的比例等。这些数据分别从中国人民银行和《中国统计年鉴》中整理获得。其中名义GDP直接查得，实际GDP通过除GDP平减指数获得。货币总量用M1表示（M2数据不全）。由于很难获得准确的全社会总投资数据，仅以《中国统计年鉴》上的可得数据为指标对基本建设投资进行近似估计。以《中国统计年鉴》上的居民消费数据为近似总消费数据。法定存款准备金率的变化是随机的，而且每次变化的幅度也是随机的，但总体变化趋势是基本清楚的，我们通过对中国人民银行统计数据进行季度化光滑平均处理得出近似值，比如，同一季度内出现一次以上调整的，进行简单算术平均作为季度值。存贷款利率同样是政策性随机变化的，类似于准备金率数据，进行数据光滑近似处理。金融部门劳动数据可以直接查到。

图5-1显示了中国经济1992—2011年的季度产出与通胀的实际情况，由此图

可以看出：①实际 GDP 增长率有独立趋势和自身波动周期，1992—1999 年为下降期，1999—2008 年为繁荣上升期，2008 年后应当是一个下降期，但由于外部冲击产生一个向下的短期缺口，潜在趋势应当是连接这个缺口两端的平滑下降曲线，所以如果不考虑外部冲击的影响，应当去除此缺口以获得中期的潜在趋势；②从中期特征来看，名义 GDP 波动与实际 GDP 波动有顺周期关系，但短期关系不明显。

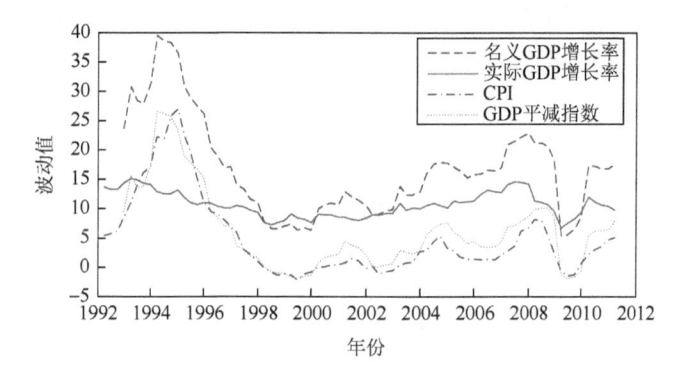

图 5-1　中国实际经济产出与通胀季度数据

资料来源：国家统计局网站和中国人民银行

图 5-2 报告了中国经济 1992—2011 年的季度产出（GDP）、通胀（p-gdp）、贷款利率（rff）、货币增长（M1）、准备金率（ksi）的波形情况（全部通过除最大值进行了规范化处理，以方便放在一张图上进行对比）。

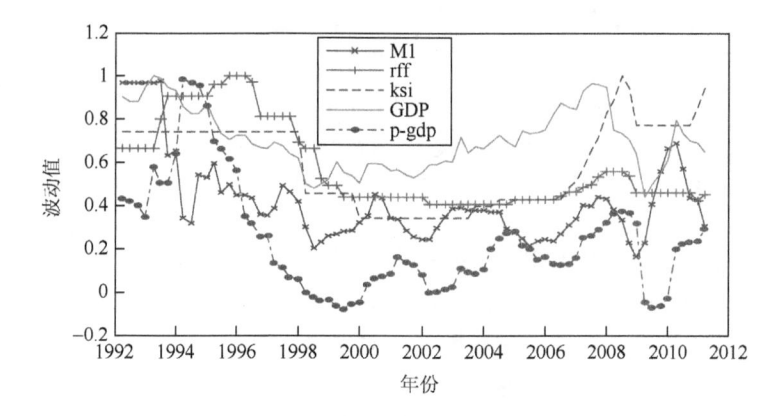

图 5-2　实际经济与金融总量规范化数据

资料来源：国家统计局网站和中国人民银行

由图 5-2 可知，金融因素变量与经济总量中期特征总体呈顺周期关系。

短期波动主要源于金融货币政策，而这些政策不影响中期经济，所以研究短期实际经济与名义量关系需要去除中期趋势。为此我们选取 BP 滤波参数以获取纯粹短期波动部分，具体地我们选取阶数 $k=5$，高、低频谱参数分别为 2 和 8，即 BP5(2,8)。这与通常季度数据滤波标准参数选取有较大不同，例如 Baxter 和 King（1994）的研究中使用 BP12(6,32)，但他们的研究目标是中期以上的波动特征，需要滤出短期波动因素，而本章恰恰希望留下短期因素。

下面给出使用 BP5(2,8)滤波后的宏观总量数据以及金融政策变量的周期特征估计结果。其中直观的波动关系报告在本章图中，统计特征集中在表 5-1 中显示。

表 5-1　中国实际经济金融数据特征（1992 年 Q1—2011 年 Q1）

项目	标准差	同产出的横向相关 $corr(x(t), y(t+k))$												
		−6	−5	−4	−3	−2	−1	0	1	2	3	4	5	6
corr(y, y)	0.0108	−0.47	−0.37	−0.22	0.01	0.34	0.69	1.00	0.69	0.34	0.01	−0.22	−0.37	−0.47
corr(rff, rff)	0.0066	−0.12	−0.12	−0.04	0.21	0.44	0.74	1.00	0.74	0.44	0.21	−0.04	−0.12	−0.12
corr(y, rff)		0.02	0.17	0.28	0.37	0.41	0.30	0.12	−0.05	−0.27	−0.36	−0.36	−0.30	−0.17
corr(r_a, r_a)	0.0074	−0.15	−0.14	−0.03	0.18	0.44	0.76	1.00	0.76	0.44	0.18	−0.03	−0.14	−0.15
corr(y, r_a)		0.15	0.31	0.37	0.39	0.35	0.22	0.07	−0.10	−0.32	−0.42	−0.37	−0.26	−0.08
corr(M1, M1)	0.0589	−0.56	−0.56	−0.43	−0.07	0.37	0.74	1.00	0.74	0.37	−0.07	−0.43	−0.56	−0.56
corr(y, M1)		−0.31	−0.47	−0.54	−0.41	−0.18	0.14	0.44	0.54	0.44	0.23	0.00	−0.18	−0.26
corr(ksi, ksi)	0.0113	−0.35	−0.28	−0.11	0.13	0.42	0.74	1.00	0.74	0.42	0.13	−0.11	−0.27	−0.35
corr(y, ksi)		0.14	0.30	0.44	0.54	0.50	0.33	0.17	−0.11	−0.40	−0.63	−0.68	−0.55	−0.27
corr(p-gdp, p-gdp)	0.0340	−0.43	−0.31	−0.10	0.16	0.48	0.78	1.00	0.78	0.48	0.16	−0.10	−0.32	−0.43
corr(y, p-gdp)		0.04	0.27	0.49	0.54	0.50	0.41	0.26	−0.06	−0.31	−0.47	−0.55	−0.40	−0.20

注：原始数据来源于中国人民银行网站公布的数据，本表表现的关系是滤波后纯波动部分的关系。(y, M1)峰值出现在 $k=1$ 所在的列，表明 M1 滞后产出 y 一个季度；峰值为 0.54，表示与产出的相关度为 0.54

表 5-1 的构造与标准周期分析的报告方式一致，如 Stock 和 Watson（1999）的报告。这一 NBER 的经典研究报告了 70 多种总量的特征，包括三种主要数据统计特征（波动性、共动性、黏滞性）的对比报告。

M1 与 GDP 关系：图 5-2 表明，1999 年之前，M1 与 GDP 中期呈共同下降趋势，M1 短期波动幅度大于 GDP；1999 年之后，GDP 中期趋势向好（直到 2007—2008 年的外部冲击），但 M1 中期趋势则比较平稳，略微向下（直到 2007 年）。2007 年后，M1 波动幅度进一步加剧，但相对于 GDP 更大幅度的波动，M1 表现出跟从和被动性。这表明 M1 波动不是 GDP 波动的诱因。表 5-1 报告的

M1 滞后 GDP 一个季度，共动性为 0.54。另外一个明显的特征是，2005 年之前的一段时间内，产出和 M1 的波动幅度都不大，总体平稳，2005 年后产出出现持续繁荣，而此时 M1 并没有显著变化，只是在危机之后才有明显的波动幅度，且其增加远低于产出的波动。这表明 M1 不是央行主要使用的工具，至少 2008 年之前不是，因而也不是 2006—2008 年繁荣的主要诱因。

M1、通胀（p-gdp）与 GDP：表 5-1 中的统计特征显示，通胀超前 GDP3 个季度，共动性峰值为 0.54。图 5-2 显示，2000 年到 2008 年期间，通胀水平呈温和上升趋势，平均趋势大概跟 GDP 接近，而这期间，M1 平均趋势略微水平向下，因而，这期间通胀中期趋势上涨并非货币原因。应当考虑主要是结构性原因或总需求方面的因素。表 5-1 中反映出，通胀超前 M1 约 4 个季度。

综合地看，GDP 和通胀的中期趋势与 M1 无关，M1 的短期波动对通胀影响较大（高度相关性），但对 GDP 影响有限（相关性不高）。

基准利率（r_d）、存款准备金率（ksi）与 GDP：表 5-1 报告出基准利率滞后于产出 3 个季度，与 GDP 相关度的峰值为 0.39，图 5-2 中可以看出，2000 年之后利率的波动幅度很小。存款准备金率作为重要的货币政策工具，其周期特征表现为超前顺周期，2000—2006 年基本平稳，这期间实际经济也稳步上升。

5.4 模型校正与拟合实验

在上述实证研究的基础上，本节将依据中国实际宏观经济总量进行模型参数校正，使经济模型能够充分拟合实际经济，然后对比分析经济模型输出的波形特征与实际经济各宏观总量滤波后纯波动部分的波形特征的拟合程度。值得特别指出的是，本章模型与一般标准周期模型有很大不同，最重要的不同是本章模型考虑了准备金率、货币增长率、存贷款利率等非常具体的货币政策参变量，这些参量都由模型内生确定。同时模型具备前所未有的优势，其使我们可以分析利差等影响银行中介利益权衡行为的波动动态，并通过这些宏观影响深刻的金融系统微观行为的动态，来洞察实际经济波动过程中的各种机制。这类模型还处于探索性发展阶段，在未来发展成熟后将会进一步拓展到宏观审慎各类具体政策管理工具的应用分析中，例如，金融机构系统性风险预估，民间金融、地下金融对于地区性经济系统性影响，《巴塞尔协议Ⅲ》中规定的各项金融机构资本率效应，以及最佳管理配置等。

5.4.1 参数校正

参照 4.7.1 节，模型稳态参数如表 4-1 所示。

政策偏好参数：政策偏好参数的选取主要参考实际政策执行情况。因为中国货币政策在执行过程中思想体系变化频繁，很难用规则来准确刻度。有关政策行为的讨论是本章的重点。

5.4.2 模拟实验

验证经济模型是否科学合理，最直接的办法就是考察参数校正过的经济模型所产生的变量的周期波动特征的各种指标，以此拟合实际经济中变量的波动特征指标的情况。本节重点研究依据中国实际经济数据校正过的经济模型是否能够产生基本近似于实际经济的短期波动特征。研究方案为考虑三种对应不同政策机制的模型，分别拟合实际经济，输入与实际经济一致的政策冲击，获取输出的变量波形的特征估计，并分别与实际经济进行对比，以此考察哪种机制能更好地拟合实际经济。三种不同政策机制下的经济模型分别称为：模型Ⅰ，无规则政策模型；模型Ⅱ，利率规则政策模型；模型Ⅲ，半规则政策模型。

（1）无规则政策模型。无规则政策模型是指中央银行在制定货币政策时，完全不存在规则行为，执行纯粹的相机抉择政策，即假设经济模型系统内部不存在规则性政策方程。

在无规则政策机制下，经济模型选取的准备金率、货币供给增长率和基准利率同实际经济的对应变量滤波后的数据完全相同。这样就构成与实际经济充分一致的政策扰动组合。在此政策组合下，假定没有实际冲击、外部冲击等其他任何冲击，利用经济模型获得的产出与通胀的波动如图 5-3 所示。图 5-3 表明，1994—1995 年货币政策组合使通胀迅速下降（实际经济在这一阶段处于较高位置，见图 5-1），此后的政策组合可以维持经济的基本稳定，但总体波动幅度相对较大（即使在 2000—2010 年相对平稳的阶段，仍然有达到甚至超过 0.5 的量级，这一数据实际上已经很大），这表明在无规则政策机制下，经济稳定性差。同时

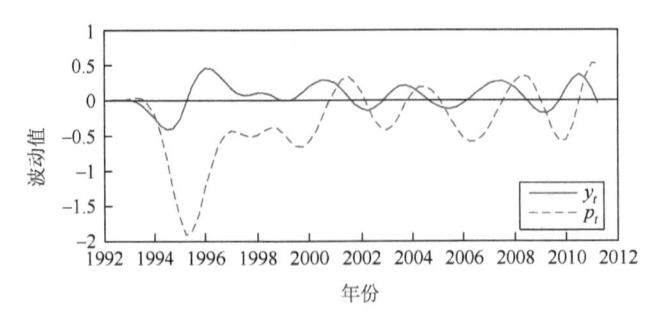

图 5-3 无规则政策模型波形特征

y_t 表示产出，p_t 表示通胀

可以看到，模型系统预测出的产出和通胀的趋势方向及位置与实际经济基本一致，只不过经济模型没有考虑外部冲击，因而，2008—2010年实际经济波动幅度的巨大变化在经济模型中没有体现。

用完全等量级的模型经济波的数量特征同实际经济的对应量的数量特征比较可以更清楚地判断经济模型在拟合实际经济方面存在的差异。表 5-2 是对应图 5-3 的波动特征的量化数据，采用同表 5-1 一致的报告方式，以便比较。表 5-2 报告的基本量化关系与实际经济一致，产出标准差与通胀标准差的比同实际经济中基本相同；但也存在明显量化差异：标准差基本上都差一个数量级，一阶自相关度量级相同，但数值上差异明显。

表 5-2　无规则政策模型波动特征（1992 年 Q1—2011 年 Q1）

项目	标准差	同产出的横向相关 $\mathrm{corr}(x(t), y(t+k))$											
		−6	−5	−4	−3	−2	−1	0	1	2	3	4	5	6
corr(y, y)	0.1862	−0.50	−0.35	−0.08	0.27	0.62	0.89	1.00	0.89	0.62	0.27	−0.08	−0.35	−0.50
corr(rff, rff)	0.1738	−0.36	−0.30	−0.10	0.21	0.57	0.87	1.00	0.87	0.57	0.21	−0.10	−0.30	−0.36
corr(y, rff)		0.20	0.34	0.44	0.47	0.37	0.14	−0.19	−0.57	−0.84	−0.94	−0.83	−0.56	−0.21
corr(r_a, r_a)	0.0848	−0.42	−0.37	−0.18	0.14	0.53	0.86	1.00	0.86	0.53	0.14	−0.18	−0.37	−0.42
corr(y, r_a)		0.14	0.27	0.38	0.41	0.33	0.11	−0.21	−0.57	−0.83	−0.91	−0.78	−0.48	−0.11
corr(M1, M1)	0.1108	−0.45	−0.38	−0.18	0.15	0.54	0.86	1.00	0.86	0.54	0.15	−0.18	−0.38	−0.45
corr(y, M1)		0.00	0.13	0.27	0.38	0.42	0.34	0.12	−0.21	−0.57	−0.84	−0.92	−0.81	−0.53
corr(ksi, ksi)	0.0231	−0.35	−0.19	0.04	0.34	0.65	0.89	1.00	0.89	0.65	0.34	0.04	−0.19	−0.35
corr(y, ksi)		0.47	0.35	0.19	0.00	−0.17	−0.28	−0.35	−0.33	−0.24	−0.10	0.06	0.21	0.31
corr(p-gdp, p-gdp)	0.5041	0.06	0.19	0.37	0.59	0.79	0.94	1.00	0.94	0.79	0.59	0.37	0.1	0.06
corr(y, p-gdp)		0.41	0.56	0.66	0.66	0.54	0.30	−0.00	−0.33	−0.58	−0.72	−0.72	−0.62	−0.44
corr(cd, cd)	44.3717	0.36	0.47	0.60	0.74	0.87	0.96	1.00	0.96	0.87	0.74	0.60	0.47	0.36
corr(y, cd)		0.33	0.43	0.49	0.48	0.39	0.21	−0.02	−0.28	−0.50	−0.63	−0.67	−0.61	−0.48
corr(it, it)	1.7483	0.06	0.16	0.33	0.55	0.77	0.93	1.00	0.93	0.77	0.55	0.33	0.16	0.06
corr(y, it)		−0.11	0.03	0.25	0.49	0.69	0.79	0.75	0.55	0.25	−0.07	−0.34	−0.52	−0.58
corr(cft, cft)	0.7528	0.70	0.75	0.81	0.88	0.94	0.98	1.00	0.98	0.94	0.88	0.81	0.75	0.70
corr(y, cft)		−0.38	−0.45	−0.45	−0.40	−0.33	−0.25	−0.26	−0.08	0.09	0.25	0.34	0.38	0.35
corr(cht, cht)	0.0704	0.15	0.29	0.47	0.66	0.83	0.95	1.00	0.95	0.83	0.66	0.47	0.29	0.15
corr(y, cht)		−0.30	−0.44	−0.55	−0.58	−0.53	−0.37	−0.12	0.17	0.45	0.65	0.74	0.72	0.60

注：cd 表示信贷；it 表示投资；cft 和 cht 分别表示企业家家庭和一般家庭的消费需求。本章表下同

（2）利率规则政策模型：假定在中央银行货币政策制定过程中，存在稳定的规则行为，面对外部极端冲击也不会（经常）修改策略规则，至少中短期内政策规则参数保持相对稳定。模型方面我们设定利率规则采用简单泰勒规则政策方程：

$$\hat{r}_{at} = \pi_t + \mu_1 \hat{y}_t + \mu_2 \hat{\pi}_t \tag{5-28}$$

其中，μ_1, μ_2 分别为产出和通胀偏差系数（规则政策参数）。而准备金率和货币增长率仍然以实际数据滤波后的序列作为扰动源波输入，考察在利率规则政策机制下，与实际经济的量化货币供给政策一致的行为会产生怎样的经济模型波动特征。

图 5-4 给出了在最优利率规则政策下，拟合实际经济的准备金率和货币供给扰动组合产生的产出与通胀的波动图，经济模型给出的波形特征比图 5-3 更接近实际经济，1994—1995 年的高通胀被预测出来，但是经济模型预测 2011 年较低的通胀水平和繁荣的经济，与实际结果不是很一致，虽然预测的 2008 年后较高的波动性是与实际一致的，但略滞后于实际经济。和无规则政策模型形成鲜明对比的是，规则政策模型给出的波动幅度要比实际经济中的波动幅度小 1 个以上数量级（而前者比实际大 1 个以上数量级）（表 5-3），这说明规则政策稳定经济的能力超强。同时也说明实际经济中，既不是执行纯粹的相机抉择政策，也不是纯粹的规则政策，而更可能是这两者的结合。图 5-4 给出了在最优规则政策机制下，输入与实际经济中货币、存准率、存款利率同比例量级的扰动波，而在假定没有任何其他扰动的情况下，得到的经济模型产出与通胀的预测波形图（政策规则参数 μ_1, μ_2 分别取值 0.3511 和 0.2211，该参数取值讨论省略，有兴趣的读者可以直接向我们索要）。

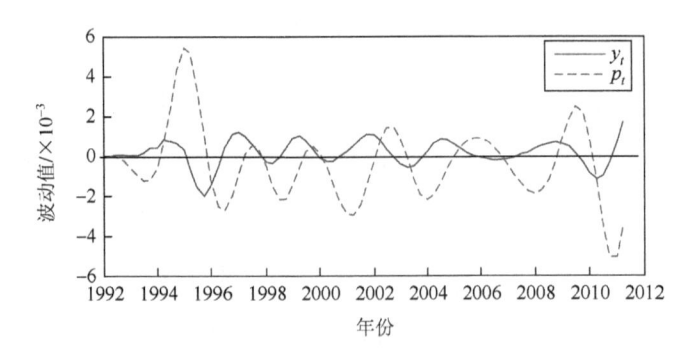

图 5-4 最优利率规则政策模型波形特征

表 5-3 最优利率规则模型波动特征（1992 年 Q1—2011 年 Q1）

项目	标准差	同产出的横向相关 corr(x(t), y(t+k))											
		−6	−5	−4	−3	−2	−1	0	1	2	3	4	5	6
corr(y, y)	6.6247×10⁻⁴	−0.54	−0.57	−0.40	−0.03	0.43	0.83	1.00	0.83	0.43	−0.03	−0.40	−0.57	−0.54

续表

项目	标准差	同产出的横向相关 corr($x(t), y(t+k)$)												
		−6	−5	−4	−3	−2	−1	0	1	2	3	4	5	6
corr(rff, rff)	0.0021	−0.50	−0.41	−0.19	0.15	0.54	0.86	1.00	0.86	0.54	0.15	−0.19	−0.41	−0.50
corr(y, rff)		0.03	0.16	0.29	0.38	0.37	0.23	−0.03	−0.36	−0.65	−0.77	−0.66	−0.37	0.01
corr(r_a, r_a)	4.5560×10^{-4}	−0.50	−0.54	−0.36	0.00	0.46	0.84	1.00	0.84	0.46	0.00	−0.36	−0.54	−0.50
corr(y, r_a)		−0.31	−0.09	0.23	0.55	0.73	0.68	0.37	−0.14	−0.62	−0.91	−0.93	−0.71	−0.37
corr(M1, M1)	0.1108	−0.45	−0.38	−0.18	0.15	0.54	0.86	1.00	0.86	0.54	0.15	−0.18	−0.38	−0.45
corr(y, M1)		0.00	0.13	0.27	0.38	0.42	0.34	0.12	−0.21	−0.57	−0.84	−0.92	−0.81	−0.53
corr(ksi, ksi)	0.0231	−0.35	−0.19	0.04	0.34	0.65	0.89	1.00	0.89	0.65	0.34	0.04	−0.19	−0.35
corr(y, ksi)		−0.10	0.08	0.23	0.30	0.29	0.21	0.09	−0.04	−0.15	−0.23	−0.28	−0.29	−0.24
corr(p-gdp, p-gdp)	0.0019	−0.30	−0.26	−0.07	0.23	0.59	0.88	1.00	0.88	0.59	0.23	−0.07	−0.26	−0.30
corr(y, p-gdp)		0.01	0.24	0.46	0.58	0.52	0.26	−0.15	−0.60	−0.90	−0.95	−0.77	−0.44	−0.10
corr(cd, cd)	0.1026	0.02	0.07	0.23	0.46	0.72	0.92	1.00	0.92	0.72	0.46	0.23	0.07	0.02
corr(y, cd)		−0.03	0.18	0.41	0.56	0.56	0.37	0.04	−0.33	−0.60	−0.68	−0.58	−0.36	−0.09
corr(it, it)	0.0064	−0.65	−0.61	−0.36	0.04	0.50	0.86	1.00	0.86	0.50	0.04	−0.36	−0.61	−0.65
corr(y, it)		−0.49	−0.40	−0.15	0.20	0.56	0.78	0.75	0.43	−0.01	−0.46	−0.76	−0.84	−0.72
corr(cft, cft)	0.0033	−0.03	0.11	0.32	0.56	0.78	0.94	1.00	0.94	0.78	0.56	0.32	0.11	−0.03
corr(y, cft)		0.15	0.04	−0.10	−0.25	−0.35	−0.34	−0.22	0.03	0.31	0.56	0.70	0.71	0.59
corr(cht, cht)	1.9775×10^{-4}	−0.27	−0.23	−0.04	0.26	0.61	0.89	1.00	0.89	0.61	0.26	−0.04	−0.23	−0.27
corr(y, cht)		0.17	−0.04	−0.32	−0.55	−0.65	−0.54	−0.22	0.22	0.60	0.81	0.79	0.59	0.28

（3）半规则政策模型：半规则或混合规则政策机制是指中央银行在制定货币政策时，存在不纯粹的规则行为，面对外部极端冲击会经常性地修改策略规则。模型方面我们设定存在类似于模型Ⅱ部分的政策规则，但政策行为会同时参考实际利率扰动和规则要求，为简化问题的复杂性，简单假定两者权重相同（有兴趣的读者可以在本章模型基础上，细致分析权重变化时的不同效应），本章重在理论探索，具体权重效应暂不考虑。

图5-5和表5-4报告了在1∶1权重下两种策略组合的模型机制的波动特征。

波动量级方面有较大改进，波形特征拟合实际效果良好，对于经济情形预测比较准确。

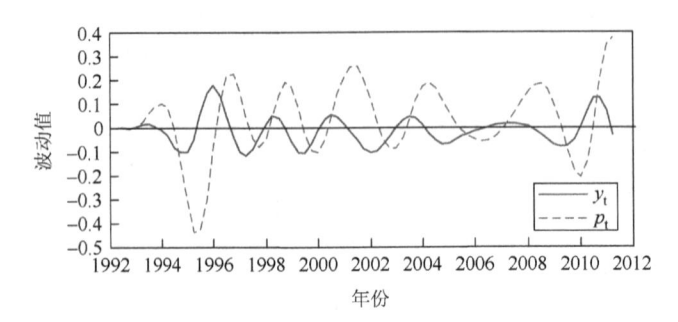

图 5-5 半规则政策模型波动特征

表 5-4 半规则政策模型波动特征（1992 年 Q1—2011 年 Q1）

项目	标准差	同产出的横向相关 corr($x(t), y(t+k)$)												
		−6	−5	−4	−3	−2	−1	0	1	2	3	4	5	6
corr(y, y)	0.0629	−0.60	−0.71	−0.56	−0.16	0.37	0.82	1.00	0.82	0.37	−0.16	−0.56	−0.71	−0.60
corr(rff, rff)	0.1542	−0.45	−0.40	−0.21	0.13	0.53	0.86	1.00	0.86	0.53	0.13	−0.21	−0.40	−0.45
corr(y, rff)		0.04	0.16	0.32	0.46	0.51	0.41	0.15	−0.23	−0.58	−0.76	−0.70	−0.35	0.09
corr(r_a, r_a)	0.0399	−0.38	−0.44	−0.29	0.04	0.48	0.85	1.00	0.85	0.48	0.04	−0.29	−0.44	−0.38
corr(y, r_a)		−0.31	−0.13	0.19	0.56	0.81	0.82	0.54	0.03	−0.49	−0.82	−0.85	−0.61	−0.22
corr(M1, M1)	0.1108	−0.46	−0.39	−0.18	0.16	0.55	0.86	1.00	0.86	0.55	0.16	−0.18	−0.39	−0.46
corr(y, M1)		−0.06	0.00	0.13	0.29	0.43	0.48	0.40	0.14	−0.21	−0.55	−0.72	−0.65	−0.36
corr(ksi, ksi)	0.0231	−0.36	−0.20	0.05	0.35	0.65	0.89	1.00	0.89	0.65	0.35	0.05	−0.20	−0.36
corr(y, ksi)		0.33	0.16	−0.02	−0.16	−0.25	−0.27	−0.23	−0.17	−0.09	−0.01	0.08	0.18	0.27
corr(p-gdp, p-gdp)	0.1520	−0.35	−0.34	−0.16	0.16	0.55	0.87	1.00	0.87	0.55	0.16	−0.16	−0.34	−0.35
corr(y, p-gdp)		−0.01	0.26	0.55	0.73	0.71	0.44	−0.02	−0.51	−0.82	−0.87	−0.64	−0.26	0.13
corr(cd, cd)	9.1309	−0.11	−0.07	0.10	0.37	0.67	0.91	1.00	0.91	0.67	0.37	0.10	−0.07	−0.11
corr(y, cd)		−0.09	0.16	0.44	0.64	0.66	0.46	0.09	−0.34	−0.65	−0.76	−0.63	−0.36	−0.04
corr(it, it)	0.5691	−0.46	−0.47	−0.28	0.08	0.51	0.86	1.00	0.86	0.51	0.08	−0.28	−0.47	−0.46
corr(y, it)		−0.47	−0.45	−0.23	0.14	0.55	0.83	0.85	0.57	0.10	−0.37	−0.69	−0.75	−0.58
corr(cft, cft)	0.0565	0.09	0.22	0.40	0.61	0.81	0.95	1.00	0.95	0.81	0.61	0.40	0.22	0.09
corr(y, cft)		0.11	0.01	−0.15	−0.31	−0.43	−0.46	−0.36	−0.14	0.12	0.35	0.48	0.48	0.34
corr(cht, cht)	0.0160	−0.22	−0.19	−0.02	0.28	0.62	0.89	1.00	0.89	0.62	0.28	−0.02	−0.19	−0.22
corr(y, cht)		0.26	0.04	−0.27	−0.56	−0.70	−0.61	−0.30	0.15	0.56	0.79	0.78	0.55	0.22

综合表 5-1—表 5-4，可以得到如下对比信息。

表 5-5 报告的波动性标准差的数据说明，无规则政策模型数据比实际经济数据大得多；而利率规则政策模型给出的数据又小得多，相比之下，半规则政策模型的数据最接近实际情况。本章中半规则政策模型参数值采用规则与无规则同等比例（即各取 1/2），由表 5-5 数据可以猜测，如果采用规则成分比例多一些，而无规则成分比例少一些，比如 0.7∶0.3，则很可能会得出更好的拟合实际效果。

表 5-5 波动性指标拟合实际的情况表

项目	产出	贷款利率	存款利率	货币增速	准备金率	通胀
实际经济	0.0108	0.0066	0.0074	0.5890	0.0113	0.0340
无规则政策模型	0.1862	0.1738	0.0848	0.1108	0.0231	0.5041
利率规则政策模型	0.66×10^{-4}	0.0021	4.5×10^{-4}	0.1108	0.0231	0.0019
半规则政策模型	0.0629	0.1542	0.0399	0.1108	0.0231	0.1520

表 5-6 中数据表明，几种模型差别不大，总体来看，经济模型预报的黏滞性都大于实际经济。

表 5-6 黏滞性指标拟合实际的情况表

项目	产出	贷款利率	存款利率	货币增速	准备金率	通胀
实际经济	0.69	0.74	0.76	0.74	0.74	0.78
无规则政策模型	0.89	0.87	0.86	0.86	0.89	0.94
利率规则政策模型	0.83	0.86	0.84	0.86	0.89	0.88
半规则政策模型	0.82	0.86	0.85	0.86	0.89	0.87

表 5-7 中每个数后面括号中的数字是对应变量与总产出共动性峰值出现的位置，正数表示滞后，负数表示超前。可以看出，经济模型预测的货币增速同产出的共动性特征都与实际经济不一致；利率规则政策模型预测的准备金率和通胀的共动性特征数据与实际经济一致；就利率的共动性数据来看，半规则政策模型更接近实际。

表 5-7 共动性指标拟合实际的情况表

项目	产出	贷款利率	存款利率	货币增速	准备金率	通胀
实际经济	1	−0.36（−3）	−0.42（−3）	0.54（−1）	−0.68（−4）	0.54（+3）
无规则政策模型	1	−0.94（−3）	−0.91（−3）	0.42（+2）	−0.35（0）	0.66（3.5）
利率规则政策模型	1	−0.77（−3）	−0.93（−4）	0.42（+1）	−0.29（−4）	0.58（+3）
半规则政策模型	1	−0.76（−3）	−0.85（−4）	0.48（+1）	−0.27（+1）	0.73（+3）

综合上述诸表来看，存在适当的政策参数可以使经济模型较好地拟合实际经济中主要宏观变量和金融变量的周期波动特征。虽然个别变量特征与实际经济仍有一定误差，但总体数量级基本相同。对于这样一个仍然非常简单的周期模型而言，能预测到这样已经很不错了。虽然我国总体情况，包括市场化程度、经济体制等诸多因素同西方经济都有很大不同，但我们的实验表明，本章所建立的金融经济周期模型是可以校正拟合中国经济的。通过使用更精确的校正技术和更细致的政策方程以及参数检验等途径，必将可以得到更好的拟合实际的中国经济的金融周期模型（本章中所用的模型参数和政策方程参数大多没有严格要求，因而，参数的敏感性不高，这意味着这类模型拟合实际的适用性是良好的）。

5.5 小　　结

本章重点考察引入银行中介部门优化行为的金融经济周期模型拟合实际经济周期波动特征的能力。通过构造对应不同政策机制的模型，我们发现我国实际经济与经济模型中半规则性政策机制产生的经济波动特征最接近。因而，实际经济中被执行的政策为半规则行为的可能性最大。但显然纯规则政策的稳定效果最好（所对应的平均波动性量级最小），这为政府执行中长期最优政策提供了理论指南。

金融周期理论刚刚发展起来，有很多方面的问题需要深入研究，特别是基于中国经济的研究，具体包括：①银行部门的引入在本章中是关键，关于银行部门的描述，我们认为本章中所用的办法不是最好的，其计算复杂性比较高，同时也存在不够充分贴近中国实际的问题，这方面需要同行学者有更高明的创见。②本章模型建立在封闭框架下，无法内生研究外部冲击的效应，而 2008—

2010年中国经济出现的大的波动很大程度上是受外部冲击的影响，因而，如果模型进一步扩展到开放经济框架下，会更有意义。③关于生产部门的描述比较简单，如果引入不完全市场模型机制（即包含连续中间产品生产的垄断竞争模型），则会增加模型的精确性。

本章的研究较粗浅，是探索性的，不可避免会存在不足之处，衷心希望同行学者多多批评指正，并诚请有兴趣的学者和我们进行深入的交流。

第6章　利率冲击的周期与增长效应分析

本章建立一个以劳动者和企业家分类的两部门 DSGE 周期模型，引入劳动群体偏好差异以及消费、储蓄、投资倾向和行为的不同，同时将利率划分为储蓄利率、贷款利率和资本边际回报利率，并分别考察其短期均衡水平（自然水平）、长期均衡水平以及现实经济中实际执行的政策性利率，研究各自偏差的形成机制和周期波动性影响，研究经济中利率扭曲形成的冲击对宏观经济的影响，并分析这种冲击相对于其他冲击对经济周期波动形成的重要性。模型预测：①实际储蓄利率产生负向冲击，其只在很短的时间和很有限的幅度引致经济增长，接着形成远超过增长幅度的大幅度萧条，并导致一般工薪家庭社会平均消费比例下降，企业家家庭平均消费水平上升；②金融市场摩擦（存贷款利差）冲击影响经济稳态解，因而影响中长期经济发展趋势，实验表明一单位的金融部门的需求中 81% 来自对投资的挤出，18% 来自对一般工人家庭消费的挤出，1% 来自对企业家部门的消费的挤出。因而，其对收入分配和长期经济增长都产生影响。综合来看，持续的利率扭曲是收入差距扩大的重要原因；持续长期的利率扭曲通过收入分配的长期扭曲，导致财富积累差距悬殊，从而影响长期经济增长的潜在动力。综合来看，利率扭曲对长期经济的影响来源于直接的对投资的挤出和间接的收入分配两种途径。

6.1 政　策　问　题

本章研究利率扭曲（及利率冲击）对实际经济周期波动以及长期经济增长的影响，这里我们所指的"利率扭曲"包括两个方面的含义：一是现实经济中执行的政策利率的实际值（去除通胀）偏离中长期经济均衡的自然实际利率水平；二是储蓄利率实际值与贷款利率实际值的差的大小程度超过均衡水平。

现实经济中执行的政策性利率的实际值偏离均衡的实际利率或自然实际利率的潜在可能，既来源于政府不能及时感知自然实际利率水平，从而不能及时做出调整，也可能源于政府刻意压低实际政策利率水平，还有一种可能是政府不能准确判定最优政策性利率的水平，从而无意识地造成偏离均衡水平的情况。这些因素有不可避免性。利率是资本的价格，其度量一切作为资本品的商品的价格，因而是一切商品价格的基础。因此利率扭曲就成为一切商品价格和资本市场价格扭曲的根本。资本和商品市场的价格扭曲会引致更大范围的各类失衡和扭曲，并最终引致整体经济潜在增长能力所依赖的基础的崩溃，表现为经济增长潜力的趋势下移。因而，利率扭曲不但可能形成短期经济周期波动，也可能形成长期的增长趋势的变化。所以对实际自然利率（或均衡实际利率）水平的估计，以及现实经济中执行的实际政策利率与实际自然利率水平偏离会怎样影响实际宏观经济周期波动等问题是值得研究的重要问题。

基于传统理论，利率作为货币政策的工具，一般认为其影响具有中短期效应，而没有长期效应，即货币长期呈中性。这一理论存在的潜在基础是，现实经济中实际执行的利率在中长期可以并且会自动围绕长期内在均衡的实际利率波动，因而不会产生中长期的偏离或扭曲。但实际上，这一理论存在的基础本身并不一定可靠，因为政策制定者完全有可能连续相当长的时间执行受某种利益群体支持的政策。比如，代表企业家群体利益的政党（假定某经济体有此政党）就可能倾向于持续执行低利率政策；而代表一般家庭的工人阶级政党就可能支持实际的储蓄利率应当至少不要低于均衡的自然实际利率水平的政策。而执政党一般会连续执政一个或以上的聘期，这样具有某种倾向的政策就会持续一个聘期以上的时间。这是潜在的造成实际利率偏离均衡自然利率水平的理论上的原因。事实上，现实经济中也确有可能，比如，格林斯潘在美国联邦储备系统（简称美联储）的管理期间，就连续执行了很长时间的低利率政策。2007年美国次贷危机引起全球性危机之后，许多国家也都纷纷出台应急政策，采用凯恩斯主义倾向的管理思路。低利率政策被推行到很多经济体之中。人们习惯于相信低利率能够刺激经济复苏。然而现实情况怎样呢？世界经济并没有得到预期的扭转，包括欧美等老牌的发达经济体和新兴经济体。这促使人们不得不去思考，持续执行扭曲性的低利率政策到底值不值得，有没有用，长期结果怎样。

习惯上，关于周期波动的研究和长期增长的研究被分为两个学术领域。然而，近年越来越多的研究开始重视短期波动性对长期增长趋势的影响。现有的研究指出短期波动性影响长期增长的趋势方向，货币政策冲击影响短期波动性，从而可能影响长期经济增长的趋势。我们可以这样理解这些结论的内在逻辑：货币长期中性理论建立在经济长期处于相对平稳的平衡增长路径基础上，但在经济转型发展的过程中，行业之间、部门之间形成的扭曲等多种因素，造成价格扭曲难以自动恢复到扭曲前状态，进而固化为永久性的影响。因而，短期冲击的结果易于形成长期性的效应。基于这样的逻辑，利率扭曲就有可能不但影响短期波动，也可能形成长周期波动特征。首先利率扭曲会影响收入分配，长期持续的利率扭曲通过收入分配长期扭曲形成差距悬殊的财富积累，从而影响长期经济增长。

我国经济发展取得了宏大成就，但近年各种失衡和扭曲成为制约社会经济发展的主要矛盾，其内在根源在哪里呢？本章试从利率扭曲影响经济发展的机制进行调查。首先我们研究发现，我们所表述的利率扭曲的两种形式在中国经济发展中表现显著。由图 6-1 和图 6-2 可以看到，我国 1979—1990 年的资本边际回报率基本达到 25%—30%，1990—2008 年的资本边际回报率也可达到 20%以上，这么高的资本边际回报率意味着长期均衡的自然实际利率水平也会比较高，然而我国长期平均的实际利率基本在 0 附近上下波动，因而，实际执行的利率存在显著偏离均衡自然实际利率的空间（本章后面还将具体估计实际偏离的程度）。其次观察图 6-3 和图 6-4 可以发现，我国经济中存贷款利率的差在逐步放大，特别是图 6-4，经过滤波后可以更清楚地看到利差扩大的趋势非常明显。因而，我们所指的利率扭曲的第二种情形也非常显著。由此看来，我国经济发展中利率扭曲的情况是非常严重的。

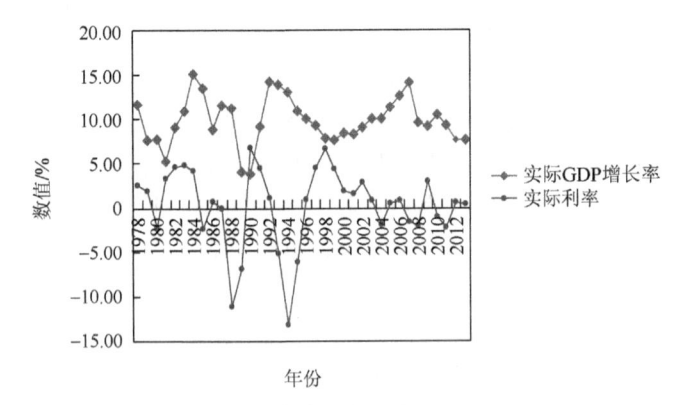

图 6-1 实际利率和实际 GDP 增长率（1978—2012 年）

资料来源：《中国统计年鉴》、国家统计局网站等

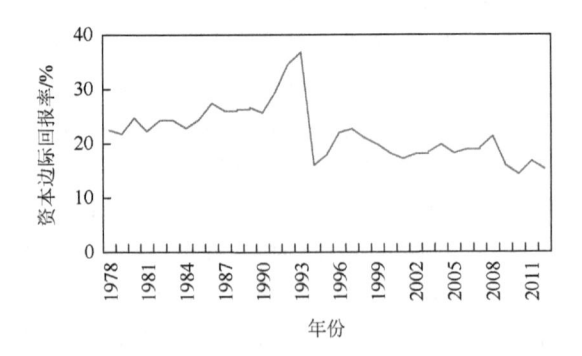

图 6-2 资本边际回报率（1978—2012 年）

资料来源：《中国统计年鉴》、国家统计局网站等

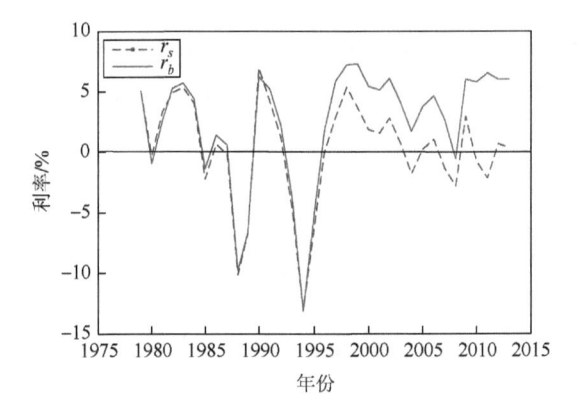

第 6 章 利率冲击的周期与增长效应分析

图 6-3 实际储蓄利率和贷款利率（1978—2012 年）

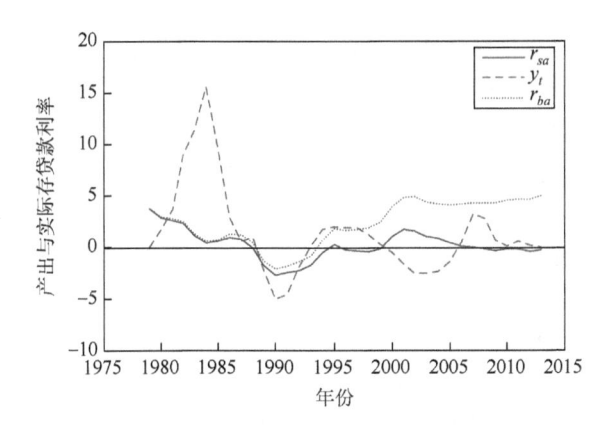

图 6-4 滤波后产出与实际存贷款利率（1978—2012 年）

说明：图 6-3 中，r_s 表示实际储蓄利率，r_b 表示实际贷款利率，原始数据来源于《中国统计年鉴》，采用的数值都是经过平均的年度均值。图 6-4 中，r_{sa}、r_{ba}、y_t 分别表示实际存贷利率和实际产出的滤波后的波动特征。其中，产出数据依照惯例取对数后使用 BP5(2, 8)滤波所得，存贷利率使用移动平均所得，截断阶数参数 k 也等于 5。图 6-2 中资本边际回报率的估计方法参考了白重恩等（2006）的方法，数据延长到了 2012 年，1978—2005 年估计结果与白重恩等（2006）的估计结果基本接近。2005—2012 年的结果没有可以对比的研究，我们的估计结果显示出下降的趋势。

基于存在的实际情况，本章拟结合我国经济发展的现实背景，建立 DSGE 模型，研究利率扭曲影响经济周期波动及长期增长的内在机制和可能性。我们希望提出一种解释我国经济转型发展过程中各类失衡和扭曲的内在成因的思路，并为探寻现阶段经济周期波动特征和规律做出贡献。关于自然利率的估计方法、相关文献和讨论等,因篇幅关系这里不再赘述。本章接下来的内容安排如下:6.2 节建立一个 DSGE 周期模型,用于拟合中国实际经济;6.3 节推导模型的稳态均衡关系;6.4 节推导离散化的数值近似动态系统方程组,并依据中国 1990—2013 年的数据校正模型参数;6.5 节描述 1979—2013 年中国经济周期特征;6.6 节对经济模型拟合中国实际经济的效果进行比较分析;6.7 节进行多种冲击反应实验,并分析实验结果;6.8 节进行相关文献的综述和说明;6.9 节为小结。

6.2 金融经济周期模型建立

假定经济中工人家庭数量为 N_t,企业家数量与工人数量的比例为 μ,存在唯一一家银行(国有银行),每一期的运行总成本 D 与经济发展总规模 y 成正比,即 D/y 为常数①。假定企业家劳动与工人劳动价格差异基本平稳,用当量劳动的比值表达为 v,即一个企业家单位时间劳动的工资是一个工人单位时间劳动的工资的 v 倍,理解为企业家的当量劳动是工人的 v 倍。设每个家庭有一个单位的当量劳动禀赋,l_{wt} 表示全部工人折算后的总当量劳动,l_{et} 表示全部企业家的当量劳动,则有

$$l_{wt} + l_{et} = l_t = N(1+\mu v) \qquad (6\text{-}1)$$

上式表明,假定一段时间内企业家部门与工人家庭劳动相对稳定,以及两部门劳动之间的相对薪资定价相对稳定,则其劳动当量对比也是相对稳定的,为了简便,下文假定这一参数值 μ、v 为常数。其中 μ 表示企业家劳动与工人劳动之间的比值,这个数据代表了先富群体集中度,值越小,集中度越高;v 表示工资倍数,代表了收入差距。这两个参数的乘积可以衡量两部门之间总体的相对收入差距,即从社会结构的角度来看,衡量了两部门之间的不平衡情况。假定总体劳动市场是有效的,折算后的当量劳动获得平均的边际劳动产出。下面分别讨论不同的部门最优行为。

工人家庭部门:假定工人家庭每期付出 z_t 单位劳动,在完全竞争的劳动市场上按平均劳动工资 w_t 获得收入;每一期在金融部门储蓄 s_{wt},当期实际储蓄利率设为 r_{st};在完全竞争的终端物品市场购买一揽子消费品 c_{wt}。家庭每期的劳动禀赋为 1,于是家庭部门优化问题为

$$\max \sum_{t=0}^{\infty} \beta_w^t \left(\log c_{wt} + \frac{1}{1-\sigma}(1-z_t)^{1-\sigma} \right)$$

$$\text{s.t.} \quad c_{wt} + s_{wt} = w_t z_t + s_{wt-1}(1+r_{st}) \qquad (6\text{-}2)$$

---

① 银行金融部门的成本肯定是波动的,但本章重点不在于研究其内在运行机制,考虑到中长期银行金融中介的运行费用与经济发展的规模有直接的关系,所以这里粗略地假定为比值不变,这一假设不影响本章的研究重点和结论。

其中，β_w为工人家庭的一般化偏好折现率；变量下标 w 为工人家庭的量。简便起见，定义实际储蓄利率满足：$1+r_{st}=(1+R_{st-1})/(1+\pi_t)$，由动态最优化条件可得

$$c_{wt+1}/c_{wt}=\beta_w(1+r_{st+1}) \tag{6-3}$$

$$c_{wt}=(1-z_t)^\sigma w_t \tag{6-4}$$

定义 $\tilde{S}_{wt}=S_{wt}-\beta c_{wt}$，经济学意义为当期实际储蓄量相对于以当前消费水平衡量的下一期预期消费折现到现在的消费量的增加额，下文简称实际储蓄增额；定义 $\tilde{w}_t=w_t-\beta c_{wt}$，表示当期实际劳动收入相对于以当前消费水平衡量的下一期预期消费折现到现在的消费量的增加额，下文简称实际劳动收入消费剩余。结合最优条件可以推出家庭实际储蓄增额增长率的表达式：

$$g_{w\tilde{s}}\equiv \tilde{S}_{wt+1}/\tilde{S}_{wt}-1=\tilde{w}_{t+1}/\tilde{S}_{wt}+r_{st+1} \tag{6-5}$$

根据式（6-3）我们有以下简单推论。

推论1：一般劳动储蓄型家庭的长期均衡消费增长率仅由主观折现率 β_w 和实际现实储蓄利率（即现实经济中银行部门根据中央银行政策性指导利率执行的储蓄利率的实际值）决定。

推论1明确指出，影响长期私人家庭部门消费增长率的因素，除了主观偏好方面的影响之外，就只有储蓄利率，工资收入和产出增长等其他方面都没有长期消费影响。一般来说，主观折现率代表在一定的社会文化和经济政治状态下，私人部门整体的社会耐心程度，在中长期是相对稳定的。因此，影响均衡实际消费增长率，进而决定私人部门社会福利水平和幸福感水平[①]的因素就只有实际现实储蓄利率了。

根据式（6-5）可以得到以下推论。

推论2：当家庭实际收入的消费剩余 $\tilde{w}$ 为正，则私人家庭实际储蓄增额的增长率严格大于实际现实储蓄利率；当家庭实际收入的消费剩余 $\tilde{w}$ 为负，则私人家庭实际储蓄增额的增长率严格小于实际现实储蓄利率；当家庭实际收入的消费剩余 $\tilde{w}$ 为0时，则私人家庭实际储蓄增额的增长率等于实际现实储蓄利率。

根据推论2，我们可以看到私人部门长期的实际储蓄增额的增长率依赖于家庭实际收入的消费剩余的符号，并围绕实际现实储蓄利率波动。其经济学含义为：实际上，私人家庭实际储蓄增额就是私人家庭部门的实际资本积累增加额，即当期的实际投资额，所以该推论意味着在长期均衡时，私人部门意愿的实际投资不仅由实际现实储蓄利率决定，还由私人劳动收入的实际消费剩余决定。可以想象，在私人部门进行按揭贷款消费的经济时代，或在私人部门基本处于收入不抵消费的状态下，即 $\tilde{w}$ 处于小于等于零的情形，私人部门实际的长期均衡的投资意愿是

---

① 根据已有的偏好理论，决定幸福感的并不完全是绝对的消费水平，而是相对消费水平（攀比效应）或消费水平的改进量，所以消费增长率是决定幸福感的重要指标。

小于或等于现实经济中的实际储蓄利率的。所以，如果此时经济中的长期平均的现实实际储蓄利率偏低，甚至接近于 0，则经济中私人部门的长期实际投资水平会被无限压低，从而长期经济增长的最基础的动力就会丧失。因而，本推论暗示：①长期执行信贷消费策略的经济增长模式是不良的（因为这样的策略导致 $\tilde{w} \leqslant 0$）；②长期执行偏低的现实实际储蓄利率不利于长期私人部门投资增长。

私人企业家部门：假定代表性企业家每期付出平均劳动工资 w_t 从完全竞争的劳动市场上平均雇用 x_{wt} 当量单位的劳动，每个代表性企业家自己有一单位劳动禀赋，当量劳动为 v；以当期企业贷款利率 r_{bt} 在金融部门融资 b_t，在下一期支付本息，私企部门融资受到抵押信贷约束；在完全竞争的终端物品市场上出售产品 y_t；融资收入和产品销售收入用于家庭消费、借贷支付和新增投资。于是私企部门优化问题为

$$\max \sum_{t=0}^{\infty} \beta_e^t (\log c_{et}), \quad \text{s.t.} \quad c_{et} + i_t + b_{t-1}(1+r_{bt}) = y_t - w_t x_{wt} + b_t \quad (6\text{-}6)$$

$$b_t \leqslant k_t \phi \quad (6\text{-}7)$$

$$k_{t+1} = (1-\delta)k_t + i_t \quad (6\text{-}8)$$

$$y_t = A_t k_t^{\alpha} (v + x_t)^{1-\alpha} \quad (6\text{-}9)$$

其中，$v+x$ 为企业家的劳动总需求，假定企业家劳动和工人劳动是完全可替代的，但每个企业家都无弹性地供给自己的全部劳动给自己的企业。式（6-6）为资源约束方程，式（6-7）为抵押信贷约束方程，式（6-8）为资本积累方程。β_e 为私企部门的一般化偏好折现率；变量下标 e 表示私企部门的量；企业生产服从柯布-道格拉斯生产技术［式（6-9）］。简便起见，定义实际贷款利率满足：$1+r_{bt}=(1+R_{bt-1})/(1+\pi_t)$；变量 $r_{rb} \equiv r_b - r_s$ 定义为实际存贷利差，为金融市场摩擦程度，本章中也是度量利率扭曲程度的指标之一。

由最优化动态方程可得

$$c_{et+2}(\beta_e(1+\phi-\delta+r_{et+1})c_{et}/c_{et+1}-1) = \beta_e^2 c_{et}\phi(1+r_{bt+2}) \quad (6\text{-}10)$$

$$w_t = (1-\alpha)A_t k_t^{\alpha}(v+x_t)^{-\alpha} \quad (6\text{-}11)$$

$$r_{et} = \alpha A_t k_t^{\alpha-1}(v+x_t)^{1-\alpha} \quad (6\text{-}12)$$

其中，r_{et} 为实际资本边际产出率。$r_{ebt} \equiv r_{et} - r_{bt}$ 表示实际资本边际回报率与实际贷款利率的差。

金融中介部门：假定经济中存在金融中介部门，为了简便，假定维持其运行消耗成本 D，通过存贷款利差收入来实现运行成本的融资。即满足成本等于收益：

$$D_t = N\mu b_t r_{bt} - N s_t r_{st} \quad (6\text{-}13)$$

市场出清：商品市场上自然出清的结果必然是 $Nc_{wt} + N\mu c_{et} + N\mu i_t + D_t = N\mu y_t = Y_t$，人均化产出如下（定义 $d_t = D_t / N\mu$）。

$$c_{wt}/\mu + c_{et} + i_t + d_t = y_t \quad (6\text{-}14)$$

信贷市场出清：

$$N_t s_t = \mu N_t b_t \text{ 或 } s_t = \mu b_t \quad (6\text{-}15)$$

劳动市场出清：

$$N_t z_t = \mu N_t x_t, \quad z_t = \mu x_t \quad (6\text{-}16)$$

依据上述各式可以推出：

$$d_t = b_{t-1}(r_{bt} - r_{st}) \equiv b_{t-1} r_{bst} \quad (6\text{-}17)$$

这说明金融部门摩擦可以等价地表述为利差。

政府政策：假定政府执行保守的规则性货币政策，则

$$r_{st} = r_{s0} + \eta(y_t - y_0) \quad (6\text{-}18)$$

其中，r_{s0}, y_0 分别为均衡的自然利率水平和均衡产出水平。由于模型中所有变量全部都是实际值，所以无须考虑通胀和价格效应，因而模型不适合解释期限太短的经济情况。

6.3 稳态均衡解与分析

当经济处于稳态均衡状态时，我们认为此时的增长水平是一种长期均衡的潜在增长水平，此时的产出水平被视为潜在均衡产出水平，利率被视为自然利率水平，这种水平按照经典教科书理论，也是一种折现率水平。但在本章中，我们区分了不同群体的主观折现倾向，这样就会有企业家群体和一般工人家庭群体之间的主观折现的差异，正是这种差异构成了均衡时实际自然储蓄利率和实际自然贷款利率的差异。根据式（6-3）我们有稳态均衡时储蓄利率解关系：

$$r_s = 1/\beta_w - 1 \quad (6\text{-}19)$$

这说明，实际自然储蓄利率主要由一般私人家庭主观折现率决定。但实际的现实储蓄利率水平不一定会等于这个水平，这就会形成储蓄市场上的利率扭曲。一般家庭主观折现率的形成受很多方面影响，如预期收入、名义利率等，由于人们很难准确估计货币增量带来的贬值效应，特别是对于不可预期的货币增长，私人部门难以清楚了解，因而主观折现诱导的均衡实际自然储蓄利率是社会总体综合预期的结果。由式（6-17）得到：

$$r_{bs} = d/b = (d/y)(y/\phi k) = (\theta/\phi) r_e / \alpha \quad (6\text{-}20)$$

根据式（6-10）得到：

$$r_b = \frac{1}{\phi \beta_e^2}(\beta_e(1+\phi+r_e-\delta)-1)-1 \quad (6\text{-}21)$$

从而，由式（6-19）—式（6-21）得到：

$$r_e = (\phi\beta_e/\beta_w + \delta + 1/\beta_e - 1 - \phi)/(1 - \beta_e\theta/\alpha) \quad (6\text{-}22)$$

长期均衡的经济增长潜力根本上取决于一个经济的潜在的实际资本的边际产出率，只有具有较高的资本边际产出水平，才能具有相对的投资吸引力，从而经济才会发展。根据式（6-22），影响均衡的实际资本边际产出率的因素很多，其中企业家群体主观折现率是一个重要因素，资本的产出弹性也是一个重要参数，资本折旧率、金融市场杠杆率和均衡实际贷款利率等都对其有重要影响。

由式（6-11）、式（6-12）得到：

$$w/k = r_e l_1 (1 - \alpha)/\alpha \quad (6\text{-}23)$$

其中，$l_1 = 1/(v + x)$。由式（6-4）得到：

$$c_w/k = (1 - z)^\sigma w/k = (1 - \mu x)^\sigma r_e l_1 (1 - \alpha)/\alpha \quad (6\text{-}24)$$

由式（6-2）结合上面结果得到：

$$(1 - \alpha)((1 - \mu x)^\sigma - \mu x)/(v + x) = \alpha\mu\phi r_s/r_e \quad (6\text{-}25)$$

上式决定均衡时的劳动供给和需求水平 x^*。记方程左边为函数 $f(x)$。

引理：合理的参数范围内 $f'(x) < 0$。

证明略。

根据上述引理，我们有如下推论。

推论3：长期均衡的劳动需求与实际储蓄利率呈反向关系，即储蓄利率越高，就业率越低，但与实际资本边际回报率有正向关系，即资本边际回报率越高，就业率越高。

引理同时表明，方程（6-25）在合理的参数值范围内总有唯一解。这保证了均衡劳动解的存在性，也就对应地保证了整体稳态均衡解的存在唯一性。通过解方程（6-25）得到均衡 x 值，然后依据各稳态均衡方程关系将所有变量稳态关系解出。

由式（6-6）—式（6-9）得到：

$$c_e/k = r_e/\alpha - \phi r_b - \delta - x^* r_e l_1 (1 - \alpha)/\alpha \quad (6\text{-}26)$$

由生产函数关系易得 $k/y = \alpha/r_e$，从而由式（6-24）和式（6-26）得到：

$$c_w/y = (c_w/k)(k/y) = (1 - \mu x)^\sigma l_1 (1 - \alpha)$$
$$= (1 - \alpha)\mu x/(v + x) + \mu\phi\alpha r_s/r_e \quad (6\text{-}27)$$

式（6-27）表明，一般家庭消费占产出的份额由两部分构成，前一部分是劳动收入贡献部分，后一部分是储蓄收入贡献部分。劳动收入部分的大小取决于贡献劳动占总劳动的当量比例，企业家劳动当量相对于工人劳动当量的倍数越高，工人收入越低,消费收入也越低。此外,企业家数与工人数的比例 μ 也有重要影响,企业家比例越高,工人家庭消费比例越高,反之,越低。储蓄收入部分反映实际储蓄利率相对于资本边际产出率的大小,实际储蓄利率越低,工人家庭消费纯收入越低,消费越低。企业家比例对此项也有同样影响。

$$c_e/y = (c_e/k)(k/y) = 1 - \phi \alpha r_b/r_e - \delta \alpha/r_e - (1-\alpha)x/(v+x) \quad (6\text{-}28)$$

类似地,式(6-28)表明,企业家消费是总产出中扣除金融成本部分、应对折旧的投资部分和支付劳动收入的部分之后剩余的全部。

由资本积累方程可知,均衡时有 $i = \delta k$,所以有 $i/y = \delta k/y = \delta \alpha/r_e$。由商品市场出清条件得到 $D/y = 1 - c_e/y - c_w/\mu y - i/y = \alpha \phi r_{bs}/r_e$,从而 $r_{bs} = \dfrac{\theta}{\alpha} \dfrac{r_e}{\phi}$。根据假设 D/y 为常数 θ,则存贷款利差相对于资本边际回报率的比值为常数,这说明,存贷款利率的变动是一致的,以维持利差稳定。由此根据式(6-27)和式(6-28)我们有如下推论。

推论 4:在金融部门运行成本相对稳定假设下,储蓄利率下降,工人家庭消费比例(代表社会福利水平)下降,企业家部门消费比例(社会福利水平)增加。收入差距(v)越大,工人家庭消费比例越低,企业家部门消费比例越高。资本集中度越高(μ 越小),工人家庭消费比例越高,企业家部门消费比例越低。

上述利差公式还可以改写为 $\phi = \dfrac{\theta}{\alpha} \dfrac{r_e}{r_{bs}}$,这可以看作关于金融市场杠杆率的一个估计公式。由此有如下推论。

推论 5:金融市场的杠杆率 ϕ 与实际资本边际回报率成正比,与金融市场摩擦(利差)成反比。

此式说明,金融杠杆率由几个因素内生决定:资本产出弹性参数 α,金融系统运行成本与经济总产出比值,实际均衡资本边际回报率和金融市场存贷款实际利差。其中前两种因素是中长期变量,在短期相对稳定,比如,资本产出弹性参数一般被认为在中短期内是稳定的,金融部门的成本产出比我们前面已讨论过,并假定为常数,短期内仅有受政策性因素影响较大的存贷款利差的变化较大,实际资本边际回报率主要受技术进步等实际冲击的影响才会有较大变化,否则也会比较稳定。因而金融系统内生杠杆率主要由存贷利差 r_{bs} 决定,利差越大,杠杆率越小;利差越小,杠杆率越大。由此可以推断,在利率市场化程度较高的经济环境中,存贷款利率是内生的,利差也由系统内生决定,从而,金融系统杠杆率也是内生的,随着存贷利差的内生波动,金融杠杆做反向自我调节。在经济繁荣上升过程中,信贷投资倾向增强,推动贷款利率上升,此时存款利率受政策指导性利率和长期均衡实际利率的影响,滞后于贷款利率的上调步伐,从而,存贷利差逐步加大,于是,系统内生的杠杆率则开始逐步降低(市场风险性的上升,必然引致审慎的金融部门的反应）。这说明带有金融部门的经济系统本身是有内生周期性质的，同时金融系统也是有自我调控经济的内生性能的，那么为什么危机还会发生？这很可能与信息技术发展迅速有关，信息技术的高度发达，使得消息冲击的传播速度过快，以至于在市场未形成自我调节反应之前，就形成了巨大的羊群性冲击效应。

但在利率市场化程度较低的经济环境中，这种自我调节的机制就会丧失，因为利差被固化，杠杆率反应也就迟滞或固化，不能对市场的需求行为做出良好的反应。所以这种情况下，每一个外来的或者内生的信息冲击、实际冲击、政策冲击等所形成的经济波动的潜在动能都无法由系统内生力量消化吸收，都需要政府采取相应的反制措施来应对，但这样不仅给政府造成巨大的宏观经济管理成本，同时也给政府政策信誉造成巨大损失，长此以往，政策应对的能力也将下降。

相比而言，虽然在利率市场化程度高的经济中，也仍然存在危机发生的可能，但概率要低许多，内生化解吸收中小冲击的系统自我调控机制可以帮很大忙，有利于政府提升经济管控能力。

由式（6-27）和式（6-28）还可以得到社会总消费占总产出的比率：

$$\frac{Nc_w + \mu Nc_e}{\mu Ny} = (c_w/\mu + c_e)/y = \frac{r_e - \alpha\phi r_{bs} - \alpha\delta}{r_e} = \frac{1}{r_e}(r_e - \theta r_e - \alpha\delta) \quad (6-29)$$

式（6-29）表明均衡时，社会总收益中扣除资本重置成本对应的抵消损耗的投资支出部分和金融中介部门的摩擦部分，剩余的社会产品全部被社会消费。因而，社会总消费率取决于折旧率和金融摩擦的大小，故有如下推论。

推论6：金融摩擦（存储利差）越大，社会总消费率越低；资本折旧率越高，总体社会消费率越低。

这些结论与一般常识性理论是一致的。但这一结论显然是对长期均衡状况和规律的描述，并不能说明短期波动性方面的规律。因而与短期实际规律不一致并不影响其正确性。

图6-5是中国1978—2013年消费-储蓄及实际利率的变化图，其中图6-5（a）是实际数据变化趋势图，图6-5（b）是针对储蓄数据和实际利率使用HP滤波后所得的波动关系图，从滤波后的波形可以看出显著的反向波动关系。数据波形表明：①随着社会贫富差距的不断拉大，总体的社会消费率由60%—70%的水平逐步下降到了50%左右。②消费的波动与实际利率的波动没有显著关系，但实际利率的波动性对与储蓄波动存在较显著反向联系。这一实证结果的解读为：消费的数据是全社会的，所以受利率影响很小，但储蓄数据可以理解为主要是由工薪群体行为实现的，这样虽然是全社会的总体数据，但更多地反映了工薪群体的行为，所以受利率影响就比较明显。这些实证结论与模型结论基本一致。

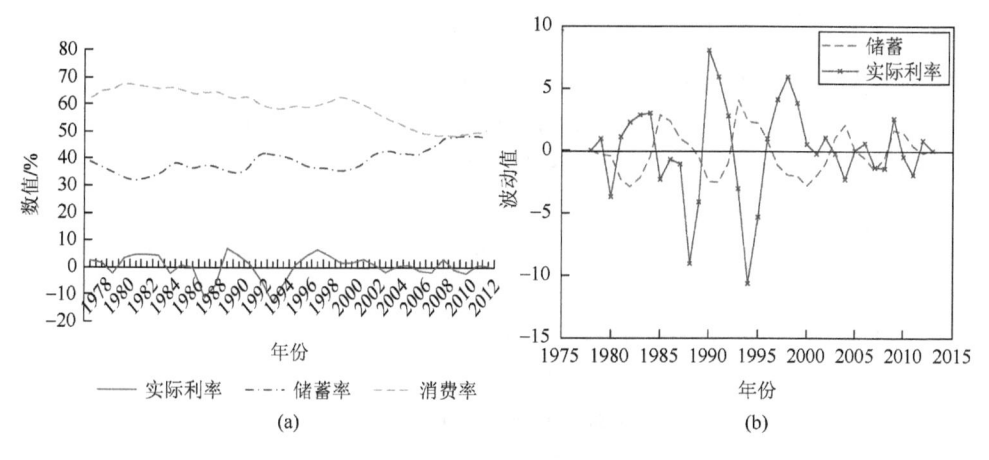

图 6-5 社会总消费、储蓄与利率的变化

资料来源：《中国统计年鉴》

6.4 动力系统与参数校正

本章的一个重要研究内容是估计自然实际利率以及利率扭曲情况，由前面的讨论我们知道基于 DSGE 框架的估计方法是最具可信度的。类似于 Pinar 等（2020）、Justiniano 等（2010）、Laubach 和 Williams（2016）等的研究，我们将式（6-3）—式（6-14）构成的模型系统沿 6.3 节所推出的稳态均衡路径进行线性化处理，得到如下离散化动力系统。

$$\hat{c}_{wt+1} = \hat{c}_{wt} + \hat{r}_{st+1} \tag{6-30}$$

$$\frac{c_w}{y}\hat{c}_{wt} + \mu\phi\frac{k}{y}\hat{s}_t = \frac{wl_w}{y}\hat{w}_t + \mu\phi(1+r_s)\frac{k}{y}(\hat{s}_{t-1} + \hat{r}_{st}) \tag{6-31}$$

$$\hat{c}_{et+1} = \hat{c}_{et} + \frac{1}{\theta_0}(\theta_1 \hat{r}_{et+1} - \phi \hat{r}_{bt+1}) \tag{6-32}$$

其中，$\theta_0 = 1 - \phi$，$\theta_1 = 1 + l_e(1-\alpha)/\alpha$。

$$\hat{k}_{t+1} = \frac{1}{\theta_0}(1 - \delta - \mu\phi(1+r_b) + \theta_1 r_e)(\hat{k}_t + \theta_1 \hat{r}_{et} - \mu\phi\hat{r}_{bt}) - \frac{1}{\theta_0}\hat{c}_{et} \tag{6-33}$$

$$\hat{r}_{et} = \hat{A}_t + (\alpha - 1)\hat{k}_t \tag{6-34}$$

$$\hat{y}_t = \hat{A}_t + \alpha\hat{k}_t \tag{6-35}$$

$$\hat{r}_{bt} = \hat{r}_{st} + \varepsilon_{dt} \tag{6-36}$$

$$\hat{A}_{t+1} = (1-\rho)\hat{A}_t + \varepsilon_{At} \tag{6-37}$$

$$\hat{r}_{st} = \eta\hat{y}_t + \varepsilon_{st} \tag{6-38}$$

其中，式（6-30）、式（6-32）是离散化的需求方程；式（6-31）是资源约束方程，或理解为产品与信贷平衡方程；式（6-33）是资本积累方程，可以理解为供给方程；式（6-34）是实际资本边际回报方程；式（6-35）是生产技术方程；式（6-36）是贷款利率与储蓄利率关联方程，ε_{dt} 为金融部门内生冲击，是金融冲击的一种典型类型；式（6-37）是技术进步冲击方程，ε_{At} 为技术冲击；式（6-38）是储蓄利率政策规则方程，ε_{st} 为政策性冲击。三种冲击都假定为服从随机正态分布。

上述动力系统可以概括为矩阵方程组系统：

$$\tilde{X}_t = G(\theta)\tilde{X}_{t+1} + M(\theta)\tilde{\varepsilon}_t \tag{6-39}$$

其中，X_t 为冲击外的所有变量构成的向量；$G(\theta)$、$M(\theta)$ 为两个由模型系统参数构成的常数矩阵；$\tilde{\varepsilon}_t$ 为由各种冲击构成的随机向量；θ 表示参数集。其中一部分参数是可以预知的，一部分参数需要使用系统待定估计，接下来我们使用中国的年度数据对参数进行估计，通过系统估计得到的参数就可以用于估计均衡的实际利率等。我们可以观察和直接推算出的序列数据有：实际产出（GDP）序列 y_t、经济中实际固定资产总投资数据 l_t、实际储蓄利率数据 r_{st}。由此根据式（6-30）可以推算出工人家庭消费偏离序列数据 c_{wt}、实际资本边际回报率数据 r_{et}。

参数估计说明：系统中包含的全部参数有生产函数中的资本产出弹性参数 α、当量劳动的比值 v、劳动比例参数 μ、资本折旧率 δ、工人家庭折现率 β_w、企业家折现率 β_e、技术冲击自相关系数 ρ、金融市场杠杆率参数 ϕ，以及政策规则中产出偏差反应参数 η。其中个别参数可以通过参数校正和已有研究中的估计直接观测得到。表 6-1 中参数估值是直接校正得到的。表 6-2 中的参数通过对中国 1990—2013 年的年度数据做最大似然估计得到。

表 6-1 校正估计参数

ρ	μ
0.78	0.0083

表 6-2 似然估计参数

α	δ	ϕ	v	β_w	β_e
0.358	13%	0.996	2.88	0.952	0.995

劳动比例参数 μ 的估计：利用 1996—2013 年所有的注册公司数（企业单位数），平均估计得到每个公司的主要股东数，与同期的就业人数相除，然后取平均数得到 0.0083。这是一个企业家与工人比例情况的近似估计。

ρ 的估计：这个参数是描述技术冲击一阶自相关度的，我们根据中国实际经济年度数据的周期滤波结果可以直接估算出来，详细方法以及说明可参见陈昆亭等（2004a）的研究，我们这里取值 0.78。

从表 6-2 中估计的参数值来看，中国的实际资本折旧率高于一般 10% 的水平，达到 13%。平均的企业高层的工资水平是一般工人工资的 2.88 倍。

稳态均衡解分析：按照上述参数值可以计算出一组稳态均衡的变量及变量间比例关系值。均衡储蓄利率水平为 0.0288，这说明我国中长期的自然实际储蓄利率水平应当是 2.88%（年度），但现实经济实际的储蓄利率水平波动性很大，平均水平在 0 值附近波动（图 6-2）。如果按照传统的滤波或均值估计方法，肯定会得出自然利率水平就是在 0 值附近，所以这里存在一个问题，即长期执行的利率水平的平均值如果被误解为就是自然利率的水平，则长期的利率扭曲的现实就是存在的。这样的结果实际上导致长期储蓄利率低于潜在均衡的自然利率水平，这一扭曲也是长期收入分配严重不平衡的主要原因，并进而影响长期的经济增长率（长期储蓄不足已经被不少学者[①]认识到是制约增长动力的重要因素，其根本原因就在于储蓄利率的扭曲）。而且，我们估计的这个结果也必然仍然低于它真正的值，因为我们在估计时也一样使用了长期执行已经被扭曲的利率定价结果所形成的现实经济的数据，也就是说我们所参考的数据已经是受到长期扭曲影响的结果，这样的结果估计已经是有偏的了。

长期均衡的资本边际回报率的值为 0.2033，这一结果应当基本接近我国实际经济中的情况（图 6-3）。模型估计的长期均衡的实际投资率为 23%，这一结果看起来大大低于每年公布的名义投资率，扣除掉通胀的部分也可能仍与实际经济的投资率不太一致。唯一的推测是实际的投资率没有那么高。模型估计的金融部门的摩擦所占的 GDP 的比例达到 8%，这一参数对模型系统并不太敏感，也就是说，再大一点的值，比如到 20% 也基本不会改变模型经济系统的稳定，但会形成对投资和社会总消费水平的等量的挤出，本章后面还会回到这个问题。对于这一变量的实际经济含义，我们有一些理解，损失的部分并不意味着都被金融部门消耗掉了，原因是我们的模型设定为整体只对实际量进行分析，没有引进政府的财政行为，所以没有考虑政府需求、税收等因素的影响，但现实经济中这些因素的影响实际是不可忽视的，但对于分析中国经济问题，这一模型可能并不算太粗鲁，因为银行都是国有的，政府需求等通过税收行为实现的目标，相当于通过银行中介（如铸币税）实现了，因而，银行中介部门的消耗在本章中可以理解为政府需求消耗掉的部分（如国防支出）。

6.5　1979—2013 年中国经济周期特征描述

这部分研究是本章的基础，我们关注的宏观经济总量的时间区间为 1979—2013 年。经济变量序列数据包括实际 GDP、总消费、政府需求、存贷款利率等。这些数据分别从中国人民银行和《中国统计年鉴》中整理获得，名义 GDP 可直接

[①] 例如，皮克迪在《21 世纪资本论》中的表述。

查得，实际 GDP 通过除 GDP 平减指数获得，总消费以《中国统计年鉴》上的居民消费数据作为近似数据。我们对中国人民银行统计数据进行季度化光滑平均处理，比如同一年度内，出现一次以上调整的，对数值进行简单算术平均作为年度值。

下面给出使用 BP5(2, 8)滤波后的宏观总量数据以及金融政策变量的周期特征估计结果，其中直观的波动统计特征在表 6-3 中显示。

表 6-3 中国实际经济金融数据特征（1979—2013 年）

项目	标准差	同产出的横向相关 corr($x(t), y(t+k)$)											
		−6	−5	−4	−3	−2	−1	0	1	2	3	4	5	6
corr(y, y)	0.0428	−0.55	−0.26	−0.02	0.22	0.53	0.84	1.00	0.84	0.53	0.22	−0.02	−0.26	−0.55
corr(r_b, r_b)	2.1602	0.55	0.60	0.66	0.75	0.85	0.95	1.00	0.95	0.85	0.75	0.66	0.60	0.55
corr(y, r_b)		−0.54	−0.43	−0.29	−0.18	−0.12	−0.09	−0.04	0.01	0.05	0.07	0.08	0.11	0.15
corr(r_s, r_s)	0.0145	0.02	0.08	0.22	0.45	0.69	0.90	1.00	0.90	0.69	0.45	0.22	0.08	0.01
corr(y, r_s)		−0.44	−0.23	0.04	0.23	0.30	0.31	0.33	0.42	0.48	0.50	0.45	0.41	0.28
corr(c, c)	0.0528	−0.41	−0.18	0.08	0.34	0.60	0.85	1.00	0.85	0.60	0.34	0.08	−0.18	−0.41
corr(y, c)		−0.43	−0.17	0.11	0.35	0.58	0.82	0.95	0.82	0.54	0.23	−0.03	−0.26	−0.50
corr(g, g)	0.0621	−0.19	−0.48	−0.54	−0.26	0.24	0.73	1.00	0.73	0.24	−0.26	−0.54	−0.48	−0.19
corr(y, g)		−0.33	−0.32	−0.16	0.07	0.34	0.55	0.69	0.61	0.41	0.16	−0.04	−0.20	−0.36

注：原始数据来源于中国人民银行网站，本表表现的关系是滤波后纯波动部分的关系

表 6-3 的构造与标准周期分析的报告方式一致，如 Stock 和 Watson（1999）的报告。这一 NBER 的经典研究报告了 70 多种总量的特征，包括三种主要数据统计特征（波动性、共动性、黏滞性）的对比报告。

实际储蓄利率 r_s 与产出 y 的关系：表 6-3 报告出储蓄利率滞后于产出 3 期，r_s 与 y 滞后相关度的最高峰值为 0.50。此外实际储蓄利率表现出较高的一阶自相关度，达到 0.90，高于产出的一阶自相关度 0.84；标准差大约是产出标准差的 1/3，说明实际储蓄利率波动幅度是温和的。因而其综合周期表现为滞后顺周期，相对平稳。

实际贷款利率 r_b 与产出 y 的关系：由表 6-3 可知，实际贷款利率作为企业资本融资成本的主要指标，具有与储蓄利率极大不同的周期特征，首先，波动幅度（标准差）非常大，这是通常不易观察到的情况（人们通常观察到的是名义利率）。其次，实际贷款利率有极高的一阶自相关性，达到 0.95，这说明企业融资成本在现实中具有极高的黏滞性，这一特征对于解释整个经济的周期波动特征应当是重要的，但实际贷款利率与产出水平波动关联度不大，数据波动特征几乎表现为同

期不相关，前期弱负相关，仅在很远的前期（前6期）有较强的负相关性，这似乎比较牵强。这与通常认识有一定偏差，一般而言，作为资本融资成本的价格指标，应当与产出波动有极高的相关性，形成这种偏差的原因是什么，还有待进一步研究，若非我们的数据有误，则中国经济中的这一异常现象是值得研究的（本章核心问题不在于此）。

总消费 c 与产出 y 的关系：由表6-3可知，社会总消费（由于数据不可得，本章无法报告模型中划分的两个部门各自的消费特征）与产出有较高的共动性，一阶自相关性和波动性与产出接近，大体与一般经济特征一致。

实际政府需求 g 与产出 y 的关系：由表6-3可知，与产出有显著的至多滞后半期的相关性，一阶自相关性弱于其他宏观变量，波动性略高于产出和消费，表明政府需求有较多是应对随机事件的发生的，与一般经济特征基本一致。

6.6 经济模型波动特征及与实际经济波动特征的比较

判断一个宏观经济模型的好坏最可靠的办法就是看依据这个模型框架建立的周期波动模型能否很好地拟合现实经济。一个被验证能够很好拟合外部某个经济的模型，不一定能够很好模拟本国经济，可以说这个模型是解释那个外部经济的好模型，但不能说一定就是解释我国经济的好模型。所以，模型没有严格的好坏，只有适不适合的问题。研究一个经济就一定要找到适合的模型，最基本的就是要基于本国的实际建模，并不断验证完善使之能够真正解释经济。当代国际前沿的周期问题研究方法是在RBC类周期模型（DSGE框架）中引入各种冲击，从而产生出各宏观经济总量的周期波，然后计算其波动特征，与实际经济总量波动统计特征进行对比。经济模型所产生的统计特征与实际经济波动统计特征接近程度越高，就说明经济模型拟合实际经济的程度越高，则该模型解释实际经济的能力就越高。这样就有了一个说明模型好坏的量化的标准。这一方法被Kydland和Prescott（1982）发现之后，立刻引起广泛认同和应用，RBC方法很快成为20世纪80年代应用最广泛的方法，被Lucas赞为最有前途、最富有成效、最具科学性的宏观方法。如今RBC方法已经逐渐完善发展到包含凯恩斯主义派的价格黏滞、非完全竞争等重要假设的模型，近期又发展到包含金融市场因素的FBC领域，成为当前最具魅力的宏观经济的前沿方法。这类方法中用于对比波动特征的标准有：黏滞性、共动性和波动性。这一套方法已经很成熟，国内也已经有广泛的介绍、应用和发展[1]，这里不做深入介绍。

---

[1] 关于RBC类周期理论、模型等的综述性介绍可以参见陈昆亭等（2004c）的研究中的描述，关于FBC方法的综述可以参见周炎和陈昆亭（2014）的研究中的描述。

本节的研究思路就是基于这样的思想，利用经济模型引入实际冲击源形成经济波动，以拟合中国实际经济。表 6-4 中反映经济模型波动基本统计特征，下面以此对比表 6-3 中反映的实际经济波动特征。

表 6-4　经济模型金融数据特征

项目	标准差	同产出的横向相关 corr($x(t), y(t+k)$)											
		-6	-5	-4	-3	-2	-1	0	1	2	3	4	5	6
corr(y, y)	0.0428	-0.02	0.16	0.35	0.47	0.68	0.83	1.00	0.83	0.68	0.47	0.35	0.16	-0.02
corr(r_b, r_b)	2.1602	-0.58	-0.38	-0.06	0.22	0.60	0.79	1.00	0.79	0.60	0.22	-0.66	-0.38	-0.58
corr(y, r_b)		-0.69	-0.66	-0.55	-0.28	-0.05	0.26	0.33	0.48	0.54	0.56	0.54	0.45	0.30
corr(r_s, r_s)	0.0145	-0.57	-0.39	-0.06	0.20	0.58	0.76	1.00	0.76	0.58	0.20	-0.06	-0.39	-0.57
corr(y, r_s)		-0.69	-0.65	-0.54	-0.26	-0.04	0.28	0.32	0.47	0.53	0.54	0.52	0.43	0.29
corr(c, c)	0.0528	-0.49	-0.26	0.04	0.38	0.69	0.91	1.00	0.91	0.69	0.38	0.04	-0.26	-0.49
corr(y, c)		-0.08	0.19	0.46	0.70	0.82	0.84	0.72	0.58	0.38	0.16	-0.02	-0.21	-0.37
corr(g, g)	0.0621	-0.52	-0.27	0.04	0.39	0.70	0.92	1.00	0.92	0.70	0.39	0.04	-0.27	-0.52
corr(y, g)		0.11	0.39	0.64	0.79	0.83	0.75	0.62	0.43	0.21	-0.01	-0.19	-0.35	-0.47

储蓄利率 r_s 与产出 y 的关系：表 6-4 报告出储蓄利率滞后于产出 3 期，这一点与表 6-3 一致；表 6-4 中 r_s 与 y 滞后相关度的最高峰值为 0.54，也与表 6-3 中的 0.5 基本接近。但表 6-4 中储蓄利率的一阶自相关度只有 0.76，远低于表 6-3 中的 0.90，产出的一阶自相关度 0.83 与表 6-3 中的 0.84 非常接近；表 6-4 中储蓄利率波动标准差也大约是产出标准差的 1/3，与表 6-3 基本一致。因而综合来看，经济模型与实际经济基本一致。

贷款利率 r_b 与产出 y 的关系：由表 6-4 可知，经济模型中贷款利率的波动特征与表 6-3 中的贷款利率波动特征差别较大，经济模型中贷款利率与储蓄利率高度一致，但实际经济中贷款利率与储蓄利率波动关联性不强。

总消费 c 与产出 y 的关系：由表 6-4 可知，经济模型中消费与产出的关联度、一阶自相关度等都略低于实际经济，但总体波动特征规律大体相同。

政府需求 g 与产出 y 的关系：由表 6-4 可知，经济模型中政府需求与产出有显著的相关性。

总体来看，本章经济模型基本上可以较好地模拟实际经济，因而可以应用于解释实际经济的主要规律和特征，也可以用于总体的分析。

6.7 冲击反应实验与结果分析

本节使用本章模型研究几种冲击反应实验，与一般 RBC 类模型的研究一致，我们首先进行一个单一的技术进步冲击的反应实验，见图 6-6，我们给定一个 1%的技术进步冲击，在 $t=3$ 的时刻，得到一个带有显著内生周期性质的波动反应图。从此图可以看到，在 $t=4$ 时，产出水平（y）获得了大约为冲击的 3.4 倍的波动幅度，一直保持高度，至 $t=5$ 后开始逐步衰减，不同于传统 RBC 模型，衰减到 0 后，没有停止，而是持续波动到负方向，说明经济模型具有显著的周期波动内生性质和波动的信贷放大功能。在冲击发生后的一期内（$t=4$），工人家庭消费（c_w）、企业家消费（c_e）、资本边际回报率（r_{et}）、实际贷款利率（r_{bt}）、实际储蓄利率（r_{st}）等全部出现不同程度的上升，但一期之后，这些变量出现了极不同的反应路径。两个部门的消费出现了完全相反的周期波动特征，工人家庭消费在自发波动的阶段与产出波动完全同相；资本边际回报率冲击初期与产出同向等幅度波动，但内生周期过程中几乎反向于产出波动，但与企业家消费波动有滞后一期的同相关系（这一关系应可以解释为，由于模型中没有假定企业家有储蓄等行为，企业家消费部分应包含储蓄和财富投资部分的内涵，因而有投资的周期波动属性也是正常的）。这是一个一般意义上的反应实验，结果是总体符合实际经济一般化波动特征规律。下面我们将讨论一些特别设计的实验。

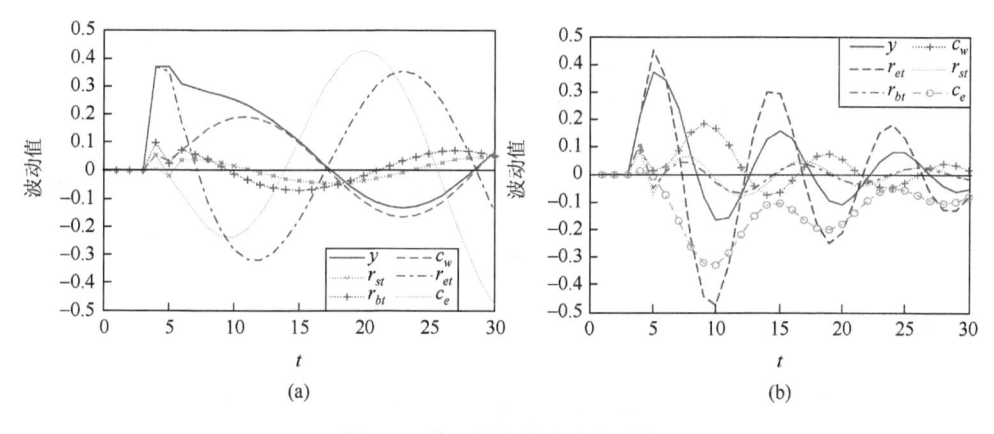

图 6-6　单一技术进步冲击反应

图形参数说明：图 6-6 是在以下参数配置下获得的（1%的单一技术进步冲击反应）。

图 6-6（a）：delt = 0.1800；α = 0.33；μ = 0.008 755；v = 2.2；β_w = 0.952；β_e = 0.9995；

$\phi = 0.9996$；$A = 1$；$\rho = 0.78$；$\sigma = 0.0285$；$x_0 = 100$；$c_{et} = 0.12$。

图 6-6（b）：delt $= 0.130$；$\alpha = 0.358$；$\mu = 0.008\,755$；$v = 0.25$；$\eta = 0.9$；$\beta_w = 0.988$；$\beta_e = 0.9895$；$\phi = 0.9996$；$A = 1$；$\rho = 0.78$；$\sigma = 0.0285$；$x = 100$；$c_{et} = 0.15$。

实验1：金融摩擦冲击反应实验。

见表6-5中，参数θ是决定存储蓄利率差异的唯一关键参数，其变化——对应地反映利差的变化，因而这里考察其变化等价于考察利差变化的影响。该实验实际上是通过稳态关系方程进行的，即考察稳态均衡系统方程在个别参数发生微小变化时，对应的系统稳态解关系发生怎样的变化。表6-5中的数据表明，1%的θ值的增加（意味着金融部门需求增加1%），被转化为对投资和消费的挤出，其中对投资的挤出最多，达到全部挤出的81%，剩余的19%的挤出部分仅有1%是由企业家部门承担，而其中的18%形成对一般家庭消费的挤出。同时，金融摩擦还会形成企业贷款利率的提升和资本边际回报率的提升。该实验表明，金融摩擦冲击影响到稳态均衡的结果，因而，证实了短期波动因素存在引致中长期潜在趋势水平发生变化的可能。由此我们得到一个推论。

表6-5 θ的实验[①]：增加1%金融摩擦的影响

变量	稳态均衡结果	θ增加1%后的结果	变化比
均衡劳动 x	99.5713	99.7944	
均衡实际储蓄利率 r_s	0.0288	0.0288	不变
均衡资本边际回报 r_e	0.2033	0.2107	增加0.0074
均衡实际贷款利率 r_b	0.0740	0.0815	增加0.0075
工人总消费份额 c_w/y	0.6735	0.6717	减少0.0018
企业家消费份额 c_e/y	0.0163	0.0162	减少0.0001
投资比例 i/y	0.2302	0.2221	减少0.0081
金融部门消费份额 d/y	0.0800	0.0900	增加0.01

注：表中第二列是稳态均衡时对应的左边同行变量的值，第三列是金融摩擦增加1%后新的均衡结果，第四列是金融摩擦增加1%引致其他变量均衡结果变化的情况。

推论7：金融摩擦冲击影响长周期波动潜在趋势；银行中介部门的需求增长表现为对社会投资和私人消费的等量挤出。

为了能更清楚地看出不同冲击影响的差异，我们调整数据时间节点参数，

[①] 本实验及本章中以下全部实验都是在浙江工业大学金融经济周期仿真实验室完成，该实验室对实验结果负责，并拥有唯一解释权。该实验室欢迎对实验结果存在一切疑问的同行学者的质疑、访问和合作。

使波动衰减全过程呈现于图形上。为便于比较,我们给出单一技术冲击的反应图(图 6-7)。

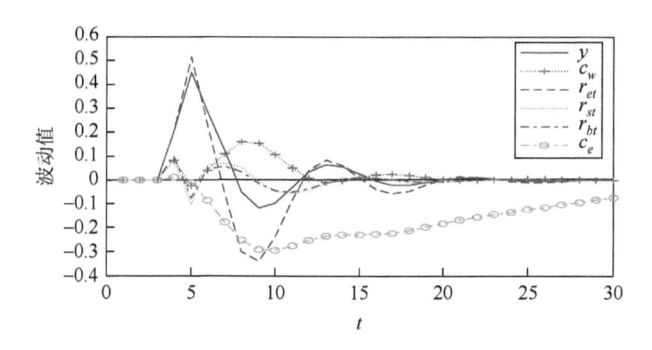

图 6-7　单一技术进步 1% 的冲击反应图

实验 2：储蓄利率冲击实验。

下面考察储蓄利率冲击反应。首先考察一个单一的单次储蓄利率下降的冲击反应,见图 6-8,在 $t=3$ 时给出一次储蓄利率下降 1% 的冲击,结果显示,在 $t=4$ 时,产出上涨,存贷利率同时反弹,私人部门消费上涨,但资本边际回报率下降,企业家消费没有明显变化。在 $t=5$ 时,私人部门消费持续上涨,存贷利率保持前一期水平不变,但产出和资本边际回报率大幅度下降,产出下降最大振幅接近 2%,资本边际回报率达到最低点,振幅接近 3.5%,此后经济出现大幅反转震荡,企业家部门消费在这一期开始大幅上升,幅度在冲击后 5 期内不超过 2%,但这种上升是持续的,在其他变量已经衰减到均衡水平后,企业家部门的消费仍持续上升,

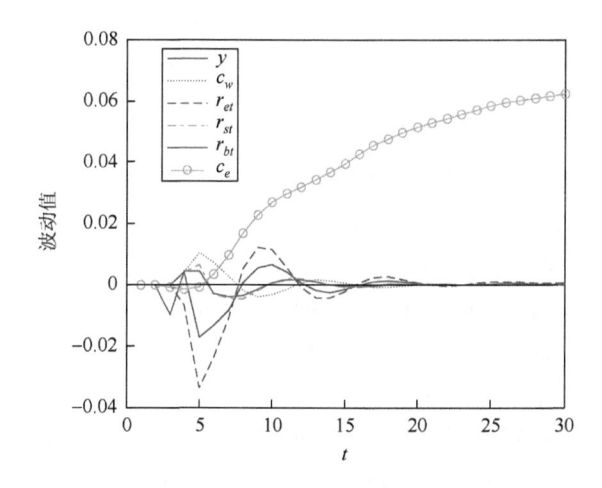

图 6-8　一次储蓄利率下降 1% 的反应图

这看起来令人难以理解。但仔细分析会发现，因为那个单次 1%的储蓄利率下降并没有被终止，储蓄利率偏离于均衡自然实际利率 1%的后果带来了企业家部门持续的福利改进。

图 6-9 是连续 5 次的储蓄利率下降 1%的反应，看起来同图 6-8 的反应很相似，但冲击波动的振幅和持续的时间有很大不同。在图 6-8 中，产出向下的振幅不足 2%，图 6-9 中产出向下的最大振幅接近 4%。资本边际回报率在图 6-8 中向下最大振幅约 3.5%，谷底出现在 $t=5$，图 6-9 中，资本边际回报率向下最大振幅约 7.5%，谷底出现在 $t=7$ 和 $t=8$ 中间的位置，这正是连续负冲击结束的地方。在图 6-9 中产出在底部有较长的底，在大约 $t=9$ 的时候才开始出现复苏性上涨，而图 6-8 中则是"V"形反转的形态。企业家部门消费的形态类似，但幅度大得多，几乎是前者的 5 倍。因而，这样的实验结果可以清楚看出持续的利率扭曲是造成收入差距扩大的根本原因。同时我们可以得到如下推论。

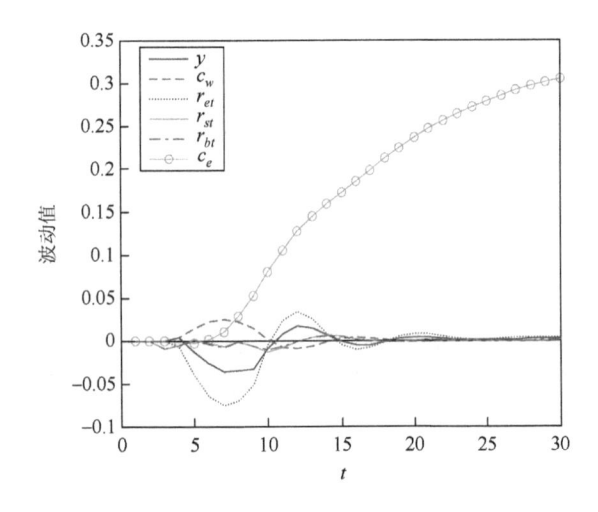

图 6-9　连续 5 次储蓄利率下降 1%

推论 8：储蓄利率下降仅能在非常短的时间和很有限的幅度内带来产出增长，此后会是数倍幅度的下降，同时也是引致收入差距的重要根源。

该结论对传统观点提出了挑战，根据凯恩斯主义的理论，降低利率可以刺激投资，促进增长，但根据本章模型，这种短视性的效果实在得不偿失，注重长远发展和长期利益的政府不应采取这种措施。

实验 3：联合冲击反应实验。

我们首先观察技术冲击与储蓄利率冲击同时发生时的周期波动效应。假设在 $t=3$ 时同时给以 1%技术冲击和 1%储蓄利率下降冲击，结果如图 6-10 所示，为便于比较，我们在前文展出了单一技术冲击的反应图（图 6-7）。可以看出，储蓄利率负冲击削弱了技术冲击的正向经济增长拉动效应：图 6-7 中单一技术冲击形成的资本边际回报率和产出增长正向波动最大幅度接近 5%，在图 6-10 中产出最大振幅不足 3%，资本边际回报率仅接近 2%。但同时也可以看到，图 6-10 中的负向波动的幅度也有较明显减小，图 6-7 中产出负向波幅大约为 1%，而图 6-10 中大约仅有 0.5%，同时企业家消费呈现较大幅度的改变，对于企业家群体而言，图 6-10 中的效应显然更有魅力，未来持续的增长预期可能成为企业家群体长期努力的内在动力。由此我们可以得出综合结论。

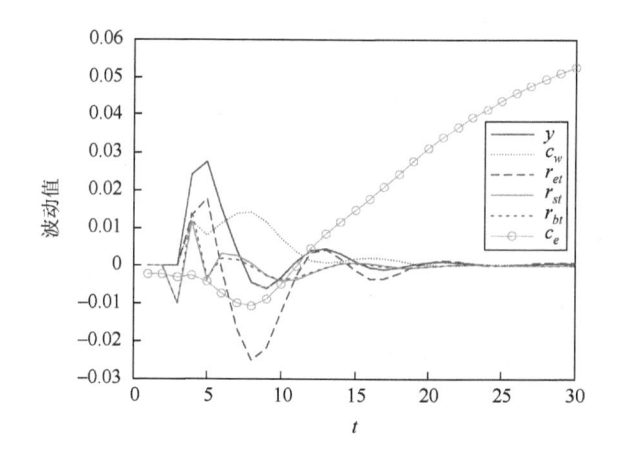

图 6-10　1%技术冲击和 1%储蓄利率下降的反应图

推论 9：储蓄利率负向冲击削弱了技术进步的正向经济增长拉动效应，也降低了经济萧条阶段的深度。

6.8　相关的研究综述与说明

与本章有较多联系的研究有如下几个方面。

一是关于中国收入分配不平等诱因方面的研究，如陈斌开和林毅夫（2013）的研究指出国家发展战略和产业化结构是影响收入分配的重要原因。他们指出随着中国经济高速增长，中国收入分配结构也在持续恶化。自 20 世纪末以来，我国国民收入分配结构不断向企业和政府倾斜，居民收入占国民收入的比重由 2000 年的 64.2%快速下降至 2007 年的 57.5%，国民收入分配结构快速恶化直接导致中国消费需求萎靡不振。类似的研究还有 Kuijs（2005）、Aziz 和 Li（2008）、李扬和殷剑峰（2007）、徐忠等（2010）的研究，他们指出近年中国最终消费率（消费/GDP）由 62.3%急剧下降到 48.6%。关于我国国民收入分配结构决定因素方面的研究，如白重恩和钱震杰（2009a，2009b）、李稻葵等（2009）、龚刚和杨光（2010）等的研究，发现工业化和城市化进程等因素可能成为中国居民收入占比快速下降的重要原因。这些研究从不同角度分析了收入不平衡的原因，与本章提出的利率扭曲的观点形成互补和对比。

二是关于自然利率估计方面的研究。这方面的方法和研究前面已有简介，这里我们特别介绍关于中国经济中自然利率估计方面的两个先发研究。一个是石柱鲜等（2006）发表在《世界经济》上的文章，这可能是关于中国自然利率估计最早的研究；另一个是贺聪等（2013）发表在《经济研究》上关于均衡利率估算的内容。除此之外还有很多这方面的研究，这里仅以这两个为代表比较一下。在研究方法方面，两者都是使用 DSGE 框架，类似于 Ferguson（2004）、Justiniano 等（2010）等的思路。理论上这些研究方法应该都是近似的，但估计的结果却有较大差别，前者估计的自然实际利率低于现实经济中的利率，后者估计的结果则相反。至于为何出现显著不同还无法弄清，因为无法了解其各自的具体估计过程。如果都没有计算错误，则只有一种可能就是样本数据区段选取的差异。本章的研究与这两个研究的区别在于：①已有的研究主要在于估计自然或均衡实际利率，或研究其与通胀的关系等，而本章的研究重点在于证明利率扭曲事实的存在以及利率扭曲造成收入分配不均的内在机制，在这一点上，已有的研究都没有涉及过。②在模型构造方面与已有的研究有很大不同，本章的模型是研究利率扭曲对两个不同劳动群体的影响，发现利率扭曲对不同劳动群体有放大收入分配的影响。③本章另一个与已有研究不同的地方是我们把储蓄利率、贷款利率和资本边际回报率区分开来，分别影响不同的群体，这样的划分能更清楚地展现利率扭曲的影响和事实。

三是同金融经济周期模型理论方面的联系。本章毫无疑问使用了金融经济周期模型的一般性规范研究方法，这方面的研究应该是宏观经济领域近年来最热门的领域，自从 2008 年全球性金融危机以来，把金融中介部门嵌入 DSGE 框架中针对金融市场因素（金融冲击、金融摩擦、金融中介等）对经济周期与增长影响机制方面的研究已经有不少代表性的作品。例如，Jermann 和 Quadrini（2009）强调企业盈利能力的变化对银行资产造成的冲击；Gertler 和 Karadi（2011）、Gertler 和 Kiyotaki（2010）也类似地假设银行在获得存款时会受到资产负债表的约束；Kollmann（2013）、Iacoviello（2014）则考虑贷款损失对银行造成的冲击，并分别考虑了银行资本率要求变化和信贷标准变化对银行的冲击；Christiano 等（2007）发现同金融合同相关的代理问题、银行自身的流动性约束，以及改变市场风险分布的冲击和对金融中介的冲击，是经济波动的基本决定因素。

在实证方面，Claessens 等（2011）用 44 个国家 1960—2007 年的金融和经济数据，分析经济周期和金融周期之间的关系，并研究了金融和经济变量之间的同步性、作用机制等。Iacoviello（2014）使用贝叶斯方法估计嵌入银行的 DSGE 模型，发现源于银行贷款损失的财富再分配冲击，与其他冲击一起，可以解释萧条期间一半以上的产出下降。

国内在该领域的研究包括杜清源和龚六堂（2005）、许伟和陈斌开（2009）、谭政勋和魏琳（2010）、梁斌和李庆云（2011）、汪川（2011）、吕朝凤和黄梅波（2011）、刘安禹和白雪梅（2010）、梅冬州和龚六堂（2011）等的研究。杜清源和龚六堂（2005）把信贷约束机制嵌入DSGE模型，进行了理论方面的分析，可惜没有进行数值实验。许伟和陈斌开（2009）将信贷作为生产函数要素直接引入模型，这样的模型比较简单，但在理论上是无法产生出金融放大器机制的。谭政勋和魏琳（2010）、梁斌和李庆云（2011）假定贷款人为家庭，考察抵押信贷约束对房地产市场的影响。汪川（2011）在一个引入流动资本的RBC模型中讨论银行信贷和经济波动之间的关系。周炎和陈昆亭（2012a，2012b）是国内唯一把金融中介部门嵌入DSGE框架中进行研究的。

金融经济周期理论的研究还在初始探索阶段，本章依据这类方法针对两个部门收入分配方面的研究也是一个新的探索。

6.9 小　　结

本章建立DSGE模型估计中国实际均衡利率以及实际利率扭曲情况，研究发现：①储蓄利率是影响一般工薪家庭消费增长的唯一重要因素，实际储蓄利率的过度压低，影响广大工薪群体的社会幸福，并引致收入分化加剧。②实际储蓄利率扭曲不但造成收入分配不平等，还影响长期经济增长。其中一条影响途径是收入分化严重影响长期经济增长，另外一条途径是实际储蓄利率过低，导致私人部门储蓄意愿不强，降低了信贷市场上的可贷资金，从而限制了投资，影响了经济增长。③实证研究中国经济状况发现，长期实际执行的储蓄利率均值接近于0，故此，我们提出假说：中国改革开放后社会贫富差距的扩大与利率扭曲有很大关系，甚至可以说是根本原因。利率压低，推动经济增长，增加了总体收入，但随着人们财富的增加，消费开始出现剩余，但由于正常的储蓄途径变得毫无魅力，于是房地产等资产被强加了投资和投机功能后，成为社会闲余资本疯狂追逐的标的。从长期看，房地产行业的发展没有激励创新的功能，因而长期增长动力源在利率扭曲的环境中极难形成。利率的扭曲破坏了一切，是造成经济中许多行业失衡的内在诱因。④本章模型的一个创新点在于关于劳动群体的划分和关于利率的细分考虑，传统的研究常常笼统地研究利率，把储蓄利率、企业融资贷款利率和资本边际回报率等混为一谈，这样无法判断利率对于收入分配的实际影响，经过本章模型的特殊构造处理，不同利率的影响变得非常清晰，从而也可以清楚地认识到利率的潜在收入分配功能。传统理论有意无意地掩盖了这些事实。利率的定价归根到底是劳动群体之间分配的基础，从而影响社会所有的分配。厉以宁教授2011年曾指出应当从初次收入分配入手解决社会收入差距扩大的问题，由此看是完全正确的判断。解决利率扭曲问题不单是解决收入分配问题的基础，也是解决长期增长问题的关键。江浙地区中小企业融资难问题成为政府和学界关注的大问题，因为民营经济是整个社会经济活跃和可持续发展的基础，已有的研究和很多学者建议降低利率来缓解融资难问题，这种观点实际上违背了内在的规律，结果是问题总得不到解决。因为，实际上，当利率被压得越低，储蓄倾向就越低，信贷市场中的储蓄供给越不足，这样可贷资金源就越少，结果不言而喻。所以，只有利率趋于均衡的自然利率水平，经济才能实现总体的平衡，中小企业信贷需求也就自然可以得到保证。经济健康发展和实现总体平衡归根结底在于基础性价格平衡——实际利率趋于自然水平。

本章研究仍存在很多不足，可以继续研究和改进的方面很多。模型方面由于我们假定一般工人家庭只有消费和储蓄行为，而现实经济中由于长期实行低实际利率政策，而房地产投资占居民支出很大项，所以，引入房地产等投资行为是改进模型的一个好的方向。同时，引入国际经验比较也是有意义的，引入独立最优化行为的金融中介部门也会更加贴近实际，特别是针对外国经济的研究。

第7章 从"大分流"到"大合流":
长周期律机制思考

工业革命推动东西方经济大分流,后工业革命阶段东西方正上演大合流。所有发达经济的工业化基本都经历了近似的倒"V"形过程。以美国为例的主要产业动态演变过程揭示出工业化整体演化过程的内在机制:在有限需求假设下,产业经历从繁荣到逐步需求饱和而后逐渐衰退的过程,表现为倒"U"形特征。需求饱和后产业利润率下降,增长动能下降,趋利的资本逐渐转移到其他新产业,形成产业轮动转移的内生性动态过程。经济进入工业化进程的初始阶段,新产业层出不穷,产品面临强大的需求,总体经济快速增长带动国民收入近似同速快速增长,形成螺旋上升式繁荣过程。当所有生活必需品和便利型基本工业品产业都基本达到饱和时,总需求增速下降,总量供给过剩。创新型新产品的需求刚性不断下降,高端消费型产品的奢侈性成分上升,伴随财富收入结构的不断极化,有效需求持续下降。经济进入经济增速下降的后工业化阶段。倒"V"形机理有两方面启示:①理论方面。传统增长理论对于需求侧因素影响重视不足,单纯供给侧施策无法激励经济循环正向长期可持续。新时代可持续增长理论需要更多从需求侧及供需双侧探索激励经济循环内生正向可持续的逻辑和策略。基于有限需求理论的对长期经济内生可持续性的创新性研究是重要探索,对新时代新格局发展有重要指导意义。②实践方面。"双循环战略"重点在于落实"循环"既要转起来,还要越转越大,越转越好。一方面要尊重理论和规律,另一方面要减少循环的阻力和摩擦,"以内带外,以外促内",推动内外部循环长期可持续。

7.1 工业化过程的长周期观察与思考

回顾20多年前新千年交接之际经济学家对新千年人类经济发展的展望,对比2020年人类经历的历史上为数不多的疫情灾难以及2008年以来世界经济的动荡和全球经济增速的持续衰减,此刻讨论经济增长理论的发展的心情是无比沉重的。2008年全球金融危机令全球经济整体陷入衰退,元气尚未恢复。2020年初突如其来的新冠疫情又引起全球"经济暂停"和"金融巨震"。人们愈加清晰地意识到发达经济频发的金融危机和增长动力衰减正在成为常态，因而新千年到达之前经济学家的认知——依据内生经济增长预测的平衡增长路径均衡所刻画的发展趋势的可持续性——正在受到深刻怀疑。

在1800—2000年，人类终于脱离马尔萨斯所预测的农经时代的天花板效应而进入激动人心的工业化经济时代，特别是1850年后取得的惊人的经济增长和科技爆炸性的成就，人们普遍预测新千年将是更加精彩纷呈、日新月异的时代，甚至预测第三次、第四次科技革命将会接踵而来。但2008年以来，欧美经济的不良态势，特别是最近几年，美国挑起的各方争端（以中美贸易战影响最大），一方面透射出资本主义经济内部矛盾日益激化的严重性，另一方面也正逐步显示，伴随着新时代逆全球化思潮和新型重商主义的复归，重商主义之后的自由资本主义经济意志和道德高位的逻辑趋于终结。在这种背景下，经济增长理论研究领域的顶级学者专家在做何思考？主流增长理论的未来方向将如何发展？一系列问题亟须做出新突破。

第一个直接的问题是，工业革命以来形成的工业化经济未来总体的发展趋势会怎样？能否实现可持续发展？需要怎样的实现条件？这一问题可以归结为，新千年中，工业经济总态势是否可持续性稳定发展？即当前的灰暗时刻是否是短暂的，不足以影响长期总趋势？

第二个问题是，传统的增长理论存在哪些根本的缺陷从而限制了对新时代经济发展的解释力？或者反过来思考，当代现实经济发展存在哪些新特质是传统增长理论所忽视但又足够重要的，以致传统增长理论失去对现实发展的解释分析能力？

这两个根本的问题还可以衍生很多更具体和更深入的问题。这些问题该如何回答呢？

观察百年以上长周期发展轨迹是长期经济增长理论领域的一个重要研究方向。新千年前后，一批增长理论的大家，如Lucas、Galor（加勒）、Howitt（豪伊特）、Weil（韦尔）等都表示出极大的对人类长期经济发展的内在一致性规律的兴趣，在此背景下，一致增长（unified growth）的思想被提出来，并逐步发展成一个独立的新领域——一致增长理论（unified growth theory，UGT）。但长周期问题方面的研究并不局限于一致增长理论的解释范畴，而是更广泛地吸引政治家、经济史学家，甚至人类社会学家的兴趣。其中一个典型的问题——近代东西方的大分流现象，就成为代表性的各方面学者共同关心的问题。这一问题也被称为"李约瑟之谜"，通过加利福尼亚学派一系列的代表性研究（彭慕兰，2000）而引起更广泛的讨论。这也许的确是一个研究长周期问题的最佳切入口。

7.1.1 大分流

根据彭慕兰（2000）著名的《大分流：欧洲、中国及现代世界经济的发展》，

第7章 从"大分流"到"大合流":长周期律机制思考

在1700年前后,现在通常认定的西方国家中经济发展得最好的是欧洲的英国,与同期东方经济中发展最好的地区——中国江南(长江三角洲)的水平其实不相上下,在奢侈品如糖的消费方面,中国江南平均消费水平还会更高一些。但此后英国走向工业化发展的道路(史称工业革命),并引领欧美经济先后走向工业化道路,英国逐步成为全球最强经济体,号称日不落帝国。而东方经济工业化水平不增反降。1700年前后东方大国中国和印度的工业化指数同英国、美国一样,差不多都在10左右,但在1850年,美国和英国的工业化指数达到150以上,而中国和印度的工业化指数降到4以下。人均产出水平的差距也同步拉开。这一东西方的分野史称"大分流"或"大分叉",见图7-1。

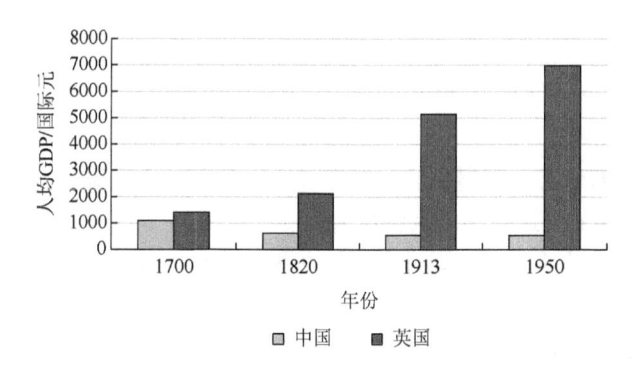

图7-1 大分流:工业革命前后中国和英国人均GDP变化

资料来源:麦迪逊《世界经济千年史》

针对这一现象,学者提出了各种解释。史学方面加利福尼亚学派代表彭慕兰提出三个条件:①新大陆发现和开发;②外部关联(即贸易);③煤矿等地理便利性条件。其认为这三个条件是推动英国首先走向工业化道路的必要条件。

王国斌和罗森塔尔(2018)合著的《大分流之外:中国和欧洲经济变迁的政治》则指出:①促使中国和欧洲发生经济大分流的最关键因素是"它们各自的政治进程"。在大分流真正显现之前的几个世纪,(政治因素方面)差异的种子就已深埋在其中了。②大分流的发生不是一个自动运行的程序,而是具备了初始条件,又与特定的社会、历史情境互动,饱含曲折与变数的宏观进程。政治和制度的取向一般被认为基于文化基因。因而,这一结论暗合了陈昆亭等(2008)提出的"文化差异是决定大分流更加基础的诱因"的逻辑。

经济学家倾向于从技术和贸易的贡献方面解释大分流的过程,如 Lucas (2004)、Stokey(2001)、Galor(2005)等。贸易被认为具有双刃剑效应,一方面促进先发工业经济体工业化水平进一步提升,另一方面又会抑制后发经济体工业水平。也有研究从资本积累和人力资本形成作用方面进行分析。

综合来看，资本、劳动、技术、贸易以及新大陆和地理条件等都被认为是英国首先进入工业化的重要因素。但这些因素之间的关联是什么？彼此对工业化发展的重要性程度，以及内在的作用机制是怎样的？

陈昆亭等（2008）所建立的基于一致增长理论框架的模型巧妙地将新大陆、贸易、技术进步、资本积累甚至东西方文化差异等都嵌入模型中，分析指出：东西方文化差异是至关重要的引致东西方分流的基础诱因。文化的差异导致资本主义精神强度的差异，这决定了非常重要的初始资本积累过程的不同。资本积累量需要达到足够的门限水平才能诱发规模有效的技术研发行为，这成为首先达到这一门限水平的经济获得更高速进步的重要限制性条件。因而，东西方文化差异造成最终发展进程的重大不同。这是该论文中的逻辑之一。另一个逻辑是并行的，该论文证明了资本主义精神强度对于推动工业经济发展具备正效应的前提条件是农业部门产出水平有一个短时期大幅度的提升，使得农业部门劳动边际收入水平大于一个技术化的门限水平。否则，资本主义精神强度对工业经济发展将是负效应的。这一结果能够解释为什么中国漫长的封建经济历史上虽然数度繁荣，但始终没能突破进入工业化经济道路（这被史学家解释为内卷式发展），因为传统东方文化中缺乏足够的对资本主义精神的激励，同时也缺乏农业产出水平短时间极速提升的机会。这当然也能很好地解释英国进入工业化道路的机会：新大陆的发现和开发，使得人均占有土地面积瞬间大幅度提升，从而农业产出形成巨大的人均剩余（如果这不是短时间形成，同样会陷入内卷式道路，即人口增加导致人均剩余不足）。这一条件的满足使得文艺复兴之后欧洲聚集的资本主义精神具备推动工业繁荣的正效应。

在工业革命初期阶段形成的东西方大分流曾引起许多思考和讨论，东西方的大分流现象也表征了工业化初期阶段的主要特征，即以欧美经济率先进入工业化时代和东方（中国和印度）大国工业化水平持续衰落为主要表现。上述简单介绍的代表性研究也基本揭示了工业化形成机制和逻辑（分别从历史学家的视角和经济学家的范式方法出发）。但这些方面的研究所阐述的理论和逻辑都基本存在一个共同的问题，就是能够解释工业化前期的形成，却缺少和不能很好地解释工业化后期阶段的形成逻辑。实质上，无论内生增长理论还是一致增长理论都倾向和致力于预测平衡增长路径均衡的存在和稳定性。这些理论大都太乐观地相信工业化经济进入内生增长均衡后会持续稳定地增长。但现实的后工业化时代的发达经济集体表现出的趋势正显著地偏离这种传统的理解和判断。因而，关于工业革命的更深层的研究以及后工业化时代的内在发展机制和逻辑还需要细致与深入的观察及思考。东方中国和印度两个大国已经脱离纯粹农经时代，进入工业化进程。东方经济正成为世界经济的新引擎，与此同时，西方经济则逐渐陷入长久的持续衰落的过程。工业革命的下半场似乎正在上演一场大合流。新时代正在走来，中国和美国之间的"相爱相杀"是21世纪最鲜亮的剧情之一。

7.1.2 大合流：中美观察

工业革命第一阶段的大分流是以中国和英国为代表进行对比观察的。后工业革命阶段的合流趋势特征则主要以中国和美国之间的对比观察最为合适。这不但是因为它们分别代表着新生发展中经济和老牌发达经济，也因为它们分别是第二大经济体和第一大经济体，同时又代表不同的制度体系和不同的未来趋势。让我们首先进行一个120年（1900—2020年）的长周期观察。

1900年中国和美国工业产值水平占世界的份额是差不多的（图7-2）。实际上在1850—1900年，中国的份额一直高于美国，但在1850—1950年这百年中，中美的份额地位发生了一个对换。到1948年，美国占资本主义世界工业生产总值的比重已经上升到54.6%，占世界生产总值的比重也接近50%。二战之后德国和日本开始专注经济建设，美国份额开始下降，到1960—1970年美国占世界生产总值的比重仍在40%左右。1970年后美国GPD占比开始震荡下行，到2009—2013年占世界生产总值的比重已经接近20%左右。虽然至今美国仍然是世界上综合实力最强和GDP总量最高的国家，但近20年持续萧条的趋势已经日益显著。中国的工业化水平的最低点出现在1978年，已经低于3%。中国的改革开放扭转了持续下降的趋势，开始了持续的报复性的高速增长。到2018年刚好30年的时间保持了8%以上的增速，使得工业产能的世界份额逐渐重新接近美国。因而，1960年至今的60多年中，中美的工业经济走出了惊人的大合流趋势。

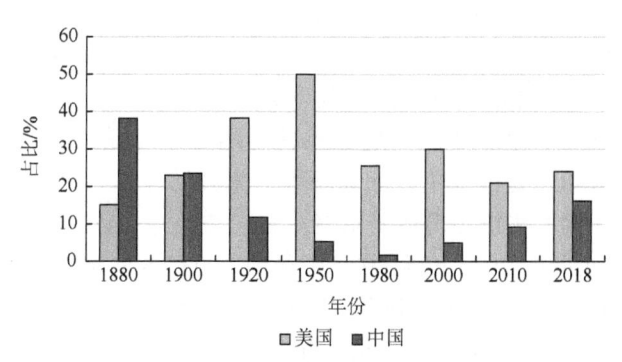

图7-2 中国和美国GDP世界份额占比变化

资料来源：世界银行

7.1.3 从"大分流"到"大合流"的一致思考

我们首先需要思考1900—1960年和1960—2020年的前后60年，美国经济走出的一个显著上升和萧条的完整的倒"V"形长周期过程，是否表达一般化工业经济的内在特征？实际上，几乎所有的老牌发达经济体，在其经历过的工业化过程中，从初始工业化过程的上升到后工业化阶段的衰减过程，都有类似的倒"V"形的特征。因而，工业化过程的倒"V"形规律表现出一般化特征（这一规律被中国社会科学院经济研究所的中国经济增长前沿课题组称为"S"形，云南财经大学的龚刚教授称为两阶段规律，实际上反映的是一个规律的不同角度）。那么这一规律形成的内在逻辑机制是什么？影响因素有哪些？倒"V"形特征是否属于内生性特征？如何解释？基于这一问题的进一步的延伸思考有：工业革命以来形成的工业化经济未来总体的发展趋势会怎样？能否实现可持续发展？需要怎样的实现条件？传统的增长理论存在哪些根本的缺陷限制了对新时代经济发展现实的解释力？或者反过来思考，新时代现实经济发展存在哪些新特质是传统增长理论所忽视但足够重要，从而导致传统增长理论失去对现实经济发展的解释分析能力？

针对上述问题，我们首先进一步以美国为例来做一个产业变迁的观察以期获得启示。

首先，观察1900—1960年这个美国经济繁荣上升的60年以及以前的主要产业变迁过程。美国二战前主要以市场调节为主，后期加强了政府的引导作用。1860年以前，轻纺产业占主要地位；但到1900年时，钢铁、煤炭产业经过多年快速增长，已经使美国成为全球重要产出地，特别是钢铁已经成为美国最主要的支柱产业，同时电子、化工和汽车产业在进入1900年之后也开始蓬勃发展。这些综合起来为美国的军工产业奠定了强大的配套基础。因而，二战对军工产品的大量需求成为美国钢铁、机械制造和化工产业1900—1950年迅速发展的重要推动力量。这使我们明白，危机和战争对于一个上升的经济取得更大的国际产能份额和取得更高的经济发展成就都是顺理成章的契机。大萧条和二战之后，美国的产能国际份额从1900年的不足25%跃升到1948年的50%。战后的第一个十年1950—1960年，是欧亚主要战场平静下来开始恢复性建设和生产的阶段。到1960年时美国的产出份额仍然在40%左右，并维持此后数年。

其次，观察1960—2020年这60年中美国重点产业的发展。二战之后，美国逐步发展资本集约型产业，传统制造业的利润率日益趋微，不能引起资本的持续兴趣。1970年以后，技术集约型产业获得快速发展，如航天航空、IC（integrated circuit，集成电路）、计算机和新材料等高新技术产业，这成就了1980—1985年的上升阶段；1990年以后，信息产业获得大力发展，并带动了与其相关的其他产业的发展。信息产业在大约1995年后开始形成红利，引致美国此后7—8年的经济繁荣上升期。信息产业繁荣之后，美国经济缺乏新的实际产业发展带动经济走向新的繁荣。"军工产业+金融产业"的二元复合体开始日益被寄托更多的重任。20世纪70年代的滞胀，使得美国国内外市场均大幅萎缩（本质是需求饱和），制造业利润普遍下降，逐利的资本开始逐步离开这些领域。从 20 世纪 80 年代初到 90 年代中期，私人净非金融投资占 GDP 的比重持续下降。一些制造业开始向海外转移。与此相反，20 世纪 80 年代后美国金融业的利润不断提升，90 年代进一步快速提升，大幅超过非金融行业的利润。与美国 120 年间倒"V"形周期过程相对应的产业变迁历程如表 7-1 所示。

表 7-1　美国主导型产业变迁

时间	变迁内容
1860 年以前	轻纺产业占主要地位
1900 年	钢铁、煤炭产业上升为最主要的支柱产业，同时电子、化工和汽车产业开始蓬勃发展（世界份额不足 25%）
1950 年	以钢铁、机械制造和化工产业为主（世界产能 50%，二战拉动）
1970 年以后	传统产业利润趋微；高新技术产业（如航天航空、IC、计算机和新材料等）逐步占主导地位
1990 年以后	信息产业大发展并主导经济增长
2000 年之后	信息产业不再持续繁荣，"军工产业＋金融产业"上升为主流
2020 年	工业产能已经下降到 20%左右

综合分析美国的产业变迁历程，可以从不同的角度获得很多启发：①产业变迁受资本利润率驱动，具有内生性；②基于"有限需求"假设的逻辑，产业周期受产品饱和期约束，因而"有限需求"约束机制决定了产业周期特征和产业兴衰的内生必然性；③长期经济增长周期过程是众多新旧产业周期叠加的综合效应结果。

7.2　现有的主流增长理论能否解释工业化过程中倒"V"形特征？

当代的主流增长理论是在新古典增长理论基础上逐步发展起来的内生增长理论。内生增长理论是近现代动态宏观经济学领域关于工业革命前后经济增长现象研究的结晶，该理论试图解释不同阶段的微观经济结构的变化和发展的过程，弄清其内在规律和动态机制。经典的代表性内生增长理论模型有 Romer（1990b）的知识增长模型，Lucas（1988）的人力资本模型，Aghion 和 Howitt（1992）、Segerstrom 等（1990）的创新模型等。

这类模型预测的结论包含两个核心观点：①经济将收敛于稳定的平衡增长路径（人均产出增长率是正的常数）。②平衡增长路径均衡正向依赖于外生的人口增长率。因而这一理论隐含着人口增长与生产增长的正相关关系，或人口增长率与产出增长率的正相关关系。核心观点表明，经济一旦发展到平衡增长路径均衡，将进入长期稳定可持续的增长轨道，而这一点与人口正的持续的增长有直接的联系。

然而，人类进入20世纪后，发达经济相继出现了人口下降的事实，而这些国家似乎仍可以保持正的收入增长，且同其他国家的收入差距呈持续扩大趋势。这成为传统内生增长理论难以逾越的难题：为什么人类社会长期以来一直保持的人口增长与生产增长的正向关系会在20世纪发生逆转？

人口增长与生产增长正相关的观点在传统理论中可以找到很多支持。例如，Ashraf和Galor（2011）认为，长期以来人口增长与生产力增长正相关是因为生产力增长允许更多人口的家庭得以生存；Kremer（1993）认为，人口越多，思想越多，因而人口规模增长有利于技术进步，进而促进经济增长。Brueckner和Schwandt（2015）使用139个国家1960—2007年的数据估计非技术进步引起的收入水平的上升对人口增长的影响，发现石油价格变化引起的收入增长与人口增长存在正相关关系。

然而，进入20世纪后，在被观察的大量国家中，由R&D（research and development，研究与开发）驱动的生产力增长越高的国家，人口增长率越低或为负值。在知识技术处于前沿的国家群中，当生育率减少时，生产力增长率增加。例如，Baier等（2006）研究了1950—2000年人口增长与TFP增长的关系。Bernanke和Gürkaynak（2001）研究了所有可以得到数据的国家，发现它们都有显著的负相关关系。关于20世纪人口增长与收入增长负相关关系的文献还有很多［如Brander和Dowrick（1994）、Kelley和Schmidt（1995）、Ahituv（2001）、Li和Zhang（2007）、Herzer（2012）的研究］。

对这一反转的解释催生了人口内生的新增长理论。最早的人口内生的思想主要源于Becker等（1990）的研究，但很快形成了更为一般的思考：如何系统一致地分析两阶段或多阶段经济发展过程的一般性规律？

21世纪之初，一批宏观经济学大师开始系统总结和思考上述问题，这开启了增长理论的新领域——一致增长理论的发展。创始性的研究为Galor和Weil（2000）及其系列研究［见Galor（2005，2011）、Lucas（1998）等的研究］。该理论致力于系统地解释从马尔萨斯阶段到工业革命阶段再到现代增长阶段，人均收入变化的动态一般规律。该理论的初始使命就决定了其两个方面的任务，一是人口下降现象的解释，二是长期阶段性规律的解释。一致增长理论类模型的主要突破是在内生增长框架中将生育选择内生化，其核心贡献分为几个方面：①解释了人口下降的内在机制，认为这是工业经济时代的自然过程。该理论的核心思想是，人口数量的下降换取质量的上升，这是进入工业化经济时代后，经济系统适应工业化时代对高技能劳动的更多需求的内生反应，是自然的过程，具有必然性。这一理论较好地解释了现实世界的故事：进入工业化生产时代，机械化大生产导致对技术化劳动和创新研发类劳动的需求急剧上升,而工农业生产效率的大幅提升又导致对非技术化劳动需求的下降。家庭供给劳动时需要考虑经济社会的需求,同时也要考虑高技能劳动的培养成本,因此家庭的最优生育选择行为造成生育率降低的结果。②首次认知到从工业化初期阶段到后工业化阶段具有不同的特征。如Galor 和 Weil（2000）提出分阶段理论,并对不同阶段的机制进行了初步探索。Galor 的代表性研究把从农经时代到后工业化时代整体变化的过程分为三个阶段。模型假定男人与女人具有不同的体力劳动禀赋（妇女为0,男人为1）和相同的智力劳动禀赋。因而在高技术化劳动需求的工业化和后工业化时代,妇女有相对更高的时间机会成本,从而内生出后工业化时代人口自然下降的机制,并由此衍生出后工业化阶段具有不同于前一阶段的增长率的逻辑。

这一思想机制的显著创新性贡献在于提出了一种基本符合实际的理论机制,且发现和演示了工业化进程前后两个阶段具有的不同的特征。但遗憾的是这一逻辑仍然是建立在与劳动人口相关的因素变化的基础上,预测的两个阶段的长期均衡增长率都仍然正向依赖于总人口增长率,并且预测长期均衡增长率仍是稳定可持续的,即存在稳定的平衡增长均衡。实际上这样的结论的本质仍是与传统主流内生增长理论相一致的,只不过认同后工业化阶段稳定的平衡增长均衡的增长率会低一些。因而其本质上不能解释整个工业化进程中的倒"V"形特征。一是因为工业化到后工业化阶段的倒"V"形特征与人口无关,二是因为后工业化阶段的增长率显然看不到存在稳定平衡增长路径均衡的趋势性。

7.3 长期经济增长的可持续性：理论困境与方向探索

工业化过程的倒"V"形特征的确给传统的主流增长理论造成了极大的被动。一个最显著而且必须直面的问题是：长期经济增长是可持续的吗？这一问题的实质是：内生增长理论预测的长期经济均衡是否是稳定可持续的？需要怎样的条件？Aghion 和 Howitt（1998）曾提出："如果没有资源节约方面的创新,那么在这个有限地球上,根本不可能支撑工业革命以来不断膨胀的物质需求……尽管内生增长理论中没有什么因素可以保证可持续发展到无限未来,但如果我们拥有足够的创新以及正确的方向,得到这样的结果还是可能的。"显然,近年来现实经济发展的趋势正在给出偏向否定的答案。发达经济近年的增长率在不断下降,并呈现显著地偏离于内生增长模型预测的平衡增长路径的情形。因而确实有理由相信,资源约束和创新的可持续性应当是增长理论的两个重要限制条件。

一些学者开始从这些角度展开对长期增长的可持续性的研究［如 Peretto 和 Valente（2015）、Strulik 等（2013）］。虽然这方面的研究还很初步,但绝对是一个正确的开端。Peretto 和 Valente（2015）的模型非常先进、漂亮,但其中一个问题是土地（资源）只给家庭带来财富效应，并不进入生产环节。终端生产部门单一依赖于中间产品（类似于指代工业品），中间产品同样与土地（资源）无关，这实际上没有让土地（资源）形成对生产规模的约束。同时，土地（资源）以有价形式进入财富约束，就决定了该文重在对中短期的经济行为的观测和分析。因而，该文所得出的长期可持续稳态均衡的本质，实际上回避了资源的约束性。Strulik 等（2013）也没有讨论资源约束问题，但通过讨论人口增长与技术进步之间的替代效应研究技术内生的可持续性。问题是，当人口增长降到低于"可复制水平"时怎么办？毕竟依靠节约能源和资源是不能得到持续解的。仅通过不破坏环境来延缓环境的承载限度也是不可能的，重要的是要有创新，只有通过不断的可持续的创新流来弥补必然的资源的消耗，才能真正做到可持续。

在此基础上，陈昆亭和周炎（2017）建立了具有典型资源约束意义的多部门增长模型，提出"多高的创新的边际贡献率才能恰好补偿经济中社会总生产能力的边际下降，使得经济实现可持续的内生增长？"的问题。结论指出：①人力资本形成的时间成本和知识技术增长率是决定内生增长可持续性的关键参数，存在门槛技术进步增长率，当经济中实际技术进步率高于这一水平时，经济可以保持在平衡增长路径上，低于这一水平，经济会稳定于均衡状态（中等收入陷阱或较高水平的均衡增长状态）；②经济实现可持续内生增长的条件为不同的主要部门之间的实际资本回报率和实际劳动回报率应保持相同。但该文也仅仅是从理论上给出了实现稳定可持续内生增长均衡的条件。同样存在一个问题是，什么决定创新的边际贡献率？或者什么决定创新的补偿性的大小？[①]什么样的微观机制才能激励足够高的不断持续的创新的补偿性呢？显然量化方面的可实际操作的指导性结论还没有。毫无疑问，这是一个高度期待有志者继续深入思考的方向。

实际上，对增长的思考可能是大多数经济学家关注的，对增长可持续性方面的关注度也非常高。杰弗里·萨克斯（Jeffrey Sachs，哥伦比亚大学教授、哥伦比亚大学可持续发展中心主任、联合国可持续发展解决方案网络主席）是坚定的绿色可持续发展的倡导者，认为全球走出新冠疫情危机的最好方式是欧亚非等区域组织采取合作，推动如"欧洲绿色新政"和"一带一路"倡议等大型绿色倡议以一种和谐方式积极合作，在保护环境的同时创造就业，拉动投资增长。其核心思想在于"在环保的前提下创造就业和增加投资"。这的确是可持续增长的重要方向，完全可以在资源约束型框架中进行讨论。但这一目标的实现绝非简单。这是

---

① 影响创新补偿性的因素很多（如市场规模、垄断力、创新成本等），一个重要的思路是考虑实现成本利润最大化过程中，影响利润实现的诸多因素。除了常规成本利润分析之外，还应当考虑创新产品本身服务于需求者的效用性质。比如，对于一些并不非常实用的创新型产品，在发展水平相对落后的经济中，人们首先需要配置基本生活必需型产品，因而对其需求不会很高，愿意支付的最优价格就会受到约束，当此最优价格低于创新成本时，创新补偿性就会是负值。因而，影响创新产品补偿性的本质因素还在于其效用性质。

新的发展理念。相比之下，传统的内生增长的逻辑和目标更多地强调技术创新的增长效应，其逻辑契合的是资本以获取更高利润为目标，即更多强调"创造"的贡献，而忽视"破坏"的影响。或者对于"创造性破坏"的全部影响界定不清。比如 Howitt 等建立的内生增长理论就主要重视了创新对原有产品本身的"破坏"，而没有考虑由此造成的对劳动者再生过程的"破坏性"。劳动者的再生过程更加黏滞，成本更加巨大，因而破坏性更久远更巨大。[①]然而在传统理念引导下，大量的产能和社会劳动被配置到服务业，这是科学的吗？是可持续的吗？（如美国服务业占比已达 80%）本次疫情糟糕的表现已经从一个侧面证明美国发展道路的失败，也警示后起国家绝不能重蹈覆辙。因而，"创造就业和增加投资"目标也许是萨克斯随意提出的，但包含了非常重要的新理念，即以促进公平、提高人民生存权为导向的发展理念，实际上是以提升要素总体潜力为目标的发展导向（这对于私人金融资本精英集团统治下的美国来说很难，但对于社会主义经济则不难）。遗憾的是，这方面的规范研究还很少。

内生可持续性增长概念本身是一个新概念，在增长理论框架下的思考和研究方法都需要突破和更新，显然这里讨论得还远远不够。因而，现有的增长理论对长期经济增长的可持续性问题也不能给出很好的回答。

7.4 长期经济增长理论的新视角——基于"有限需求"假设的逻辑

从前面的分析来看，已有的增长理论对工业经济过程的倒"V"形特征和"长期可持续性"都不能给出较好的解释和回答。那么，传统增长理论究竟存在怎样的问题或需要怎么发展呢？一个值得注意的问题是，传统增长理论，包括新古典增长理论、内生增长理论、一致增长理论，全都在供给侧因素方面做文章。从内生储蓄、内生技术进步到内生人口增长，始终是在生产效率的影响机制方面进行研讨。因而，增长理论始终给人一种感觉就是这纯粹是供给侧的事情。大萧条后，凯恩斯主义理论开始考虑需求方面问题，但需求被认为在解决短期波动问题方面

---

① 厘清创新的代价是全面正确估值创新的正效应的必要部分。单纯考虑创新的好处（利润、效用和增加的就业等），而不考虑创新带来的破坏性，或不全面考虑创新的负向效应，都是不正确的。创新可能带来哪些方面的负效应呢？Howitt 等考虑的"创造性破坏"，仅仅是考虑了新产品对替代的旧产品造成的影响，既没有考虑由此造成的就业（社会影响）冲击，也没有考虑可能的环境冲击（环境影响）。实际上，是否每一项新产品的创新都应当考虑其社会影响和环境影响？即经济问题是否应当连同社会问题和环境问题一同考虑呢？这的确是一个不小的问题，答案一定应当是清楚的、肯定的。经济学的变革应当朝这些方面改进。经济问题不能同社会和环境割裂而单独寻求最优。这是社会主义经济中特别需要重视的内容，也应当是区别于宣扬和倡导自由的资本主义经济（本质是资本的自由，而不是全民的自由）的重要方面。

是有效的，始终不被认为对解决长期增长问题有影响。那么，需求侧对长期经济增长到底有没有影响呢？如何影响？似乎从来没有人提出过这样的问题。

然而，如我们前文已经认识到的，增长理论正陷入难以逾越的困境，亟须突破。我们也在前面提到几个可能的影响增长的方面，但还有一个非常重要的方面必须重视，那就是需求侧。

实际上，基本的逻辑并不复杂：在物质紧缺的年代，需求远远大于供给能力。此时供给能力的大小完全决定了经济实际的增长水平。但在产能过剩的经济中，供给能力大于有效的需求水平，需求就会成为制约经济增长的主要因素，在这种时候，供给的增长并不能实现实际的经济增长。在成熟经济中（脱离了重要的转轨阶段进入平衡增长的均衡阶段），经济增长的实现由供需联合决定，供需双方的变化都可以成为偏离均衡的扰动源。因而，需求与供给两方面的变化规律和机制都是同等重要的影响长期经济增长的因素。

已有学者开始了这方面的初步探索，见 Ju 等（2015）、Wang 和 Tang（2019）等的研究。其中陈昆亭和周炎（2020）提出的"有限需求"假设展现了非常新的思想。他们指出，传统宏观理论一直假定需求为无限的，但实际上人们对大多数商品的实际需求都是有限的。人们对任何商品的需求达到一定的水平后就会饱和，从而不会再有大量的新的需求（除了折旧部分的增补）。引入"有限需求"假设将根本上改变很多重要结论和判断。

"有限需求"的含义是，人们对所有商品的需求都是有限的。这一认识得到相对广泛的实证检验，因而被认为具有稳健的微观基础。在物质供给相对紧缺的时代，人们不太注意这一现象，传统经济学理论中也缺乏这样的假设和认知。但随着主要发达经济和世界总体进入后工业化阶段，已经越来越多地表现出其约束性。这里简要说明这一逻辑。假定现实经济中的全部产品集合中已有 n 种不同类别产品（近似功能产品视为同类）。这些产品又总体大约可以划分为基本生存型必需品（如食物、衣服、水电气等）、生活便利型产品（如家电类、基本交通工具、信息服务产品等）、舒适提升型产品（如高品质家庭服务产品、会所服务卡、高端汽车等）、奢侈型产品（如豪华游艇、私人飞机、高级助理服务等）。人们对不同类型产品的需求是分层有序的，是依据收入水平和财富约束由低到高的。这一假设最早由马斯洛提出。按此假设，当经济总体发展水平都普遍偏低时，社会上大多数人都只能追求基本的生存需求，此时的需求倾向是最强的，毕竟生存是第一位的，即当生存需求还处于普遍非饱和状态时，人们的生产努力支出倾向也是最强的，这是由其极高的需求倾向驱动的。此时的生产供给方面任何效率提升的措施都是有益的（制度、技术、管理等的改进），因而此时的改革（几乎所有方面）和开放（主要是资本和技术的增加）对推动经济高速发展极为有效。随着社会生产力水平的提升，在基本生存型必需品总需求有限的前提下，终将达到大多数人基本需求实现饱和的时刻。先期达到饱和的群体向更高层次的产品类的持有并逐步达到饱和的方向发展。假定第二类（生活便利型）产品的总体需求倾向是低于第一类商品的，并且假定按照由低到高的顺序，需求倾向是逐步降低的。因而，人们为了满足较高级别的商品需求，努力工作的倾向是逐步降低的，这表现为会存在一个点（在此点上，努力工作的边际倾向等于其休闲的边际倾向），在此点之后，人们宁愿更多地休闲而不愿意更多地努力工作以换取高层次商品服务。这意味着越高层次的商品，社会总需求的倾向也越低，同时收入水平形成的财富约束，使得对越高层次的商品具有支付能力的群体越小。因而，当越来越多的商品类的需求不断达到饱和时（其中大多数商品的饱和并非真实的自然饱和，而是在收入分配结构下的相对饱和。这种饱和表现为高端收入群体的自然饱和和收入约束群体的约束饱和），社会对大多数商品的需求不再有显著的增加（仅有维护性或常速水平下的流量需求）。因而，这些商品类的生产供给都不再有显著持续的增长效应（即不再有对经济增长率的贡献）。而且，越是高端的商品需求倾向和需求群体越少，社会总需求水平也越低，这就造成朝向高端的发展会越来越难以维持初始阶段的经济增长水平。随着技术化水平和管理水平的提升，社会生产供给表现为越来越多的产业产能过剩。过剩的产能要么输出，要么退出。当经济中已有的 n 种商品都达到饱和水平之后，理论上增长就会停滞。因为此时社会经济对所有商品的需求都将维持在常规流量水平上，社会也只需保有常规流量水平的供给能力即可。

后工业化阶段的经济会表现出越来越多的商品需求达到饱和的特征。现实经济实现持续增长的途径有以下几种：①人口增长带来新增的需求。但后工业化阶段高技术化劳动的需求引致人口难以持续增长。后工业化的先发经济在20世纪已经表现出人口负增长的现象。因而，人口持续增长拉动需求增加的途径不但是不可持续的，也是不符合高技术化、知识化经济内生增长阶段的一般规律的。②开拓外部市场，扩大产品需求空间。发达经济在工业化过程中都走过类似的路，低端技术类产业在本国实现饱和后都被推向国际市场。但当今的发展中经济在前有堵截后有追兵的局面下，向相对落后经济开展合作，输出产能是短期有效的，是缓冲区，但中长期仍是不可持续的，因为这样的空间也是不可持续的。③提高产品质量，推动产品升级换代以创造新需求。这一途径的总体增长效应实际上是不清晰的。第一，"创造性破坏"效应会直接抵消掉一部分增长效应。第二，社会和环境综合效应也会抵消掉一部分增长效应。第三，在同类产品的竞争市场中，少数技术前沿龙头企业逐步占有大部分市场份额，形成少数几个垄断性企业联合占有全部市场的格局。后发无技术优势的经济很难跻身这样的市场。第四，升级换代的边际替代率是逐渐降低的，即一部分需求者不愿意替代其原有产品，或新产品的新增服务不足以引致替代等。但无论如何这是一个重要的途径，关键在于其实操效能，我们在以后再深入讨论。④开发新产品类，创造新需求。这几乎是所有发达经济都正在努力实现的方向。保持技术前沿是潜在增长动力的唯一可持续源泉，也是发展中经济实现弯道超车和追赶先进的唯一途径。毕竟新产品类往往意味着重大技术进步，是推动人类生产力水平进步的重要途径，且其依赖于基础研究实力的积累和持续的贡献，同时具有广泛的随机性。这也意味着在此项活动中，所有基础研究者机会均等，面临最公平的竞争。

有了这些基于"有限需求"假设下的关于产业发展规律和经济总体发展的逻辑的新思考，我们需要回到我们最初的思考方向——经济增长的可持续性以及对倒"V"形特征的解释。

首先，看对倒"V"形特征的解释。根据以上逻辑，在产品的需求有限性假设下，工业化初期阶段，产出水平总体偏低，供不应求。工业革命带来的生产力水平的大发展推动经济高速发展，表现为倒"V"形的上升过程。但随着越来越多商品类的不断饱和，可以形成有效经济增长效应的产业类越来越少，新产品类能够形成的有效需求增量边际递减。由此表现为后工业化阶段经济增速的下降，即倒"V"形的下降阶段。这一特征在"有限需求"假设下依据产业发展规律和需求层级逻辑很容易解释。

其次，考虑"增长可持续性"问题。根据上面讨论的几种促进经济增长的途径，依靠人口增长的途径显然是不正确的，违背知识经济时代内生增长机制的基本规律。拓展外部市场的途径虽然长期来看仍是有限的，但短期内应当是有效的，可作为过渡手段（转轨阶段会有很大帮助）。提升质量、升级换代途径同样有阶段性增长效应，也切合高质量生活发展的需要，但中长期可持续性尚不清晰，需要将社会和环境成本纳入其中进行更深入研究（这是一个重要的内生可持续增长的研究方向）。创新产品类，创造新需求空间是唯一比较清晰的、可能的可持续增长的方向，这方面的长期可持续性需要在理论上弄清楚如下问题：①在需求层级上升过程中，产品需求边际倾向递减以及"有限需求"的假设下，创新产品途径的长期经济增长是否存在稳定的正增长率。②在仅考虑"有限需求"但不考虑新产品需求边际倾向递减的假设下，长期经济存在稳定正增长率的条件和可能性。

"有限需求"假设具有一般商品（不包括金融资产属性类商品）的稳健性特征。但商品层级上升过程中，需求边际倾向递减的假设是否稳健有待检验。一方面笼统特征的存在，主要基于马斯洛需求层次理论的顺序说。另一方面随着人们基本需求层面的逐步满足，人们的需求层级上升，并不一定必然表现为需求边际倾向的递减。例如，一些年轻人对信息设备和产品（如手机）的边际需求倾向远高于一般家用电器，甚至高于食物或衣服。因而，有必要确定不同边际倾向群体的比例，也有必要针对不同需求边际倾向特征进行研究。

上面提到的两个问题的理论研究还非常欠缺，陈昆亭和周炎（2020）所作的探索性研究的结论虽然仅仅有理论意义，但给后工业化经济可持续增长一定乐观倾向的指向。该研究结论指出：假定政府采取稳定的最优规则性政策（特定的），则最优横向知识进步率与纵向技术进步率存在稳定互耦关系，且存在严格为正的近似平均的长期经济增长率。这一结论的乐观意义在于，没有局限于需求的边际倾向递减假设下，存在正的增长率的可能性。这意味着只要能够正确确定政策规则，就有可能实现可持续的增长。这一结论的另外一个值得重视的方面在于，建立了政策规则与长期经济增长之间的联系。这也是传统增长理论中罕有的，但这里的政策规则主要是指产业政策。

7.5 小　　结

本章纵观工业革命前后几百年的主要经济体工业化发展过程，针对工业化过程中的倒"V"形特征，结合全球经济当前面临的滞胀问题，思考增长理论可能存在的问题，提出基于"有限需求"假设的产业周期内生性机制，给出长周期规律的不同解释思路，为增长理论新发展探索可能的方向。具体地，本章解释了工业化过程中的倒"V"形特征，解释了英美式的工业化发展过程呈现的周期律的内在形成机制。但我们仍需思考：我国工业化过程是否也必然经历类似历程？

虽然任何一个经济的长期发展都有其历史独特性，但相似的规律往往有内在必然的机制。我们试着首先给出第一个问题的一个解释。根据"有限需求"理论，所有的产业发展都有饱和期，一旦达到饱和状态，就不再有增长效应。根据需求的分层理论，人们的刚需产品主要包括生存必需的商品，当社会对这类商品的供给达到饱和后，人们的刚性需求部分完结，剩余的是更高层次的需求，当然更高层次的需求也重要，但不再像刚需部分那么强烈，因而，人们满足这些方面需求的动力没那么强，并随着需求层次的提高而进一步下降。特别对于大多数收入偏低的家庭，甚至根本不考虑高层面的需求，因为他们为了满足这种可有可无的需求所需要付出的代价大于他们能够得到的满足感。因而，当度过最初的基本需求饱和阶段后，社会的总体需求动力持续下降，这成为后续高层次产业发展面临的需求不足的重要根源。因此，所有初始工业化的经济都会有强劲的需求拉动，社会呈现强劲的繁荣上升过程，当基本需求饱和后，大量产业（低端制造业）开始失去市场，经济也开始逐步呈现持续衰减的过程。这就是典型的英美式周期律。

按照这样的解释，这样的周期律具有普遍性。我国也会面临类似的过程。比如，当人们的温饱问题解决，住和行的问题也基本解决，随后能够引起人们普遍重视的可能是医疗保健产业。至于生活质量提升计划，当然会有一定作用，但作用是有限的、非可持续的。这里不再展开，观察欧洲的情形就知道了。

下面是对于我国发展的几点建议。

（1）充分发挥社会主义公有制度体制优势，避免财富过度聚集，确保社会主义经济可持续发展所需的良性微观基础。我国以公有制为主体的经济制度具有几个鲜明特点：①农村土地集体所有制具备制度优势的基础是"生而有之，死即归公"，这种机制非常有效地抑制了土地被极化聚集的可能，而保证了生产效率基本与私有制一致。这是确保我国农村地区社会公平和效率的根本保证，是完美超越单纯追求效率而忽视社会公平的私有制经济的基础。公平问题长期得不到保证的经济体最终走入萧条路径的案例在资本主义世界比比皆是。②公有资本占主体地位是我国非农部门的主要特征。私有资本受私人利益驱使，始终追求个体利润最大化，在工业化发展达到基本需求饱和阶段，低端制造和基本生活品产业由于社会需求逐步达到饱和水平，利润日益稀薄。因而，私有资本不会再停留于产业，但越是这样的产业部门往往影响社会基本生活需求最刚性的方面，如美国呈现的局面，几乎所有的日常生活用品都是外国制造，这就造成社会基本生活极易受到国际贸易政策和汇率波动的冲击。在公有资本为主体的经济中，公有资本的发展目标更多的是服务全体人民，即便微利或无利，甚至负利也要承担起必要的社会职能，比如，水电等涉及人民基本生活的行业，必须始终坚持由公有资本供给，本质上是有利于全民利益的。此外，公有资本更有利于执行萨克斯提出的"创造就业和增加投资"作为新发展目标的理念，即在经济萧条过程中稳定就业与投资。这些都是公有制经济独特的制度优势，要尽可能充分发挥，这些方面的优势有利于促进发展的可持续性。

（2）充分发挥社会主义制度优势，科学布局产业激励和保有政策，促进社会主义经济可持续发展所需科学产业结构的形成。社会主义经济中，产业发展的激励、促进和保有政策的根本宗旨和目标应当是最大限度地满足人民群众不断改进的生活需求，因而，总体的产业政策布局应当有基本的规划目标，比如，18亿亩耕地红线就是基本粮食供给保有的底线，相关基本生活需求方面的产业也应当有类似的规划，这种规划可以有一定的动态自适应性，依据人口结构的动态变化进行调整，但应当有这样的基本生产产能规划。

保就业的发展理念的意义在于，一方面是使要素生产率最大化，另一方面是确保不同劳动群体收入来源，进而稳定需求。这就要求，社会主义公有资本要以合适的比例配置到基本保障型产业，确保产能的同时保障专有性劳动就业。这样的发展理念与效率无关，也不能靠私有资本去承担（基本没有利润的产业）。所以，那些只知道攻击公有资本（央企）低效率的逻辑是极端错误的。只有保有合理的产业结构，才能确保大国经济在任何时候（如自然灾害等）基本的稳定性；也只有在确保基本生活稳定性的基础上，才能保有更高层面的有秩序地不断增长的需求，而这是可持续增长真正的动力。没有基本生活保障，则不可能有稳定可持续的高层面的需求，也就不可能有可持续的增长。

（3）发挥社会主义大国经济市场优势，确立价值体系长期稳定的货币金融政策规则，提升总体教育水平和投入比例，为长期可持续发展创造充分条件。市场规模是衡量任何商品需求总量大小的指标。因而，市场规模是决定产业周期长短的关键参数，市场规模越大，产业发展繁荣期越长，产业投资获利周期越长，获利规模越大。同样一项目研发和推广成功的可能性在越大的市场中概率越大，胜算越高。因而，市场是一种资源，是新技术研发、基础科学发展、人才队伍成长等的基础。越大的市场规模，就会形成越大的长期发展竞争力。我国拥有全球最大的市场需求规模，这样的市场资源应当被珍视和合理定价[①]。同时应当合理科学利用，使其成为全体人民的共同财富，而不是被少数集团垄断占有为私人财产[②]。

大国经济波动会造成大范围世界经济剧烈波动，也不利于自身长远的信誉建设和可持续性微观基础建设，也特别不利于长期项目的投资信心及投资动力。因而，大国经济尤其需要建立长期稳定的价值体系，只有稳定的投融资环境才能使长期投资者有稳定可靠的收益保证，才能使各个领域的人才有长期努力奋斗的信心和激励，才能保证各个部门的资源配置始终有稳定自洽的比例［这是可持续发展的重要条件之一，见陈昆亭和周炎（2017）的研究］。

长期竞争归根到底落实在基础性人才、总体的教育水平等方面。我国有优秀的文化基础、先进的制度基础、高效为民的组织体系，长期可持续发展的条件是最好的。只要能够有效发挥这些优势，相信有打破传统周期律的可能性。

[①] 市场是资源的概念已另文详论。既然是资源，就当定价。在与外部技术投资项目的洽谈中，就应当明确市场资源的议价诉求。

[②] 法国等提出的数字税的法理正当性就在于此。

第8章 "有限需求"假设下的经济长周期动态解释[①]

传统经济增长理论过度强调生产方因素，忽视需求的制约作用。本章基于"有限需求"假设来研究经济增长问题。在传统理论中，消费需求被假定为综合的终端产品，掩盖了具体商品需求的"有限"特征。本章用中国（1978—2018年）、美国（1965—2018年）的实际经济数据来验证"有限需求"假说。在分类商品"有限需求"假设下，本章建立了一个包含纵横向异质性技术进步的多产业部门模型，研究经济的周期与增长过程。模型具有内生机制：财富收入差距的程度决定产品的市场总需求，差距越大，总需求越低；在收入结构确定的市场，总需求有限，形成大多数产业发展的终极限制。纵向技术进步（产业内部）不能增加产出，但会引致收入差距扩大；横向技术进步（新产品创新）能够增加需求，促进经济增长。模型解决了RBC类模型不具备的解释周期波动的内生性特征的问题，拟合了现实的产业发展的倒"U"形周期特征，能够解释典型的增长现象，并给出了实现长期可持续增长的关键条件。这是结构经济与主流框架融合以模拟实际经济的重要突破，模型可为经济改革的方向提供指南和理论支撑。

8.1 供需均衡问题

在物资紧缺的年代，供给能力决定了经济增长水平。但在产能过剩的经济中，需求又成为制约经济增长的主要因素。中国经济在1990年以后逐渐进入买方市场，相对过剩成为大多数主要产业的特征（除了一些新生产业），需求成为决定多数产业均衡的矛盾的主要方面。在一般成熟的经济中（脱离了重要的转轨阶段进入平衡增长的均衡阶段），经济增长的实现由供需均衡联合决定，供需双方的变化都可以成为偏离均衡的扰动源。因而，需求与供给两方面的变化规律和机制都是同等重要的影响长期经济增长的因素。但是，近代传统的经济理论框架的发展主要集中在供给侧方面[②]，关于需求侧的研究则陈旧过时，脱离实际。比如，传统的

[①] 本章受到国家社会科学基金重大项目"后危机时代全球金融经济周期理论的新发展与应用问题研究"（16ZDA030）、国家自然科学基金面上项目"长期经济增长可持续性条件及路径稳定性研究"（71673252）的资助。

[②] 实际上，近代增长理论和RBC类周期理论拟合实际方面的改进主要集中在供给侧方面，如增长理论方面：从新古典增长到内生增长和一致增长理论，本质是从内生储蓄率、内生技术进步率再到内生人口增长率；周期理论方面：从RBC到GBC，再到FBC，本质是嵌入资本的形成成本、劳动的搜寻和资本的匹配成本、技术创新成本，再到市场摩擦、市场不完备以及嵌入金融市场因素等，这些都是供给侧和市场方面因素的改进。需求侧的改进虽然也有，如偏好函数形态、主观偏好率的内生等，但总体上非常少，缺乏细致的对需求侧变化规律的研究。

主流理论总是假定需求为所有消费品的加总，从而使其随收入水平增长可以无限增长，但现实中人们对不同商品的需求行为是不同的，且具有显著的不同阶段不同的结构化特征。加总以后的总需求量掩盖了不同商品结构的动态变化特征，很难对实际的需求行为做出深刻细致的研究。此外，人们对大多数商品的实际需求都是有限的［见陈昆亭和周炎（2020）中关于"有限需求"的详细论述］，达到一定的水平后就会饱和，从而不再会有大量的新的需求（除了折旧部分的增补）。这些对需求侧刻画的瑕疵是基础性的，造成现行主流宏观经济理论的总体框架存在巨大的问题。基础理论的错误，即使看起来很小，也可能对现实经济发展造成严重误导。当前，从全球范围来看，现实经济的发展的确存在很多公共性的重大问题。

第一，现有的增长理论的发展显著滞后于现实世界经济发展的需要，且不能较好地解释近年世界经济的新的发展趋势。世界上发达经济长期潜在的增长趋势表明世界经济增长的总体动力严重不足，这些现象既不能用现有的增长理论给出好的解释和解决方案，也不符合主流增长理论领域学者习惯的平衡增长路径均衡的预测。

第二，经济周期波动的特征（基于 NBER 的经典研究）清晰地表明了经济周期波动存在显著的内生性特征，即波动总是存在的，是无休止的。虽然每一次波动长短高低略有不同，但持续不断地波动是肯定的。然而这种波动的持续性特征在现代周期理论的主流框架中不能内生。现有的内生周期理论多从模型多重均衡、心理因素等方面解释，但实际上这些模型解释实际的能力非常有限。

从以上两点来看，现有主流经济学理论在增长和周期问题方面都不尽如人意。基于此，本章拟从需求行为的规律出发探索能够更好地解释现实经济增长与周期波动动态的改进思路。

传统理论是如何研究"需求"的影响的呢？经典的需求理论的定义[①]核心聚焦在"需求与市场价格的关系"，即向右下倾斜的需求曲线的特征。高级经济理论中关于需求的讨论无非增加了可能影响这一关系的更多的变量，使得向下倾斜的直线变成曲线，以及极端情形的讨论。因而，传统需求理论的本质在于研究假定存在自由交易的市场中给定价格水平或价格水平变动会引致需求如何变化的规律。这一理论本质建立在市场总供需都会影响价格，反过来也受价格变动的影响的基础上。因而，实现的价格代表了供需平衡的均衡。但这里存在几个问题：①价格的变动以及与此相关的供需变化造成的经济波动都是短期的，因而需求引致的这类波动是否只有短期效应？②价格变动是否立即或在多大程度上引致需求的变化，是否存在滞后或黏滞的可能？

---

① 一般教科书定义：消费者在特定时间和特定市场内，在各种可能价格上愿意并能够购买一种商品的数量。

我们先看第一个问题：是否需求侧的因素仅仅影响短期经济的运动规律，而不形成对长期增长的影响呢？需求会否或如何影响长期经济增长的趋势呢？

这一问题绝对比它看起来要复杂得多。首先，消费需求的短期波动和产出的周期波动高度正相关，这是所有经济中共有的规律［Lucas（1977）的研究］，但这既不能说明消费与长期增长的关系，也不能说明消费与产出之间的因果关系。这是两个角度的问题。Levine 和 Renelt（1992）证明在跨国数据中，投资率是与增长率强烈相关的唯一变量，即只有高投资与高增长存在"引致"关系。有时候人们倾向于将投资与储蓄紧密联系起来，这实际上只是初级宏观里面的印象的"误导"。储蓄并不等价于投资，在预期萧条的过程中，投资会远远低于储蓄，而在预期繁荣的过程中，加杠杆的现代金融手段又会创造出远大于储蓄的投资可能性。消费和储蓄是紧密相连的①，但尽管现代金融同样创造出许多超越实际预算能力的消费可能性，但在相对保守的文化背景中，这种偏离只在极少的群体中存在。因而，至少从中长期来看，消费与储蓄存在紧密联系，因而，消费就连同储蓄一样与投资之间失去紧密关系的必然性，这就意味着消费不是长期增长的"引致"诱因。至少，消费无法通过影响投资的渠道直接对供给侧形成影响。这就与"三驾马车"思想所反映的需求的重要作用形成显著的不一致。如何来理解这一同样基于传统理论的结论的矛盾呢？这里我们希望启发出对增长"均衡实现"的逻辑倾向，显然消费代表需求侧，对长期增长的影响一定如"三驾马车"思想中体现的那样重要，但其作用机制绝非传统统计分析或古典思想中的理解，而是蕴含在现代均衡机制之中。这一思想还需要从不同的角度去看清。

其次，在传统经济学研究中，储蓄率与经济增长率之间存在重要的正向关系，早期的实证研究，如 Houthakker（1958，1961）、Modigliani 和 Papademos（1975）的研究，就给出了这样的证据，即便近期的实证研究也仍进一步肯定了这一关系。这样的实证证据一般被理解为是对增长理论模型的支撑。在索洛模型以及内生增长的模型中，储蓄率的增加的确会引起均衡水平的提升，但均衡水平的提升并不等价于增长率的提升。增长模型实际上并不能准确解释储蓄率与增长率之间的全部的内在关系。对此有一个问题，如 Carroll 等（2000）提出的那样：储蓄增加引致了增长率提升，还是增长引致了储蓄率增加？他们以东亚经济为例说：东亚经济高增长的阶段远远早于超高储蓄的阶段。Baker 和 Sebastian（1995）、Bosworth（1993）、Deaton 和 Paxson（1994）等得出的结论也是增长导致了储蓄。这形成了对传统增长模型更深刻的挑战。因为按照传统代表性可分效用假设下的增长理论，增长率越高，会引致储蓄率的下降而不是上升。因而，关于储蓄率与增长率之间

---

① 这里应当扣除按揭消费，因为按揭是未来收入的转移使用，本质是建立在可靠甚至是可以理解为确定的未来收入的基础上的前置使用，这与后置使用一样与高利贷消费有本质不同。

正相关关系的观察，构成了对传统增长理论模型的挑战。

总结上述分析可以得到三点认识：①长期经济增长问题不能局限在局部或单侧的片面研究，应当建立在全局的均衡体系下去全面观察分析；②关于消费、储蓄等对长期经济增长的影响的研究不足，传统的增长理论中对于消费行为的刻画呆板滞后，需要引入新思想，建立改进性新思路以拓展和拟合现实中需求侧对长期经济增长的重要作用功能与机制；③需要更进一步从均衡角度细致刻画需求侧和供给侧的相互促进和相互影响的机理。

我们再来看第二个问题：需求变化是否具有黏滞性？

关于需求行为的研究，必须提到非常著名的马斯洛的需求层次理论，其核心可归结为几点：①人都有需求，某层次需求满足后，另一层次需求才会出现；②需求的满足按顺序递进，首先满足紧迫需求；③一个层次需求满足后，不再有激励作用，后面的需求开始显示激励作用。一般的研究认为这种层次可能并不明显，但肯定了两级分类的存在，有研究发现，随着主管人员的升迁，低级需求（生理需求和安全需求）在重要程度上有逐渐减少的倾向；而高级需求（爱与归属感、尊重与自我实现）有递增倾向。还有更多的研究愿意接受两级需求的划分，并认同低级需求有限而高级需求可能是无限的，但这方面的认知并没有引起主流理论更多的关注。

近年主流经济学家关于消费行为的研究已经开始增加。"消费习惯"（habit formation）已经被嵌入到很多领域的模型框架中，其思想是假定人们有潜在的"消费习惯"，如 Pollak（1970，1971）的研究中讨论消费需求时都假定了一个潜在的或者合意的需求水平"b"，但这个"b"被理解为"habit"（习惯）。Chetty 和 Szeidl（2016）提出了"消费承诺"（consumption commitments）的概念[①]，实际上也是假定人们有消费的潜在"倾向"水平。但这些关于消费的研究都是基于对消费总量的观察和刻画，实际上太"宏观"了，并不能准确刻画实际的商品的需求行为。因为所有家庭对具体分类的商品的消费需求行为不是"habit"或"commitment"能够反映的。

基于此，陈昆亭和周炎（2020）首次提出了"有限需求"假说，认为：现实中，任何家庭对任何商品的需求都是有限的。比如，每个人每天所需要的热量是有限的。根据世界卫生组织的研究，一个健康的成年女性每天需要摄取 1800—1900 卡路里的热量，男性则需要 1980—2340 卡路里的热量。过度的热量的摄入其实不但不像传统经济学假设的那样是效用持续增加的，反而可能是效用减少的。每一个家庭所需要的日常用品是有限的，如牙膏、洗面奶、润肤露等。每个家庭每阶段需要的家用电器、手机、汽车、旅游产品、娱乐产品等也都是有限的。因

[①] 这篇 2004 年写就的文章直到 2016 年才发表在 *Econometrica* 上，因而"消费承诺"的概念已流传广泛。

而，长虹电视的黄金时代随着中国家庭需求饱和而结束；汽车行业也必将随着家庭需求饱和而淡出；实现温饱的人不会再希望每日暴食。

这一思想实际上并不新鲜。Wall 和 Peterson（1987）就曾用"维生素模式"说明需求过量并无益处。多亚尔和高夫（2008）指出："如果想要实现人的健康和自主的优化，就需要特定水平的中间需求的满足。但是一旦超过这个水平，任何额外的投入将不会进一步提高基本需要满足。"他们还举了一个例子说：一个住所一旦安全、温暖、不拥挤，有清洁的水和令人满意的卫生条件，任何进一步的改善——如增加空间、添置设施、豪华装饰等——都不能提高居住者与居住相关的需求满足。这些其实都是早期的"有限需求"的思想。

因而，"需求是有限的"这一思想显然使需求分层理论得到新的生机，实际上可以理解为是对需求分层理论和消费习惯理论的整合和升华，是从长期和宏观的角度完成的对消费需求行为效应的深刻观察，其意义在于打开了"需求进入主流框架"的新思路。无论如何，这些关于消费需求的改进性刻画都显著引致了需求的黏滞性，这将极大地影响总经济动态特征。

在"有限需求"假设下，产品的需求（销售）市场也是有限的，但在传统的宏观经济的代表性理论框架的假设中，消费需求总被假定为无限的。改变这种假设将会产生怎样的影响？本章将建立一系列假定"有限需求"和有限市场的模型，从不同角度研究增长问题（增长停滞问题、增长可持续性问题、收入差问题等）。

本章下文安排如下：8.2 节陈述一些经济周期和增长的事实，对"有限需求"假设进行简单的验证；8.3 节建立经济模型，研究"有限需求"假设下的基本均衡经济理论；8.4 节对模型的结果进行讨论，并提出一些促进需求增长的建议，包括一个基于社会主义经济的空想式的思想探索，或者叫头脑风暴[①]；8.5 节进行总结。

8.2　周期与增长事实

本节实证展示中美两国经济增长与周期的主要特征。美国是最大的发达经济体，中国是最大的发展中经济体，对比两个典型的大国经济可以观察不同发展阶段的规律特征。

事实 1：中美两国中对具体商品的需求都表现出有限性特征。图 8-1 反映了美国 6 类商品从 1989—2019 年的人均消费数据，这 6 类商品分别是食品、交通运输、医疗、住房、娱乐和教育。

---

① 对此我们已经认真思考很久，坚信这一空想存在极大的理论研究价值，但愿能够成为未来某代人社会实践的参考。

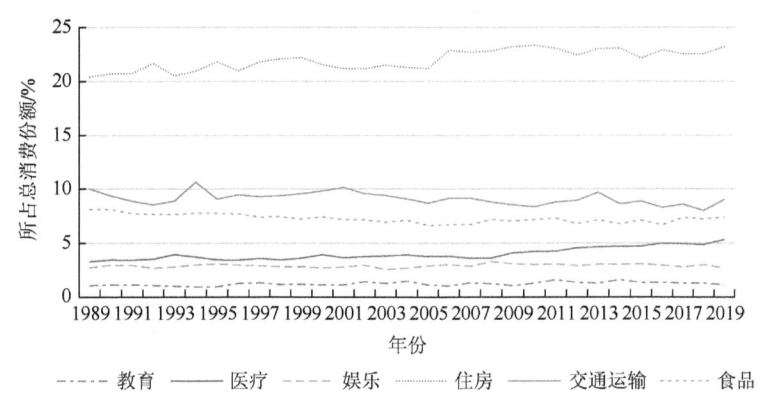

第 8 章 "有限需求"假设下的经济长周期动态解释

图 8-1 美国 6 类商品的人均消费数据

资料来源：美国统计局

研究发现，除了住房和医疗的需求有微弱增长外，美国人对大多数商品的需求是稳定和有限的，而住房具有金融资产属性，医疗则是一个不饱和的上升行业，因此它们的上升是合理的。因此，美国经济的第一个事实是，每种商品的平均需求几乎是恒定的。这可以被看作卡尔多事实中著名发现的一部分，也可以看作典型的代表经济在平衡增长路径上的表现。

下面一系列图是中国的商品数据。图 8-2 和图 8-3 是中国每百户城市家庭每年消费的耐用品数量；图 8-4 和图 8-5 是中国每百户农村家庭每年消费的耐用品数量；图 8-6 和图 8-7 展示了一年内中国城市家庭主要消费品的人均需求量；图 8-8 和图 8-9 是中国农村家庭在一年内主要消费品的人均需求量。经过调查，我们发现我国城市、农村家庭对粮食的需求呈下降趋势，表明大多数城市、农村家庭已经

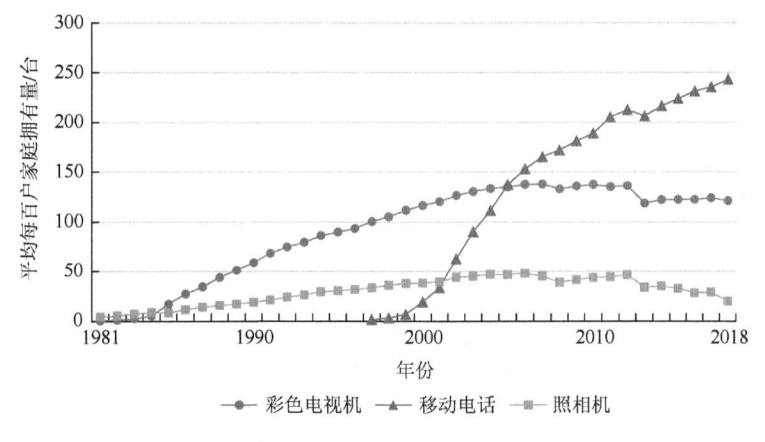

图 8-2 中国每百户城市家庭每年耐用品需求量（一）

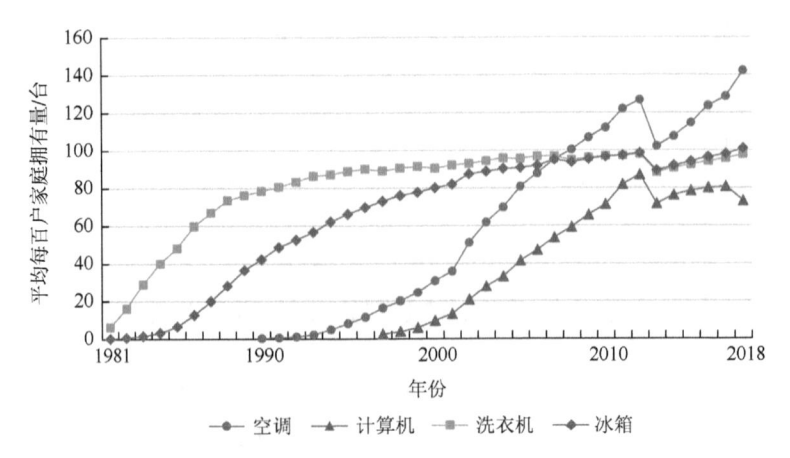

图 8-3　中国每百户城市家庭每年耐用品需求量（二）

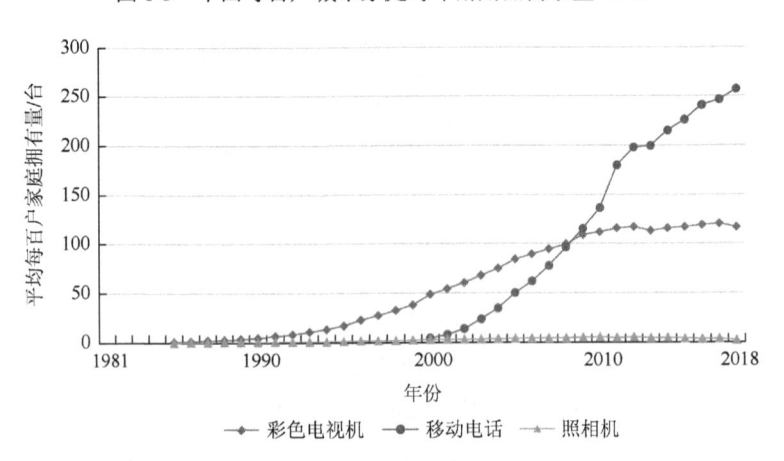

图 8-4　中国每百户农村家庭每年耐用品需求量（一）

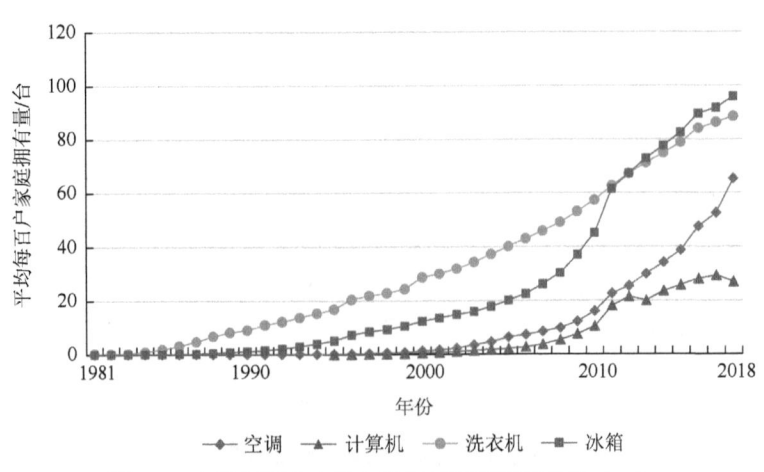

图 8-5　中国每百户农村家庭每年耐用品需求量（二）

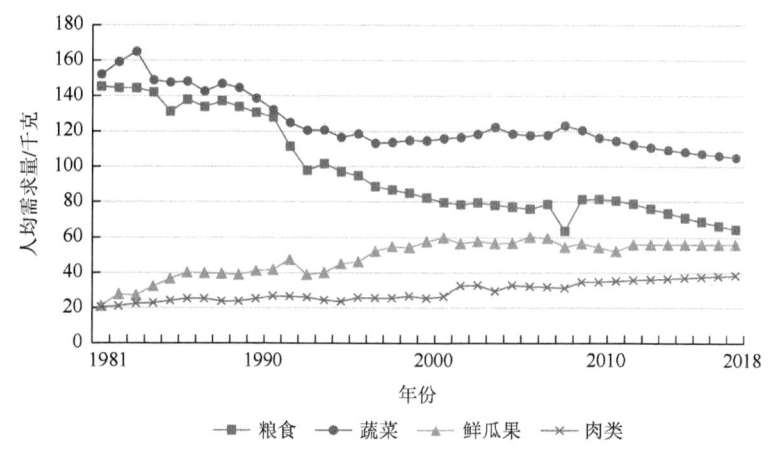

图 8-6　中国城市家庭每年人均商品需求量（一）

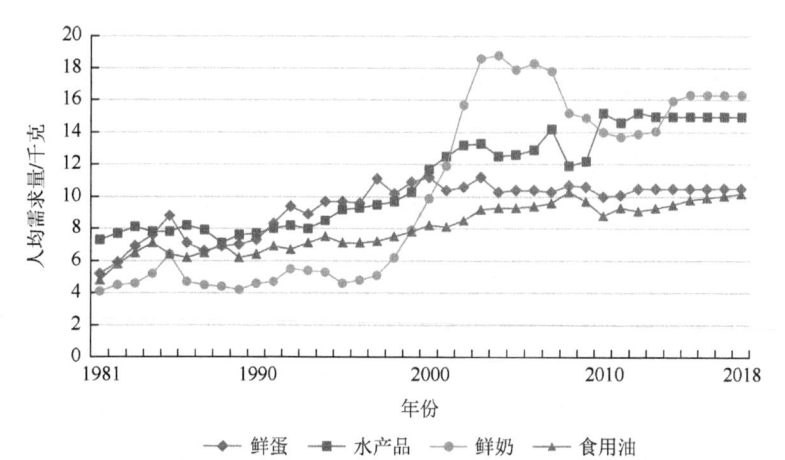

图 8-7　中国城市家庭每年人均商品需求量（二）

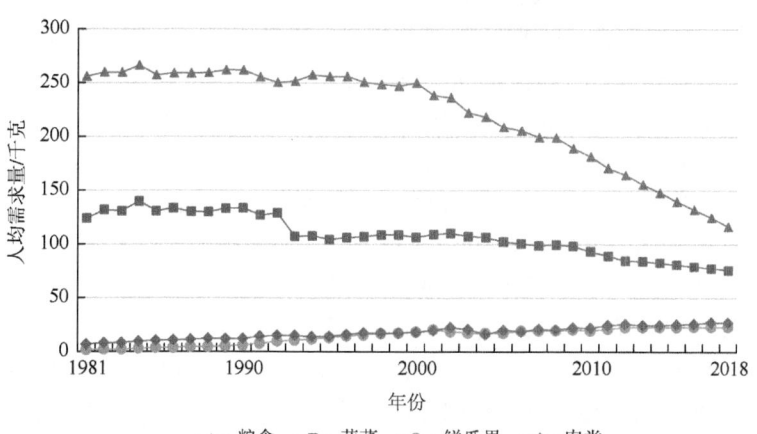

图 8-8　中国农村家庭每年人均商品需求量（一）

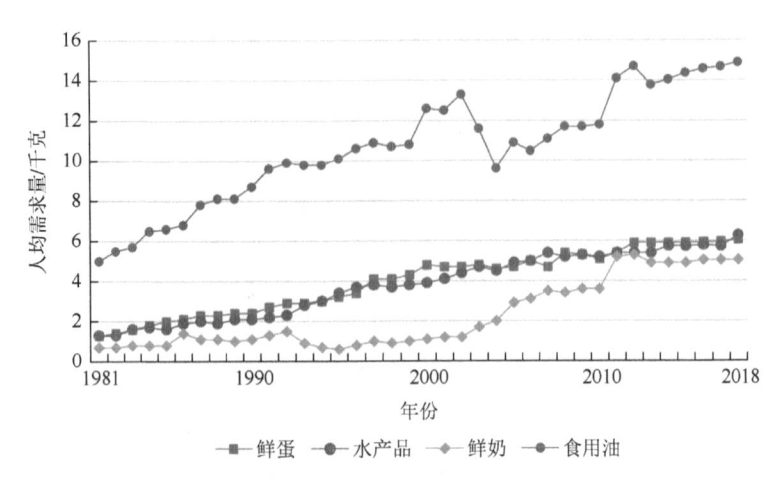

图 8-9　中国农村家庭每年人均商品需求量（二）

达到饱和，肉类、鲜瓜果等商品的需求仍有较大幅度增长；城市家庭许多电器商品基本饱和，但移动电话、计算机、空调等明显增加。移动电话、计算机、空调、冰箱和洗衣机在农村家庭仍然显著增加。

对比中美两国主要工业的发展，发现不同发展阶段的经济和工业发展具有不同的特点。在发达经济体中，大多数工业需求达到饱和状态，产品需求稳定。在处于转型发展过程的经济中，一些产业是饱和的，但有些还处于不饱和的发展状态。国家整体的经济增长率与其工业饱和程度有着显著的关系。

事实 2：行业通常表现出驼峰形状的动态模式（hump-shaped dynamics），其增值份额首先增加，达到峰值，然后下降。这一特征是直接引用 Ju 等（2015）对美国经济增长典型特征的总结，他们使用了美国 NBER-CES[①]数据库中 473 个产业 1958—2005 年的数据。我们把这看作库兹涅茨事实的一般例子，即农业在 GDP 中所占的份额是下降的，工业（制造业等）份额呈驼峰状，服务业份额增加。也有其他类似的研究报告了典型的驼峰形状的产业生命周期，如 Chenery 和 Taylor（1968）、Haraguchi 和 Rezonja（2010）、Lin（2008）等的研究。

事实 3：就像存在中等收入陷阱一样也存在高收入陷阱。随着大量中等收入经济体遭遇中等收入陷阱，发达经济体也正面临高收入陷阱。

如图 8-10 所示，2009—2019 年，英国、法国两国的人均 GDP 增长率明显比以前更低，几乎进入零增长率的状态。这是一个新的平衡增长陷阱，类似于中等收入陷阱，也可称为高收入陷阱。其他经济体，如美国、瑞典、德国、澳大利亚和瑞士都有类似的趋势。它们 1989—2019 年的经济增长率明显低于 1950—1980 年。发展中国家和相对落后国家的经济发展态势见图 8-11 和图 8-12。

---

① CES 为美国人口普查局经济研究中心（U.S. Census Bureau's Center for Economic Studies）。

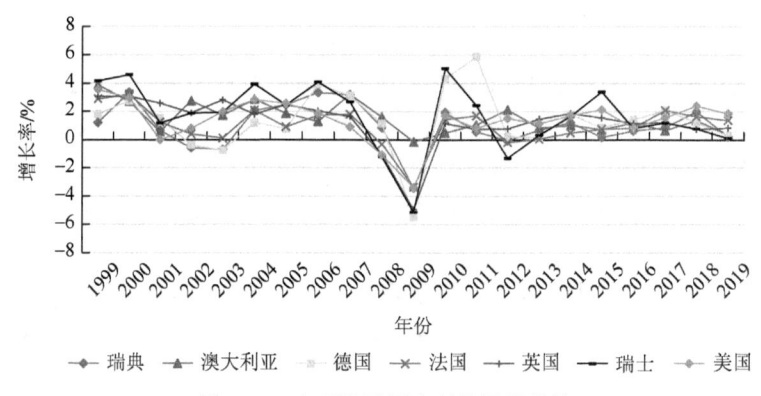

第 8 章　"有限需求"假设下的经济长周期动态解释

图 8-10　主要发达国家经济增长趋势

资料来源：2010 年前的数据来自 Maddison（2007）的研究，2011—2013 年的数据来自 IMF 数据库，所有数据都是基于 1990 年美元计算

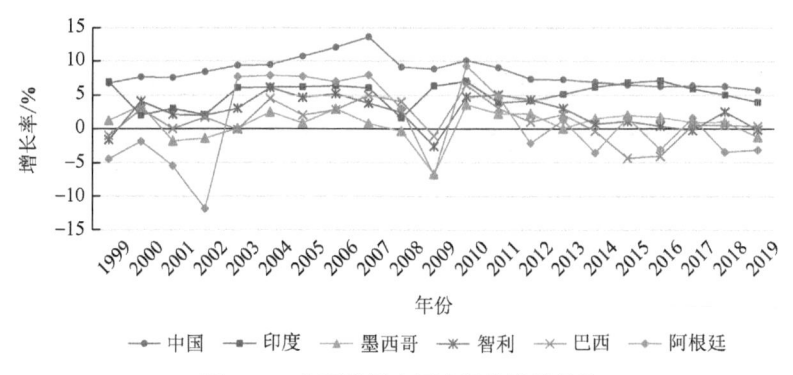

图 8-11　主要发展中国家经济增长趋势

资料来源：2010 年前的数据来自 Maddison（2007）的研究，2011—2013 年的数据来自 IMF 数据库，所有数据都是基于 1990 年美元计算

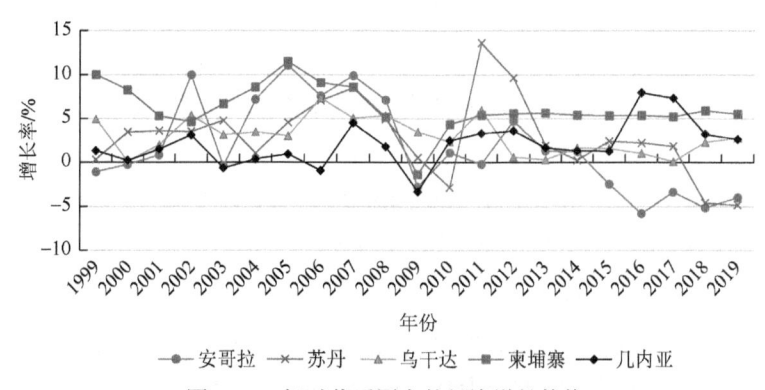

图 8-12　相对落后国家的经济增长趋势

资料来源：2010 年前的数据来自 Maddison（2007）的研究，2011—2013 年的数据来自 IMF 数据库，所有数据都是基于 1990 年美元计算

事实 4：经济周期波动的内生性。基于 NBER 对周期的经典研究，滤波后的经济周期波动是一个具有很高节律的近似正态函数波形的图形。Stock 和 Watson（1999）的工作给出了美国经济不同项目的 70 多个数据，虽然每个波动幅度不同，波动周期也不是严格一致，但波动节律是显著一致的。在这里，商业周期波动的持续性表达了系统性内在波动的明确性质。这种波动的内生性也存在于 Stock 和 Watson（1999）报告的 70 多个图表中。

这种周期的内生性也存在于中国经济中，如表 8-1 和图 8-13 所示。表 8-1 显示，1951 年至 2001 年中国经济平均周期为 8 年，约 3 年下降和 5 年上升。

表 8-1　中国经济上升和下降周期

峰	1957 年	1965 年	1970 年	1979 年	1987 年	1995 年	2001 年
谷	1951 年	1961 年	1967 年	1975 年	1982 年	1990 年	1998 年
上涨持续期/年	6	4	3	4	5	5	3
下跌持续期/年	0	4	2	5	3	3	3

注：原始数据是中国 1951—2001 年的时间序列数据，数据来源于国家统计局，采用截断长度为 5 年的 BP(2, 8) 滤波算子处理

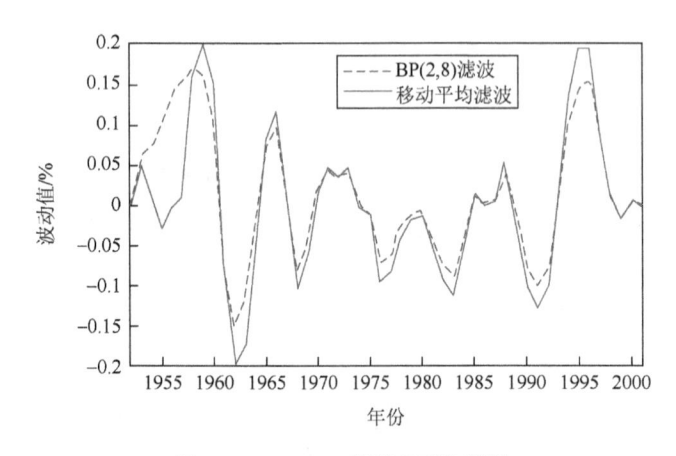

图 8-13　BP(2, 8) 和移动平均滤波

原始数据是中国 1951—2001 年的时间序列数据，数据来源于国家统计局，采用截断长度为 5 年的 BP(2, 8) 滤波算子处理

事实 5：美国平均增长率持续下降的原因并不是禀赋基础发生了改变。制度、文化偏好、宗教习俗等没有明显变化。因此，所有的供给侧方面的因素都无法解释或能够用来避免美国经济面临的高收入陷阱。

图 8-14—图 8-17 表明，劳动力增长的变化不是经济增长持续下降的原因。第

一，1975 年前劳动人口的平均增长率是上升的，但 1961 年平均经济增长率就已经开始下降了。第二，劳动力增长的几个高峰出现在经济增长下降的开始。此外，实际劳动力增长与经济增长之间的波动大多是反向或显著不一致的，因此，很明显，劳动人口增长的变化不是经济增长变化的原因。

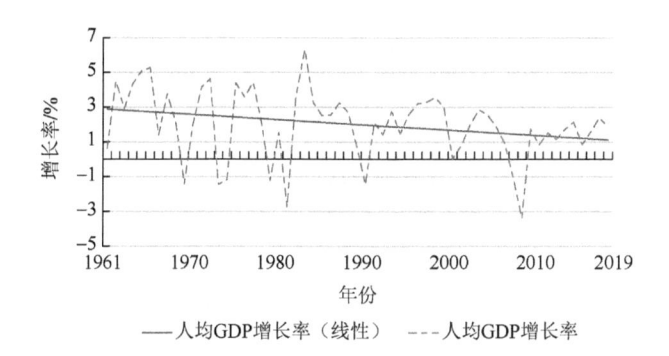

图 8-14 美国人均 GDP 增长率动态趋势

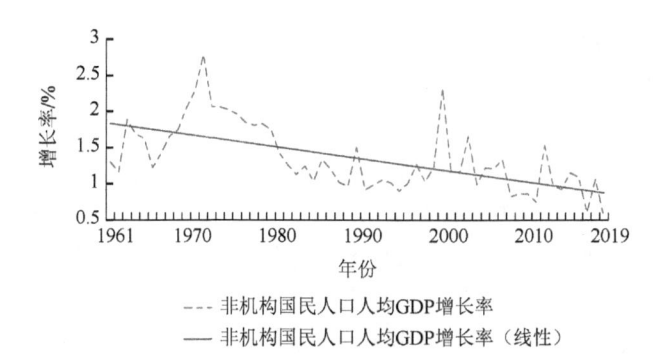

图 8-15 美国非机构国民人口人均 GDP 增长率动态趋势

图 8-16 美国平民劳动力增长率动态趋势

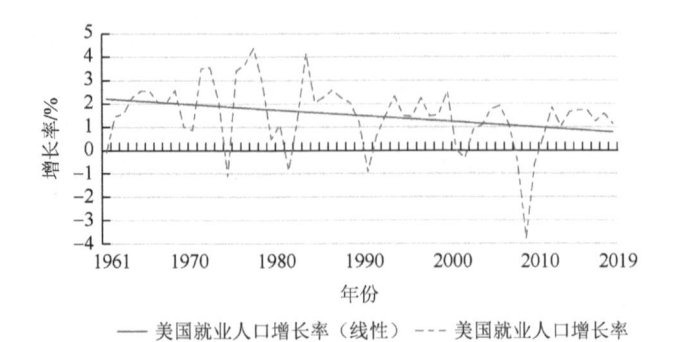

图 8-17　美国就业人口增长率动态趋势

资料来源：美国统计局

8.3　经济模型

8.3.1　总需求

本节将考虑一系列基于商品需求有限假设的模型。传统的经济学模型中关于消费品需求通常是不分品类地加总商品的总需求。这样看起来人们的总需求似乎总是无限增长的，但当我们分类考察人们对商品的需求时就会发现，人们对大多数商品的需求其实都不是无限的。另外，人们对商品的需求是有先后顺序、有层次的。比如，人们会首先需要满足基本的生活需求（存活要求），我们把基本的生活必需品归为第一类需求，比如衣、食、住（房产自住部分）所需及日用品等，人们为了生存，必须首先满足这类需求。第二类是次级生活便利型商品，这类商品可以提高生活质量，但没有也不会影响存活。比如，洗衣机、电视机、音响、汽车等，对于这类商品，人们只会在满足第一类商品需求的基础上才去考虑。第三类可以称为奢侈品类，如高尔夫球场的配置、豪华游艇、私人飞机、高级俱乐部会员卡等。这类商品大多数人因受财富约束而无需求。在相对贫困的经济或经济发展相对初级的阶段，人们主要以满足基本生活需求为总目标，在相对发达的经济中，人们的主要需求目标体现在生活便利型商品和奢侈品的增加。当然，如果有需要，我们还可以把不同商品分得更细致一些。这些不同发展阶段的差异会分别考虑。

假定世界上可以存在互不替代的可数商品空间（横向产品的多样性）$R = \{1, 2, 3, \cdots\}$。在 t 时刻，代表型经济中已经发明并可以生产的产品集为 $R_t = \{1, 2, 3, \cdots, J_t\}$。假定每一种商品的需求都有有限的饱和需求水平。$T$ 期经济中有 J_t 种不同类型的商品，消费者对这些商品的需求按照需求的刚性排序，随着顺序的靠后，商品的必需性逐渐降低。比如，1 号商品类可以是食品、衣物、日常生活必需品等，这类需求是绝对刚性的；其次如手机等，日益成为准生活必需品，再如一些日用电器（冰箱、电视、洗衣机等），这类商品对生活也很重要，但其级别低于衣食；再如电脑、汽车等，重要程度又会低于日用电器；再次之，如私人飞机、豪华游艇等属于奢侈品行列，消费需求的必要性程度逐渐降低。为此我们假定其权重渐小。

$$\theta_1 > \theta_2 > \cdots > \theta_{J_t} \tag{8-1}$$

假定经济中所有人是理性的，并且基本相似的偏好倾向，即所有人有基本一致的商品优先满足偏好顺序，具体如下。

假设 1：任意 $i \in R$，经济中所有人有相同的饱和需求水平 c_i。

假设 2：任意 $i \in R$，经济中所有人有相同的偏好倾向 θ_i，满足式（8-1）。

假设 3：任意 $i \in R$，经济中所有人有相同的单一商品的分段偏好函数：

$$u(c_{it}) = \begin{cases} \log c_{it}, & c_{it} < c_i \\ \log c_i, & c_{it} \geq c_i \end{cases}$$

以及相同的总偏好函数：

$$U(C_t) = \sum_{i=1}^{J_t} \theta_i u(c_{it}) \tag{8-2}$$

假设经济中有有限的且结构相似的家庭数 N，每个家庭有一位代表性劳动，有相同的单位时间禀赋 1。假定全部劳动市场以及社会教育等部门和环境是无摩擦、无歧视的完全竞争市场，每位劳动者初始状态无差异，但进入劳动市场之前可以自由选择修习专业方向以备进入不同产业，由此形成不同（专业知识技能差异）的人力资本特性。不同的产业中的劳动因专业不同不能流动，希望离开本行业进入其他行业者必须重新学习相应的专业知识。这样均衡竞争的结果形成的劳动者工资函数 $w(i)$ 与产业高度相关[1]。

为了方便讨论，首先考虑一个没有失业的经济情形。考虑代表性家庭的最优选择问题：

$$\max \sum_{t=1}^{\infty} \beta^t u(C_t) \tag{8-3}$$

$$\text{s.t.} \quad \sum_{i=1}^{J_t} P_{it} c_{it} + S_{t+1} = S_t(1+r_t) + w_t^q$$

其中，P 为价格；S 为储蓄；r 为利率；q 为家庭劳动的收入层次。

上述问题有最优解方程：

$$\theta_i u'(c_{it}) = \lambda_t P_{it}, \quad i = 1, 2, \cdots, J_t \tag{8-4}$$

---

[1] 行业之间假定因专业不同不可以流动，由此形成的行业壁垒（摩擦），是造成劳动者收入差的基本微观基础。现实经济中，新兴行业的平均劳动收入往往是传统行业的很多倍。虽然青年学生可以自由选择进入不同行业学习，但因为学习时间周期平均在四年以上，往往毕业时热点已经过去，改革开放后，劳动市场曾经出现过多次各种热，如法律热、财会热、经济热、计算机热等，多数情况下持续期有限。这些现象充分说明"隔行如隔山"效应是劳动市场之间摩擦的主要原因，是构成行业间收入差的重要依据。

$$\lambda_t = \beta \lambda_{t+1}(1 + r_{t+1}) \tag{8-5}$$

由式（8-4）和式（8-5）得到

$$c_{it} = \frac{1}{\lambda_t} \cdot \frac{\theta_i}{P_{it}}, \quad i = 1, 2, \cdots, J_t \tag{8-6}$$

实际上，均衡的时候非饱和的家庭预算一定是紧约束，全部用于消费（即与均衡时储蓄所得收益的消费效用折现之后是等价的），因而有

$$w_t^q = \sum_{i=1}^{J_t} P_{it} c_{it} = \frac{1}{\lambda_t} \sum_{i=1}^{J_t} \theta_i = \frac{1}{\lambda_t} \tag{8-7}$$

于是可得

$$c_{it}(q, \theta_i, P_{it}) = w_t(q) \frac{\theta_i}{P_{it}}, \quad \forall i \in R \tag{8-8}$$

结论 1：对任意 $i \in R$，$\dfrac{\mathrm{d}c_{it}(q, \theta_i, P_{it})}{\mathrm{d}q} > 0$，$\dfrac{\mathrm{d}c_{it}(q, \theta_i, P_{it})}{\mathrm{d}\theta_i} > 0$，$-\dfrac{\mathrm{d}c_{it}(q, \theta_i, P_{it})}{\mathrm{d}P_{it}} > 0$。

该结论的经济学含义：消费者对任意商品的需求与收入正相关，与偏好倾向正相关，与商品价格负相关。这一结论与传统的一般性结论一致，反映了需求的一般规律。

在完全竞争市场的假设下，$c_{it} = w_t(q) \frac{\theta_i}{P_{it}} \triangleq w_t(q) \tilde{\theta}_i$，其中 $\tilde{\theta}_i \triangleq \frac{\theta_i}{P_{it}}$，为商品 i 的"性价比"。商品的需求量由效用权重 $\tilde{\theta}_i$ 决定，同时，商品需求的满足程度严格按照 $\tilde{\theta}_i$ 排序。

定义：对于任意 i，存在 $q^*(i)$ 刚好满足 $c_i = w_t(q) \tilde{\theta}_i$，或者定义 $q^*(i)$ 为满足

$$c_i = w_t(q) \tilde{\theta}_i \tag{8-9}$$

的临界水平。

根据结论 1，对于任意商品 i，消费者需求关于 q 是单调增函数，即假设 1，所有人有相同的饱和需求水平，所以，任意 $q < q^*$，$c_{it}(q) < c_{it}(q^*) = c_i$。同时，任意 $q > q^*$，$c_{it}(q) = c_{it}(q^*) = c_i$。

第 i 种商品的总需求函数 C_{it} 其实是 $q^*(i)$ 的函数，$q^*(i)$ 越大，表明社会平均收入水平越高。设 $\phi(q)$ 为 q 型家庭的人口密度分布函数，假定为均匀分布，有 $\phi(q) \equiv \phi$，这样参数 φ 实际上代表了人口总规模大小，也表达了市场规模的大小。

定义家庭收入函数：

$$w_t(q) = q^m \overline{w_t}, \quad \forall q \in [0, 1] \tag{8-10}$$

劳动收入差异的原因有很多，比如，能力、机会、产业的不同都可以造成很大的差异。基于同等学历的劳动者之间的收入差异更多地来自行业的不同。形成行业之间劳动者收入差异的原因很清晰，就是所需要的特殊的专业知识是彼此不同的，俗话说，隔行如隔山，这种行业之间的客观专业性知识壁垒造成行业之间劳动流动

性的阻碍，影响年轻人最初选择专业的因素很多，随着知识学习层次的提升，专业分化得越细，离最初的距离越来越远，最终进入的职业领域早已被标定为不同的领域。因而，即使当初选择的专业领域整体收入出现下滑，这些领域中的大量劳动者也很难重新再接受完全不同的知识训练，因而无法流动到收入较高的行业。这样就形成了客观的行业之间会存在巨大的收入差异的微观基础。有很多研究讨论教育与收入的关系及其影响，即对不同的教育水平的劳动者之间的收入差异方面的研究分析，研究行业间收入差异的实证研究也不少，但研究行业间差异的微观机制及其影响机制的理论文献却几乎没有。这也是本章一个显著的与已有研究的不同点之一。

不管差异的原因是什么，我们首先需要刻画这种差异，为此引入 q 作为刻画劳动收入差异的指标量，假定经济中所有劳动者在能力和地缘机会方面没有任何差异，如果行业间也没有差异的话，则所有劳动者的工资收入都是相同的 $\bar{w}$，但现在引入了劳动收入差异，则劳动者的收入差异就通过 q 来刻画。图 8-18 表明基于实际的收入差异呈现出显著的高阶幂函数的图像特征，为了充分贴近实际，引入 m 作为刻画行业间劳动者收入结构性特征的参数。很显然，当 $m=1$ 时，是关于 q 的线性函数，当 $m=2$ 时，是一个关于 q 的开口向上的抛物线，当 $m>5$ 时可能非常接近图 8-18 所体现的实际的收入结构的差异形态。因而式（8-10）中的收入函数的形态是一个基于实际财富分布的模拟近似。

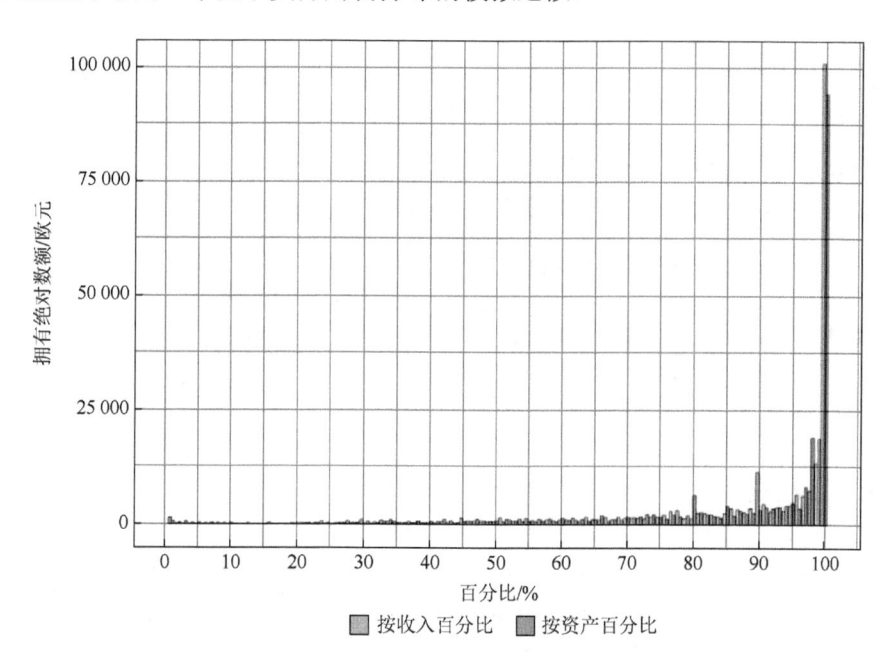

图 8-18　美国 2016 年家庭收入结构

资料来源：Banabak 等（2019）

对于任意代表性产业 i，社会对 i 产品的总需求分为两种情形，一种是已经达到饱和需求水平的家庭，至多会保持稳定的需求，仅需要增加对于折旧部分的补充（对于易腐品，则可以令折旧率为 100%）；另一种是非饱和家庭，其需求随收入水平而增加。如此总需求为不同收入水平的家庭需求的总和：

$$c_t(i) = \int_0^{q^*(i)} \phi w_t(q) \tilde{\theta}_i \mathrm{d}q + \int_{q^*(i)}^1 \phi c_i \mathrm{d}q \delta_i$$
$$= \phi \tilde{\theta}_i \int_0^{q^*(i)} w_t(q) \mathrm{d}q + \phi c_i (1 - q^*(i)) \delta_i \qquad (8\text{-}11)$$
$$= \left(\delta_i - \left(\delta_i - \frac{1}{m+1} \right) (l_{it} P_{it})^{1/m} \right) \phi c_i$$

其中，$l_{it} = c_i / (\bar{w}_t \theta_i)$。隐含有意义的条件为

$$\delta_i > \frac{1}{m+1} \qquad (8\text{-}12)$$

该条件意味着被研究的产品 i 不应当是折旧率极小的商品，对于折旧率极低的商品会有储存功能和价值，因而会具有金融功能，不在此处研究的范畴，即本章的讨论主要针对非耐用品或耐用但折旧率不太小的产品类别。实际中，年度折旧率大于 30% 的商品的类别非常广泛，大多数的日常用品的年度折旧率在 50% 以上，而食品的折旧率可以理解为 100%。而食品和日常用品构成了一般需求的主要部分。在式（8-12）下有如下结论。

结论 2：代表性商品 i 的社会总需求与市场规模 φ 正相关，与饱和需求水平 c_i 正相关，与价格水平 P_{it} 负相关，与社会平均收入水平 $\bar{w}$ 以及产品效用权重参数 θ_i 正相关，与家庭收入结构性参数 m 负相关（即收入差距越大，总需求越小）。

证明：（仅证明最后一条，其余都很简单）由式（8-11）关于 m 求导可以得到：

$$c'_{tm} = \mathrm{e}^{\frac{1}{m}\ln(l_{it}P_{it})} \left(\frac{1}{m}\ln(l_{it}P_{it}) \left(\delta_i - \frac{1}{m+1} \right) - \frac{1}{(m+1)^2} \right) \varphi c_i$$

由式（8-6）、式（8-7）可知，$l_{it} P_{it} = q^m \leqslant 1$，所以，$\ln(l_{it}P_{it}) \leqslant 0$；由式（8-12）可知，$\delta_i - \frac{1}{m+1} > 0$，所以有 $c'_{tm} < 0$。

8.3.2 总供给

与前面的描述一致，经济中有很多不同的产业，每一种产业部门有许多家类似的企业生产同一类商品，不同产业部门生产不可相互替代的不同的商品。每一种商品的生产部门内部的技术创新只能改进这类商品的品质和生产效率，但不会改变商品的本质功能和属性，因而这种技术进步称为纵向创新［仿照 Aghion 和 Durlauf（2005）的质量改进增长模型］。同时，假定经济中存在一个独立的基础

知识和高等理论研究部门，这一部门除了培养各个部门所需的专业化劳动，还创新和开拓新理论领域，而这些新理论领域是形成不同于所有存在的商品类别的全新商品类的理论基础。实际上，我们遵照一种假设，即所有重大的创新都源于重大的基础理论的突破。我们将新产品类的创新称为横向创新（Aghion and Durlauf, 2005）。为了简便，假定经济中只有从事基础研究者才能够研发出横向创新，其他人才分散在不同产业中，或者生产，或者进行产业内纵向创新。下面分别讨论纵横向发展。

8.3.3 纵向技术进步

下面讨论任意代表性商品 i 的生产与纵向技术进步。

假定市场上商品集如前，其中每一个商品 $i \in [1, 2, \cdots, J_t]$ 在一个独立的劳动市场中，按照常规模回报技术生产，商品生产仅仅使用劳动和技术。进入 i 市场中的任意劳动者，有进入该市场所需的专业技术知识。t 时刻 i 市场中，有总数为 $l(i,t)$ 的工人进入该市场，用 $e(i,t)$ 表示 t 时刻 i 市场实际就业数，则有

$$l(i,t) \geqslant e(i,t) \tag{8-13}$$

假定第 i 个市场上有许多家本质相似的企业，分别雇用进入这个市场的劳动者。每个企业都雇用研究人员进行研究，但每期只有首先获得创新的一家企业组织生产，雇用全部剩余的劳动者进行生产。设 i 产品生产仅需技术和劳动，仿照 Aghion 和 Durlauf（2005）的方法，采用简单生产函数 $y_{it} = A_{it} x_{it}$。其中，A 为技术；x 为实际参加生产的劳动。

设 A_{it-1} 是 i 行业 $t-1$ 期期末的技术前沿，假定 i 产品生产技术的一次标准创新改进的效率为 $\gamma > 1$，由 t 期的首先实现这一改进创新的企业获得专利生产权，可以实现技术改进：$A_t = \gamma A_{it-1}$，这将成为 t 期期末 i 部门新的可以共享的技术前沿（假定每一个专利只有一期垄断权）。则代表性企业有

$$\lg A_t = \begin{cases} \lg A_{t-1} + \lg \gamma, & \mu \\ \lg A_{t-1}, & 1-\mu \end{cases} \tag{8-14}$$

其中，μ 为该企业的创新率，设研发劳动投入为 $z(i,t)$，创新发生概率为 $\mu = \lambda z(i,t)$[①]。则生产劳动人数为

$$x(i,t) = e(i,t) - z(i,t) \tag{8-15}$$

i 产业代表性企业生产最优化问题：（为了表达简单，本节下面变量暂时都先去掉下标 i）t 期开始，首先考虑代表性企业上期研发获得成功，从而考虑获得本

[①] 代表性企业研发成功的概率在本章中为简单起见定义为研发人员的线性函数，因而是对研发劳动数可加的。h 家企业都在研发，因而行业技术前沿转移概率为总的行业中研发人员的线性函数。

期生产权后的最优生产计划问题。代表性企业需要决定本期雇用劳动者使用计划,来确定利润流 π_t 和产品产量价格等。

$$\max \pi_t = P_t(y_t)y_t - w_t x_t$$

其中,w_t 为工资;P_t 为 t 期产品 i 的价格。由式(8-11)得 i 产品的逆需求曲线:$P_t = \frac{1}{l_t}\left(\frac{\delta - \tilde{y}_t}{\tilde{\delta}}\right)m$,其中,$y_t \triangleq \tilde{y}_t/(\varphi c_i)$,$\tilde{\delta} \triangleq \delta - \frac{1}{m+1}$。

求解有一最优条件:

$$w_t = \frac{A_t}{l_t}\left(\frac{\delta - \tilde{y}_t}{\delta}\right)^{m-1}\left(\frac{\delta - (m+1)\tilde{y}_t}{\delta}\right) \tag{8-16}$$

此式成立有意义的条件:$\frac{\delta}{m+1} > \tilde{y}_t$。这实际上意味着在最优解存在时,产品折旧率越小,饱和率越低;收入差距越大,饱和率越低。由此可得企业利润函数:

$$\pi_t(w) = \frac{m\varphi c_i}{l_t \tilde{\delta}^m}(\delta - \tilde{y}_t)^{m-1}\tilde{y}_t^2$$

若 $m>1$,其他参数变量不变的情况下,上述利润有最大值点 $\tilde{y}_t = \frac{2\delta}{m+1}$,当 $\tilde{y}_t < \frac{2\delta}{m+1}$ 时,利润上升,当 $\tilde{y}_t > \frac{2\delta}{m+1}$ 时,利润下降,呈倒"U"形。当饱和度接近 δ 时,利润趋于 0。为了更细致地分析产业生产行为,下面作简单化处理,取 $m=1$,$\delta=1$。

由此可得

$$x_t = \frac{\left(1 - \frac{l_t w_t}{2A_t}\right)\varphi c_i}{2A_t} \tag{8-17}$$

上式需要在 $w_t < A_t/l_t$ 时有意义,这意味着当一个新产业发展的初期生产技术水平比较低时,允许的劳动收入也会比较低。

由此得到利润流:

$$\pi_t(w) = \frac{2\theta_i w_t}{\varphi c_i^2}y_t^2 = \frac{\theta_i w_t}{2}\left(1 - \frac{l_t w_t}{2A_t}\right)^2 \varphi \tag{8-18}$$

由式(8-16)得到:

$$w'_{tA} = \frac{2}{l_t}(1 - 2\tilde{y}_t) = \begin{cases} > 0, & \tilde{y}_t < 1/2^{48} \\ < 0, & \tilde{y}_t > 1/2^{48} \end{cases} \tag{8-19}$$

其中,$\tilde{y}_t = y_t/\varphi c_i$,刻画需求饱和度。

由式(8-17)可得:

$$x'_{tA} = -\frac{\left(1-\dfrac{l_t w_t}{A_t}\right)\varphi c_i}{2A_t} = \begin{cases} >0, & A_t < l_t w_t \\ <0, & A_t > l_t w_t \end{cases} \quad (8\text{-}19')$$

由式（8-18）得到：$\pi'_{tA} = \varphi c_i \left(1-\dfrac{l_t w_t}{2A_t^2}\right)\dfrac{w_t}{2A_t^2} > 0$，当 $w_t < 2A_t/l_t$ 时。

这说明，每一个新生的行业，初期技术效率较低的时候，技术进步对于就业是正效应的，会促进产业工人就业；当技术进步达到一定的水平之后，更进一步的技术进步开始挤出就业。竞争的市场不会停止技术的研发（技术进步对企业利润是正效应，否则将失去市场），因而此后的市场行为将引发技术对劳动的替代。因此，有以下结论。

结论 3：产业发展初期，纵向的产业技术进步增加就业；产业技术达到一定水平后开始挤出产业工人，降低就业。

研究部门优化问题：对于一个单个的研究部门，设其投入因素为 z，目标为最大化预期的研究/创新效益流，即 $\lambda z_t v_t - w_t z_t$，其中，$v_t$ 为 t 个创新的值，则最优均衡问题为选择参加研究的技术型劳动 z_t。

考虑创新价值的估计，应当注意的一点是，对于当前创新垄断者来说，下一个创新的发生是一件不好的事，因而其不会投资下一个创新，至少投资下一个创新的动力不如其他公司强烈。因为我们假设所有新技术创新都可以无条件以当前创新技术为基础，所以对所有公司而言，新创新起点都是相同的。在这样的情况下，当前创新者进行下一轮创新的价值是 $v_{t+1} - v_t$，显然小于其他研发者的价值 v_{t+1}。因而价值 v_t 由外部公司对于 t 个创新所产生的垄断利润流 π_t 的期望折现值决定。即有

$$v_t = \frac{\pi_t}{r + \lambda z_t}$$

于是，求解式（8-19）的最优化问题，可以得到最优的研发部门的劳动投入量：

$$z_t(w) = \frac{1}{\lambda}\left(\left(\frac{\lambda r \pi_t(w)}{w}\right)^{1/2} - r\right) = \left(\frac{r\varphi c_i}{2\lambda l_t w_t}\right)^{1/2}\left(1 - \frac{l_t w_t}{2A_t} - \frac{r}{\lambda}\right) \quad (8\text{-}20)$$

由此可得横向技术进步增长率：

$$g_A(w) = \frac{A_{t+1}}{A_t} - 1 = \frac{(\lambda z_t r A_t + (1-\lambda z_t)A_t)}{A_t} = (\gamma - 1)\lambda z_t(w) \quad (8\text{-}21)$$

由式（8-15）、式（8-17）、式（8-21）可得 i 产业的劳动均衡方程：

$$z_t(w) + x_t(w) = e_t \quad (8\text{-}22)$$

其中，e_t 为 i 行业 t 期实际就业数据。方程（8-22）体现了 i 行业劳动市场供给与需求的均衡关系，均衡的结果决定该期实际的 i 行业劳动工资数 w^*。

由此有均衡工资率的确定方程：

$$\left(\left(\frac{r\varphi c_i}{2\lambda l_t w_t}\right)^{1/2}+\frac{\varphi c_i}{2A}\right)\left(1-\frac{l_t w_t}{2A_t}\right)=e_t+r/\lambda \quad (8\text{-}23)$$

式（8-23）表明，i 行业 t 期劳动工资指数 q 与劳动供给数据 e_t、利率 r 以及该行业技术水平 A_t 都有直接的关系。当然也同总人口密度数 φ、人均绝对饱和需求数 c_i、效用强度 θ_i 以及研发创新概率参数 λ 等有关系。由式（8-23）可得以下结论。

结论 4：$w^{*'}_{t_e}>0$，$w^{*'}_{tA}=\begin{cases}>0, & w_t^*>A_t\varepsilon_t/l_t \\ <0, & w_t^*<A_t\varepsilon_t/l_t\end{cases}$，其中，$\varepsilon_t=\left(\sqrt{1+\frac{A_t r l_t}{8\lambda\varphi c_i}}-\sqrt{\frac{A_t r l_t}{8\lambda\varphi c_i}}\right)^2=\begin{cases}1, & A_t\to 0 \\ 0, & A_t\to\infty\end{cases}$，$\varepsilon'_{tA}<0$，$\varepsilon'_{t\varphi}<0$。

结论表明：①假定一个新生的行业起初从事该行业的专业劳动会比较少，但随着从事该行业的劳动增加，行业平均收入会逐渐下降。这是基本符合实际的。②行业纵向技术进步对于行业劳动收入的影响是分段的，初期是正效应（即当技术水平较低时，劳动收入较高），但随着劳动人数的增加，劳动收入会下降。与此同时，技术水平不断提高，终将达到反转水平，即形成负效应。这一结论与式（8-19）表示的局部均衡关系一致。

图 8-19 描述了均衡劳动收入与行业技术进步的长期动态关系。

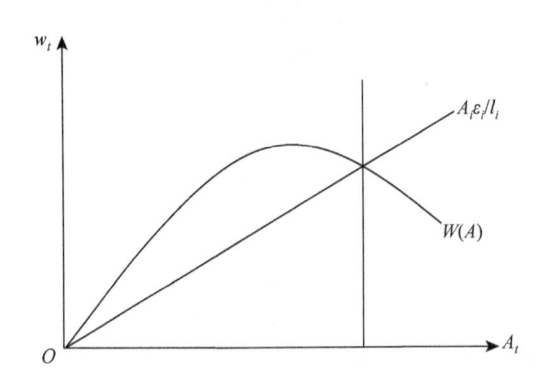

图 8-19 代表性行业 i 中劳动收入与行业技术进步的模拟动态关系[①]

劳动收入的倒"U"形长期动态关系决定了行业产出周期的基本态势。首先技术进步是持续增长的，但技术进步的持续增长就足以引致劳动收入的长期动态

[①] 可以实证考察电器行业劳动实际收入与总体社会平均劳动收入的比值随时间（替代技术进步）的动态变化趋势，同时可以考察市场规模大小的影响。

关系的逆转，劳动收入的持续下降引致劳动供给的减少，至少是该行业劳动供给的不增长。产出的动态本质由技术效率和劳动参与率决定，劳动供给在本章中没有设定内生机制，但传统的理论、已有的研究和基本的常识都指向劳动供给与工资存在正相关关系。简单起见，我们假定劳动工资与劳动供给是线性正相关关系：$e_t = \mu w_t$，则劳动供给的增长率必与工资一样是倒"U"形的，且有同相的周期关系。由于我们假定劳动市场总是出清的，即工资会自动调节使供给与需求相等。

因而，$g_e = g_w(w) = \begin{cases} > 0, \dfrac{w}{A} > \varepsilon / l_t \\ < 0, \dfrac{w}{A} < \varepsilon / l_t \end{cases}$。

假定所有函数连续可微，性态足够完美光滑，经济动态过程中任意点处的局部小邻域内可以近似看作一个瞬时的平衡增长的过程，这样在时刻 t 的邻域内 z_t 和 x_t 都近似为 e_t 的线性函数，此时有 $g_x = g_z = g_e$。进而有

$$g_y = g_x + g_A = (\gamma - 1)\lambda z_t + g_x \tag{8-24}$$

由 z_t 是约束于 e_t 的 w_t 的函数，服从倒"U"形特征；再由式（8-19'），g_x 也服从倒"U"形特征的函数；则由式（8-24），g_y 也会服从近似倒"U"形关系。但由于 z_t 是持续大于 0 的，因而，产出的动态会表现为持续的长长的尾巴，如图 8-20 所示。

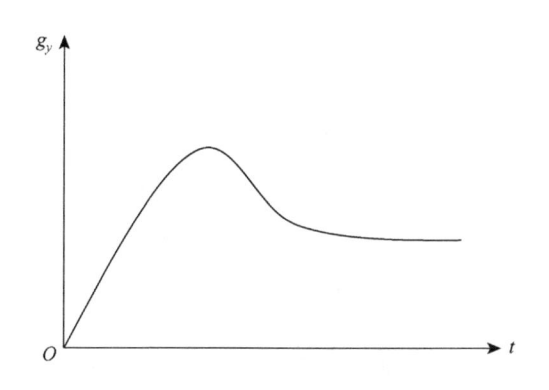

图 8-20 产出增长率动态图形

因而，一个新生的产业对总体经济增长的贡献期只在其产出上涨的阶段。一旦到达顶峰，就不再有增长率的贡献，此后生产仍会有，就业需求仍会存在，但对增长率没有贡献，甚至是负的。这与行业是否创新无关，但与市场规模大小有关。根据定义，人口规模参数 φ 越大，ε 就越大，图 8-19 中的直线就越陡峭，产业平均增长率越高，总的增长贡献也越大。

社会总产出动态：假定当前市场上全部的产品类是确定的 J_t 个。如果这些已

有的产业是匀速有序出现的,而且假定所有产业的产出周期动态规律是相似的,则有如图 8-21 所示的特点,有多个有相同周期特征的产业均匀发生,这些产业叠加后形成的经济总产值的周期动态在图 8-22 中用粗线表示,是一个均匀、稳定、有微小波动的持续增长的情形。

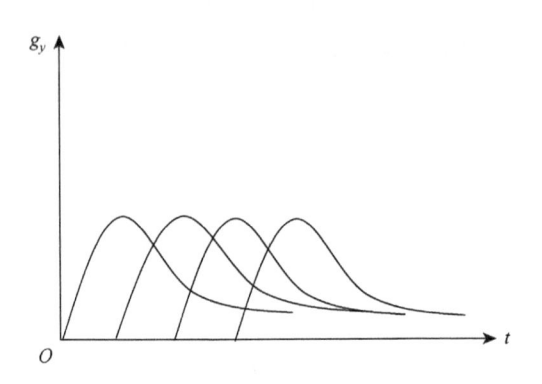

图 8-21　模拟产业动态均匀交叠状态

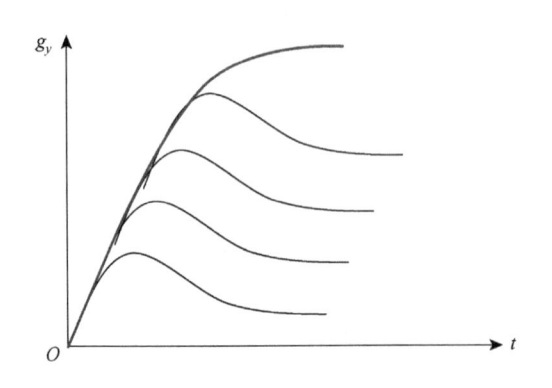

图 8-22　产业叠加后总经济动态

当然,在现实中,不同产业的周期不同,产生的时间也是随机的,因而实际的总量经济周期动态不会那么均匀地持续上升,而是会存在不同的周期波动幅度和不同的周期长短。当数个产业密集产生就会形成较大的叠加增长效应,表现为一个持续时间较长、幅度较大的上升周期的发生;当某个阶段新产业发生较稀疏,则总经济周期就会进入一个低谷,表现为一个萧条的阶段。

图 8-23 是经调整图 8-22 中产业发生的时间所得,密集区形成持续较长的增长周期,即 *OA* 阶段;创新产业发生较稀疏的地方形成一个巨大的萧条阶段,即 *AB* 阶段;*BC* 阶段是一个低速增长阶段。由此可以推知,长期可持续的增长依赖于持续的新产业的创新发展,没有新产业的出现,局部和总体的经济增长就会停滞。

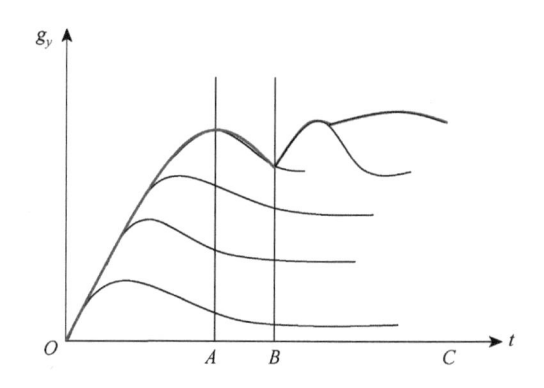

第8章 "有限需求"假设下的经济长周期动态解释

图 8-23 不均匀发生的产业叠加后的总动态

为了考察长期可持续增长的规律，考虑进行一些必要的近似处理。首先，图 8-20 中代表性产业周期动态中只有第一个阶段是增长的，如图 8-24 中，OB 阶段增长，此后负增长或不增长。OB 部分的弧线过程是由最初的高增长逐渐到 B 点处零增长。为了简单完美地做一个近似，连接 OB 直线，将整个增长过程近似为沿着直线匀速增长，同时必然存在一个水平线 AD，使得 AD 下面的面积近似等于 B 点之后的曲线部分的面积，即用 AD 直线近似 B 点后的产业动态，相当于将波动的产业周期用"匀速增长阶段 OA" + "水平稳定零增长阶段 AD"替代。

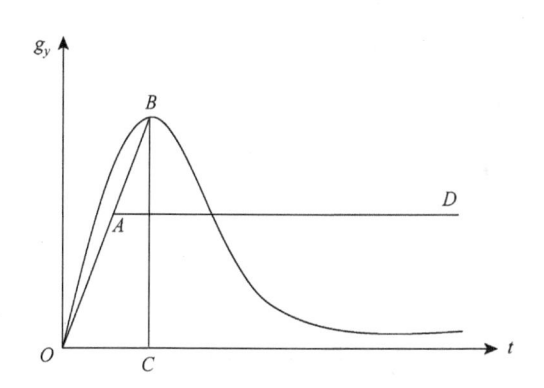

图 8-24 产业周期动态的近似

如果将图 8-22 中所有产业动态做如上近似处理，然后叠加则有如图 8-25 所示的结果。

为了计算总经济长期增长率，首先从理想状态出发，按照上面的假设，所有产业的增长动态是相似的，则如图 8-25 所示，长期平均总增长率是粗线的斜率。因为假定了所有创新步长和增长周期长度都相同，平均增长率必经梯线的斜线部分和平线部分的中点。

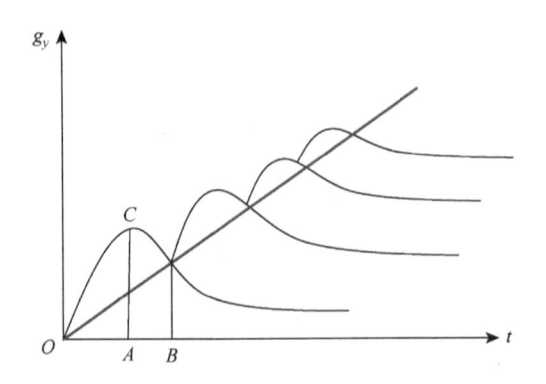

图 8-25 近似叠加后总动态图

设单个代表性产业的增长率为 g_i，即为 OC 线的斜率，设单个代表性产业的增长期为 $OA = t_i$；设每个新产业发生的时间间隔长度为 $OB = t_t$。则有 $AC = t_i g_i$，从而粗线斜率即

$$总经济增长率 = AC/OB = t_i g_i / t_t \tag{8-25}$$

因而有如下结论。

结论 5：长期经济增长率与代表性产业增长率 g_i 和增长期 t_i 正相关，与新产业发生间隔时间长度 t_t 负相关。

当 $t_i = t_t$ 时，总经济增长率等于代表性产业增长率，如图 8-26 所示。这是一种理想情形，即一个创新产业增长周期结束恰巧有一个新的产业开始，总经济增长率就等于代表性产业的增长率。

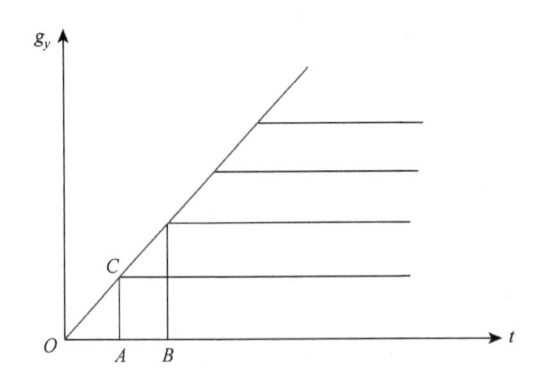

图 8-26 创新周期长度与产业增长波时长相同情形下的总动态

图 8-27 代表产业增长周期重叠的情形，这是现实中常见的情形，在这种情形下，经济总增长率高于单个产业的增长率。计算公式仍可使用式（8-25），只是此时 $t_i > t_t$。

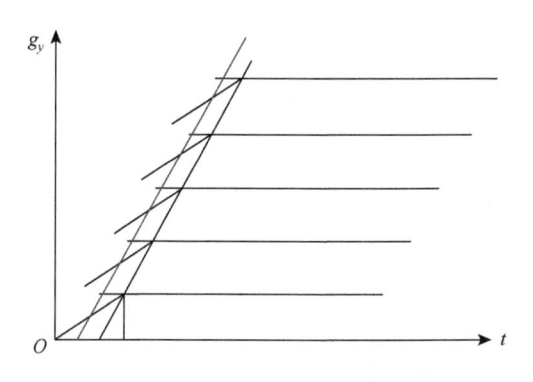

图 8-27 创新产业增长周期重叠的情形

直观来看，代表性产业 i 的增长上升期的决定因素有市场规模、技术进步水平、劳动力供给增长率等。但这一问题超出了本章的研究计划，我们留到以后研究或留待其他感兴趣的学者研究。

8.3.4 横向技术进步——新产品的创新

假定只有基础知识的积累和重大突破才能形成横向创新型产品。实际上人类重大科学技术进步无不以基础科学理论的重大突破为基础。干中学和应用型科学研究能够改进纵向的产品质量，可以提升同类产品的效率，但一般很难形成全新的领域突破。作为理论性研究，我们假设横向创新的产生需要严格依赖于基础性科学技术人才，即新产品的生产需要依据相关理论知识，但仅有理论知识并不能直接形成新产品的生产能力。基于这一思想，关于基础知识和横向创新发生的机制我们大体采用 Arrow 和 Intriligator（1987）的处理办法。设有基础知识增长方程：

$$\dot{B}_t = \delta B_t m_t^\alpha \tag{8-26}$$

其中，B 为基础知识总量水平；m 为基础研发部门财富投入；α 为弹性参数；δ 为系数参数。

现实世界中，新知识的积累来源于基础性研究人才共同的突破性的基础知识研究贡献（一般基础性贡献是公开发表的），实际中，新知识的增量积累达到一定的标量，才会有一个新产品类被创新出来，不同的新产品所需要的新知识积累量是随机而且互不相同的。

为理论研究的便利，假设每一个新型产品类的初始产品创新都需要标准新增知识量增长一倍[①]，则第 t 期是否有新产品类创新出来，或有多少新产品类创新出

[①] 如此，式（8-26）中隐含了每个新产品类所需要的劳动累计投入，为 $1/\delta B_t$。

来，取决于新知识投资量的多少。改写式（8-26）为离散型方程：

$$B_{t+1} = B_t + \delta B_t m_{t+1}^{\alpha} \quad (8\text{-}27)$$

基础知识是公共的，需要社会公共投资规划，基础知识教育和基础知识人才队伍培养是基础知识创新发展的保证，需要社会公共支出供给。所以本章假设基础知识创新是新产品类的生成基础有一定的苛刻性，但从长期总体发展历程观察，并不失实。因重点在于理论的探讨，所以这样的简化假设有利于简化分析和厘清内在的逻辑关系。

每一种新产品的基础理论突破以后，专门从事应用研究的部门可以此为基础展开各自的品牌但同类的新产品的开发研究，这一过程就进入纵向创新程序了。这里仍聚焦基础理论的创新发展过程，由式（8-27）得 $g_{Bt} = \delta m_t^{\alpha}$，从而一次标准创新所需要的时间为

$$t_t = 1/(\delta m_t^{\alpha}) \quad (8\text{-}28)$$

假定社会计划者服从基础研究投入的规则为：稳定的基础部门投入占财政收入的比例 ρ，财政收入是总产出的线性函数，因而可以直接有

$$m_{t+1} \leqslant \rho y_t + \tilde{\varepsilon}_t \quad (8\text{-}29)$$

其中，$\tilde{\varepsilon}_t$ 为基础研究政策扰动，服从长期宏观经济调节规则。由于人才培养有巨大的时间滞后，因而，t 期的投入只能到 $t+1$ 期才能形成实际可用劳动。在不考虑不确定情况时有

$$t_t = 1/(\delta y_t^{\alpha}) \quad (8\text{-}30)$$

8.3.5 平衡增长均衡

假定社会计划者的目标是使长期可持续的均衡增长率最大，并能够通过政策激励措施进行劳动资源的初始配置。为了简便起见，我们把所有的横向创新都看作匀质的，即虽然所形成的新的产品类有完全不同的功用，但人们对所有产品类的偏好强度相同，在这样的假设下，社会给所有商品类的劳动配置也是匀质的，这样才能形成平衡增长均衡的状态。在平衡增长均衡的状态下，已经饱和的产业持续的纵向技术进步带来的效率改进恰巧补偿劳动的退出所带来的产能下降效应，从而维持该产品生产恰好等于总需求。这样实际上当期新生的劳动会全部配置在基础部门和新生的产品类部门。这是一种为了便利研究而假设的极端理想的状态，但其效果是等价于实际的长期平衡增长均衡的一般化状态的。这样每期社会计划者总劳动分配只需要在基础部门和新增行业之间进行。假定 t 期社会总劳动基数为 L_t，新增劳动比率为 v_t（实际上新增的劳动不可能全部分配到新

行业或基础研究部门，会有大量无效劳动，即未受高等教育的劳动，这些不可能成为新技术劳动或基础科研人员，因而这里定义此比率包含了对此因素的考虑，即 $v_t = v_{1t} v_{2t}$，v_{1t} 为新增劳动比率，v_{2t} 为新增劳动中受高等教育的比率）。于是有每期新增劳动的分配约束方程：

$$m_{t+1} + e_{t+1} \leq v_t L_t \tag{8-31}$$

则社会计划者最优问题为

$$\max_{\rho} \left\{ \frac{t_i g_A}{t_t} \right\} = l_1 z(e_{t+1}) m_{t+1}^\alpha$$

$$\text{s.t.} \quad e_{t+1} + m_{t+1} < v_t L_t; \quad m_{t+1} \leq \rho y_t$$

其中，$l_1 = t_i(\gamma - 1)\lambda\delta$。

求解上述问题有最优政策规则方程：

$$\rho = \alpha z(e_{t+1})/(z'(e_{t+1}) y_t) \tag{8-32}$$

假定中央政府在平衡增长路径上政策规则稳定，即有最优政策规则：

$$\rho^* = \alpha g_A^{-1} / y^* \tag{8-33}$$

其中应用了 $g_A = g_z = z'(e_{t+1})/z(e_{t+1})$；$y^*$ 为均衡潜在产出水平。由此有最优横向技术增长率：

$$g_B^* = \delta \alpha^\alpha \frac{1}{g_A^\alpha} \tag{8-34}$$

结论6：假定"理性有为"的政府采取稳定的最优规则性政策 $\rho^* = \alpha g_A^{-1}/y^*$，则最优横向知识进步率与纵向技术进步率存在互耦关系：$g_B^* g_A^\alpha = \delta \alpha^\alpha = $ 常数，近似平均长期经济增长率 $t_i \cdot g_A' \cdot g_B' = t_i \cdot g_A^{1-\alpha} \cdot \delta \alpha^\alpha$。

结论表明，在政府采取最优规则性政策的情形下，有限的社会最优资源配置可以自动实现，纵横向技术进步呈现稳定互耦关系，表明了在规则性政策状态下，纵横向技术研发投入具有互补或替代效应。这意味着规则性政策状态是实现了最优效率的状态，这就说明这样的规则性政策是最优的。

但这种最优的规则并不代表经济是自动平稳的，实际上隐含了潜在的内生周期的可能性：当横向知识进步积累到一个从量变到质变的转换时刻，一个纯新的产品类被创新出来，于是社会资源开始聚集到这个领域，这个新产业的纵向技术发展速度不断增加，新的一波经济增长开始启动，这时横向知识进步率会因为资源流失而下降（即单纯由 g_A 上升引致的），但随着新产业的发展逐渐进入或接近饱和期，市场需求开始下降，前瞻性的私人部门开始减少对该产业的投入，资源又会慢慢回流到横向研究部门，这是一个新的横向知识进步率 g_B^* 开始上升的阶段，直到横向知识的积累达到激发下一个新的产品类的水平。如此循环，周期内生。这一长周期内生性思想实际上早在陈昆亭等（2004a）发表在《经济学（季刊）》上的论文中就有刻画：引入人力资本的可变折旧率，实际上表达了几乎一致的内生周期的机制。

式（8-33）可以改写为 $\Delta \rho^* = \Delta \alpha - \Delta g_A - \Delta y^*$，由此可以更清晰地看出，最优政策规则的影响因素和机制：产出水平的增长和纵向技术进步率的提升都会形成对基础研究投入比例的替代效应，而基础研究的产出贡献弹性的增加则会提升基础研究部门的投入比例，呈补偿效应。这一结论符合一般规律，也能够进一步补充解释长期经济潜在的内生周期波动机制：当新产业横向技术进步增长率较高以及产出增长率较高时，社会资源更多地集中到实际应用性研究和生产部门是整体最优的，当横向技术进步有限以及产出增长下降时，基础研究投入的增加有利于促进新产业的形成，因而基础投入的增加对总体最优。

另外，长期经济增长率由三个方面决定：①每一个新生产业增长期的长短；②产业纵向技术增长率；③基础研究劳动的产出弹性参数和创新贡献率参数。其中，纵向技术进步只有短期效应，决定机制为市场行为；纵向技术进步和产业增长期受社会计划机制影响。

推论：在 $\alpha = 1$ 时，存在对称互耦关系，即 $g_B^* g_A^* = \delta$，此时经济均衡长期增长率为 $t_i g_B^* g_A^* = t_i \delta$。

在此极端情况下，长期经济增长率几乎完全由产业增长期的长短决定，其次是基础知识积累率参数 δ。但这两个影响因素都属于微观基础层面，经济中相关的制度和政策是影响这两个方面的关键，其中产业政策和国际贸易政策是决定产业增长期的主要因素。这方面我们留待以后讨论。

8.4 讨 论

本节进一步讨论长期可持续增长的实现条件和经济周期波动的内生机制问题。在本章封闭经济模型机制中，需求的动态决定经济增长的动态和周期波动的特征。产品需求的有限性决定了每一种商品市场总需求规模的有限性，也就决定了产业发展的上限，由此每一种产业形成了从初始上升发展，到逐渐饱和，再到逐渐衰退的倒"U"形典型特征。从而，每一种产业对于总体经济增长的贡献也分为三个阶段：高增长阶段、低增长或稳产出稳就业但零增长阶段以及负增长阶段。总体经济增长的实现是全部产业增长的总和，因而总体长期经济增长依赖于两个方面：①非饱和产业增长期的长短、非饱和产业增长率大小和非饱和产业数量。产业增长期越长，贡献增长期越长；单个产业增长期平均增长率越高，总体经济增长率贡献越大；同期能够实现正增长的产业越多，总体经济增长率就会越高。②新生产业频率越高，或新产业产生的间隔时间越短，则总体经济增长率越高。

但在总体要素禀赋有限的条件下，内生配置实现最优时，纵横向的分配增长存在共轭效应，在此情形下，单个产业的增长期成为唯一外生影响长期经济增长的核心要素。因而，产业政策施力的目标方向应当是努力延长产业增长期。

本章的模型机制与现有的多数模型显著不同，本章模型假定了产业内部纵向技术进步是由市场内生决定的，但同时也假定了横向技术创新依赖于基础教育投入是由政府决策决定的。这是一个市场与政府混合驱动的机制，这种机制更加符合中国的实际情形，对于以市场为主的经济如美国也有一定的解释力，毕竟基础教育与基础科学研究具有较高的社会性和外在性，政府是基础研发方面的主要驱动力。

虽然在封闭经济中讨论"有限需求"更容易一些，但扩展到开放经济的框架本质上不会改变基本的结论，恰恰更能突出市场规模的重要性。产业发展在国际环境中面临更大的总体需求市场，因而竞争占优的本国产业增长的周期会更长，但处于竞争劣势的本国产业增长周期会大大缩短，或根本没有。因而，国际化对于技术优势显著的产业有利。即便有优势的产业，国际总体的市场也仍然是有限的，其基本规律仍服从倒"U"形特征，至少理论上如此，但在国际化大市场上占优的产业可持续发展的周期会非常长。

本章模型存在先天的内生周期的机制。产业发展的周期性形成了总体经济周期性的潜在微观基础。图 8-23—图 8-25 所展示的周期性波动本质仍源于技术进步，这一点与传统的 RBC 理论以及以 DSGE 框架为基础的周期理论一致。传统 RBC 类模型基本可以完美地解释周期的成因源于技术进步等［如 Prescott（1986）估计 70%—80% 波动为实际冲击］。不同的是传统 RBC 类模型依赖外生的技术进步冲击来解释周期性波动，但本章的模型将技术进步冲击的结构性内生化了：本章基于产业周期叠加的机制，区分了技术进步的不同类型，不同结构产生不同的效应，横向知识积累形成新产品种类自身的离散特征，横向技术进步是随机点射性发生，这一特征具有随机性和趋势性。这一机制的引入补充了 RBC 理论外生冲击的不足，使得技术进步冲击成为内生性行为，而且横向产业增长叠加机制可以很好地解释中期周期波动的特征。本章模型对周期理论的贡献非常清晰。

8.5 小　　结

本章对于陈昆亭和周炎（2020）提出的"有限需求"假设，基于美国（1965—2018 年）和中国（1978—2018 年）分类产业经济发展数据进行了实际调查，证实假设具有广泛、显著的证据支撑。然后基于此事实建立了产业分类的结构性动态经济模型，引入了纵横向分类的技术进步内生机制，由此形成了完全不同于现有的传统模型的关于增长和周期波动的机制方法。同时模型能够较好地解释增长和周期理论领域主要的典型事实，产生了一些基于实际和模型理论的认识。

认识1：长期经济增长归根结底取决于社会需求。需求是推动生产的根本动力，没有需求的创新无法获得市场支持，无法"实现"；超过需求的供给不能通过市场出清而获得社会的"认同/承认"，同样无法"实现"。创新和生产无法得到"实现"，经济增长就会停滞。

评述：实际的社会经济发展取决于总供给和总需求的均衡水平的不断进步，单方面的进步不能构成实际的进步。在生产力相对落后的发展阶段，供给能力远远落后于需求，因而，供给的增长水平就是实际的增长水平，在此阶段供给决定增长。但到了工业化充分发展的阶段，基本需求得到充分满足后，增长的实现越来越清晰地展现出需求决定的特征[①]。生产者首先要调查并准确预测市场需求，制定正确的生产计划，才能创造利润。需求的变化决定生产者的计划调整。需求增长，经济就能增长；需求停滞，经济增长就停滞。增长逐渐越来越清晰地表现为需求的增长，或新需求的不断发现。社会的供给能力和社会生产必须尊重需求才能实现价值。因而，市场的关系已经清晰地表现为"需求决定生产"。

认识2：现实经济中既有纵向的技术进步，也有横向的创新发展。纵向的技术进步不能促进需求增长，反而倾向于扩大不同层次之间的收入差距，导致财富逐步聚集。而社会财富的过度聚集不利于长期经济增长，因为聚集在少数富裕群体的社会财富不能形成有效的需求，从而不能促进增长。横向的技术进步可以促进社会总需求的增加，从而推动经济增长和社会进步。但横向技术进步对经济的长期可持续增长的推动作用会受到社会财富结构、一般社会家庭偏好结构，以及新旧产品饱和度量对比值等的影响。

评述：任何新技术的发展都能促进人类文明进程不断升级，但不同技术的发展所起的作用会有很大不同，甚至在不同的阶段，作用也不同。纵向改进性的技术进步能提高生产效率，带来的影响是减少了雇主雇工的需求，而不是工人工资的提高，或者工人工资提高的幅度远低于资本收益增长的幅度，由此造成资本与劳动收益差距的扩大。新的横向技术的进步会增加所有人的需求，也会增加就业，带来社会财富的总增加，表现为经济的总增长。但富人群体很快可以无约束地实现新产品的充分需求，因而，在大多数时间内，对新产品保持持续渴求状态的是

[①] 洪银兴（2013a）指出"我国经济发展的发动机由投资拉动转向消费需求拉动"。孙豪（2015）指出，"大国经济增长主要依赖内需驱动，选择消费主导型增长模式……不同类型国家的增长模式选择不同；处于不同发展阶段的国家消费主导型程度不同，经济增长模式最终趋于消费主导型"。

一般家庭（受财富约束的群体）。因而，财富结构会影响到增长的时间和增长的质量[①]。很多家庭不是没有对新产品的需求倾向，而是他们的收入仅够维持基本的生活需求。

认识 3：一个（规模）确定的经济，对某种创新产品的市场总需求达到饱和之前[②]，该商品的生产受到市场需求推动，能够拉动经济实现增长。市场越大（经济规模越大），平均商品饱和期到达的时间越久[③]，单项创新拉动经济增长的贡献期越长。但在规模确定的市场中，任何创新商品的总需求有限，且有饱和期。到达饱和期后，该商品就会失去继续拉动增长的效应。

评述：经济的规模决定所有商品的需求市场的规模。比如，一个国家的总人口数就决定了对汽车总需求的大概上限。如果这个国家同时投资上马总需求量一半的生产产能，则两期就是汽车市场的饱和期，那么所有的产能还没有收回成本就已经进入淘汰期，这样也就谈不上任何对经济增长的贡献。但如果该国一开始就控制总上马产能为总需求[④]上限的 1%，而且此后不许扩大生产规模。考虑到纵向技术进步引致后期效率的改进，饱和期至少有 50 期，则可以实现经济增长的期限至少有 50 期，这样企业有足够时间收回成本实现盈利。企业盈利只有在足够的时间和资本的有效积累（包括人力资本的积累）下，才能逐步形成内生创新研发的能力，才能逐步实现可持续升级发展。国家实现经济增长和企业实现盈利是一致的，经济中每一个产业都能实现可持续的内生创新发展，国家经济才能实现整体的内生可持续发展。反之，在一个缺乏管制的无序经济中，每个新产品创新出来，大家一哄而上，结果没有一家能够实现盈利，反而造成社会资源的巨大浪费，经济必将陷入永恒的陷阱。

本章的重要观点及延伸思考如下。①决定增长的是市场需求，没有需求就没有增长。需求动力不足，增长就乏力。②市场是稀缺、有限的，因为需求是有限的。③市场的属性，即共有性与专属性，由制度基础决定。④市场权是国民权、国家专有权、话语权，这些由市场的稀缺性、有限性和共有性决定。⑤各级政府应该替人民管好他们所应有的市场权[⑤]，应合理分配公民共有的市场权。⑥社会主义市场经济与资本主义经济的本质区别除了生产资料所有制的不同，还应有市场权的分配方法的不同，资本主义经济中资本家独占市场，无产阶级丧失市场权，

---

① 沈坤荣和刘东皇（2012）指出"居民收入分配的不合理等都严重地制约着我国居民消费的增长"。
② 实际上达到最优需求水平之后，该产业产能就会出现过剩，拉动经济增长的作用就开始下降。
③ 这取决于产业政策设置，为避免一哄而上的瞬灭式发展格局（类似光伏案例），也为保护产业盈利周期足以培养出产业创新的内生能力（可持续发展需要），需要限制进入新产业的资质和规模，要根据市场容量计算产能投入量。
④ 本章重在理论探讨，暂时不考虑产品使用寿命等精确计量问题。
⑤ 市场权与西方经济学中使用的 market power（市场力）不是一个概念，这里的市场权是指对于市场所拥有的所有权属性，市场力刻画的是市场中参与者占有的市场权的份额，前者是内在的权属属性，后者是使用属性。

无法获得市场权红利。但社会主义市场经济中，市场权应归属全体人民，每一位公民都应当参与市场红利的分配。⑦互联网时代，市场管理陷于混乱，资本的掠夺性占领和无序使用破坏了市场使用效率，亟须进行相关规范和立法。⑧新中国成立及改革开放发展至今，市场使用经验仍不足，缺乏效率意识，相关管理措施失位，急需相应的规范措施。⑨当代发达经济走过的增长之路不是最优的，发达经济高比例服务业是引致低增长的重要因素。⑩创造 GDP 和就业不等于创造增长；大部分的产业不带来增长；带来增长的产业只有新生产业和尚未饱和的产业（次新产业）；劳动结构的最优配置是将大部分青年配置到新行业和创新部门。

第 9 章 价值体系稳定的战略必要性——基于 FBC 理论的长期政策规则的分析

本章对 FBC 理论领域的热点问题——现行货币政策适当性方面的研究成果进行综述。本章以重点问题（全球经济增长动力持续衰减及大范围负利率趋势成因、金融货币政策体系与长期可持续增长之间的关联机制等）为线索展开，并讨论其潜在机制："向下有偏"的货币政策规则引致长期增长的潜在动力逐渐衰减、持续的增长率水平衰减最终引致危机；抑制危机的行为会成为恶化和扭曲长期价值体系的新起点，并引致更剧烈的波动。受此启发，我们探讨更好地解决我国现实经济中阻碍或迟滞长期可持续发展问题的金融货币规则策略。本章提出一个重要观点，即以稳定长期价值体系为目标的货币政策规则是支持长期可持续增长的最优政策规则，并探讨大国经济执行以稳定价值体系为核心的货币政策规则体系的必要性和可行性。

9.1 金融稳定可持续性问题

近二三十年来，频发的金融危机正成为全球经济生态的重要影响源，比较典型的如 20 世纪 90 年代的亚洲金融危机、2008 年金融危机及新冠疫情诱发的危机等。已有研究指出，金融冲击的影响已上升为近年周期波动的主要因素 [例如，Kollmann（2013）、Claessens 等（2012）、Iacoviello（2015）等估计金融冲击对波动的贡献已经超过 50%]。金融冲击波动性加剧一方面直接推动了一个新学术理论领域—— FBC 理论的发展，还引起两个方面的实际影响：一是全球经济增长动力持续衰减，有步入类似于 20 世纪大萧条之后的"大缓和"时代的趋势；二是全球较大范围的负利率趋势正在逐步形成[1]。这两个看似不相关的问题，实际存在紧密的内在联系，本质上都与近年经济的过度"金融化"趋势以及当前的金融政策体系脱不开干系，也与价值体系的失衡紧密联系。这些问题既构成许多对传统

---

[1] 目前全球有 1/3 的债券是负利率债券，日本和欧洲的瑞典、丹麦等国家的存款利率为负。2019 年 9 月 12 日，欧洲央行宣布将存款利率降至–0.5%，创下历史新低。而在之前，欧洲央行已经执行了长达 8 年之久的存款负利率。作为欧洲工业火车头的德国，事实上也已全面负利率，10 年期国债收益率为–0.6%左右，创 2016 年来的新低。2019 年 8 月 21 日，德国还首次发行了零息票的 30 年期国债，这意味着 100 万欧元借给国家用 30 年，到期国家还给你 100 万欧元，一点利息都没有。负收益率债券规模激增的背后，全球央行的宽松预期显然是主要推手。2019—2020 年，全球有约 30 个经济体相继宣布降息。

认知的挑战，又提出了许多新层面的科学性问题，这些问题困扰着众多政治家和学者，成为当前动态宏观经济学乃至整个经济学体系面临的最急迫、最重要的问题。[①]

在传统理念下货币、金融、财政等政策手段都属于短期策略，不会有长期增长效应，但这一认识正被许多新研究证伪[②]。因而在此背景下什么样的金融与货币政策体系才能保证经济的长期可持续增长正成为一个新问题。这方面的已有研究，部分是在连续时间动态不确定性均衡模型中，考察波动性（标准差项）与趋势性项之间的共同性因子的影响因素。这类研究只能从理论上证明和研究短期波动性与长期增长之间的关联机制，却不适合研究货币政策体系的影响机理和效果。合适的研究框架只有FBC理论，而上述问题也正是FBC的重要研究内容。

近年发展起来的FBC理论是研究金融经济危机的形成机制、金融经济系统性风险发展机制、金融因素影响宏观经济周期波动的机制，以及规避系统性风险和周期波动的管理等问题的主流方法。那么，针对当前全球共同面临的增长动力衰减，特别是在负利率趋势下挣扎的经济体，FBC理论有没有好的对策？有哪些引人注目的最新成果？能否解释引致增长动力持续衰减的成因？现行的政策体系是否适当？或存在怎样的问题？本章拟围绕上述问题对FBC领域的部分最新研究成果进行总结，重点关注关于货币政策规则的专题性讨论，结合其对长期经济增长的影响进行一定的分析，并提出一些粗浅认知和理解。本章拟讨论以下几个方面的问题。第一，对FBC基本理论发展的简单综述。第二，探讨价值体系长期稳定对于经济长期稳定可持续发展的重要性。第三，讨论持续的增长动力衰减与危机形成之间的内在联系。第四，讨论和建议：①关于货币政策规则一致稳定性及其必要性的讨论和建议；②对我国现阶段稳定价值体系的意义的思考和建议。

本章的主要贡献和现实研究价值有两点。第一，近期学术领域关于MMT（modern monetary theory，现代货币理论）存在不少争议，但相关讨论的理论基础和科学依据不足。因而对FBC理论的最新进展和重要成果进行专题性总结综述，有助于引起有针对性的专门讨论，以引导该领域更高水平的研究，推动我国相关现实问题的高水平解决。第二，本章着重讨论关于金融货币政策规则体系的理论，并讨论增长和危机形成之间的内在关联机制逻辑，这是解释当代金融化特征下长期经济内生性发展规律的创新性思想，主要包含三个逻辑过程：①无法保证长期价值稳定的货币政策规则体系存在先天不足（向下有偏），会成为引致长期增长潜

---

① 价值体系失衡的问题实际上已经超越了宏观经济的研究范围，而成为人类社会共同面临的政治经济范畴的重大课题。限于问题的规模，本章做必要的切割，尽可能使讨论局限在经济学理论的范围内。

② 自从Ramey G 和 Ramey V A（1995）等一批学者开启短期波动性与长期增长趋势关联机制方面的研究，已有不计其数的论文发出对传统认知的进攻，货币等短期冲击具有长期效应已经毫无争议。国内这方面的研究可参考陈昆亭等的《短期波动如何影响长期增长趋势？》一书。

在动力逐渐衰减的根本诱因；②持续长期的增长动力的衰减是引致经济金融危机的最终原因；③应对危机和企图扭转经济的货币政策成为恶化和扭曲长期价值体系的新的起点，成为更剧烈波动的潜在根源。该理论贡献的直接实践价值是给出保证长期可持续的、以价值稳定为目标的政策规则建议。

本章的内容安排如下。9.2节介绍FBC理论的产生和发展，我们将会看到FBC理论本质上是在传统DSGE框架中嵌入银行金融中介部门，以刻画金融信贷这一现代经济的核心变量是如何与实际经济变量结合在一起的，从而架起分析金融货币政策效应的桥梁。9.3节首先介绍系统性金融风险的微观基础机理，然后逐步展开到宏观层面，继而介绍危机的形成机制，以及系统性风险机理潜在的决定或关联货币政策影响机制。9.4节首先介绍关于货币政策规则方面的代表性研究，然后聚焦讨论货币政策规则、价值体系稳定与长期可持续发展之间的关联机制，这是本章的要点。现有的直接研究极少，但我们认为其逻辑具有巨大的理论价值，本章的分析重在引起讨论和启发更深层的研究。9.5节进行总结，重点讨论当前我国激励长期稳定可持续发展的货币政策策略。

9.2 FBC理论模型机制的演化发展

FBC理论是在20世纪90年代的亚洲金融危机和2008年全球金融危机推动下发展起来的[①]，是将金融冲击、金融摩擦、金融中介等因素嵌入传统的RBC理论的DSGE框架中，系统地研究金融因素与实体经济周期之间相互作用、相互关联的机制的动态宏观方法。这一发展有效弥补了RBC理论在解释现实经济波动中的不足，成为当前广泛使用的经济周期理论，乃至整个宏观经济学的主流理论。国内代表性学者有王永钦、杜清源、杨子晖、周颖刚、梅冬州、庄子罐、陈昆亭、周炎等。

9.2.1 FBC理论产生的背景

经济周期理论一直是宏观经济学的重要研究方向，其起源就是从研究经济危机开始的，该理论的演化发展也通常伴随着经济波动事实的不断变化。传统的周期理论可以分为RBC理论和凯恩斯主义的周期理论。两种思潮各有优势和不足，在20世纪90年代后相互吸收学习，逐步融合成GBC理论或融合的周期理论。这些模型在RBC的框架下，引入了凯恩斯主义的黏滞价格、不完全竞争、市场摩擦

---

① 例如，Hall（2015）指出全球金融危机使美国2013年实际经济产出比由1990—2007年历史数据所得的产出趋势值低13%；Ollivaud和Turner（2015）估计，危机使OECD成员国2014年潜在产出中值减少了约4%。而新兴经济的金融周期和实际经济周期的波动性都比发达经济更强。

等思想,这一框架也逐渐成为 2007 年次贷危机前,经济周期理论研究的主流方法。

次贷危机以及之前的亚洲金融危机对周期理论的发展形成了极大冲击。一个占信贷市场整体份额并不大的次贷市场发生的负向冲击,竟然导致了严重的金融市场危机,并进而引发了全球金融海啸,显然是基于实际类冲击的实际周期理论无法解释的。人们意识到金融冲击、金融摩擦已成为经济波动的重要诱因,而金融市场也成为波动传播的重要渠道,因而在周期理论中引入金融因素成为必然。

9.2.2 FBC 理论的演进

FBC 理论的思想萌芽可以追溯到 Fisher(1933)的研究,该研究指出经济萧条会导致资产价格的下降和债务负担的加重,从而导致信贷市场条件的恶化,由此又会进一步加剧经济萧条,形成恶性循环。但当时金融对经济的总体影响较小,没有引起充分重视。直到 20 世纪末亚洲金融危机爆发,人们才开始认真展开对信贷周期特征及其与经济周期的关联机制等问题的探索,FBC 理论才算正式开始形成。其基本思想方法是,在传统周期框架中嵌入关于信贷的抵押约束机制,简称信贷约束机制,但此时信贷约束的引入方式基本是外生的,因而也称为外生信贷约束机制的方法。

1. 外生信贷约束机制

Bernanke 和 Gertler(1989)、Bernanke 等(1999)、Kiyotaki 和 Moore(1997)等开启的 FBC 理论的研究是在主流 DSGE 框架中,外生嵌入抵押信贷约束方程,或者外生嵌入一个借贷约束不等式,以试图解释金融市场因素传播、放大波动的功能(这就是金融放大器原理),这类研究称为"外生信贷约束机制的金融经济周期理论"。其发生作用的基本原理是:经济中企业和私人部门的经济活动都会受到信贷约束的影响。在一般的经济社会中,贷款需要资产抵押,而代理人的固定资产或金融资产的价格受到金融市场和资产定价中多种不确定因素的影响,在各种冲击形成的资产价格波动中,可贷资金因抵押资产价格的波动而波动。在经济繁荣时期,各方面预期良好,投资和需求不断上升,推动资产价格逐步上升,从而可供抵押的资产总值不断增加,而且在这个时期,需求的不断上升还会激励政府采取较为宽松的信贷政策,杠杆率逐步增大,这样可贷资金规模大大增加,由此进一步放大生产规模,形成螺旋式放大上升的综合机制。而在经济预期不好的萧条时期,政府会降低抵押信贷系数(杠杆率),以控制总体信贷规模,而金融市场(如股市)作为经济的先期反应部门,一旦出现不好信号,会快速下降,从而可供抵押的资产价值大大缩水,这样的双重缩水也会产生巨大的螺旋式收缩效应。因而，信贷约束效应在正反两方面都有放大作用。这方面国内详细的介绍和讨论可以参考周炎和陈昆亭（2012a，2012b，2014）的研究。

2. 内生信贷约束机制

美国次贷危机之后，FBC理论的研究进入新阶段，涌现了许多具有代表性的研究。这些研究共同的特点是直接或隐性地引入了银行中介部门，与之前研究不同的是，不再对银行和流动性进行单一的刻画和研究，而是把银行、货币政策和流动性问题统统纳入DSGE框架中，重在研究金融冲击、金融摩擦以及政策冲击等的周期波动问题。

例如，Goodfriend和McCallum（2007）、Christiano等（2007）以欧洲与美国两大经济体实际金融和宏观总量数据为背景，将货币和银行中介引入标准增长模型，着重讨论模型对金融变量和经济总量波动性的解释力，模型结论有显著改进。在Goodfriend和McCallum（2007）的模型中，除了有类似于现有模型中的金融加速器机制外，还假定了银行减速器机制的存在。模型思想为：在黏性价格的经济环境中，一方面，激励就业和产出增加的货币政策冲击会引发资本边际产出的增加，从而资本价格上涨，经济中可抵押价值增加，则在对于银行储蓄需求不变的条件下，外部融资贴水下降，这是金融加速器机制部分；另一方面，货币政策激励消费支出的同时也增加对银行储蓄的需求，则在可抵押资产价值不变的条件下，外部融资贴水趋于增加，这就形成银行减速器机制部分。该文利用实际历史平均利率、利率差、银行总量、宏观经济总量数据作为基础，校正稳态均衡模型的系统参数，并考察在不同组合冲击下系统的反应机制。研究认为，将银行中介和货币引入标准增长模型中可以显著改进对金融变量和经济总量变量的解释力。

在实证方面，Claessens等（2011）的研究包含44个国家（1960—2007年）的时间序列数据，商业变量总数超过200个，金融变量超过700个。该研究分析了经济周期和金融周期之间的关系，研究了金融和经济变量之间的同步性、作用机制等。主要结论包括：①经济萧条和复苏的长度和深度受金融周期强度与深度的影响；②当萧条伴随着房价的崩溃，萧条的长度和深度会更大；③经济恢复的强度显著正相关于之前萧条的深度，也受金融因素的影响；④伴随着信贷和金融市场繁荣的复苏会更强劲有力，但如果前期的萧条过程中发生了房价崩溃的话，反而会更弱；⑤新兴经济中，金融周期的特性比发达国家更显著；⑥从总体来看，金融变量周期比经济变量周期更长、更深、更剧烈。这些结论说明了信贷和住房市场对经济发展的重要性。

Iacoviello（2015）使用贝叶斯方法估计了嵌入银行部门的DSGE模型，发现源于银行贷款损失的财富再分配冲击与其他冲击一起，可以解释萧条期间产出下降的一半以上，因而得出结论：现代经济周期是金融的而非实际的，即认为现代经济周期波动并非主要源于技术冲击的传播、放大，也受不同代理人群体之间资源流的变化的影响。Mimir（2016）则量化分析了金融冲击、金融摩擦和金融中介影响美国经济周期的强度，指出：①银行存贷差的波动性比产出的波动性小，但净财富和杠杆率的波动性较大；②银行信贷和净财富是顺周期的，但储蓄、杠杆率和贷款利差是反周期的；③金融变量波峰超前产出波峰1—3个季度。该研究的最终结论认为金融冲击是推动当前美国经济波动的主要因素。

近年 FBC 理论已经获得很多重视和快速发展，其发展的动力来自现实经济金融化的趋势，或者金融因素在实际经济发展中作用的增强。其内在的逻辑是，金融因素不单是实际经济活动中的直接参与要素，而且通过金融加速器原理等对经济中的波动具有传播、放大效应。FBC 理论在 GBC 框架基础上嵌入金融部门，比传统的周期理论模型更加复杂，解的性态、稳定性等也更麻烦，应用性也还有待拓展，但其发展前途非常远大。

9.3 系统性风险及危机形成机制

系统性风险的集中释放和极端情况就是经济危机，其成因、发生、发展以及传播机制一直是经济周期理论研究的重点问题（在这方面有很多国内学者进行了研究，如范小云、杨子辉、周颖刚等）。受广泛认同的定义：系统性风险是指由经济周期、国家宏观经济政策的变动、外部金融冲击等风险因素引起的一国金融体系发生激烈动荡的可能性，这种风险具有很强的隐匿性、积累性和传染性，对国际金融体系和全球实体经济都会产生巨大的负外部效应。

金融部门系统性风险的形成有几种典型微观行为基础：①动物精神。在经济繁荣期，微观主体希望多贷款，而在萧条期微观主体容易陷入过度恐慌的情绪。当经济中所有微观个体都选择增加贷款、投资、扩大生产或者相反，就构成了泡沫和挤兑的最初的微观基础（Shiller，2008）。②竞争压力。对许多企业而言，即便意识到贷款过多、杠杆高企会加大风险，但如果不这么做，企业可能面临失去客户和市场的风险（Minsky，1986）。③金融冲击。信贷繁荣和衰落的另一个原因是银行中介部门内部的放款意愿宽松或收紧。这可能源于对经济快速增长或收缩的需要的"过度"反应。实证表明，20 世纪 70 年代开始，2/3 的信贷繁荣并没有产生金融危机。但当信贷繁荣伴随着高杠杆率的时候，危机发生的可能性大大增加。④"赌勇"行为。行业竞争中的关键时刻（如明斯基时刻）大象级企业决策者的非理性行为，虽未必广泛存在但极端危险。错误认识、判断情况下的双方对赌，极容易造成双方不可承受之痛和极大的溃败性的后果，很容易成为系统性风险的导火索。

系统性风险形成的典型宏观机制如下。

（1）恐慌情绪的传染性和羊群效应。极端灾难性事件和重大负向冲击极容易造成恐慌情绪的传染和群体放大，诱发"挤兑"。2020年3月美股的四次熔断就是典型案例。有以下几种传染途径：①通过交易对手；②流动性短缺；③信贷总供给；④信息披露。

（2）银行间资产的互持和相互关联性。现代金融系统中各种金融工具的创新，如信贷违约互换、贷款销售和抵押贷款等提高了金融机构分散风险的可能性，但也导致更多的重叠和投资组合的更大的相似性。这增加了当一个金融机构失败时，其他类似金融机构也会失败的概率，提高了银行的展期风险。当银行处于财务困境时，投资者可能担心有相似投资组合的其他银行也会陷入麻烦，因此拒绝再投资，金融市场因此干涸，所有银行陷入困境（Allen et al.，2010）。Iacoviello（2015）在DSGE模型中引入金融摩擦、金融冲击的相互关联性，发现当经济中的一组代理人发生违约时，群组之间的财富再分配就发生了，价值断裂也就发生了。这种代理人群组之间财富价值比例的变化形成财富再分配冲击，这是金融冲击的一种形式。经济中贷款违约率上升到某个水平后，造成金融机构遭受损失的严重程度加深，无法提供实际经济所需要的信贷。当银行自有资本低于监管要求时，银行被要求提高资本率或去杠杆化，而通过去杠杆化，银行将风险转化为信贷冲击。正是这种形式的冲击最终通过信贷约束机制被传播、放大，导致实体经济的巨大波动，这种冲击本身也形成金融市场的巨大波动。金融市场的波动又进一步叠加到对实体经济的冲击中来，而实体经济的波动又会不断地引起代理人群体之间财富分配比例的新的失衡和原有断裂的加深，从而形成现代经济波动的内生根源。

（3）金融机构投资结构的相似性。在逐利行为驱使下银行中介机构往往会有相似的偏好行为，资产同质化比例往往会很高。比如，在房地产业持续火爆期，几乎所有银行都会持有很高比例的房地产资产。当某个共性较高的产业发生一个即使不是很大的负向冲击，都可能造成整体巨大的系统内"拥挤"效应（Allen and Gale，2000）。

（4）金融顺周期性及流动性螺旋效应。资金流动性刻画投资者和套利者获得资金的难易程度。流动性高时，融资容易，抵押品价格高，"平仓""追缴保证金"的可能性低。流动性低时，资产价格降低，收缩资产负债的行为会有昂贵的成本。在简单的反周期性的规则性政策机制（缺乏长期战略思维）下，流动性的波动本身具有潜在的短周期性质，缺乏持续支持长期项目的能力。短期性"资金冲击"可以引发两个不同的流动性螺旋：损失螺旋（loss spiral）和保证金/平仓螺旋（margin/haircut spiral）。

损失螺旋由资产价格效应造成。即当许多金融机构遭受类似的损失时，都必须削减头寸，引致资产价格下降，导致资产缩水，迫使金融机构进一步削减寸头。Plantin等（2008）认为，在标的资产具有流动性较差、结构化程度高、到期期限长等特点时，盯市制度（marking to market）的顺市场周期特点会加强流动性螺旋效应。类似地，保证金/平仓螺旋指金融紧缩发生时迫使金融机构降低其杠杆率，直到损失螺旋达到最大影响的位置。因此保证金/平仓螺旋会加强损失螺旋的效应。如此形成恶性循环，更高的保证金和平仓迫使去杠杆化和更多地卖出，这意味着资产价格进一步下跌和进一步追缴保证金和强制平仓，迫使更多的资产出售，并存在导致多重风险的可能性。风险评估指标增加，不仅会导致更高的保证金/平仓和外部融资成本，而且也降低了银行内部的风险偏好，风险经理踩着刹车，迫使交易员去杠杆。

一个极端的例子是 2007 年 8 月的情况，当时资产支持的商业票据市场在几小时内完全枯竭。在危机前，因为过度抵押，最初的损失由低价证券分散承担，资产支持的商业票据几乎没有风险。然而，在 2007 年 8 月，分层缓冲（overcollateralization cushion）突然蒸发，资产突然面临极大风险。类似的案例在 2020 年 3 月再次发生，当新冠疫情大范围暴发后，本来作为传统避险资产的黄金价格居然伴随美股的连续熔断同样出现暴跌，石油期货价格出现罕见负值。这些都是典型的损失螺旋和保证金/平仓螺旋交互反应的结果。

（5）国际经济一体化效应。近年来随着互联网技术的快速发展以及国际经济联系的日益紧密，国际经济体之间越来越相互依赖、相互关联。资本在国际经济之间的流动便捷快速，又隐秘复杂，无法跟踪，也难以识别，突然的极度聚集和瞬间的集体撤退都是常态。联系紧密的区域性经济体由于极大的相似性，极易受到共同冲击的影响，又由于其高度关联，很容易形成国际一体化的系统性风险。Devereux 和 Sutherland（2007）、Kollmann 和 Zeugner（2012）、Kollmann（2013）发现，银行资本成为影响本国和外国实际活动的核心变量，对银行资本的负向冲击将会增加银行存贷利差（金融摩擦的主要形式），从而引发信贷额度的下降，导致实际经济活动下降。在这样的机制中，因为金融市场全球一体化（银行间的相互关联度、相互依存性极大），一个国家内部的贷款损失将引起大范围甚至全球性的经济下降。

9.4 危机应对及传统政策体系的潜在问题

总体来看，危机发生时上述五种机制相互促进，联合作用。不同的机制对应不同的内在原因和应对手段。

首先，恐慌情绪的传染恶化，往往一是因为真实信息不畅，二是因为缺乏及时针对性的辟谣或可信的权威保证。有效的解决方法不是每一次出现信息冲击时都花费力量去处理，而是要有透明、稳定、可信的金融货币政策规则做保证。只有这样，私人部门在任何特殊事件下都可自信地做出最优调整，这种调整是在正确预期政策规则的基础上做出的，同时政府也会正确估计私人部门的理性调整策略，从而自动实现系统对于任意扰动的有限自适应过程。

其次，银行中介部门的相互关联性和投资组合相似性这两种机制是现代金融系统风险的主要特征，本质上关联性程度和相似性程度都与整体价值体系、经济结构紧密联系。在稳定不变的基础价值体系和合理的经济结构中，收益越高成本也越高，因而若所有项目综合投资收益在相同风险前沿线上时是无差异的，则金融机构投资就不会过度聚集，同时银行在投资风险相同后也失去相互关联的内在需求。

再次，流动性螺旋和金融顺周期性的情形在前文已有分析，在简单的反周期性的规则性政策机制和缺乏长期战略思维的金融机构的反应机制下，流动性的波动本身具有潜在的短周期性质，缺乏持续支持长期项目的能力，规避的根本办法也是要求执行长期一致性的规则，同时需要保持价值体系稳定性以保证对长期项目形成有效的支持，如此经济结构才可以降低扭曲，金融资产标的才可以稳固。

最后是国际一体化，主要基础是国际贸易，由此形成国际金融的相互关联。源于外部经济和金融政策的多重不确定性的复杂性本质上高于内部金融系统风险机制。母国政策除了要稳定本国经济，还要平衡外部贸易收支、稳定汇率等。但即便如此复杂，大国经济策略也只需遵从稳定价值体系即可应对。

基于此，透明、稳定、一致的规则政策应当是针对每一种危机机制的不二选择。但这样能保证长期稳定可持续发展吗？为此我们需要分析现行货币政策体系的问题。

9.4.1　现行的金融制度体系和货币政策规则导致政策的中长期负向有偏并抑制中长期增长

首先现有的货币政策有持续的低利率倾向，欧元区及日本已经长期陷入接近零利率和负利率的状态[1]。Brunnermeier（2009）提出美国次贷危机源于两个他认为极端重要的趋势性要素，即在次贷危机之前两个变化最终诱致了危机：①持续的低利率；②银行系统经历了一个深刻的结构性变化。其中第一条属于货币政策的内容，第二条属于银行金融部门结构性制度方面的变化，这两个的共同点是都将对中长期趋势产生影响。首先看第一条的影响，传统的规则性货币政策会随着短期周期性波动进行利率调整，但如果在持续时间较长的低利率刺激下，新证券的诞生促使国外资本大量流入，其中很大一部分资金是通过所谓的"影子银行系

---

[1] 2012年7月5日欧洲银行宣布隔夜存款利率降至0，受此影响丹麦将存款利率由0.05%下调至–0.2%，正式开启负利率时代。此后，欧洲经济体相继持续陷入接近零或负利率的状态。

统"，这样的融资非常脆弱，因为它具有很高的短期属性（主要是短期融资），这就形成了潜在的对于支撑中长期项目的根基的损毁，这是损害长期经济增长的机制之一；而扭曲的利率持续的存在，引致收入和财富分配的差距严重放大，这是另一个导致长期增长动力衰减的根本原因。此外，利率扭曲和银行系统的结构变化还导致了房地产和信贷泡沫。贷款标准遭到侵蚀，膨胀的房价成为美国不可持续的高消费水平融资的抵押品，价值体系损毁，结果是美国家庭的储蓄率下降到接近零的水平（价格的扭曲是价值体系损毁的表现）。美国消费增长的大部分资金来自不断增长的经常账户赤字，而不是实际的收入增长，这些都成为潜在的引致增长衰减的成因。法国著名经济学家（世界银行前副行长）弗朗索瓦·布吉尼翁指出："美国和欧洲发达国家的量化宽松政策对这些国家经济增长的推动作用不大，但对不平等的影响则是巨大的。"一国资源分配和收入差距可以通过许多渠道对经济效率与经济动能产生不利影响。实际上，在"有限需求"假设下（陈昆亭和周炎，2020），收入差距越大，社会有效总需求越低，从而总体经济产出受到制约。

综合可知，负利率和量化宽松等持续性有偏的政策的长期效应导致经济增长潜在动力逐渐衰减。

9.4.2　长期经济增长衰减又反过来成为危机的潜在基础原因

在经济稳定持续增长的过程中，危机都不太会发生。危机的发生多是在增长动能下降的萧条过程中。实际上，危机的本质就是增长动能不足。首先，所有的金融衍生资产的最终标的就是增长。看起来复杂的金融工具通过各种衍生证券工具相互嵌套，但最终落实的基础标的都是增长。金融市场越是健全完善，相互的嵌套就会越封闭、越紧密，从而也更加深刻地依赖于本质标的的稳健性。这些本质的基础特性从上面危机的宏微观机制中已经可以很清楚地看清。因而增长基础的崩坏，才会使某个个体的崩溃成为压死骆驼的最后一根稻草。

其次，在缺乏长期稳定的体系下，即缺乏长期项目稳定的支持的经济生态环境中，很难保证新产品类的持续稳定出现（即横向创新），也不能维持有效需求的持续稳定，这些都会成为危机的基础原因。Brunnermeier（2009）也做过类似讨论。

9.4.3　关于政策规则的最新讨论

近几十年关于政策规则的实践出现的一系列问题，引起很多更深层次的思考和争议。比如，是否某种严格的规则性货币政策能够比纯粹的相机抉择的决策更能保证宏观稳定。对相机抉择行为的激烈批评的目标是祭出抑制危机的手段，但危机来临时又不约而同地选择相机抉择的应对危机的策略（如量化宽松），这又会引致新的更严重的不稳定性的爆发。当利率首当其冲地"被衰减"下来，继之而来的是持续的增长衰减。

对规则性政策的质疑认为，在不确定但相当长的时间内，被固定在正式的条例和规范之下的标准的规则，并不能与曲折的经济思想相协调，许多在今天的现实状态下看起来睿智而时髦的思想，在不久的将来就会过时。Laidler 得出结论：迫使央行遵循一些目前流行的货币规则只会"在未来制造错误，就像过去一样"。

在当前许多央行都在为零利率问题而挣扎之时，偏离规则性正统行为似乎特别及时。但另一种观点宣告传统凯恩斯主义工具在极低利率环境中的不适用性。Belongia 和 Ireland（2016）的研究证实了货币长期效应的存在。他们预设一种政策规则，即货币供应量被调整以抵消预测的经济增长速度的变化，并发现追溯到1967 年的数据集具有显著的长期相关性，这与威廉·巴内特的说法是一致的。更重要的是，他们发现这种长期关联实际上在 2000—2015 年更强，尽管人们普遍认为"流动性陷阱"削弱了货币与经济之间的联系。同时，他们的调查结果也支持弗里德曼的判断（政策变化滞后于实际）及更一般化的卢卡斯批判。

Hetzel 等（2016）指出：虽然政策独立性很重要，但有责任和义务使其施政规则是可测的。从金本位货币向信用本位货币的过渡，最根本的影响不仅是货币供求机制的变化，还在于货币价值的"锚"从具有内在价值的实物转向不确定的公众预期。他认为："只有能稳定通胀预期的货币规则，才可以充作好的名义锚，并赋予货币以良好的价值。"诺贝尔经济学奖获得者米尔顿·弗里德曼认为"以更明确的方式来锚定信用货币的长期价值"非常重要，"一种名义锚（美联储在国会的授权下，将名义收益率与价格挂钩率之差维持在一定水平之内）比货币供给目标更好，也比价格锚更为科学。"

国内关于货币政策规则的研究也有很多，经典的讨论如谢平和刘斌（2004）的研究，较新的讨论如金春雨等（2019）的研究。

9.4.4　长期有效稳定的政策规则探索

关于货币政策的争论使问题的真谛越来越清晰。传统的逻辑认为货币、金融等政策只有短期效应，长期货币呈中性，因而宏观管理的目标也仅限于中短期，这恐怕是问题的最终根源。一方面，货币效应已经被近年的系列研究证实有长期效应（陈昆亭等，2012）；另一方面，即便货币政策的效应是短期的，也不应当缺乏对货币政策长期约束性规则的探讨，阶段性的效应积累起来的结果应该服从怎样的长期规制，这是当前的前沿问题。

基于以上的分析，我们提出：长期价值体系稳定应成为货币政策方案或规则的基础性目标。这里价值体系稳定包含两个含义：①横向资产、商品或服务的相对价格保持基本稳定（围绕其实际价值）；②所有资产的长期纵向价值保持稳定。对此我们有一个基本的判断：价值体系稳定是确保市场有效性得以发挥的基础保障，进而是长期经济可持续发展的保证，是避免价格扭曲和资源错配的条件，是经济结构稳定和社会和谐发展的基础。

较早的价值稳定性讨论如 Fisher（1920）指出"商业伤于不确定，不确定麻痹努力。而且，货币购买力的不确定是所有商业不确定中最糟糕的"。他曾激烈指出："美元最主要的问题是它的不确定。当它被当作一种测度，每一个合同就必然成为一个彩票。每个合同参与者就被动成为针对美元的赌博者。"

Kimball（1995）意识到长期稳定的意义。他认为，稳定的商业票据利率实际上可能导致无风险利率的有益调整，以应对风险利差的变化，因为商业票据利率稳定是长期价值稳定的基础保证。除此之外，对价值体系稳定的必要性还有很多不同角度的论述。如 Faia 等（2014）指出："当公司面临租赁和解雇成本情形时，因为失业波动的无效性，易变价格配置不是最优的。"这里肯定价格稳定的重要性，而价值体系稳定是价格稳定的基础保证。Kienzler（2012）指出："货币政策面临稳通胀和稳就业之间的平衡问题，技术损失会加重（恶化）该问题。缺乏长期稳定的价值保证，生产性冲击发生最终会诱致更高的通胀波动性。"

9.5　小结：稳定价值体系的战略意义与实现方法

本章系统总结 FBC 理论前沿成果，以及全球性滞胀和负利率趋势下货币政策实践与理论成果，对我国发展有重要启示作用。当前我国经济进入长期发展的新阶段，面临一系列新矛盾，客观上要求对宏观政策管理方法和理念进行深度改革。现阶段我国执行长期透明、价值稳定一致的政策规则有充分必要性、可行性和战略前瞻性。长期透明、价值稳定一致的政策规则中的"透明"是指政策应当是明确可观察的，政策表述的含义是清晰易懂的。"价值稳定一致"包括时间一致性和全局一致性。时间一致性指不同阶段政策规则的稳定性程度，是纵向的规则稳定性的描述和追求；全局一致性是指对不同管理口径、不同部门之间应遵从基础规则的一致性，是横向的政策规则稳定性的描述和追求。长期规则特指相对于中短期政策管理规则而言，针对更长周期跨度的波动的管理规则。

9.5.1　理论意义

（1）长期透明、价值稳定一致的政策规则是长期政策可预期的充分必要条件。可预期的政策规则是确保经济各部门（供给、需求、金融中介、下级政府等）理性合理科学决策的必要条件。宏观经济总体的有效性是建立在各个微观个体、各个基础单位、各个部门的决策行为有效的基础之上的，宏观经济管理的最高目标也应是确保个体和总体的有效性。随机的政策变化和不可预期的规则下的政策行为本身就是一种扰动源，只能加剧经济的不稳定，扭曲资源配置的有效性，最终恶化经济政策的信誉，造成经济总体运行效率的巨大损失。

（2）长期透明、价值稳定一致的规则性货币政策是国民财富管理的依据和现实阶段的需求。民以食为天，家积财乃安。没有长期稳定的可预期的财富管理的"锚"，家庭财富就没有长期稳定的保证。财富就会流失，奋斗积极性也会丧失，社会就不能安定。反之，存在长期稳定的可预期的一致的规则性政策，就可以给国民以长期财富保值的确定性保证和预期，就可以坚定家庭的储蓄信念（恒心）、消费信心和投资决心。改革开放40多年来，我国社会中相当一部分家庭积累了一定的财富，财富保值需求成为家庭新阶段的重要问题，涉及家庭养老安全等问题，因而长期稳定的规则政策是家庭安居乐业、国家经济繁荣昌盛的重要保证。

（3）长期透明、价值稳定一致的规则性货币政策是确保长期投资信心的要求。家庭和个人的发展需要稳定可信的环境，国家发展同样需要长期的社会稳定，以保证投资的恒心、信心和决心。大国经济的发展尤其需要更多、更长期的投资，源源不断地推动社会经济持续进步。没有长期有效稳定的规则性政策来保证长期投资项目的稳定利益，无论国企还是民企都不可能保证投资的持续性，好的资本会流失，好的项目会流标，好的前景会葬送。

（4）长期透明、价值稳定一致的规则性货币政策是经济内生可持续发展的需要。经济走向后工业化阶段之后，能否进入可持续的内生增长均衡，一个重要的条件是部门间的协调发展和较好的创新补偿性，这些条件都依赖于稳定有效的价值体系和价值发现机制。没有稳定的规则政策就不可能有持续的研发投资，也不可能有可靠的创新激励，长期内生增长就会成为空话。

（5）长期透明、价值稳定一致的规则性货币政策是国家信誉的基础和国民凝聚幸福的有效标的。稳定一致的政策规则有利于政府管理部门建立执政信誉，大大改进政策的可信性和政策行动的效率，同时也有利于建立倡导信誉的社会基础，引导各部门保证信誉，其根本结果会落实到全民幸福指数的提升，使国民幸福行有所依。

9.5.2　我国现阶段执行长期价值稳定的规则性政策有现实必要性

近年来随着经济金融化和深度工业化的发展，我国经济中出现了很多理论难以解释的问题。①近些年资本边际回报率非正常地快速下降；②近几年民间投资增长持续下降；③资本流出现象不容忽视；④经济各部门结构失衡严重；⑤金融过度发展，实体经济被挤出。造成这些问题的原因虽然是多方面的，但一个最基本的问题是最基础的价格价值体系紊乱，市场失灵，资源错配，信心丧失。实际上自 2008 年以来，外部冲击除了对贸易有较大影响外，我国其他基本面没有显著变化，增长的潜力是存在的，但因为缺乏长期价值稳定的规则性的政策，市场预期失灵，短期误差向某一方向不断积累，逐渐形成核心要素价格长期过度扭曲，由此形成部门之间、部门内部、城乡之间、城乡内部等多维度的错配。这是构成上述各类问题的第一个直接原因。以江浙地区为例，人民物质财富积累保值已经是多年面临的主要问题。由于缺乏长期价值稳定的规则性政策预期，资本财富外流形成压力，长期投资失去动力，劳动参与和内生创新缺乏引力。这是形成上述各类问题的另一原因。

9.5.3 大国经济执行长期价值稳定的规则性政策尤其必要

随着信息化和全球经济一体化发展趋势加强，国际金融资本流动频繁快速，各国经济面临前未有的冲击，大国经济保持定力是稳定世界经济的关键支柱，大国经济结构完备、体量巨大，其波动影响也巨大。维持大国经济稳定不是一般性规则可以适用，需要有潜在长期稳定的价值体系作为基础，才能内保本国经济稳定增长的基础，外定国际经济的大势。改革开放 40 多年，我国经济实现了奇迹般的持续快速发展，国民生活水平基本超越了温饱，多数实现了小康，部分初步达到了富裕。我国经济生产力水平大幅度提升，工业制造能力、勘探开发采掘能力、交通基础设施建设能力等达到国际领先水平，基本奠定了工业化发展的基础。稳定价值体系是确保各产业平衡健康稳定发展的基础，是市场自动良性发展的基础"锚"。舍之，则导致价值扭曲和系统失衡，资源错配，分配失当，最终损害增长。现阶段我国执行长期价值稳定的规则性政策是我国经济顺利实现长期可持续发展的要求，是顺利跨越中等收入陷阱从而进入内生可持续发展经济均衡路径的要求。

9.5.4 利益视角和可行性

从利益层面解读执行长期价值稳定的规则性政策的必要性：①长期战略利益大于短期和局部利益；短期政策管理的目标应当从属于长期目标，这样才能保证长期战略利益的完整实现。②长期可持续的快速发展是长期战略利益。现阶段我国经济进入逐步向"内生可持续增长"转化的进程，逐步调整到长远战略利益意义重大。③执行长期透明稳定的规则性政策可以保护恒业恒产（私人财产权），反之则损害"财产权"效益。当前我国政府执行"明策"（如透明、显性的财税手段）

的全局利益，大于执行包含"隐蔽"手段（如铸币税）的政策的总体利益。改革开放初期，国家亟须运用一切方法办"大事"，这有利于全局总体发展。而当前，国力渐强，需要集中力量办的"大事"所得边际收益已经逐步下降，国家资本和民间资本已经形成一定规模，将亟须办的"大事"交给市场同样可以完成，甚至还可以更有效率，因而，驾驭好市场成为新时代的执政课题，善用"规则"管理经济是执政的当务之急，从总体来看，调整到规则性政策管理的平台上有更大的利益。

我国工业化发展起步较晚，虽然已基本走完初始工业化过程，但仍处于后工业化阶段初期。从发展理念来看，我国经济基本上是在"摸着石头过河"的概念指导下摸索前进的。同时，从宏观经济管理政策来看，其也是通过探索性地采取与初始工业化经济发展阶段相适应的方法进行的。因此，在改革开放初期相当长的时间内，我国的宏观政策是相机抉择的。这种政策手段的最大好处是能够充分适应快节奏、高速度的经济发展的需要，其缺点是长期使用会失去政策信誉，容易造成结构性失调。20 世纪 90 年代中期以后，规则性政策的理论探索取得了一定认知，但实践中很难识别出我国政策的稳定的规则。这样，政策本身的透明度就很难保证，更谈不上长期规则的透明度了。在工业化初期阶段，政策缺乏足够的规则性和规范性是可以接受的（不影响相容性），但进入下个阶段，"摸着石头过河"的老套路是要犯大错误的，政策管理的长期规则规范是必需的。

9.5.5　稳定的价值基础应作为政策规则的首要核心目标

保持长期价值基础稳定是货币政策规则促进和保证经济长期可持续繁荣发展的首要条件。大国战略，重在守恒、守信、守诚。稳定的价值基础是经济系统长期守恒稳定的根本基础，是稳定民心民利的保障，是激励恒业恒心和不断创业奋进的前提；缺乏稳定的价值基础，则业失恒，民失信，国失基。经济价值基础不稳定，价值体系就会崩溃，社会就会动荡不安，增长就不可保证，发展就难以实现。因而，将稳定的价值基础作为政策规则的首要核心目标是非常必要的。

9.5.6　以稳定价值体系为目标的长期政策规则的实现手段

规则的坚定性意味着规则的可靠性和可信性。坚定的规则是规则信誉度的保证，意味着规则的执行效率。规则的坚定性的实现手段有：①通过宪法规定来确保其坚定性。这是最高级的确保坚定性的手段。②通过"最高政府宣誓"来固定之，如基本国策等，这是仅次于宪法规定的手段。③长期稳定性货币政策规则也可以定义为基本国策。通过确立为基本国策的形式来固化规则，可以起到高级别宣誓的作用，必然是有效率的建立长期稳定性规则的手段，也必将是确保长期战略利益的最佳途径。④透明性要求应作为政策规则的重要目标。规则越简明，越容易执行，操作性越强，效率就越高；规则越清晰明确，就越容易理解和识别，就会越有利于更广泛地被私人部门接受使用和遵守，管理市场的效率就会更高。这一原则的落实手段包括：第一，基本政策规则参数公开化。第二，短期政策表述避免笼统用词，力求精确具体。指导性政策的模糊表述，只能让下级部门和各实践单位自行理解，执行起来按照"自己有利"的方向解读和施策，其结果是政策效率低下甚至产生谬误。

金本位思潮再起和数字货币的发展提供了货币理论创新的新热点。但所有的创新都只有建立在以价值体系稳定为宗旨的总方向下，才有可能将包括中央银行、中央政府、地方政府和各类银行的多层次信用货币体系统合成一个内在一致、协调相容的金融环境。央行数字货币和其他私营加密货币等的创新正如公有资本与私有资本并存一样，都是社会主义初期阶段经济的特性，其基本的原则也仍应一致地遵守"价值体系稳定"的目标。本质上，金本位和数字货币的思潮的兴起都是无度的量化宽松等诱起的被动反应。例如，Yang 和 Zhou（2017）发现金融危机后美国股市对其他市场的风险溢出不断加强，其背后最重要的驱动因素是美国的量化宽松政策。更深一层的制度基础是美元本位的全球信用货币体系造成微观的货币和激励扭曲问题，引发宏观的脱实向虚和财富分配不平等等一系列不稳定问题。长期价值体系稳定性规则的建立并坚决执行必令这种诉求丧失必要性。反之，这种诉求也会成为倒逼价值体系稳定性规则建立的推动力。

9.5.7 价值体系稳定目标可能存在的不足与改进措施

以价值体系稳定为目标的政策规则，着眼于长期，可能会忽视短期波动性的管理。同时长短期兼顾难免会顾此失彼。党的十九大明确提出，"健全货币政策和宏观审慎政策双支柱调控框架，深化利率和汇率市场化改革。健全金融监管体系，守住不发生系统性金融风险的底线"①。这是反思国际金融危机教训并结合我国国情而构建的新金融宏观调控体系框架，也指出了我国宏观管理改革的方向：价值体系稳定为目标的政策规则 + 宏观审慎。在此框架下，将更多金融活动、金融市场、金融机构和金融基础设施纳入宏观监管的覆盖范围，并与价值稳定的货币政策充分协调和配合，是推进金融治理体系和治理能力现代化的长短兼顾的方法。

---

① 《习近平：决胜全面建成小康社会 夺取新时代中国特色社会主义伟大胜利——在中国共产党第十九次全国代表大会上的报告》，https://www.gov.cn/zhuanti/2017-10/27/content_5234876.htm[2023-08-10]。

第 10 章　需求约束、货币政策体系与经济增长

在供给过剩而有效需求不足和金融经济特征显著的经济环境中，经济增长的实现与传统增长理论刻画的情形显著不同（传统增长理论重在供给侧因素的研究）。依赖传统增长理论无法分析、判断和指导现实经济发展。本章结合当前全球大范围疫情冲击下的具体经济现象和前沿研究，试探性分析两个方面的问题：①"有限需求"假设对增长理论的影响；②在金融经济特征环境中金融冲击等因素影响长期增长的机制。本章提出了一种解释近年以美国经济为主的西方经济持续衰落的"负向螺旋"机制，并结合研究针对中国经济实际状况提出发展建议。

10.1　金融经济可持续问题

2020 年 5 月最引人注目的经济新闻莫过于纽约商品交易所 5 月交货的轻质原油［WTI（West Texas intermediate，西得克萨斯中间基原油）］期货价格收于 −37.63 美元/桶，各大媒体惊呼"活久见""历史首次""送油还给钱"，这的确颠覆了人们的传统思维，也必将成为经济学教科书中又一经典案例。为什么会出现如此罕见的颠覆常识的情况？背后的原因是罕见的大范围新冠疫情引起全球性经济活动暂停，导致能源需求急速下降，短期内呈现严重的供大于求，库存严重超负荷。实际上，新冠疫情并不仅仅引起了"原油价格跌到负值"这样的历史上首次发生的经典事件，还引起了"美股 10 天内 4 次熔断，欧美主要股指跌幅一致超过 30%"这样史无前例的事件。如此超越大萧条和 2008 年全球金融危机的历史罕见的事件为什么会发生？当时疫情的实质性影响还没有真正展开，资产价格和金融市场为何已经呈现如此不堪的局面？

这些事件所呈现的科学问题是：①需求的约束性构成制约经济增长的刚性限制；②现代金融系统的复杂性构成其自身的高度脆弱性，过度的短期波动性成为引致长期经济增长下降的又一机制。而传统的增长理论中单方面强调供给侧的要素，忽略需求侧因素的影响，也缺乏对金融部门诱发过度波动性的影响的考虑，因而受到实际状况的严重挑战。

这一问题本身不但制约增长理论的发展，也限制了对现代增长现象的阐释，因而毫不夸张地说这是当前宏观经济学理论中最急迫、最重要的问题。近年全球

经济增长乏力，发达经济体集体出现增长动力衰减的势头，作为发展中经济体龙头的中国近些年增速也有所下降。而本次疫情的冲击成为叠加性的负向冲击，大概率会引致大级别的萧条。在这种情况下，更加迫切需要理论的创新和进步。所以，本章将进行探索性的讨论，希望能够起到抛砖引玉的作用，引发对这些问题广泛的思考和进一步的研究。本章安排如下：10.2 节讨论金融体系的发展、问题及与增长之间的内在螺旋式关联机制；10.3 节结合我国当前国内外局面，探索分析最优的发展方针和政策取向。

10.2 金融化趋势、危机策略与增长关联机制

近 20 年来在"金融繁荣"的导向下，国际经济中金融因素已经成为经济波动的第一扰动源，金融冲击、金融摩擦等成为经济波动的主要诱因。在这样的环境中，以美国为主的国际经济出现投机过度伴随着实体经济日益衰落的现象；而金融市场中复杂的衍生产品的最终标的资产都是基于实体经济，因此实体经济的持续衰弱又造成金融产品最终标的资产价值的下降，进而加剧系统性风险，波动日趋频繁；而为应对金融经济波动和危机出台的货币政策逐渐形成低利率的趋势特征；利率的负向扭曲又进一步恶化长期经济增长动力形成的基础。如此形成多因素循环向下的螺旋式萧条路径，即金融危机、货币政策体系与长期经济增长三者之间相互影响、互为递进，形成"负向下沉螺旋"。该机制包括三个逻辑环节：①长期或中长期的（向下）有偏的货币政策对长期经济增长存在显著的负向效应；②长期经济增长的持续衰减是金融危机的基础原因；③应对危机的政策手段存在向下有偏的依赖性和惯性。下面分别分析这三个过程的逻辑。

10.2.1 持续负向有偏的货币政策的长期经济增长效应

近年来零利率和负利率现象正成为一种趋势，由此造成利率显著地向下偏离均衡利率水平，而且这种负向偏离的趋势表现出相当时期的持续性。这种持续的负向有偏的政策将产生怎样的短期效应和长期影响是当前全球主要经济体都需要思考和面对的一个重要课题。

当前，全球超低利率甚至负利率的现象引起了业界和学界的广泛兴趣与重视。中国社会科学院学部委员、国家金融与发展实验室理事长李扬教授在 2020 年 1 月的讲座中指出："我们提出了一个'世纪之问'：负利率究竟是一个短期现象，还是金融领域的'新常态'？如果是后者，举凡金融的功能、金融与实体经济的关系、金融的发展方向等问题，都需要重新审视。我自己倾向于后者。这意味着，我们面临着改写整个金融学说的历史机遇。"此次全球大范围的负利率持续的时间即使从

2014年算起也有近6年了（以2020年计），而对长期负利率的研究却并没有多少进展。根本原因是传统的宏观经济理论倾向于货币长期呈中性的认识，因而缺乏深入系统的货币政策对长期经济增长效应的探讨。但近年来这种认识正在发生改变，已有充分的证据让越来越多的学者认识到，货币政策确实会对长期经济发展趋势产生影响。

支持负利率有效的研究，认为低利率使风险资产比安全资产更具吸引力，从而促使市场中的基金投资者将其投资组合从货币市场转移到风险较高的股票市场，这意味着零利率与负利率政策可以鼓励投资者放弃持有安全的政府债券转而投资风险更高的资产，有利于促进市场投资（Hau and Lai，2016；Boubaker et al.，2017）。

但多数研究认为负利率在短期为正效应或弱正效应，而在长期为负效应。如Cœuré（2017）认为欧元区实施的超低利率的货币政策效果显著，目前银行贷款利率的下降使家庭和企业的贷款增速明显好转，居民消费开始复苏；但他同时也指出货币政策可以将产出带回其潜在水平，但不能持久地促进长期增长，这需要在结构和体制改革方面取得进一步的进展。Cebiroğlu 和 Unger（2019）指出负利率政策可通过控制债务通缩来有效地减缓衰退现象和解决债务危机。Kuenzer 等（2017）认为日本央行于2016年推出的负利率政策有效地刺激了私人住宅投资，同时还可能比较有效地阻止日元升值。但同样使用日本数据，Yoshino 和 Miyamoto（2017）则认为由于日本的投资曲线是垂直的，因此负利率政策并不能解决长期货币紧缩问题。Boman 和 Örn（2017）使用欧元区的数据，认为负利率会促使家庭产生更多的负债，反而不利于消费。对房地产市场也是如此，Stroukal（2016）指出低利率会加大房产泡沫，会阻碍货币政策的传导。Jobst 和 Lin（2016）认为在零利率与负利率政策的背景下，削减政策利率并不能刺激经济。Arteta 等（2016）认为长时期的负利率政策会降低银行和其他金融中介机构的营利能力，会危害到金融稳定。

还有些学者认为零利率与负利率的效果依赖于传导渠道（Nucera et al.，2017）。Nucera 等（2017）认为超低利率的货币政策效果取决于信贷渠道、通货再膨胀渠道、汇率渠道、资产组合调整和风险承担渠道，以及资产估值渠道的此消彼长，但这些渠道的有效性存在非常大的不确定性。Aurissergues（2016a，2016b）发现长期低利率可通过企业净值渠道和预防渠道影响企业投资，这两个渠道在实际利率下降时对投资的影响方向相反，因此无法确定降低实际利率能否有效促进企业投资。Grisse 等（2017）认为负利率政策的有效性取决于市场参与者是否向下调整他们对长期利率下限位置的预期，若政策利率远离该下限，常规政策对长期利率的传导效果将会有所提升。

综合来看，专门针对负利率长期效应的研究还非常缺乏。陈昆亭等（2015）

的研究可能是为数不多的这方面的专门研究。该研究建立了 DSGE 周期模型，引入异质偏好、利率分类，分别考察各类利率偏差的形成机制和周期波动性影响，研究利率扭曲冲击对宏观经济的影响。模型预测：①实际储蓄利率的负向冲击，只在很短的时间内以很有限的幅度引致经济增长，接着形成远超过增长幅度的大幅度萧条，并导致一般工薪家庭社会平均消费比例下降，企业家家庭平均消费水平上升；②金融市场摩擦（存贷款利差）冲击影响经济稳态解，因而影响中长期经济发展趋势。实验表明金融部门的一单位需求中，81%来自对投资的挤出，18%来自对一般工人家庭消费的挤出，1%来自对企业家部门消费的挤出。因此，金融摩擦对收入分配和长期经济增长都有影响。综合来看，持续的利率扭曲是导致收入差距扩大的重要原因；长期持续的利率扭曲通过收入分配的长期扭曲，导致财富积累差距悬殊，从而影响长期经济增长的潜在动力；利率扭曲对长期经济的影响来源于直接的对投资的挤出和间接的收入分配两种途径。

Belongia 和 Ireland（2022）的研究证实了货币长期效应的存在。他们对货币规则的改进也包括了对货币量的计量方法的改进，他们拒绝传统的基于 MZM（money zero maturity，零期限货币）的简单加总（非加权），代之以修订的币基，只包括现金和所需准备金。他们的实证工作使用一个单侧 HP 滤波器预测趋势速度，以便使用实时数据进行预测。他们预设了一种政策规则：货币供应量被调整以抵消预测的经济增长速度的变化。研究发现，在追溯到 1967 年的数据集中，货币与经济展现出显著的长期相关性，这与威廉·巴内特的说法是一致的，即在 20 世纪 80 年代大多被认定的货币需求的不稳定性是由于研究人员使用了有缺陷的货币总量。更重要的是，他们发现这种长期关联在 2000—2015 年实际上更强，尽管人们普遍认为"流动性陷阱"削弱了货币与经济之间的联系。同时，他们的调查结果也支持费里德曼的判断（政策变化滞后于实际）及更一般化的卢卡斯批判。

Hetzel（2008）对比货币主义者和凯恩斯主义者对央行角色的看法来进行分析，凯恩斯主义者认为市场经济本质上是不稳定的，美联储可以用反周期政策来改进产出。货币主义者认为，除非受到扰乱价格体系运行的货币政策冲击的干扰，否则市场经济的运行是可以良性自洽的。他认为，在沃尔克/格林斯潘时代，美联储找到了如何做出可信的承诺的办法，以保持低通胀和稳定，并使产出接近潜在水平。他称这项政策为"依靠信誉之风"，并认为 2008 年后美联储未能坚持这一政策，从而加深了经济衰退。

关于规则性货币政策体系的实践已经进行了几十年，但却问题不断：全球经济增长的动力持续衰减，经济金融危机也无法避免，为了应对危机还造成了大范围量化宽松及负利率趋势。这在欧美经济中表现得更为突出，引起了人们更深层次的思考（George and Scott，2017）。大萧条和次贷危机之后，都出现戏剧性和决定性的结局：抑制危机的手段又会引致新的更严重的不稳定性的爆发。当利率首当其冲地"被衰减"下来，当这些经济被管控直至通胀回归正常水平，继之而来的是宏观波动性大缓和。Fagan 等（2013）进行了数值模拟实验，结果指出：如果在金本位时期执行在大缓和时期使用过的泰勒规则政策，并不会得到更好的福利改进，产出和就业波动性也不会减少，反而会导致更差的利率和货币量波动。

类似的质疑［如 Laidler（2016）］认为，在不确定但相当长的时间内，被固定在正式的条例和规范之下的标准的规则，并不能与曲折的经济思想相协调，许多在今天的现实状态下看起来睿智而时髦的思想，在不久的将来就会过时。他认为，迫使央行遵循一些目前流行的货币规则只会"在未来制造错误，就像过去一样"。

同时扭曲的利率持续存在，引致收入和财富分配的差距严重放大，这是另一个引致长期增长动力衰减的根本原因（陈昆亭等，2015）。此外，利率扭曲和银行系统的结构变化还导致了房地产和信贷泡沫。贷款标准遭到侵蚀，膨胀的房价成为美国不可持续的高消费融资的抵押品，价值体系崩溃，结果是美国家庭的储蓄率下降到接近于零（价格的扭曲是价值体系崩溃的表现）。美国消费增长的大部分资金来自不断增长的经常账户赤字，而不是实际的收入增长。这些都成为潜在的引致增长衰减的成因。

法国著名经济学家（世界银行前副行长）弗朗索瓦·布吉尼翁在复旦大学做"不平等、制度与发展"的报告时指出："美国和欧洲发达国家的量化宽松政策对这些国家经济增长的推动作用不大，但对不平等的影响则是巨大的。原因是，便宜的信贷本应增加投资，但因为经济体的需求低迷，投资并没有发挥作用。事实上，量化宽松后钱和信贷变得更加便宜，但我们的市场机会并不好，因此该政策对经济活动并没有或者说在短时间内没有产生较大影响（比如美国）。但在欧洲，量化宽松对欧洲造成了打击，因为欧洲不幸地发生了另一场危机，即在希腊、葡萄牙和西班牙等国家发生的欧债危机，这也是欧洲多年来一直处于低迷状态的原因。在量化宽松的背景下，货币变得便宜，利率下降，金融资产价格以及房地产价格会上升。这意味着因为宽松的货币政策，富人（持有资产的人）的财富水平大大增加了。在过去十年中观察到的一个现象是，由于美国和欧洲中央银行推行的货币政策，财富不平等的程度大大增加了。从经济中实际观察到的情况非常复杂，但可以肯定的是，在许多国家财富不平等的大幅度增长对公众舆论也产生了巨大影响。"

资源分配和收入差距可以通过许多渠道对经济效率和经济动能产生影响，并且影响幅度超过收入对它们的影响幅度。这一判断是正确的，但布吉尼翁下面的分析并不准确，他假设资本所有者的储蓄和投资比经济中的其他人更多，因而通过税收体系将他们的收入或财富进行再分配以缓解不平等现象，投资将会减少，从而降低经济增长。实际上，在"有限需求"假设下（陈昆亭和周炎，2020），结论恰恰相反，收入差距越大，社会有效总需求越低，从而，总体经济产出受到制约。因而，减少收入差距的措施有利于提升社会总的有效需求，推动经济增长。从实际经济长期发展的观察结果来看显然更支持后者。

综合上述逻辑，可知负利率和量化宽松等持续有偏的货币政策的长期效应是引致经济增长潜在动力的逐渐衰减。

10.2.2 长期经济增长的持续衰减是诱发金融危机的根本原因

为什么说长期经济增长衰减是危机的根本原因？在任何经济稳定持续增长的过程中，危机都不会发生。所有危机都是在潜在的增长动能开始下降，达到明斯基时刻后开始的。危机的本质是增长动能的不足。实际上所有的金融衍生证券的最终标的都是增长。看起来复杂的金融工具通过各种衍生证券工具相互嵌套，但最终落实的基础标的归根到底都依赖于经济的增长。金融市场越是健全完善，相互的嵌套就会越封闭、越紧密，从而也更加深刻地依赖于基础标的的稳健性。因而增长基础的毁坏，才会使某个个体的崩溃成为压死骆驼的最后一根稻草。究其原因，缺乏长期稳定的体系，即缺乏对长期项目稳定的支持，就很难保证新产品类（即横向创新）的持续稳定出现，增长就会持续衰减，进而成为形成危机的根本原因。这一逻辑在 Brunnermeier（2009）的研究中也有讨论。Brunnermeier（2009）提出美国次贷危机源于两个他认为极端重要的趋势性要素，即在美国次贷危机之前两个变化最终诱致了危机：①持续的低利率；②银行系统经历了一个深刻的结构性变化。其中第一条属于货币政策的内容，第二条属于银行金融部门结构性制度方面的变化，这两个的共同点是都将对中长期趋势产生影响。在传统的规则性货币政策中，利率会随着短期周期性波动进行调整，但如果在持续时间较长的低利率传统模式下，发行银行持有贷款直到付清。转型后"产生即分配式"贷款是经过集成处理然后通过证券化转售。新证券的诞生促进了来自国外的大量资本流入，其中很大一部分资金是通过所谓的"影子银行系统"，这样的融资非常脆弱，因为它具有很高的短期属性（主要是短期融资）。这就形成了潜在的对中长期项目稳定支撑的基础的毁坏，这是损害长期经济增长的机制之一。

10.2.3 应对危机的政策手段存在负向有偏的依赖性和惯性

各国在危机发生后，首先想到和动用的救市工具往往是货币政策工具，这一方面与货币政策工具相比其他措施实施起来相对更容易，效果更直接、见效更快有关；另一方面是基于货币是中性的这一观点，也就是说货币政策对经济只有短期影响，而无长期效应，因此在实施货币政策过程中，只需考虑其短期对经济的刺激作用，而无须考虑其对长期经济增长的影响。2008年全球金融危机后，欧美许多国家通过量化宽松和超低（甚至负）利率手段来刺激经济，但研究表明，长期持续的利率扭曲（实际利率向下偏离均衡利率）会造成收入分配的长期扭曲，从而导致财富积累差距悬殊，进而影响长期经济增长的潜在动力（陈昆亭等，2015）。而且从欧美的实践经验来看，这样的政策的有效性即便在短期来看也是非常值得商榷的。2008年至今已经十多年，欧洲大多数国家的经济仍然在低位徘徊。美国同样采用宽松的货币政策，短期来看经济显著复苏。但从长期来看，宽松的政策导致资产价格泡沫、债务杠杆上升、居民财富差距拉大、贸易保护主义盛行，为下一次金融危机埋下了隐患。

比较近百年来几次著名的经济金融危机，我们发现历次危机的导火索各不相同，比如，1929年的大萧条始于股市崩盘；1997年亚洲金融危机的导火索是泰国宣布汇率政策从固定汇率制转为浮动汇率制，引起了索罗斯等国际金融大鳄在外汇市场上疯狂做空；2008年的全球金融危机源于美国次贷市场的崩溃；而2020年伊始的这场猝不及防的股市大崩溃以及可以预计的经济衰退甚至萧条，却是源于一次突如其来的新冠疫情，但透过这些繁杂的现象，我们发现危机背后的本质原因还是：①实体经济的衰退；②金融市场脆弱性的增加；③宽松的货币政策。我们观察到，实体经济的衰退是危机发生的最根本原因。经济衰退，各国政府出台宽松的货币政策进行刺激，导致信贷宽松、杠杆高企，增加了金融市场脆弱性，或许短期内经济在刺激下会呈现出一片虚假繁荣的景象，但任意一个微小的冲击都可能导致这种脆弱的繁荣的崩溃，经济再次衰退，政府进一步出台宽松的政策……由此形成恶性循环，各类金融经济危机也层出不穷。

以2008年全球金融危机为例。此次危机发生前，美国经济出现下行。2000年，美国科技泡沫破灭，然后2001年又遭受了"9·11"恐怖袭击，经济遭遇了很大的压力，政府采取各种措施刺激经济，低息政策和宽松的信贷条件导致房地产市场泡沫，在金融衍生工具的不断创新刺激下，信贷链条越来越长，房地产信贷市场杠杆率高企。次贷市场本身占美国整体信贷市场的份额非常小，但最终却演变成席卷全球、愈演愈烈的国际金融危机，其根源是宽松的货币政策、实体经济和虚拟经济的失衡等。因此，经济金融危机源于实体经济的下滑，但背后通常隐藏着宽松的货币政策的影子。

在以美国为代表的西方经济中，有偏的政策形成的本质原因是：在资本主义经济中，政策取向被资本利益集团左右而形成潜在的"有偏性"，由此造成了政策的"有偏"的惯性和依赖性。在高度金融化的经济中，美国"向下的负向螺旋式"萧条不可避免，这种局面在现有资本主义经济体系下，单纯地依靠货币政策和财政政策手段是难以寻得出路的（美国学界关于 3.0 版货币政策讨论已久，但至今仍莫衷一是）。

现在，全球经济又一次面临严峻挑战，全球央行也开启了新一轮宽松的货币政策，但在全球大范围的负利率背景下，货币政策还能有多大的空间？是否还是有效的？美国再次大规模的量化宽松，叠加中美贸易战的影响，我国又该如何应对？

10.3 结合当前国内外形势，探索分析我国最优的发展方针和政策取向

美国经济萧条拖累全球经济陷入中长期滞胀"陷阱"。近年来美国经济在持续的萧条过程中，危机不断发生。为了转嫁危机的影响，美国利用美元的国际化地位，大行量化宽松政策，对全球财富进行掠夺。2008 年的全球金融危机后，美国利用"大而不能倒"的逻辑实施量化宽松政策扶持银行体系，结果是：作为美国银行业主要竞争对手的英国、法国、德国的银行的股价分别比 2007 年下跌 76%、60%、90%；而美国的主要银行股价到 2019 年则涨了 3—4 倍。同时，中国经济自 2008 年之后，持续了 30 年的增长势头被扭转，增速持续走低，欧洲经济也同样一蹶不振，而美国则借以实现了一段短暂的复苏。新冠疫情的大流行大概率会诱发美国经济再次陷入深度萧条。在此背景下，我国应如何吸取经验教训，采取有力措施防止我国经济再次被美国拖累是当前乃至以后相当长时间内都极端重要的问题。为此我们提出如下两方面建议。

10.3.1 坚持价值体系长期稳定的规则性政策

非常规货币政策带来的不平等加剧是引致长期经济萧条的基础诱因，规避货币政策过于短视的一种选择是坚持价值体系长期稳定的规则性政策。当前，如何引领发展中经济从美国造成的全球经济"负向增长旋涡"中突围是我国面临的紧迫问题。通过分析总结美国经济负向螺旋形成的内在机理，我们认识到在资本主义私有制经济中，在金融资本集团统治下（制造业资本已经沦为金融资本的打工者），政策的制定首先是以资本集团的利益为主，因此政策体系存在长期负向有偏的潜在必然性。这种政策取向会引致结构性失衡、不平等加剧，成为引致长期经济萧条的基础诱因。而应对危机的非常规的货币政策又成为进一步恶化这种局面的推手。在我国社会主义公有制为主体的经济体系中，社会主义公共资本占社会财富的主体部分，其基本职能是服务于全体人民，因此主观上政策制定不存在向

下有偏的倾向。因此我国的社会主义体制具有抑制有偏政策的制度优势。但仍需要政策制定部门能够正确认识到避免短视和有偏性是政策制定的基本要求，并能够坚定地遵守基本的原则。那么应该遵守什么样的原则呢？我们认为一个基本的原则就是保持长期价值体系的稳定。

为什么要坚持价值体系稳定呢？①新一轮改革驱动的长周期发展战略（党中央、国务院"完善要素市场化配置机制"之举），必将成为供给侧重要的长期红利源泉。但如何有效确保需求侧的持续发展是一个重要课题。没有需求的有效性和可持续性的保证，单纯依赖供给侧的发展最终都不可避免重复欧美的失败之路。需求是自然内生的，但需求的结构是可塑的。我国的制度体制确保了公民最基础的收入水平和基本生活保障，但当前我国的发展仍存在不少问题，其中一个重要的问题是如何保持长期内生可持续的有效需求动力，唯一途径是走价值体系稳定的可持续发展之路。②近20年来，西方资本主义经济结构矛盾日益加重，长期增长动力衰竭，金融资本投机过剩，信息化、国际一体化发展成为放大波动的负向机制，小级别的冲击放大成大范围、高级别的危机的概率剧增。一个重要原因就是传统的货币政策管理都太短视。传统理论相信货币政策只有短期效应，长期呈中性。但最新的研究已经证明短期波动有长期效应，即货币政策存在潜在的长期影响。此理论体系缺陷造成了严重的后果。因此，所有的短期波动管理的政策行为若不能坚持和维护经济的长期可持续发展，都是短视而没有意义的，短期宏观政策管理体系的规范都应严格遵守价值体系长期稳定这个基本准则。③良性的规则和金融制度体系的目标应当是守住不发生金融经济危机的底线，并能够支持经济的长期可持续增长，而不是完全抑制宏观经济的周期波动。宏观经济周期性的波动从形成机制上来看是新产业的不断出现带来新的需求增长，又逐步饱和，然后再有新产品、新需求出现的周期性过程，其中包含了朴素的波动孕育动力的思想。因而，短期的周期波动不但是必然的，而且是增长动力的源泉。如果一味地平抑波动，其实社会福利改进不大，增长的基础却受到抑制。

所以长期稳定可持续的增长需要的是长期的价值体系稳定，而不是绝对的没有波动。正是经常的小幅波动分散化解波动的能量，才可以避免积聚大的危机性波动。而要避免大的波动，除了允许正常波动，还要用长期稳定的价值体系这个不变的法则作为恒久的"笼头"，约束随机扰动形成的日常波动。如果失去长期"笼头"作为短期波动的中枢标的，短期波动就会逐渐偏向利益相关方期望的方向，因而，坚守长期标的，坚持长期稳定的价值体系应当成为金融体系和货币政策体系的不变目标，也只有保持长期稳定的价值体系才能激励储蓄资金稳定地流到对长期项目的支持上，也只有长期稳定的价值体系才能激励社会劳动的创造激情。

10.3.2　稳定价值体系、鼓励长期投资、实现经济可持续增长

支持长期项目投资的能力决定了一个经济是否能实现长期可持续增长。长期投资项目是实现长期可持续增长的关键。因而，任何经济要实现长期可持续增长必须要解决对长期项目的稳定持续的金融支持。以美国为代表的西方金融体系发展越来越复杂，看似越来越完善，实际上越来越不能够承担稳定地支撑长期项目的重任，金融体系内在的脆弱性特征已经成为诱发全球金融经济体系风险和危机的潜在根源，进而成为制约长期增长的重要因素。

首先，为什么对长期项目投资的支撑如此重要呢？①基础理论的重大突破是引领长期可持续增长的关键力量，重大基础性创新理论的突破严格依赖于持续的基础性理论的积累和人才梯队的储备，而基础理论的积累和人才梯队的建设都需要长期持续的资金支持，是一个国家最重要的长期投资项目之一。新冠疫情暴发后，法国总统曾指出：必须加强基础理论方面的长期持续投资。历史无数次证明，推动人类文明进程的重大技术突破都建立在基础理论的突破基础上，能够拯救人类于重大灾难的创新依赖于强大的基础知识储备和尖端的研发团队。这些都是建立在长期项目的稳健持续建设的基础上。②越是重大的项目投资周期越长，其产出也越持久。在长期可持续增长的链条中，产出持久、增长稳定的项目是确保经济长期可持续增长的中流砥柱，是避免短期性项目收益集中出现"大年小年"而形成剧烈波动的压舱石。③长期项目一般是许多中短期项目发展的基础，缺乏这类保障性项目，会导致短期经济发展的不稳固。因而，形成能够稳定支撑长期项目发展的投融资环境和体系是长期可持续发展的重要因素。

其次，什么样的环境或体系可以支撑稳定的长期投资项目，进而支撑长期增长呢？长期投资项目最大的风险是投资环境不稳定，中途出现原投资计划之外难以应对的变化，由此引起原投资计划无法顺利实现。因而，最重要的条件就是要确保长期的价值体系是稳定的。很显然，商品经济中价值和价格体系不稳定情形下，未来风险性和预期成本、收益等都难以精确估算，从而，投资策略和计划无法设定，则投资就不会发生。即便是已经投资的项目，因为难以预估的持续有偏的扰动稍微久一点，就可能造成项目投资中途翻车。反之，在价值体系稳定的经济中，长期投资项目具备对长期形势的稳定预期，可以建立相对准确科学的计划，计划执行中不易发生严重偏离，因而，计划容易实现成功，从而，在这样的环境中，长期投资计划更容易获得投资。其结果是，越是价值体系稳定的经济，越容易形成良性的投融资契合机制，约束成本较低，成功率更高，综合的长期均衡增长率也必然更高。同时，价值体系稳定的经济对中短期项目同样有更好的激励。这样的环境中，中短期项目同样会有更低的融资成本，有更宽广的融资体量，有

更高的成功率，因而同样有利于对长期增长的贡献。综合来看，价值体系越稳定，越有利于长期经济增长。

最后，结合我国实际看长期价值体系稳定如何实现？是否可行？我国目前处于价值传承体系阶段性半真空的不健全状态。房地产已经在人们心目中失去长期价值传承稳定载体的预期地位，因而本质上已经无法承担，也的确不再适合承担这一职能。而股市目前从规模、健康性、认可度等方面来看都还与国民价值承传载体有较大距离。而单一的银行储蓄这一无风险资产无法构成合理的价值组合，这就给很多非规范金融资产野蛮生长的空间。结果既不能有效解决人们价值储存的客观需求，也造成极大的潜在的金融经济系统性风险。因而，我国当前亟须采取坚定而远瞩的措施，切实规范、繁荣股市，使其尽快与其他投资手段一起构成良好搭档，使健全而富于朝气的价值组合市场成为国人重要的价值存储和实现价值传承的可靠载体。虽然目前看还有距离，但这是正确的方向，只有确立了正确的方向，才能下一步研究如何使其健康稳定的问题。

价值体系稳定需要几个方面的保证。

（1）完备而健康的价值组合体系的建设。理论上完备的价值组合体系＝无风险资产＋有限多个前沿风险资产。首先需要一个绝对可信的无风险资产。在现实中大国国债都具备这样的近似功能。在我国四大行都有极高的国有性质，其银行储蓄也都有近似功能。因此，我国的无风险资产是可靠、丰富的。但我国长期以来缺乏健全的风险资产市场与之配合。股票市场的定位主要是解决上市公司的融资问题，管理和健康性都不够，因而长期股指低落，缺乏魅力，也无法真正发展。因此，过去风险资产职能主要由房地产承担，其他地下金融作为补充。地下金融和新兴的网络金融等不可能成为要求极大又极高的主体风险资产市场。所以在房地产逐步退出主要金融价值储备职能的趋势下，发展健康的股市成为紧迫要求。

（2）坚定、透明的长期货币政策规则的确立。价值组合体系的构成中，优良的风险资产（收益良好的股票）可以比作一个健壮的人体的肌肉，发达的肌肉组织是力量和健康的运动能力的重要保证。而无风险资产可以比作骨骼，脆弱而扭曲的骨骼会造成疼痛和各种问题，难以支撑躯体。无风险资产的价格决定机制、运行特征直接影响和规范着整体金融市场的波动及健康运行。因而，无风险资产的价格变动成为调动整个经济运动风向的把手，而政策规则就是操控把手的行为规范。

近年我国经济增长衰减过快确实不是因为增长能力不足，实乃有效需求增长乏力。通过建立长期稳定的价值体系及其信誉机制，必将成为拉动需求的重要基础保证，是改良长期可持续增长的基础保证。本次国际形势出现猝不及防的变局，借势发展得好，我国经济增长重回8%以上的增速是极有可能的，维持持续的较快增长也是完全值得期待的。

参 考 文 献

白重恩，路江涌，陶志刚. 2006. 国有企业改制效果的实证研究. 经济研究，41（8）：4-13，69.
白重恩，钱震杰. 2009a. 谁在挤占居民的收入：中国国民收入分配格局分析. 中国社会科学，(5)：99-115.
白重恩，钱震杰. 2009b. 我国资本收入份额影响因素及变化原因分析：基于省际面板数据的研究. 清华大学学报（哲学社会科学版），24（4）：137-147，160.
卜林，李政，张馨月. 2015. 短期国际资本流动、人民币汇率和资产价格：基于有向无环图的分析. 经济评论，(1)：140-151.
卜永祥，靳炎. 2002. 中国实际经济周期：一个基本解释和理论扩展. 世界经济，25（7）：3-11，80.
蔡宏波，王俊海. 2011. 所得税与中国宏观经济波动：基于动态随机一般均衡模型的拓展研究. 经济理论与经济管理，(11)：39-46.
蔡辉明. 2005. 金融加速器与中国经济波动//北京大学中国经济研究中心宏观组. 预防通货紧缩和保持经济较快增长研究. 北京：北京大学出版社：32-55.
蔡明超，黄徐星，赵戴怡. 2011. 房地产市场反周期宏观调控政策绩效的微观分析. 经济研究，46（S1）：80-89，126.
蔡祥锋. 2012. 双重委托—代理视角下的金融中介、金融加速器与经济波动的研究. 产经评论，3（4）：145-150.
曹飞. 2015. 石油价格冲击与中国实际经济波动研究：基于开放RBC模型的分析. 中国管理科学，23（7）：45-52.
曹凤岐. 2009. 改革和完善中国金融监管体系. 北京大学学报（哲学社会科学版），46（4）：57-66.
曹凤岐. 2012. 金融国际化、金融危机与金融监管. 金融论坛，17（2）：10-15.
曹啸. 2003. 评《中国金融制度的结构与变迁》. 经济评论，(3)：128.
曹啸，吴军. 2002. 我国金融发展与经济增长关系的格兰杰检验和特征分析. 财贸经济，(5)：40-43.
曹永琴，李泽祥. 2009. 金融摩擦视角下金融经济周期加速传导机制研究：中国的证据. 上海：111-131.
车维汉，贾利军. 2008. 国际贸易冲击效应与中国宏观经济波动：1978－2005. 世界经济，31（4）：25-36.
陈斌开，林毅夫. 2013. 发展战略、城市化与中国城乡收入差距. 中国社会科学，(4)：81-102，206.
陈耿，范运. 2007. 调控房地产市场过热的货币政策选择：提高房贷利率还是提高首付比例. 生产力研究，(20)：45-46.

参 考 文 献

陈鹄飞，陈鸿飞，郑琦. 2010. 货币冲击、房地产收益波动与最优货币政策选择. 财经研究，36（8）：58-67.
陈昆亭. 2010. 信贷约束机制下危机、波动形成机制研究. 第三届（2010）中国金融评论国际研讨会.
陈昆亭，龚六堂. 2004a. 中国经济增长的周期与波动的研究：引入人力资本后的RBC模型. 经济学（季刊），3（3）：803-818.
陈昆亭，龚六堂. 2004b. 中国经济商业周期分析. 世界经济，（10）：47-56.
陈昆亭，龚六堂，邹恒甫. 2004a. 基本RBC方法模拟中国经济的数值试验. 世界经济文汇，（2）：41-52.
陈昆亭，龚六堂，邹恒甫. 2004b. 什么造成了经济增长的波动，供给还是需求：中国经济的RBC分析. 世界经济，27（4）：3-11，80.
陈昆亭，周炎. 2008. 富国之路：长期经济增长的一致理论. 经济研究，43（2）：19-32.
陈昆亭，周炎. 2017. 创新补偿性与内生增长可持续性理论研究. 经济研究，52（7）：34-48.
陈昆亭，周炎. 2020. 有限需求、市场约束与经济增长. 管理世界，36（4）：39-53.
陈昆亭，周炎，龚六堂. 2004c. 中国经济周期波动特征分析：滤波方法的应用. 世界经济，27（10）：47-56，80.
陈昆亭，周炎，龚六堂. 2008. 内生货币与粘滞价格的周期模型中规则货币政策福利问题研究. 制度经济学研究，（4）：210-232.
陈昆亭，周炎，龚六堂. 2011. 信贷周期：中国经济1991~2010. 国际金融研究，（12）：20-28.
陈昆亭，周炎，龚六堂. 2012. 短期经济波动如何影响长期增长趋势？. 经济研究，47（1）：42-53，79.
陈昆亭，周炎，黄晶. 2015. 利率冲击的周期与增长效应分析. 经济研究，50（6）：59-73.
陈昆亭，周炎，虞晓芬. 2014. 土地制度与长期福利分析. 南开经济研究，（6）：18-31.
陈浪南，刘宏伟. 2007. 我国经济周期波动的非对称性和持续性研究. 经济研究，42（4）：43-52.
陈浪南，逄淑梅. 2012. 我国金融开放的测度研究. 经济学家，（6）：35-44.
陈磊. 2004. 企业景气状况与宏观经济运行. 管理世界，（3）：14-24.
陈利锋，范红忠. 2014. 房价波动、货币政策与中国社会福利损失. 中国管理科学，22（5）：42-50.
陈师，赵磊. 2009. 中国的实际经济周期与投资专有技术变迁. 管理世界，（4）：5-16，187.
陈晓光，张宇麟. 2010. 信贷约束、政府消费与中国实际经济周期. 经济研究，45（12）：48-59.
陈银忠，易小丽. 2016. 投资专有技术变迁与中国经济波动特征：基于小国开放经济RBC模型的分析. 经济问题探索，（3）：59-65.
程惠芳，岑丽君. 2010. FDI、产业结构与国际经济周期协动性研究. 经济研究，45（9）：17-28.
邓春玲，曲朋波. 2010. 改革开放以来中国经济周期特征及原因的理论探索与实证分析. 当代经济管理，32（3）：5-9.
丁晨，屠梅曾. 2007. 论房价波动下抵押贷款理性违约风险管理策略. 上海管理科学，29（4）：32-34.
丁振辉. 2013. 生产依存度、产出关联与国际经济周期协同性：中国与主要贸易伙伴的实证检验. 当代经济科学，35（1）：96-102，127-128.
丁志帆. 2014. 转型期中国经济波动的冲击传导机制解析：基于动态随机一般均衡模型的数值模

拟分析. 山西财经大学学报, 36 (9): 1-13.
董颖, 唐晓彬, 武一. 2013. 我国经济周期波动的非对称性研究. 统计与决策, (18): 116-117.
杜敏杰, 刘霞辉. 2007. 人民币升值预期与房地产价格变动. 世界经济, 30 (1): 81-88.
杜清源, 龚六堂. 2005. 带"金融加速器"的RBC模型. 金融研究, (4): 16-30.
杜群阳, 宋玉华. 2005. 东亚经济周期与次区域经济周期存在性检验. 国际贸易问题, (8): 47-51.
杜群阳, 朱剑光. 2011. 产业内贸易对东亚经济周期协动性影响的实证研究. 国际贸易问题, (12): 81-89.
杜婷. 2006. 国际贸易冲击与中国经济的周期波动. 国际贸易问题, (12): 12-17.
杜婷. 2007. 中国经济周期波动的典型事实. 世界经济, 30 (4): 3-12.
段忠东. 2007. 房地产价格与通货膨胀、产出的关系: 理论分析与基于中国数据的实证检验. 数量经济技术经济研究, 24 (12): 127-139.
段忠东, 曾令华. 2008. 房价冲击、利率波动与货币供求: 理论分析与中国的经验研究. 世界经济, 31 (12): 14-27.
多亚尔 L, 高夫 E. 2008. 人的需要理论. 汪淳波, 张宝莹, 译. 北京: 商务印书馆.
丰雷, 朱勇, 谢经荣. 2002. 中国地产泡沫实证研究. 管理世界, (10): 57-64, 75-156.
高波, 王先柱. 2009. 中国货币政策房地产行业效应的实证分析. 广东社会科学, (5): 25-33.
龚刚, 杨光. 2010. 从功能性收入看中国收入分配的不平等. 中国社会科学, (2): 54-68, 221.
顾国达, 任祎卓. 2016. 要素分工对国际经济周期传导的影响: 来自中国与东亚9国（地区）间的经验证据. 国际贸易问题, (4): 95-106.
郭杰, 吴斌. 2011. 土地利用系统健康评价. 中国土地科学, 25 (4): 71-77, 96.
郭庆旺, 贾俊雪, 杨运杰. 2007. 中国经济周期运行特点及拐点识别分析. 财贸经济, (6): 11-17, 128.
韩立达, 肖云. 2008. 购房贷款首付比例变化对房地产市场的影响分析. 价格月刊, (1): 90-91.
何德旭, 张捷. 2009. 经济周期与金融危机: 金融加速器理论的现实解释. 财经问题研究, (10): 65-70.
何德旭, 郑联盛. 2009. 影子银行体系与金融体系稳定性. 经济管理, 31 (11): 20-25.
何泽荣, 严青, 陈奉先. 2014. 东亚经济体外汇储备库建设的利益博弈. 当代经济研究, (2): 83-91.
贺聪, 项燕彪, 陈一稀. 2013. 我国均衡利率的估算. 经济研究, 48 (8): 107-119.
洪涛. 2006. 在结构调整中提高商品交易市场竞争力. 中国市场, (33): 82-89.
洪银兴. 2013a. 论创新驱动经济发展战略. 经济学家, (1): 5-11.
洪银兴. 2013b. 消费需求、消费力、消费经济和经济增长. 中国经济问题, (1): 3-8.
胡浩志. 2010. 房地产市场在货币政策传导机制中的作用: 基于SVAR模型的经验研究. 宏观经济研究, (12): 69-74.
黄平, 沈雁. 2006-07-27. 制造业继续保持优势地位. 经济日报, (007).
黄宪, 杨姝怡. 2016. 英格兰银行监管聚合启示. 中国金融, (11): 72-75.
黄宪, 杨子荣. 2016. 中国货币政策会冲击到美国货币政策吗: 基于效应外溢的视角. 国际金融研究, (1): 15-27.
黄永明, 张文洁. 2012a. 出口复杂度的国外研究进展. 国际贸易问题, (3): 167-176.

黄永明, 张文洁. 2012b. 中国出口技术复杂度的演进机理: 四部门模型及对出口产品的实证检验. 数量经济技术经济研究, 29 (3): 49-62, 89.
黄赜琳. 2005. 中国经济周期特征与财政政策效应: 一个基于三部门 RBC 模型的实证分析. 经济研究, 40 (6): 27-39.
黄赜琳, 朱保华. 2009. 中国经济周期特征事实的经验研究. 世界经济, 32 (7): 27-40.
黄忠华, 吴次芳, 杜雪君. 2008. 中国房价、利率与宏观经济互动实证研究. 中国土地科学, 22 (7): 38-44.
季小立, 洪银兴. 2009. 金融自由化视角的金融危机生成、传导及其防范. 经济体制改革, (4): 11-16.
贾俊雪, 郭庆旺. 2007. 开放经济条件下的中国经济周期波动特征. 经济理论与经济管理, (7): 11-18.
贾康, 孟艳. 2013. 我国政策性金融体系基本定位的再思考. 财政研究, (3): 2-7.
金春雨, 张龙, 贾鹏飞. 2019. 货币政策规则、政策空间与政策效果. 吉林大学数量经济优秀成果汇编 (2018年卷): 279-290.
雎国余, 蓝一. 2005. 中国经济周期性波动微观基础的转变. 中国社会科学, (1): 60-70, 206.
孔东民. 2007. 通货膨胀阻碍了金融发展与经济增长吗? 基于一个门槛回归模型的新检验. 数量经济技术经济研究, 24 (10): 56-66.
况伟大. 2008. 中国住房市场存在泡沫吗. 世界经济, 31 (12): 3-13.
况伟大. 2011. 房价变动与中国城市居民消费. 世界经济, 34 (10): 21-34.
赖娟. 2013. 金融发展抑制还是促进了经济增长: 来自江西省的数据检验. 江西财经大学学报, (2): 17-24.
郎丽华, 张连城. 2011. 中国经济周期与对外贸易周期的关系研究. 经济学动态, (11): 24-30.
雷汉云. 2013. 基于金融发展质量的金融与区域经济增长研究. 技术经济与管理研究, (8): 85-88.
李斌. 2001. 中国货币政策有效性的实证研究. 金融研究, (7): 10-17.
李稻葵, 刘霖林, 王红领. 2009. GDP 中劳动份额演变的 U 型规律. 经济研究, 44 (1): 70-82.
李浩, 胡永刚, 马知遥. 2007. 国际贸易与中国的实际经济周期: 基于封闭与开放经济的 RBC 模型比较分析. 经济研究, 42 (5): 17-26, 41.
李蕙. 2010. 房地产市场与中国货币供应机制. 武汉: 华中科技大学.
李建伟. 2003. 当前我国经济运行的周期性波动特征. 经济研究, 38 (7): 10-17, 89.
李健飞, 史晨昱. 2005. 我国银行信贷对房地产价格波动的影响. 上海财经大学学报, 7 (2): 26-32.
李文溥, 李昊. 2014. 论政府主导型市场经济转型. 东南学术, (1): 13-26, 245.
李晓, 赵雪. 2013. 美元体制下东亚经济体汇率的联动关系: 现状及变化趋势. 东北亚论坛, 22 (5): 24-34, 128.
李晓峰. 2009. 我国国际贸易波动的影响因素: 基于因子分析的研究. 财经研究, 35 (2): 76-85.
李晓峰, 陈志斌, 陈华. 2010. 世界经济周期演化特征及其对中国经济的非对称性影响: 基于多国经济周期框架下的实证研究. 当代经济科学, 32 (3): 36-45, 125.
李扬, 殷剑峰. 2007. 中国高储蓄率问题探究: 1992—2003 年中国资金流量表的分析. 经济研究, 42 (6): 14-26.

栗亮,刘元春. 2014. 经济波动的变异与中国宏观经济政策框架的重构. 管理世界,(12):38-50, 187.
梁斌. 2011. 收入分配差距对房地产价格的影响研究:基于异质性 DSGE 模型的模拟分析. 金融与经济,(6):40-44.
梁斌,李庆云. 2011. 中国房地产价格波动与货币政策分析:基于贝叶斯估计的动态随机一般均衡模型. 经济科学,(3):17-32.
梁云. 2006. 零售企业连锁发展规模经济. 合作经济与科技,(2):6-7.
梁云芳,高铁梅. 2007. 中国房地产价格波动区域差异的实证分析. 经济研究, 42(8):133-142.
廖理,李梦然,王正位. 2014. 聪明的投资者:非完全市场化利率与风险识别:来自 P2P 网络借贷的证据. 经济研究, 49(7):125-137.
廖理,王正位,张伟强,等. 2013. 中国消费金融现状与前景. 中国银行业,(1):91-94.
廖晓燕,刘晓玲. 2006. 美国经济波动与中美贸易相关性分析. 湖南农业大学学报(社会科学版), 7(3):24-27.
林珊珊. 2015. 中国经济波动特征的研究:基于 ARCH 类模型. 时代金融,(11):257-259.
林毅夫. 2001a. 国有投资公司与国有资本的市场化. 经济研究参考,(1):32-38.
林毅夫. 2001b. 揠苗助长还是顺应自然:两种发展战略的比较. 中国改革,(10):41-42.
刘安禹. 2010. 名义利率与中国经济波动的实证研究:基于包含异质厂商的金融加速器模型. 沈阳:东北财经大学.
刘安禹,白雪梅. 2010. 名义利率、金融加速器与中国的经济波动:对包含异质厂商金融加速器模型的 Bayesian 估计. 第三届中国统计学年会.
刘斌. 2003. 最优货币政策规则的选择及在我国的应用. 经济研究, 38(9):3-13,92.
刘恩专,刘立军. 2014. 东亚经济周期协动性的贸易传导:贸易三元边际视角的一个实证. 国际贸易问题,(3):156-166.
刘洪玉,沈悦. 2004. 房地产价格变化规律的经济学分析. 建筑经济, 25(9):43-47.
刘慧悦,刘汉. 2016. 经济新常态下我国经济周期阶段性的非对称特征. 当代经济研究,(6):62-68,97.
刘建江,杨玉娟,袁冬梅. 2005. 从消费函数理论看房地产财富效应的作用机制. 消费经济, 21(2):93-96.
刘金全,范剑青. 2001. 中国经济周期的非对称性和相关性研究. 经济研究, 36(5):28-37,94.
刘金全,付卫艳,刘达禹. 2014. 我国经济增长率动态波动机制:基于 TVP-VAR 模型的实证研究. 上海经济研究, 26(5):3-11,112.
刘金全,刘汉. 2009. 我国经济周期波动的非对称性检验:基于"三元组"检验方法的新证据. 经济科学,(3):27-35.
刘金全,马亚男. 2011. 实际汇率的变动趋势分析:基于协整 VAR 的移动平均表示. 现代管理科学,(5):6-8.
刘金全,隋建利,闫超. 2009. 我国通货膨胀率过程区制状态划分与转移分析. 系统工程学报, 24(6):647-652,709.
刘金全,张海燕. 2003. 经济周期态势与条件波动性的非对称性关联分析. 管理世界,(9):18-26,155.
刘树成. 2000. 论中国经济增长与波动的新态势. 中国社会科学,(1):114-122,207.

刘文革，周文召，仲深，等. 2014. 金融发展中的政府干预、资本化进程与经济增长质量. 经济学家，（3）：64-73.
刘希章，李富有. 2015. 我国民间资本供求失衡问题研究. 上海经济研究，27（6）：3-11，18.
刘锡良，吕娅娴，苗文龙. 2014. 国际风险冲击与金融市场波动. 中国经济问题，（3）：90-100.
刘锡良，齐稚平. 2009. 金融危机后美国的金融自由化策略选择. 当代经济研究，（11）：55-59.
刘锡良，曾欣. 2003. 中国金融体系的脆弱性与道德风险. 中国金融，（4）：25-32，96.
刘霞辉. 2004. 人民币已进入了长期升值预期的阶段了吗？. 经济研究，39（2）：28-38.
刘旭东，彭徽. 2016. 房地产价格波动对城镇居民消费的经济效应. 东北大学学报（社会科学版），18（2）：143-151.
龙奋杰，吴公樑. 2003. 城市人口对房地产投资的影响研究. 土木工程学报，36（9）：65-70.
吕朝凤，黄梅波. 2011. 习惯形成、借贷约束与中国经济周期特征：基于RBC模型的实证分析. 金融研究，（9）：1-13.
吕朝凤，黄梅波. 2012. 国际贸易、国际利率与中国实际经济周期：基于封闭经济和开放经济三部门RBC模型的比较分析. 管理世界，（3）：34-49.
吕朝凤，黄梅波，陈燕鸿. 2013. 政府支出、流动性冲击与中国实际经济周期. 金融研究，（3）：30-43.
卢二坡，王泽埴. 2007. 短期波动对长期增长的效应：基于省际面板数据的经验证据. 统计研究，24（6）：32-36.
陆磊. 2008. 金融风潮下的中国宏观经济走势. 南方金融，（10）：4.
罗斐，庄起善. 2005. 贸易强度对东亚国家和地区经济波动同步性的影响. 世界经济研究，（2）：20-25.
罗湘雄，李浩. 2014. 经济周期的国际贸易传导机制研究. 统计与决策，（2）：119-123.
罗知，郭熙保. 2010. 进口商品价格波动对城镇居民消费支出的影响. 经济研究，45（12）：111-124.
骆永民，伍文中. 2012. 房产税改革与房价变动的宏观经济效应：基于DSGE模型的数值模拟分析. 金融研究，（5）：1-3，5-14.
骆祚炎. 2007. 城镇居民金融资产与不动产财富效应的比较分析. 数量经济技术经济研究，24（11）：56-65.
毛其淋，盛斌. 2010. 中国房地产市场的"巴拉萨：萨缪尔森"效应：来自省际动态面板数据的经验证据. 财经研究，36（12）：128-139.
梅冬州，龚六堂. 2011. 货币错配、汇率升值和经济波动. 数量经济技术经济研究，28（6）：37-51.
梅冬州，赵晓军. 2015. 资产互持与经济周期跨国传递. 经济研究，50（4）：62-76.
梅冬州，赵晓军，张梦云. 2012. 贸易品类别与国际经济周期协动性. 经济研究，47（S2）：144-155.
欧阳志刚. 2013. 中国经济增长的趋势与周期波动的国际协同. 经济研究，48（7）：35-48.
彭慕兰. 2000. 大分流：欧洲、中国及现代世界经济的发展. 史建云，译. 南京：江苏人民出版社.
彭斯达，陈继勇，杨余. 2008. 我国对外贸易商品结构和方式与经济增长的相关性比较. 国际贸易问题，（3）：3-8.
皮舜，武康平. 2004. 房地产市场发展和经济增长间的因果关系：对我国的实证分析. 管理评论，16（3）：8-12，63.

钱一鹤,金雪军. 2016. 金融市场风险溢出与利率市场化环境分析. 科研管理, 37 (7): 154-160.
秦宛顺,靳云汇,卜永祥. 2002. 从货币政策规则看货币政策中介目标选择. 数量经济技术经济研究, 19 (6): 14-16.
瞿强. 2001. 国债市场流动性研究: 一个比较分析框架. 金融研究, (6): 75-83.
饶晓辉. 2012. 中国经济周期的非对称性. 经济经纬, 29 (6): 136-140.
任志祥. 2004. 中国经济波动与世界经济周期的协动性研究. 杭州: 浙江大学.
沈程翔. 1999. 中国出口导向型经济增长的实证分析: 1977—1998. 世界经济, 22 (12): 26-30.
沈娟,何泽荣. 2009. 国际金融危机与当代资本主义的新视角. 金融发展研究, (12): 11-15.
沈坤荣. 2013. 如何应对国际经济格局新变化. 求是, (8): 32-34.
沈坤荣,李剑. 2003. 中国贸易发展与经济增长影响机制的经验研究. 经济研究, 38 (5): 32-40, 56-92.
沈坤荣,刘东皇. 2012. 是何因素制约着中国居民消费. 经济学家, (1): 5-14.
沈坤荣,孙文杰. 2004. 投资效率、资本形成与宏观经济波动: 基于金融发展视角的实证研究. 中国社会科学, (6): 52-63, 205.
沈坤荣,赵倩. 2015. 创新驱动发展的国际经验及其对中国的启示. 学习与探索, (11): 77-81.
沈悦,刘洪玉. 2004. 中国房地产开发投资与GDP的互动关系. 清华大学学报（自然科学版）, 44 (9): 1205-1208.
沈子荣. 2011. 世界经济周期变迁及同步性分析. 国际经济合作, (2): 75-79.
石林松,孙皓,刘晓明. 2012. FDI对中国与主要贸易对象国经济周期协动性的影响分析. 吉林大学社会科学学报, 52 (1): 134-140.
石柱鲜,邓创,刘俊生,等. 2006. 中国的自然利率与经济增长、通货膨胀的关系. 世界经济, 29 (4): 12-21.
石柱鲜,黄红梅,邓创. 2009. 贸易对中日韩经济周期协动性的影响研究. 东北亚论坛, 18 (4): 60-66.
史永东,陈日清. 2008. 不确定性条件下的房地产价格决定: 随机模型和经验分析. 经济学（季刊）, 8 (1): 211-230.
司颖华. 2014. 基于一致指数的中国经济周期非线性特征分析. 统计与决策, (22): 106-108.
宋玉华,方建春. 2006. 2006年世界经济形势及面临的挑战. 国际问题研究, (2): 61-66, 71.
宋玉华,高莉. 2006. 美国房地产业的繁荣、风险及其对美国经济的影响. 美国研究, 20 (3): 65-76, 4.
宋玉华,徐前春. 2004. 世界经济周期理论的文献述评. 世界经济, 27 (6): 66-76.
孙豪. 2015. 消费主导型大国: 特征、测度及政策. 社会科学, (10): 36-46.
孙浩轩,韩保红. 2009. 美国金融危机历程、成因及对我国的启示研究. 中外企业家, (2): 69-72.
孙立坚,孙立行. 2005. 对外开放和经济波动的关联性检验: 中国和东亚新兴市场国家的案例. 经济研究, 40 (6): 69-81.
孙振. 2010. 构建我国统一债券市场问题研究. 北京: 首都经济贸易大学.
孙振,张永正,王小利. 2009. 1999—2008年我国经济周期的状态划分及其拐点识别. 统计与决策, (1): 105-107.
谭政勋,魏琳. 2010. 信贷扩张、房价波动对金融稳定的影响. 当代财经, (9): 44-51.
谈儒勇. 1999. 中国金融发展和经济增长关系的实证研究. 经济研究, 34 (10): 53-61.

汤凌霄,欧阳峣,黄泽先.2014.国际金融合作视野中的金砖国家开发银行.中国社会科学,(9):55-74,204.

唐晓彬.2010.Markov机制转换的状态空间模型及其在我国经济周期中的应用研究.统计研究,27(2):94-99.

唐晓彬,董莉,向蓉美,等.2011.中国宏观经济周期波动的特征分析.统计与决策,(19):103-105.

涂巍,王治国,邹恒甫.2015.转型期的中国经济波动特征.统计研究,32(4):8-13.

汪川.2011.弗里德曼规则还是泰勒规则:信贷周期下的我国货币政策选择.金融评论,3(2):82-91,125.

汪川,黎新,周镇峰.2011.货币政策的信贷渠道:基于"金融加速器模型"的中国经济周期分析.国际金融研究,(1):35-43.

王爱俭,兰莉,林楠,等.2009.虚拟经济与实体经济协调发展下汇率调控.经济学动态,(6):27-33.

王博峰,李富有,王可.2014.金融结构与能源结构的关系研究.西安交通大学学报（社会科学版）,34(2):22-26,42.

王成勇,艾春荣.2010.中国经济周期阶段的非线性平滑转换.经济研究,45(3):78-90.

王成勇,艾春荣,王少平.2010.有结构变化的半参数回归模型.应用概率统计,26(5):501-514.

王重润,崔寅生.2012.房地产投资挤出效应及其对经济增长的影响.现代财经（天津财经大学学报）,32(9):41-50.

王国斌,罗森塔尔 J L.2018.大分流之外:中国和欧洲经济变迁的政治.周琳,译.南京:江苏人民出版社.

王国刚.2014a.从互联网金融看我国金融体系改革新趋势.红旗文稿,(8):9-13,1.

王国刚.2014b.全球治理新框架的经济学哲理:评李扬等著《失衡与再平衡》.经济研究,49(3):190-191.

王国刚.2015a.互联网不能颠覆金融.中国金融,(2):47-48.

王国刚.2015b."一带一路":基于中华传统文化的国际经济理念创新.国际金融研究,(7):3-10.

王国静,田国强.2014.金融冲击和中国经济波动.经济研究,49(3):20-34.

王建军,陈珍珍.2007.对我国经济增长周期的实证研究.统计与决策,(1):87-88.

王来福,郭峰.2007.货币政策对房地产价格的动态影响研究:基于VAR模型的实证.财经问题研究,(11):15-19.

王擎,韩鑫韬.2009.过度波动与过度反应:基于中国封闭式基金的研究.投资研究,28(8):39-43.

王维安,贺聪.2005a.房地产价格与通货膨胀预期.财经研究,31(12):64-76,87.

王维安,贺聪.2005b.基于价格领导模型的房地产区域风险扩散研究.数量经济技术经济研究,22(6):116-124.

王曦,周高宾.2011.基于稳定性与流动性视角下的国际货币体系演变分析.国际经贸探索,27(11):76-82.

王曦,朱洁瑜.2008.汇率制度选择的国际经验与中国应用.世界经济,31(12):48-61.

王曦,邹文理,叶茂.2012.中国治理通货膨胀的货币政策操作方式选择.中国工业经济,(8):

5-17.
王永齐. 2006. FDI 溢出、金融市场与经济增长. 数量经济技术经济研究, 23（1）: 59-68.
王永钦, 高鑫, 袁志刚, 等. 2016. 金融发展、资产泡沫与实体经济: 一个文献综述. 金融研究, （5）: 191-206.
王悦. 世界经济周期与区域经济周期的存在性研究. 统计与决策, （6）: 132-135.
王悦, 黄燕林. 2012. 我国房地产上市公司经营效率评价: 基于两阶段 DEA 模型. 当代经济, （19）: 132-134.
魏玮, 王洪卫. 2010. 房地产价格对货币政策动态响应的区域异质性: 基于省际面板数据的实证分析. 财经研究, 36（6）: 123-132.
吴宝申. 2007. 房地产价格波动与宏观经济基本面的互动机制研究. 杭州: 浙江大学.
吴晓求. 2015. 大国金融中的中国资本市场. 金融论坛, 20（5）: 28-35.
吴晓求. 2020. 深刻认识中国金融的结构性变革. 清华金融评论, （8）: 31-32.
伍戈, 连飞. 2016. 中国货币政策转型研究: 基于数量与价格混合规则的探索. 世界经济, 39（3）: 3-25.
肖争艳, 彭博. 2011. 住房价格与中国货币政策规则. 统计研究, 28（11）: 40-49.
谢平, 刘斌. 2004. 货币政策规则研究的新进展. 金融研究, （2）: 9-20.
谢平, 罗雄. 2002. 泰勒规则及其在中国货币政策中的检验. 经济研究, 37（3）: 3-12, 92.
谢太峰, 王子博. 2013. Quasi-Monte Carlo 方法及其在金融风险管理中的应用. 金融理论与实践, （9）: 1-6.
熊丹, 涂竟. 2012. 基于金融经济周期理论的金融危机成因研究. 商业时代, （25）: 56-57.
熊豪. 2014. 金砖国家经济周期协动的区制依赖性分析: 基于 Markov 区制转移模型的实证研究. 经济经纬, 31（6）: 58-63.
徐大丰, 朱平芳, 刘弘. 2005. 中国经济周期的非对称性问题研究. 财经研究, 31（4）: 13-21.
徐前春. 2004. 世界经济周期的生成和传导机制研究. 杭州: 浙江大学.
徐艳, 何泽荣. 2009. 关于美国次贷危机国际蔓延渠道的探讨. 新金融, （5）: 26-29.
徐忠, 张雪春, 丁志杰, 等. 2010. 公共财政与中国国民收入的高储蓄倾向. 中国社会科学, （6）: 93-107, 222.
许和连, 赖明勇. 2002. 出口导向经济增长（ELG）的经验研究: 综述与评论. 世界经济, 25（2）: 43-49.
许立成. 2008. 经济周期、宏观调控与银行监管. 上海金融, （12）: 42-46.
许伟, 陈斌开. 2009. 银行信贷与中国经济波动: 1993—2005. 经济学（季刊）, 8（3）: 969-994.
许宪春, 贾海, 李皎, 等. 2015. 房地产经济对中国国民经济增长的作用研究. 中国社会科学, （1）: 84-101, 204.
薛敬孝, 张兵. 2001. 论东亚地区经济周期的同期性与非同期性. 南开经济研究, （4）: 3-10.
薛田. 2008. 国际贸易理论的发展对中国发展对外贸易的启示. 经济论坛, （6）: 65-66.
鄢莉莉, 王一鸣. 2012. 金融发展、金融市场冲击与经济波动: 基于动态随机一般均衡模型的分析. 金融研究, （12）: 82-95.
严志辉, 宋玉华. 2008. 北美自由贸易区经济周期协动性的实证研究. 技术经济, 27（3）: 7-14.
杨全发, 舒元. 1998. 中国出口贸易对经济增长的影响. 世界经济与政治, （8）: 54-58.
杨湘玉, 程源. 2012. 贸易与外商直接投资技术溢出联动机制研究. 国际商务（对外经济贸易大学学报),(5):45-54.
杨宇,沈坤荣. 2011. 中国财政可持续性与政府最优融资策略:基于1978—2009年数据的实证分析. 制度经济学研究,(1):145-167.
易先忠,欧阳峣,傅晓岚. 2014. 国内市场规模与出口产品结构多元化:制度环境的门槛效应. 经济研究,49(6):18-29.
于尚艳,易小丽. 2013. 偏向性技术变迁下的宏观经济波动与货币政策效应:基于DSGE模型的分析. 经济学家,(7):78-85.
余雪飞. 2013. 银行资本约束与中国宏观经济波动:顺周期性下的金融加速器效应研究. 宏观经济研究,(2):41-48.
原鹏飞,魏巍贤. 2010. 房地产价格波动的宏观经济及部门经济影响:基于可计算一般均衡模型的定量分析. 数量经济技术经济研究,27(5):88-103.
袁申国. 2011. 信贷市场金融加速器效应区域差异性研究:以房地产业对货币政策的传导为例. 山西财经大学学报,31(8):102-108.
袁申国,陈平,刘兰凤. 2011. 汇率制度、金融加速器和经济波动. 经济研究,46(1):57-70,139.
袁志刚,李宛聪. 2015. 国外金融机构转型发展对中国的启示. 台州学院学报,37(5):8-14.
袁志刚,谭静,饶璨,等. 2016. 世界经济增长趋势和区域经济格局变动对中国和上海崛起的影响. 科学发展,(6):90-100.
詹新宇,方福前. 2012. 国有经济改革与中国经济波动的平稳化. 管理世界,(3):11-22,187.
张兵. 2002. 说说价格"大战". 计划与市场探索,(10):19.
张兵. 2006. 区域内贸易在中国与东盟经济周期同步波动中的作用分析. 亚太经济,(1):40-43.
张成思. 2010. 货币政策传导机制研究新前沿:全球新型金融危机视角下的理论述评. 国际经济评论,(5):110-120,5.
张军. 2003. 我国基础设施供给的制度缺陷与改革思路. 宏观经济研究,(4):23-24.
张清勇. 2012. 房价收入比与住房支付能力指数的比较. 中国土地科学,26(1):32-37.
张涛,龚六堂,卜永祥. 2006. 资产回报、住房按揭贷款与房地产均衡价格. 金融研究,(2):1-11.
张伟进,方振瑞. 2013. 金融冲击与中国经济波动. 南开经济研究,(5):3-20.
赵海英,刘金全,刘汉. 2008. 我国实际产出序列非对称性和非线性特征的统计检验:基于时域形变模型的检验分析. 技术经济,27(11):105-109.
赵进文,张敬思. 2013. 人民币汇率、短期国际资本流动与股票价格:基于汇改后数据的再检验. 金融研究,(1):9-23.
赵陵,宋少华,宋泓明. 2001. 中国出口导向型经济增长的经验分析. 世界经济,24(8):14-20.
赵振全,于震,刘淼. 2007. 金融加速器效应在中国存在吗?. 经济研究,42(6):27-38.
郑忠华,邸俊鹏. 2012. 房地产借贷、金融加速器和经济波动:一个贝叶斯估计的DSGE模拟研究. 经济评论,(6):25-35.
周京奎. 2006. 利率、汇率调整对房地产价格的影响:基于理论与经验的研究. 金融理论与实践,(12):3-6.
周炎,陈昆亭. 2012a. 金融经济周期模型理论拟合中国经济的数值试验. 管理世界,(6):22-34,74.
周炎,陈昆亭. 2012b. 利差、准备金率与货币增速:量化货币政策效率的均衡分析. 经济研究,

47（7）：22-34，74.

周炎，陈昆亭. 2014. 金融经济周期理论研究动态. 经济学动态，（7）：128-138.

周炎，陈昆亭. 2016. 供给侧冲击、金融冲击的周期效应分析. 浙江社会科学，（1）：26-35，156.

周炎，陈昆亭，庞尧. 2020. 需求约束、货币政策体系与经济增长："有限需求"假设下经济增长"负向螺旋"机制. 经济评论，（6）：60-71.

周英章，蒋振声. 2002. 货币渠道、信用渠道与货币政策有效性：中国1993—2001年的实证分析和政策含义. 金融研究，（9）：34-43.

朱孟楠，刘林. 2010. 短期国际资本流动、汇率与资产价格：基于汇改后数据的实证研究. 财贸经济，（5）：5-13，135.

祝梓翔，邓翔. 2013. 趋势性冲击、政府消费与中国经济周期波动：基于开放经济RBC模型的比较分析. 现代财经天津财经大学学报，33（3）：12-23.

祝梓翔，邓翔，徐蒙. 2013. 中国和其他新兴市场国家经济波动之比较研究. 统计与决策，（2）：123-127.

庄子罐，贾红静，刘鼎铭. 2018. 货币政策的宏观经济效应研究：预期与未预期冲击视角. 中国工业经济，（7）：80-97.

庄子罐，裴沛，傅志明. 2014. 金融要素对经济周期波动的影响：一个文献综述. 中南财经政法大学学报，（2）：91-98，159.

踪家峰，刘岗，贺妮. 2010. 中国财政支出资本化与房地产价格. 财经科学，（11）：57-64.

Abu-Bader S, Abu-Qarn A S. 2008. Financial development and economic growth: the Egyptian experience. Journal of Policy Modeling, 30（5）：887-898.

Acemoglu D, Gancia G, Zilibotti F. 2012. Competing engines of growth: innovation and standardization. Journal of Economic Theory, 147（2）：570-601.

Acemoglu D, Guerrieri V. 2008. Capital deepening and non-balanced economic growth. Journal of Political Economy, 116（3）：467-498.

Acemoglu D. 2007. Equilibrium bias of technology. Econometrica, 75（5）：1371-1409.

Adrian T, Ashcraft A B. 2012. Shadow banking regulation. Annual Review of Financial Economics, 4（1）：99-140.

Aghion P, Angeletos G M, Banerjee A, et al. 2005. Volatility and growth: credit constraints and productivity-enhancing investment. NBER Working Paper, No. 11349.

Aghion P, Durlauf S. 2005. Handbook of Economic Growth. vol 1. Amsterdam: Elsevier.

Aghion P, Howit P. 1998. Endogenous growth theory. Cambridge: MIT Press.

Aghion P, Howitt P. 1992. A model of growth through creative destruction. Econometrica, 60（2）：323-351.

Aghion P, Howitt P, Violante G L. 2002. General purpose technology and wage inequality. Journal of Economic Growth, 7（4）：315-345.

Ahituv A. 2001. Be fruitful or multiply: on the interplay between fertility and economic development. Journal of Population Economics, 14（1）：51-71.

Ajello A. 2016. Financial intermediation, investment dynamics, and business cycle fluctuations. The American Economic Review, 106（8）：2256-2303.

Allen F, Babus A, Carletti E. 2010. Financial connections and systemic risk. NBER Working Papers,

No. 16177.

Allen F, Gale D. 2000. Financial contagion. Journal of Political Economy, 108 (1): 1-33.

Ambler S, Cardia E, Zimmermann C. 2004. International business cycles: what are the facts? . Journal of Monetary Economics, 51 (2): 257-276.

Amisano G, Fagan G. 2013. Money growth and inflation: a regime switching approach. Journal of International Money and Finance, 33: 118-145.

Angeloni I, Faia E, Duca M L. 2015. Monetary policy and risk taking. Journal of Economic Dynamics and Control, 52: 285-307.

Anwar S, Cooray A. 2012. Financial development, political rights, civil liberties and economic growth: evidence from South Asia. Economic Modelling, 29 (3): 974-981.

Aoki K, Proudman J, Vlieghe G. 2004. House prices, consumption, and monetary policy: a financial accelerator approach. Journal of Financial Intermediation, 13 (4): 414-435.

Armstrong A. 2015. Are negative policy interest rates really feasible? https://www.weforum.org/agenda/2015/08/are-negative-policy-interest-rates-really-feasible/[2023-04-23].

Arrow K J, Intriligator M D. 1987. Handbook of Mathematical Economics. North Holland: Elsevier.

Arteta C, Kose M A, Stocker M, et al. 2016. Negative interest rate policies: sources and implications. Policy Research Working Paper Series, Washington, DC.

Ashraf Q, Galor O. 2011. Dynamics and stagnation in the Malthusian epoch. The American Economic Review, 101 (5): 2003-2041.

Atkeson A, Kehoe P J. 2005. Modeling and measuring organization capital. Journal of Political Economy, 113 (5): 1026-1053.

Aurissergues E. 2016a. Demand shocks, new keynesian model and supply effects of monetary policy. Economic Modelling, 84 (2): 4-7.

Aurissergues E. 2016b. The missing corporate investment, are low interest rate to blame? . HAL Working Papers, halshs-01348574v2.

Aziz J, Li X M. 2008. China's changing trade elasticities. China & World Economy, 16 (3): 1-21.

Backus D K, Kehoe P J, Kydland F E. 1994. Dynamics of the trade balance and the terms of trade: the J-Curve? . The American Economic Review, 84 (1): 84-103.

Backus D K, Kehoe P J, Kydland F E. 1995. International business cycles: theory and Evidence//Cooley T F. Frontiers of Business Cycle Research. Princeton: Princeton University Press: 331-356.

Bagehot W. 1873. Lombard Street: A Description of the Money Market. NewYork: Scribner, Armstrong and Co.

Baier S L, Dwyer G P, Tamura R. 2006. How important are capital and total factor productivity for economic growth? . Economic Inquiry, 44 (1): 23-49.

Baker N, Sebastian L C. 1995. The problem with parachuting: strategic studies and security in the Asia/Pacific Region. Journal of Strategic Studies, 18 (3): 15-31.

Bakshi G S, Chen Z W. 1996. The spirit of capitalism and stock-market prices. The American Economic Review, 86 (1): 133-157.

Ball L. 1999. Policy rules for open economies. NBER Working Paper: 127-156.

Banabak S, Premrov T, Six E, et al. 2019. Class Matters: philanthropie US-amerikanischer haushalte. Momentum Quarterly-Zeitschrift Für Sozialen Fortschritt, 8 (3): 131.

Banerji A, Hiris L. 2001. A framework for measuring international business cycles. International Journal of Forecasting, 17 (3): 333-348.

Bates R H, Curry A F. 1992. Community versus market: a note on Corporate villages. American Political Science Review, 86 (2): 457-463.

Baxter J L, Moosa I A. 1996. The consumption function: a basic needs hypothesis. Journal of Economic Behavior and Organization, 31 (1): 85-100.

Baxter M. 1988. Toward an empirical assessment of game-theoretic models of policymaking: a comment. Carnegie-Rochester Conference Series on Public Policy, 28: 141-151.

Baxter M, Farr D D. 2005. Variable capital utilization and international business cycles. Journal of International Economics, 65 (2): 335-347.

Baxter M, King R G. 1999. Measuring business cycles: approximate band-pass filters for economic time series. Review of Economics and Statistics, 81 (4): 575-593.

Baxter M, Kouparitsas M A. 2003. Trade structure, industrial structure, and international business cycles. American Economic Review, 93 (2): 51-56.

Baxter M, Kouparitsas M A. 2005a. Determinants of business cycle comovement: a robust analysis. Journal of Monetary Economics, 52 (1): 113-157.

Baxter M, Kouparitsas M A. 2005b. What determines bilateral trade flows?. Working Paper Series WP-05-11.

Becker G S. 1965. A theory of the allocation of time. The Economic Journal, 75 (299): 493-517.

Becker G S, Murphy K M, Tamura R. 1990. Human capital, fertility and economic growth. Journal of Political Economy, 98 (5, Part 2): S12-S37.

Beerli A, Weiss F J, Zilibotti F, et al. 2020. Demand forces of technical change: evidence from the Chinese manufacturing industry. China Economic Review, 60: 101157.

Belongia M T, Ireland P N. 2022. A reconsideration of money growth rules. Journal of Economic Dynamics and Control, 135: 104312.

Belongia M T, Ireland P N. 2016. Targeting constant money growth at the zero lower bound. International Journal of Central Banking, 14 (2): 159-204.

Bernanke B S. 1983. Nonmonetary effects of the financial crisis in propagation of the great depression. The American Economic Review, 73 (3): 257-276.

Bernanke B S, Blinder A S. 1988. Credit, money, and aggregate demand. American Economic Review, 78 (2): 435-439.

Bernanke B S, Blinder A S. 1992. The federal funds rate and the channels of monetary transmission. The American Economic Review, 82 (4): 901-921.

Bernanke B S, Gertler M. 1989. Agency costs, net worth, and business fluctuations. The American Economic Review, 79 (1): 14-31.

Bernanke B S, Gertler M. 1995. Inside the black box: the credit channel of monetary policy transmission. Journal of Economic Perspectives, 9 (4): 27-48.

Bernanke B S, Gertler M. 2001. Should central banks respond to movements in asset prices?.

American Economic Review, 91 (2): 253-257.

Bernanke B S, Gertler M, Gilchrist S. 1999. Chapter 21 the financial accelerator in a quantitative business cycle framework. Handbook of Macroeconomics, 1: 1341-1393.

Bernanke B S, Gürkaynak R S. 2001. Is growth exogenous? Taking mankiw, romer, and weil seriously. NBER Macroeconomics Annual, 16: 11-57.

Bhaskar V, Manning A L, To T. 2002. Oligopsony and monopsonistic competition in labor markets. Journal of Economic Perspectives, 16 (2): 155-174.

Black F. 2012. Business Cycles and Equilibrium. New Jersey: Wiley-Blackwell.

Blackburn K. 1999. Can stabilisation policy reduce long-run growth? . The Economic Journal, 109 (452): 67-77.

Blackburn K, Galindev R. 2003. Growth, volatility and learning. Economics Letters, 79(3): 417-421.

Blackburn K, Pelloni A. 2004. On the relationship between growth and volatility. Economics Letters, 83 (1): 123-127.

Blackburn K, Pelloni A. 2005. Growth, cycles and stabilization policy. Oxford Economic Papers, 57 (2): 262-282.

Blanchard O J, Summers L H. 1987. Fiscal increasing returns, hysteresis, real wages and unemployment. European Economic Review, 31 (3): 543-560.

Blanchard O J, Summers L H. 2019. Evolution or Revolution? : Rethinking Macroeconomic Policy After The Great Recession. London: The MIT Press.

Blankenau W, Kose M A, Yi K M. 2001. Can world real interest rates explain business cycles in a small open economy? . Journal of Economic Dynamics and Control, 25 (6/7): 867-889.

Blundell R, Fudenberg D, Monfort A, et al. 2000. Report of the editors 1998-1999. Econometrica, 68 (1): 185-187.

Boileau M, Braeu R. 2007. The spirit of capitalism, asset returns, and the business cycle. Macroeconomic Dynamics, 11 (2): 214-230.

Boman V, Örn A N. 2017. Okun's law within the OECD: a cross-country comparison. Digitala Vetenskapliga Arkivet.

Boppart T. 2014. Structural change and the kaldor facts in a growth model with relative price effects and non-gorman preferences. Econometrica, 82 (6): 2167-2196.

Bosworth A B. 1993. The humanitarian aspect of the Melian Dialogue. The Journal of Hellenic Studies, 113: 30-44.

Bosworth B P, Kosters M H. 1993. Personal saving, consumption, and tax policy. Journal of Policy Analysis and Management, 12 (3): 606.

Boubaker S, Gounopoulos D, Nguyen D K, et al. 2017. Assessing the effects of unconventional monetary policy and low interest rates on pension fund risk incentives. Journal of Banking & Finance, 77: 35-52.

Brander J A, Dowrick S. 1994. The role of fertility and population in economic growth: empirical research from aggregate cross-national data. Journal of Population Economics, 7 (1): 1-25.

Braun R A. 1994. Tax disturbances and real economic activity in the postwar United States. Journal of Monetary Economics, 33 (3): 441-462.

Brooksbank R, Subhan Z, Garland R, et al. 2015. Strategic marketing in times of recession versus growth: New Zealand manufacturers. Asia Pacific Journal of Marketing and Logistics, 27 (4): 600-627.

Brueckner M, Schwandt H. 2015. Income and population growth. The Economic Journal, 125 (589): 1653-1676.

Brunnermeier M K. 2009. Deciphering the liquidity and credit crunch 2007–2008. Journal of Economic Perspectives, 23 (1): 77-100.

Brunnermeier M K, Oehmke M. 2013. The maturity rat race. The Journal of Finance, 68(2): 483-521.

Buera F J, Kaboski J P. 2012. Scale and the origins of structural change. Journal of Economic Theory, 147 (2): 684-712.

Burns A F, Mitchell W C. 1946. Measuring Business Cycles. New York: NBER.

Burnside C. 1993. Consistency of a method of moments estimator based on numerical solutions to asset pricing models. Econometric Theory, 9 (4): 602-632.

Caballero R J, Engel E M R A. 1993. Microeconomic adjustment hazards and aggregate dynamics. The Quarterly Journal of Economics, 108 (2): 359-383.

Calderón C, Chong A, Stein E. 2007. Trade intensity and business cycle synchronization: are developing countries any different? . Journal of International Economics, 71 (1): 2-21.

Calderón C, Liu L. 2003. The direction of causality between financial development and economic growth. Journal of Development Economics, 72 (1): 321-334.

Calvo G A. 1998. Capital flows and capital-market crises: the simple economics of sudden stops. Journal of Applied Economics, 1 (1): 35-54.

Calza A, Monacelli T, Stracca L. 2013. Housing finance and monetary policy. Journal of the European Economic Association, 11 (1): 101-122.

Campbell J Y. 2006. Household finance. The Journal of Finance, 61 (4): 1553-1604.

Campbell J Y, Cocco J F. 2007. How do house prices affect consumption? Evidence from micro data. Journal of Monetary Economics, 54 (3): 591-621.

Campbell J Y, Mankiw N G. 1989a. Consumption, income, and interest rates: reinterpreting the time series evidence. NBER Macroeconomics Annual, 4: 185-216.

Campbell J Y, Mankiw N G. 1989b. International evidence on the persistence of economic fluctuations. Journal of Monetary Economics, 23 (2): 319-333.

Canova F. 2005. The transmission of US shocks to latin america. Journal of Applied Econometrics, 20 (2): 229-251.

Canova F, Dellas H. 1993. Trade interdependence and the international business cycle. Journal of International Economics, 34 (1/2): 23-47.

Canova F, Marrinan J. 1996. Reconciling the term structure of interest rates with the consumption-based ICAP model. Journal of Economic Dynamics and Control, 20 (4): 709-750.

Canova F, Marrinan J. 1998. Sources and propagation of international output cycles: common shocks or transmission? . Journal of International Economics, 46 (1): 133-166.

Caplin A S, Spulber D F. 1987. Menu costs and the neutrality of money. The Quarterly Journal of Economics, 102 (4): 703-725.

Caplin W E. 1987. The expanded cadential progression: a category for the analysis of classical form. Journal of Musicological Research, 7 (2/3): 215-257.

Caporale T, McKiernan B. 1996. The relationship between output variability and growth: evidence from post war UK data. Scottish Journal of Political Economy, 43 (2): 229-236.

Caporale T, McKiernan B. 1998. The Fischer black hypothesis: some time-series evidence. Southern Economic Journal, 64 (3): 765-771.

Carlstrom C T, Fuerst T S. 1997. Agency costs, net worth, and business fluctuations: a computable general equilibrium analysis. The American Economic Review, 87 (5): 893-910.

Carroll C D, Dunn W E. 1997. Unemployment expectations, jumping (S, s) triggers, and household balance sheets. NBER Macroeconomics Annual, 12: 165-217.

Carroll C D, Overland J R, Weil D. 2000. Saving and growth with habit formation. American Economic Review, 90 (3): 341-355.

Carstensen K, Hülsewig O, Wollmershäuser T. 2009. Monetary policy transmission and house prices: european cross-country evidence. Working Paper Series from CESifo, No. 2750.

Cascone P, Carpenito S, Slotsbo S, et al. 2015. Improving the efficiency of Trichogramma Achaeae to control Tuta Absoluta. BioControl, 60 (6): 761-771.

Case K E, Quigley J M, Shiller R J. 2006. Comparing wealth effects: the stock market versus the housing market. Cowles Foundation Paper, No. 1181.

Caselli F, Coleman W. 2001. The U.S. structural transformation and regional convergence: a reinterpretation. Journal of Political Economy, 109 (3): 584-616.

Cebiroğlu G, Unger S. 2019. On the relationship of money supply, consumer demand and debt. International Journal of Public Policy, 15 (3/4): 187-205.

Cecchetti S G, Genberg H, Wadhwani S. 2002. Asset prices in a flexible inflation targeting framework. NBER Working Paper, No. 8970.

Cerra V, Saxena S C. 2008. Growth dynamics: the myth of economic recovery. The American Economic Review, 98 (1): 439-457.

Chambers M, Garriga C, Schlagenhauf D E. 2009. Accounting for changes in the homeownership rate. International Economic Review, 50 (3): 677-726.

Chambers R G, Quiggin J. 2009. Separability of stochastic production decisions from producer risk preferences in the presence of financial markets. Journal of Mathematical Economics, 45 (11): 730-737.

Chang C, Chen K J, Waggoner D F, et al. 2016. Trends and cycles in China's economy. NBER Working Paper, No. 21244.

Chari V V, Christiano L J, Eichenbaum M. 1995. Inside money, outside money and short-term interest rates. Journal of Money, Credit and Banking, 27 (4): 1387-1396.

Chari V V, Christiano L J, Eichenbaum M. 1998. Expectation traps and discretion. Journal of Economic Theory, 81 (2): 462-492.

Chari V V, Christiano L J, Kehoe P J. 1996. Optimality of the Friedman rule in economies with distorting taxes. Journal of Monetary Economics, 37 (2): 203-223.

Chari V V, Hopenhayn H. 1991. Vintage human capital, growth, and the diffusion of new technology.

Journal of Political Economy, 99 (6): 1142-1165.

Chen C H. 2011. The major components of corporate social responsibility. Journal of Global Responsibility, 2 (1): 85-99.

Chen C M, Delmas M. 2011. Measuring corporate social performance: an efficiency perspective. Production and Operations Management, 20 (6): 789-804.

Chenery H B, Taylor L. 1968. Development patterns: among countries and over time. The Review of Economics and Statistics, 50 (4): 391-416.

Chetty R, Szeidl A. 2016. Consumption commitments and habit formation. Econometrica, 84 (2): 855-890.

Choe J I. 2001. An impact of economic integration through trade: on business cycles for 10 East Asian countries. Journal of Asian Economics, 12 (4): 569-586.

Christiano L J, Eichenbaum M. 1992. Current real-business-cycle theories and aggregate labor-market fluctuations. The American Economic Review, 82 (3): 430-450.

Christiano L J, Eichenbaum M, Evans C L. 1999. Chapter 2 monetary policy shocks: what have we learned and to what end?. Handbook of Macroeconomics, 1 (Part A): 65-148.

Christiano L J, Gust C J. 1999. Taylor rules in a limited participation model. De Economist, 147 (4): 437-460.

Christiano L J, Motto R, Rostagno M. 2007. Financial factors in business cycles. Working Paper Series 1192, European Central Bank.

Christiano P L, Rosa S G. 1985. Phase diagram of the infinite range Ashkin-Teller model. Physics Letters A, 110 (1): 44-48.

Claessens L, Antle J M, Stoorvogel J J, et al. 2012. A method for evaluating climate change adaptation strategies for small-scale farmers using survey, experimental and modeled data. Agricultural Systems, 111: 85-95.

Claessens S, Kose M A, Terrones M E. 2011. Financial cycles: what? how? when?. NBER International Seminar on Macroeconomics, 7 (1): 303-344.

Claessens S, Kose M A, Terrones M E. 2012. How do business and financial cycles interact? Journal of International Economics, 87 (1): 178-190.

Claessens S, Tong H, Wei S J. 2012. From the financial crisis to the real economy: using firm-level data to identify transmission channels. Journal of International Economics, 88 (2): 375-387.

Clark T E, van Wincoop E. 2001. Borders and business cycles. Journal of International Economics, 55 (1): 59-85.

Cœuré B. 2017. Central bank communication in a low interest rate environment. Open Economies Review, 28 (5): 813-822.

Cogley T, Nason J M. 1995. Output dynamics in real-business-cycle models. The American Economic Review, 85 (3): 492-511.

Cohen W M, Levinthal D A. 1989. Innovation and learning: the two faces of R&D. The Economic Journal, 99 (397): 569-596.

Coleman W J. 1995. Price level determinacy without control of a monetary aggregate: a comment. Carnegie-Rochester Conference Series on Public Policy, 43: 47-53.

Colson A J. 2000. The logic of peace and the logic of justice. International Relations, 15 (1): 51-62.

Cooley T F, Hansen G D. 1998. The role of monetary shocks in equilibrium business cycle theory: three examples. European Economic Review, 42 (3/4/5): 605-617.

Cordoba J C, Ripoll M. 2004. Credit cycles redux. International Economic Review, 45 (4): 1011-1046.

Dalgaard C J, Strulik H. 2013. The history augmented Solow model. European Economic Review, 63: 134-149.

Davis B G. 1993. Collaborative learning: group work and study teams//Davis B G. Tools for Teaching. San Francisco: Jossey-Bass: 147-152, 156.

Davis E P, Zhu H B. 2009. Commercial property prices and bank performance. Quarterly Review of Economics and Finance, 49 (4): 1341-1359.

Davis M A, Heathcote J. 2005. Housing and the business cycle. International Economic Review, 46 (3): 751-784.

Deaton A, Paxson C H. 1998. Aging and inequality in income and health. The American Economic Review, 88 (2): 248-253.

Deaton A S, PaxsonC H. 1994. Saving, growth and aging in Taiwan. Chicago: University of Chicago Press: 331-362.

Dermer J D, Lucas R G. 1986. The illusion of managerial control. Accounting Organizations and Society, 11 (6): 471-482.

Devereux M B, Sutherland A. 2007. Solving for country portfolios in open economy macro models. IMF Working Papers, No. 2007/284.

Dolmas J, Wynne M A. 1998. Elastic capital supply and the effects of fiscal policy. Economic Inquiry, 36 (4): 553-574.

Don H, Adrian P. 2016. The Econometric Analysis of Recurrent Events in Macroeconomics and Finance. Princeton: Princeton University Press.

Dotsey M, Ireland P. 1996. The welfare cost of inflation in general equilibrium. Journal of Monetary Economics, 37 (1): 29-47.

Dotsey M, King R G, Wolman A L. 1999. State-dependent pricing and the general equilibrium dynamics of money and output. The Quarterly Journal of Economics, 114 (2): 655-690.

Doyal L, Gough I. 1991. A Theory of Human Need. New York: Macmillan.

Duarte A, Holden K. 2003. The business cycle in the G-7 economies. International Journal of Forecasting, 19 (4): 685-700.

Dvornak N, Kohler M. 2007. Housing wealth, stock market wealth and consumption: a panel analysis for Australia. Economic Record, 83 (261): 117-130.

Edge R M, Kiley M T, Laforte J P. 2010. A comparison of forecast performance between federal reserve staff forecasts, simple reduced-form models, and a DSGE model. Journal of Applied Econometrics, 25 (4): 720-754.

Edwards S. 1995. Why are saving rates so different across countries? : an international comparative analysis. NBER Working Papers, No. 5097.

Eggertsson G, Woodford M. 2003. The zero bound on interest rates and optimal monetary policy.

Brookings Papers on Economic Activity，（1）：139-233.

Eickmeier S，Pijnenburg K. 2013. The global dimension of inflation-evidence from factor-augmented phillips curves. Oxford Bulletin of Economics and Statistics，75（1）：103-122.

Einarsson T，Milton M H. 1997. Home production with endogenous growth. Journal of Monetary Economics，39（3）：551-569.

Elgin G，Sumner S. 2017. Guest editors' introduction: monetary rules for a post-crisis world. Journal of Macroeconomics，54（PA）：1-6.

Freire-González J. 2020. Energy taxation policies can counteract the rebound effect: analysis within a general equilibrium framework. Energy Efficiency，13（4）：69-78.

Ethier W J. 1982a. National and international returns to scale in the modern theory of international trade. American Economic Review，72（3）：389-405.

Ethier W J. 1982b. Decreasing costs in international trade and frank Graham's argument for protection. Econometrica，50（5）：1243-1268.

Fabricant S. 1938. Statistical indicators of cyclical revivals//Mitchell W C，Burns A F. Statistical indicators of cyclical revivals: 1-12.

Fagan K J，Irvine K M，McWhinney B C，et al. 2013. BMI but not stage or etiology of nonalcoholic liver disease affects the diagnostic utility of carbohydrate-deficient transferrin. Alcoholism: Clinical and Experimental Research，37（10）：1771-1778.

Faia E，Lechthaler W，Merkl C. 2014. Labor selection, turnover costs, and optimal monetary policy. Journal of Money，Credit and Banking，46（1）：115-144.

Faia E，Monacelli T. 2007. Optimal interest rate rules, asset prices, and credit frictions. Journal of Economic Dynamics and Control，31（10）：3228-3254.

Fair R C. 1974. A Model of Macroeconomic Activity. Volume I: The Theoretical Model. Cambridge: Ballinger Publishing Company.

Farmer D L. 1992. Millstones for medieval manors. The Agricultural History Review，40（2）：97-111.

Farmer R E A. 1991. The lucas critique, policy invariance and multiple equilibria. The Review of Economic Studies，58（2）：321-332.

Fehrle D. 2019. Housing and the business cycle revisited. Journal of Economic Dynamics and Control，99：103-115.

Ferguson R W，Jr. 2004. Equilibrium real interest rate: theory and application. Hartford.

Fiaschi D，Lavezzi A M. 2003. Distribution dynamics and nonlinear growth. Journal of Economic Growth，8（4）：379-401.

Fisher I. 1911. The Purchasing Power of Money. Journal of the Royal Statistical Society，74（7）：752-754.

Fisher I. 1920. Stabilizing The Dollar: A Plan to Stabilize The General Price Level. New York: Macmillan.

Fisher I. 1933. The debt-deflation theory of great depressions. Econometrica，1（4）：337-357.

Flam H，Helpman E. 1987. Vertical product differentiation and north-south Trade. The American Economic Review，77（5）：810-822.

Frankel J A，Rose A K. 1996. Currency crashes in emerging markets: an empirical treatment. Journal of International Economics, 41 (3/4): 351-366.

Fratantoni M, Schuh S. 2003. Monetary policy, housing, and heterogeneous regional markets. Journal of Money, Credit and Banking, 35 (4): 557-589.

Friedman M. 1960. A Program for Monetary Stability. New York: Fordham University Press.

Friedrich W. 2009. The renminbi Challenge: the future role of the Chinese currency. The International Economy, 23 (4): 32.

Fuhrer J, Kodrzycki Y K, Little J S, et al. 2009. Understanding Inflation and The Implications for Monetary Policy: A Phillips Curve Retrospective. London: The MIT Press.

Fuhrer J, Moore G. 1995. Inflation persistence. The Quarterly Journal of Economics, 110 (1): 127-159.

Galor O. 2005. From stagnation to growth: unified growth theory. Handbook of Economic Growth, 1 (Part A): 171-293.

Galor O. 2011. Unified Growth Theory. Princeton: Princeton University Press.

Galor O, Moav O. 2004. From physical to human capital accumulation: inequality and the process of development. The Review of Economic Studies, 71 (4): 1001-1026.

Galor O, Tsiddon D. 1991. Technological breakthroughs and development traps. Economics Letters, 37 (1): 11-17.

Galor O, Weil D N. 2000. Population, technology and growth: from the Malthusian regime to the demographic transition and beyond. American Economic Review, 90 (4): 806-828.

Gancia G, Zilibotti F. 2005. Horizontal innovation in the theory of growth and development//Aghion P, Durlauf S. Handbook of Economic Growth. vol 1. Amsterdam: Elsevier: 111-170.

Gelach H M S. 1988. World business cycles under fixed and flexible exchange rates. Journal of Money, Credit and Banking, 20 (4): 621-632.

Gerlach S. 2004. The two pillars of the european central bank. Economic Policy, 19 (40): 390-439.

Gerlach S, Peng W S. 2005. Bank lending and property prices in Hong Kong. Journal of Banking & Finance, 29 (2): 461-481.

Gertler M, Gilchrist S, Natalucci F M. 2007. External constraints on monetary policy and the financial accelerator. Journal of Money, Credit and Banking, 39 (2/3): 295-330.

Gertler M, Huckfeldt C, Trigari A. 2020. Unemployment fluctuations, match quality, and the wage cyclicality of new hires. The Review of Economic Studies, 87 (4): 1876-1914.

Gertler M, Karadi P. 2011. A model of unconventional monetary policy. Journal of Monetary Economics, 58 (1): 17-34.

Gertler M, Karadi P. 2015. Monetary policy surprises, credit costs, and economic activity. American Economic Journal: Macroeconomics, 7 (1): 44-76.

Gertler M, Kiyotaki N. 2010. Financial intermediation and credit policy in business cycle analysis. Handbook of Monetary Economics, 3: 547-599.

Gertler M S. 2008. The new argonauts: regional advantage in a global economy. Economic Geography, 84 (1): 105-108.

Giannoni M P. 2002. Does model uncertainty justify caution? Robust optimal monetary policy in a forward-looking model. Macroeconomic Dynamics, 6 (1): 111-144.

Giannoni M P, Michael W. 2002. Optimal interest-rate rules: I. General Theory. NBER Working Paper, No. 9419.

Gilchrist S, Leahy J V. 2002. Monetary policy and asset prices. Journal of Monetary Economics, 49 (1): 75-97.

Gilchrist S, Sim J W, Zakrajšek E. 2014. Uncertainty, financial frictions, and investment dynamics. NBER Working Papers, No. 20038.

Giuliodori M. 2002. Monetary policy shocks and the role of house prices across European countries. Working Papers, No. 164.

Giuliodori M. 2005. The role of house prices in the monetary transmission mechanism across european countries. Scottish Journal of Political Economy, 52 (4): 519-543.

Goldsmith R W. 1959. Financial structure and development as a subject for international comparative study. The Comparative Study of Economic Growth and Structure: 114-123.

Gollin D, Parente S L, Rogerson R. 2007. The food problem and the evolution of international income levels. Journal of Monetary Economics, 54 (4): 1230-1255.

González-Benito J, González-Benito Ó. 2006. A review of determinant factors of environmental proactivity. Business Strategy and the Environment, 15 (2): 87-102.

Goodfriend M, McCallum B T. 2007. Banking and interest rates in monetary policy analysis: a quantitative exploration. Journal of Monetary Economics, 54 (5): 1480-1507.

Goodhart C, Hofmann B. 2002. Asset prices and the conduct of monetary policy. Royal Economic Society Annual Conference, No. 88.

Goodhart C, Schoenmaker D. 1995. Should the functions of monetary policy and banking supervision be separated?. Oxford Economic Papers, 47 (4): 539-560.

Goodhart C A E. 2001. The inflation forecast. National Institute Economic Review, 175: 59-66.

Gordon D B, Leeper E M. 1994. The Dynamic impacts of monetary policy: an exercise in tentative identification. Journal of Political Economy, 102 (6): 1228-1247.

Green E H. 1997. An age of transition: an introductory essay. Parliamentary History, 16 (1): 1-17.

Greenwood J, Hercowitz Z, Huffman G W. 1988. Investment, capacity utilization and the real business cycle. The American Economic Review, 78 (3): 402-417.

Greenwood J, Huffman G W. 1991. Tax analysis in a real-business-cycle model: on measuring Harberger triangles and Okun gaps. Journal of Monetary Economics, 27 (2): 167-190.

Greenwood J, Rogerson R, Wright R. 2001. Putting home economics into macroeconomics. The Quarterly Review, 17 (3): 2-11.

Greenwood R, Scharfstein D. 2013. The growth of Finance. The Journal of Economic Perspectives, 27 (2): 3-28.

Grier K B, Henry Ó T, Olekalns N, et al. 2004. The asymmetric effects of uncertainty on inflation and output growth. Journal of Applied Econometrics, 19 (5): 551-565.

Grier K B, Tullock G. 1989. An empirical analysis of cross-national economic growth: 1951-1980. Journal of Monetary Economics, 24 (2): 259-276.

Grinols E L, Turnovsky S J. 1998. Risk, optimal government finance, and monetary policies in a growing economy. Economica, 65 (259): 401-427.

Grisse C, Krogstrup S, Schumacher S. 2017. Lower bound beliefs and long-term interest rates. IMF Working Papers, 17 (62): 1.

Grisse C, Nitschka T. 2016. Exchange rate returns and external adjustment: evidence from Switzerland. Open Economies Review, 27 (2): 317-339.

Gros D. 1996. A reconsideration of the optimum currency area approach: the role of external shocks and labour mobility. National Institute Economic Review, 158: 108-127.

Grossman G M, Helpman E. 1991a. Quality ladders and product cycles. The Quarterly Journal of Economics, 106 (2): 557-586.

Grossman G M, Helpman E. 1991b. Quality ladders in the theory of growth. The Review of Economic Studies, 58 (1): 43-61.

Gruben W, Koo J, Millis E. 2002. How much does international trade affect business cycle synchronization?. Working Papers 0203, Federal Reserve Bank of Dallas, No. 203.

Gruben W C, McLeod D. 2002. Capital account liberalization and inflation. Economics Letters, 77 (2): 221-225.

Guay A, Saint-Amant P. 2005. Do the Hodrick-Prescott and Baxter-King filters provide a good approximation of business cycles?. Annales D'Économie et De Statistique, (77): 133-155.

Guerrieri L, Iacoviello M. 2015. Occbin: a toolkit for solving dynamic models with occasionally binding constraints easily. Journal of Monetary Economics, 70 (C): 22-38.

Hakeem M, Oluitan R. 2012. Financial development and human capital in South Africa: a time-series approach. Research in Applied Economics, 4 (3): 18-38.

Hall D T, Nougaim K E. 1968. An examination of Maslow's need hierarchy in an organizational setting. Organizational Behavior and Human Performance, 3 (1): 12-35.

Hall R E. 2015. Quantifying the lasting harm to the U.S. economy from the financial Crisis. NBER Macroeconomics Annual, 29 (1): 71-128.

Hansen G D. 1985. Indivisible labor and the business cycle. Journal of Monetary Economics, 16 (3): 309-327.

Hansen G D, Prescott E C. 2002. Malthus to solow. The American Economic Review, 92 (4): 1205-1217.

Hansen G S, Wernerfelt B. 1989. Determinants of firm performance: the relative importance of economic and organizational factors. Strategic Management Journal, 10 (5): 399-411.

Hansen L P, Sargent T J. 2000. Robust control and filtering of forward-looking models. Working Paper, No. 1.

Haraguchi N, Rezonja G. 2010. In search of general patterns of manufacturing development. Unido Working Paper, 2010.

Harding D, Pagan A. 2006. Synchronization of cycles. Journal of Econometrics, 132 (1): 59-79.

Hart O, Moore J. 1996. The governance of exchanges: members' cooperatives versus outside ownership. Oxford Review of Economic Policy, 12 (4): 53-69.

Hau H, Lai S. 2016. Asset allocation and monetary policy: evidence from the eurozone. Journal of Financial Economics, 120 (2): 309-329.

Heathcote J, Perri F. 2002. Financial autarky and international business cycles. Journal of Monetary

Economics, 49 (3): 601-627.

Henry Ó T, Olekalns N. 2002. The effect of recessions on the relationship between output variability and growth. Southern Economic Journal, 68 (3): 683-692.

Herrendorf B, Rogerson R, Valentinyi Á. 2014. Growth and structural transformation. Handbook of Economic Growth, 2: 855-941.

Herzer D, Strulik H, Vollmer S. 2012. The long-run determinants of fertility: one century of demographic change 1900-1999. Journal of Economic Growth, 17 (4): 357-385.

Hetzel C, Holzer M, Allinger F, et al. 2016. Is work in older age healthy? Findings from family run businesses using the example of bavarian rural economics. Gesundheitswesen, 78 (5): 313-318.

Hetzel R L. 2008. The Monetary Policy of The Federal Reserve: A History. Cambridge: Cambridge University Press.

Hodrick R J, Prescott E C. 1981. Post-war US business cycles: an empirical investigation. Journal of Money, Credit and Banking, 29 (1): 1-16.

Hoeffler S, Keller K L. 2002. Building brand equity through corporate societal marketing. Journal of Public Policy & Marketing, 21 (1): 78-89.

Honda Y, Inoue H. 2019. The effectiveness of the negative interest rate policy in Japan: an early assessment. Journal of the Japanese and International Economies, 52: 142-153.

Hopenhayn H A. 1992. Entry, exit, and firm dynamics in long run equilibrium. Econometrica, 60 (5): 1127-1150.

Houthakker H S. 1958. The Permanent Income Hypothesis: Reply. The American Economic Review, 48 (5): 991-993.

Houthakker H S. 1961. Systematic and random elements in short-term price movements. The American Economic Review, 51 (2): 164-172.

Hsu C C, Wu J Y, Yau R. 2011. Foreign direct investment and business cycle co-movements: the panel data evidence. Journal of Macroeconomics, 33 (4): 770-783.

Huang K X, Liu Z D. 2002. Staggered price-setting, staggered wage-setting, and business cycle persistence. Journal of Monetary Economics, 49 (2): 405-433.

Iacoviello M. 2004. Consumption, house prices, and collateral constraints: a structural econometric analysis. Journal of Housing Economics, 13 (4): 304-320.

Iacoviello M. 2005. House prices, borrowing constraints, and monetary policy in the business cycle. American Economic Review, 95 (3): 739-764.

Iacoviello M. 2014. Financial business cycles. International Finance Discussion Paper, 2014 (1116): 1-44.

Iacoviello M. 2015. Financial business cycles. Review of Economic Dynamics, 18 (1): 140-163.

Iacoviello M, Minetti R. 2003. Financial liberalization and the sensitivity of house prices to monetary policy: theory and evidence. The Manchester School, 71 (1): 20-34.

Iacoviello M, Neri S. 2008. Housing market spillovers: evidence from an estimated DSGE model. American Economic Journal: Macroeconomics, 2 (2): 125-164.

Iacoviello M, Pavan M. 2013. Housing and debt over the life cycle and over the business cycle. Journal of Monetary Economics, 60 (2): 221-238.

Imbs J. 2004. Trade, finance, specialization, and synchronization. The Review of Economics and Statistics, 86 (3): 723-734.

İmrohoroğlu A, Kumar K B. 2004. Intermediation costs and capital flows. Review of Economic Dynamics, 7 (3): 586-612.

Ioan C A, Ioan G, 2011. Analysis of the evolution of the gross domestic product by means of cyclic regressions. Acta Universitatis Danubius. Oeconomica, 7 (4): 114-126.

Ireland P N. 1997. Stopping inflations, big and small. Journal of Money. Credit and Banking, 29 (4): 759-775.

Ireland P N. 2001. Sticky-price models of the business cycle: specification and stability. Journal of Monetary Economics, 47 (1): 3-18.

Janko Z. 2011. A dynamic small open economy model with involuntary unemployment. Canadian Journal of Economics/Revue Canadienne D'Economique, 44 (4): 1350-1368.

Jansen W J, Stokman A C J. 2004. Foreign direct investment and international business cycle comovement. Working Paper Series from European Central Bank, No. 401.

Jappelli T, Pagano M. 1989. Aggregate consumption and capital market imperfections: an international comparison. American Economic Review, 79 (5): 1088-1105.

Jermann U, Quadrini E. 2009. Macroeconomic effects of financial shocks. NBER Working Paper, No. 15338.

Jobst A, Lin H D, Org A, et al. 2016. Negative interest rate policy (NIRP): Implications for monetary transmission and bank profitability in the euro area. IMF Working Papers, 16 (172): 1.

John K, Lynch A, Puri M J. 2003. Credit ratings, collateral, and loan characteristics: implications for yield. The Journal of Business, 76 (3): 371-409.

Jones C I. 2005. The shape of production functions and the direction of technical change. The Quarterly Journal of Economics, 120 (2): 517-549.

Jones L E, Manuelli R E, Siu H E, et al. 2005. Fluctuations in convex models of endogenous growth, I: Growth effects. Review of Economic Dynamics, 8 (4): 780-804.

Jovanovic B, MacDonald G M. 1994. The life cycle of a competitive industry. Journal of Political Economy, 102 (2): 322-347.

Ju J D, Lin J Y, Wang Y. 2015. Endowment structures, industrial dynamics, and economic growth. Journal of Monetary Economics, 76: 244-263.

Judson R, Orphanides A. 1999. Inflation, volatility and growth. International Finance, 2 (1): 117-138.

Juster S. 2003. Doomsayers: Anglo-American Prophecy in the Age of Revolution. Philadelphia: University of Pennsylvania Press.

Justiniano A, Primiceri G E, Tambalotti A. 2010. Investment shocks and business cycles. Journal of Monetary Economics, 57 (2): 132-145.

Kaldor N. 1961. Capital accumulation and economic growth//Lutz F A, Hague D C. The Theory of Capital. New York: St. Martins Press: 177-122.

Kashyap A K, Stein J C, Wilcox D W. 1993. Monetary Policy and Credit Conditions: Evidence from the Composition of External Finance. The American Economic Review, 83 (1): 78-98.

Kehoe T J, Levine D K. 1993. Debt-constrained asset markets. The Review of Economic Studies,

60 (4): 865-888.

Kehoe T J, Levine D K, Romer P M. 1990. Determinacy of equilibria in dynamic models with finitely many consumers. Journal of Economic Theory, 50 (1): 1-21.

Kelley A C, Schmidt R M. 1995. Aggregate population and economic growth correlations: the role of the components of demographic change. Demography, 32 (4): 543-555.

Ketenci N, Uz I. 2011. Bilateral and regional trade elasticities of the EU. Empirical Economics, 40 (3): 839-854.

Kienzler D. 2012. Cyclical long-term unemployment, skill loss, and monetary policy. School of Finance Working Paper Series, No. 2012/5.

Kim S. 1999. Do monetary policy shocks matter in the G-7 countries? Using common identifying assumptions about monetary policy across countries. Journal of International Economics, 48(2): 387-412.

Kim S, Yang D Y. 2012. International monetary transmission in East Asia: floaters, non-floaters, and capital controls. Japan and the World Economy, 24 (4): 305-316.

Kimball M S. 1995. The quantitative analytics of the basic neomonetarist model. Journal of Money, Credit and Banking, 27 (4): 1241-1277.

King D S. 1988. Book review: planning in government: shaping programs that succeed by Melvin R. Levin. Urban Studies, 25 (5): 452-453.

King R G, Levine R. 1993a. Finance and growth: schumpeter might be right. The Quarterly Journal of Economics, 108 (3): 717-737.

King R G, Levine R. 1993b. Finance, entrepreneurship and growth. Journal of Monetary Economics, 32 (3): 513-542.

King R G, Plosser C I. 1994. Real business cycles and the test of the Adelmans. Journal of Monetary Economics, 33 (2): 405-438.

King R G, Plosser C I, Rebelo S T. 1988. Production, growth and business cycles: I. The basic neoclassical model. Journal of Monetary Economics, 21 (2/3): 195-232.

King R G, Rebelo S T. 1999. Chapter 14 resuscitating real business cycles. Handbook of macroeconomics, 1: 927-1007.

King R G, Watson M W. 1996. Money prices, interest rates and the business cycle. The Review of Economics and Statistics, 78 (1): 35-53.

King M. 2005. What has inflation targeting achieved? //Bernanke B S, Woodford M. The Inflation-Targeting Debate. Chicago: University of Chicago Press: 11-16.

Kiyotaki N, Moore J. 1997. Credit cycles. Journal of Political Economy, 105 (2): 211-248.

Kiyotaki N, Moore J. 2008. Liquidity, business cycles, and monetary policy. Paper presented at the Financial Cycles, Liquidity, and Securitization Conference. Washington.

Kneller R, Young G. 2001. Business cycle volatility, uncertainty and long-run growth. The Manchester School, 69 (5): 534-552.

Kocherlakota N. 2000. Creating business cycles through credit constraints. The Quarterly Review, 24 (3): 2-10.

Kollmann R. 2013. Global banks, financial shocks, and international business cycles: evidence from an estimated model. Journal of Money, Credit and Banking, 45 (s2): 159-195.

Kollmann R, Ratto M, Roeger W, et al. 2013. Fiscal policy, banks and the financial crisis. Journal of Economic Dynamics and Control, 37 (2): 387-403.

Kollmann R, Zeugner S. 2012. Leverage as a predictor for real activity and volatility. Journal of Economic Dynamics and Control, 36 (8): 1267-1283.

Kongsamut P, Rebelo S, Xie D Y. 2001. Beyond balanced growth. The Review of Economic Studies, 68 (4): 869-882.

Kontonikas A, Montagnoli A. 2006. Optimal monetary policy and asset price misalignments. Scottish Journal of Political Economy, 53 (5): 636-654.

Koopmans T C. 1947. Measurement without theory. The Review of Economics and Statistics, 29(3): 161-172.

Kormendi R C, Meguire P G. 1985. Macroeconomic determinants of growth: cross-country evidence. Journal of Monetary Economics, 16 (2): 141-163.

Kose M A, Blankenau W. 2006. How different is the cyclical behavior of home production across countries? . IMF Working Papers, No. 2006/046.

Kose M A, Otrok C, Whiteman C H. 2008. Understanding the evolution of world business cycles. Journal of International Economics, 75 (1): 110-130.

Kose M A, Prasad E S, Terrones M E. 2003. How does globalization affect the synchronization of business cycles? . American Economic Review, 93 (2): 57-62.

Kose M A, Prasad E S, Terrones M E. 2006. How do trade and financial integration affect the relationship between growth and volatility? . Journal of International Economics, 69 (1): 176-202.

Kose M A, Yi K M. 2006. Can the standard international business cycle model explain the relation between trade and comovement? . Journal of International Economics, 68 (2): 267-295.

Kouparitsas M A. 2001. Should trade barriers be phased-out slowly? A case study of North America. Journal of Policy Modeling, 23 (8): 875-900.

Kraay A, Ventura J. 2002. Product prices and the OECD cycle. Advances in Macroeconomics, 2 (1): 1030.

Kremer M. 1993. Population growth and technological change: one million B.C. to 1990. The Quarterly Journal of Economics, 108 (3): 681-716.

Kuenzer S, Lvanov A, Manco F, et al. 2017. Unikernels everywhere: the case for elastic CDNs. The 13th ACM SIGPLAN/SIGOPS International Conference on Virtual Execution Environments.

Kuijs L. 2005. Investment and saving in China. World Bank Policy Research Paper Series, No. 3633.

Kumakura M. 2006. Trade and business cycle co-movements in Asia-Pacific. Journal of Asian Economics, 17 (4): 622-645.

Kunting C. 2008. Credit constraints, business cycles & optimal policies. KFAS Working Paper.

Kuznets S. 1966. Modern economic growth: Rate, Structure, and Spread. New Haven: Yale University Press.

Kuznets S. 1973. Modern economic growth: findings and reflections. The American Economic Review, 63 (3): 247-258.

Kydland F E, Prescott E C. 1982. Time to build and aggregate fluctuations. Econometrica, 50 (6): 1345-1370.

Kydland F E, Prescott E C. 1990. Business cycles: real facts and a monetary myth. Quarterly Review, 14 (2): 3-18.

Kydland F E, Prescott E C. 1991. Hours and employment variation in business cycle theory. Economic Theory, 1 (1): 63-81.

Laidler D. 2016. Economic theory of bank credit. History of Political Economy, 48 (4): 749-752.

Laidler G. 2016. Polycarena silenoides rediscovered: why so much ado about a 'sticky little scroph'? . Veld & Flora, 102 (4): 159-161.

Lamont O. 1997. Cash flow and investment: evidence from internal capital markets. The Journal of Finance, 52 (1): 83-109.

Laubach T, Williams J C. 2003. Measuring the natural rate of interest. The Review of Economics and Statistics, 85 (4): 1063-1070.

Leamer E E. 1987. Paths of development in the three-factor, n-good general equilibrium model. Journal of Political Economy, 95 (5): 961-999.

Lee S Y, Hong J S, Espelage D L. 2010. An ecological understanding of youth suicide in South Korea. School Psychology International, 31 (5): 531-546.

Lee Y, Kozar K A, Larsen K R T. 2003. The technology acceptance model: past, present, and future. Communications of the Association for Information Systems, 12 (50): 752-780.

Leeper E M, Sims C A, Zha T. 1996. What does monetary policy do. Brookings Papers on Economic Activity, 27 (2): 1-78.

Leigh L Y. 1966. Financial development and economic growth: an economic analysis for Singapore. IMF Working Papers, No. 1996/015.

Levin D M. 1989. The Listening Self: Personal Growth, Social Change and The Closure of Metaphysics. London: Routledge.

Levin J S. 1998. Making sense of organizational change. New Directions for Community Colleges, 1998 (102): 43-54.

Levine R, Renelt D. 1992. A sensitivity analysis of cross-country growth regressions. The American Economic Review, 82 (4): 942-963.

Li H B, Zhang J S. 2007. Do high birth rates hamper economic growth? Review of Economics and Statistics, 89 (1): 110-117.

Li W L, Yao R. 2007. The life-cycle effects of house price changes. Journal of Money, Credit and Banking, 39 (6): 1375-1409.

Lin J Y. 2008. Marshall Lectures: Economic Development and Transition, Thought, Strategy, and Viability. London: Cambridge University Press.

Liu Z, Wang P F. 2014. Credit constraints and self-fulfilling business cycles. American Economic Journal: Macroeconomics, 6 (1): 32-69.

Liu Z, Wang P F, Zha T. 2009. Do credit constraints amplify macroeconomic fluctuations? . Working Paper Series 2009-28, Federal Reserve Bank of San Francisco.

Long J B, Jr, Plosser C I. 1983. Real business cycles. Journal of Political Economy, 91 (1): 39-69.

Lucas C K. 1998. Coordination of benefits. Cost & Quality Quarterly Journal: CQ, 4 (3): 23-28.
Lucas D J. 1993. Asset pricing with incomplete markets. Hitotsubashi Journal of Economics, 34: 163-179.
Lucas R E. 1977. Understanding business cycles. Carnegie-Rochester Conference Series on Public Policy, 5 (1): 7-29.
Lucas R E. 1987. Models of Business Cycles (Yrjö Jahnsson lectures). New York: Basil Blackwell.
Lucas R E. 1988. On the mechanics of economic development. Journal of Monetary Economics, 22 (1): 3-42.
Lucas R E. 1990. Supply-side economics: an analytical review. Oxford Economic Papers, 42 (2): 293-316.
Lucas R E. 2004. The industrial revolution: past and future. Federal Reserve Bank of Minneapolis Annual Report, 18: 5-20.
Luttmer E G J. 2007. Selection, growth, and the size distribution of firms. The Quarterly Journal of Economics, 122 (3): 1103-1144.
Maćkowiak B. 2007. External shocks, U.S. monetary policy and macroeconomic fluctuations in emerging markets. Journal of Monetary Economics, 54 (8): 2512-2520.
Maddison A. 1995. Monitoring the World Economy: 1820-1992. Paris: Development Centre of the OECD.
Maddison A. 2007. Contours of the World Economy, 1-2030 AD: Essays in Macroeconomic History. Oxford: Oxford University Press.
Maguire M. 2009. The nonprofit business model: empirical evidence from the magazine industry. Journal of Media Economics, 22 (3): 119-133.
Mankiw N G, Reis R. 2002. Sticky information versus sticky prices: a proposal to replace the new Keynesian Phillips curve. The Quarterly Journal of Economics, 117 (4): 1295-1328.
Matsuyama K. 2000a. A Ricardian model with a continuum of goods under nonhomothetic preferences demand complementarities, income distribution, and north-south trade. Journal of Political Economy, 108 (6): 1093-1120.
Matsuyama K. 2000b. The rise of mass consumption societies. Journal of Political Economy, 110 (5): 1035-1070.
Matsuyama K. 2009. Structural change in an interdependent world: a global view of manufacturing decline. Journal of the European Economic Association, 7 (2/3): 478-486.
McDonald J F, Stokes H H. 2013. Monetary policy and the housing bubble. The Journal of Real Estate Finance and Economics, 46 (3): 437-451.
McKinnon R I. 1963. Optimum currency areas. The American Economic Review, 53 (4): 717-725.
Meltzer A H. 1998. Monetarism: the issues and the outcome. Atlantic Economic Journal, 26 (1): 8-31.
Mendoza E G. 1991. Real business cycles in a small open economy. The American Economic Review, 81 (4): 797-818.
Merton R C. 1971. Optimum consumption and portfolio rules in a continuous-time model. Journal of Economic Theory, 3 (4): 373-413.

Mimir Y. 2012. Financial intermediaries, credit shocks and business cycles. Oxford Bulletin of Economics and Statistics, 78 (1): 42-74.

Mimir Y. 2016. On international consumption risk sharing, financial integration and financial development. Emerging Markets Finance and Trade, 52 (5): 1241-1258.

Mimir Y, Sunel E, Taşkın T. 2013. Required reserves as a credit policy tool. The B.E. Journal of Macroeconomics, 13 (1): 1-58.

Minsky H. 1986. Stabilizing An Unstable Economy. New Haven and London: Yale University Press.

Mishkin F S. 2001. The transmission mechanism and the role of asset prices in monetary policy. NBER Working Papers, No. 8617.

Mishkin F S. 2007. Housing and the monetary transmission mechanism. NBER Working Paper, 13518.

Mishkin F S. 2011. Monetary policy strategy: lessons from the crisis. Working Paper Series, No. 16755.

Mislin A. 2021. Monetary policy and asset price gap signal technology in a new keynesian framework. The Economists'Voice, 18 (1): 31-45.

Mitchell W C. 1927. Business Cycles: The Problem and Its Setting. New York: National Bureau of Economic Research.

Modigliani F. 1974. The 1974 report of the president's council of economic advisors: a critique of past and prospective economic policies. The American Economic Review, 64 (4): 544-557.

Modigliani F. 1986. Life cycle, individual thrift, and the wealth of nations. Science, 234 (4777): 704-712.

Modigliani F, Papademos L. 1975. Targets for monetary policy in the coming year. Brookings Papers on Economic Activity, 6 (1): 141-166.

Moore H L. 1914. Economic Cycles: Their Law and Cause. New York: The Macmillan Company.

Muellbauer J, Murphy A. 1997. Booms and busts in the UK housing market. The Economic Journal, 107 (445): 1701-1727.

Murphy K M, Shleifer A, Vishny R. 1989. Income distribution, market size and industrialization. The Quarterly Journal of Economics, 104 (3): 537-564.

Negro M D, Otrok C. 2007. 99 Luftballons monetary policy and the house price boom across U.S. states. Journal of Monetary Economics, 54 (7): 1962-1985.

Nelson C R, Plosser C R. 1982. Trends and random walks in macroeconmic time series. Journal of Monetary Economics, 10 (2): 139-162.

Ngai L R, Pissarides C A. 2007. Structural change in a multisector model of growth. American Economic Review, 97 (1): 429-443.

Ngai L R, Samaniego R M. 2011. Accounting for research and productivity growth across industries. Review of Economic Dynamics, 14 (3): 475-495.

Nucera F, Lucas A, Schaumburg J, et al. 2017. Do negative interest rates make banks less safe? Economics Letters, 159: 112-115.

Oikarinen E. 2009. Household borrowing and metropolitan housing price dynamics-Empirical evidence from Helsinki. Journal of Housing Economics, 18 (2): 126-139.

Ollivaud P, Turner D. 2015. The effect of the global of financial crisis on OECD potential output. OECD Journal: Economic Studies, 60 (1): 41-60.

Onatski A, Stock J H. 2000. Robust monetary policy under model uncertainty in a Small Model of the U.S. Economy. NBER Working Paper, No. 7490.

Otrok C. 2001. Spectral welfare cost functions. International Economic Review, 42 (2): 345-367.

Peretto P F, Valente S. 2015. Growth on a finite planet: resources, technology and population in the long run. Journal of Economic Growth, 20 (3): 305-331.

Piazzesi M, Schneider M, Tuzel S. 2007. Housing, consumption and asset pricing. Journal of Financial Economics, 83 (3): 531-569.

Pinar M, Stengos T, Topaloglou N. 2020. On the construction of a feasible range of multidimensional poverty under benchmark weight uncertainty. European Journal of Operational Research, 281 (2): 415-427.

Pindyck R S. 1991. Irreversibility, uncertainty, and investment. Journal of Economic Literature, 29 (3): 1110-1148.

Pintus P A, Wen Y. 2008. Excessive demand and Boom-bust cycles. Federal Reserve Bank of St. Louis Working Paper, 2008-014C.

Pintus P A, Wen Y. 2013. Leveraged borrowing and boom-bust cycles. Review of Economic Dynamics, 16 (4): 617-633.

Plantin G, Sapra H, Shin H S. 2008. Marking-to-market: panacea or pandora's box? . Journal of Accounting Research, 46 (2): 435-460.

Pollak R A. 1970. Habit formation and dynamic demand functions. Journal of Political Economy, 78 (4): 745-763.

Pollak R A. 1971. Additive utility functions and linear engel curves. The Review of Economic Studies, 38 (4): 401-414.

Prasad S. 1998. Economic globalization and labour market transformations in Fiji. Economic and Industrial Democracy, 19 (2): 227-251.

Prescott E C. 1980. Comments on the current state of the theory of aggregate investment behavior. Carnegie-Rochester Conference Series on Public Policy, 12: 93-101.

Prescott E C. 1986. Theory ahead of business cycle measurement. Carnegie-Rochester Conference Series on Public Policy, 25: 11-44.

Ramey G, Ramey V A. 1991. Technology commitment and the cost of economic fluctuations. NBER Working Paper, No. 3755.

Ramey G, Ramey V A. 1995. Cross-country evidence on the link between volatility and growth. The American Economic Review, 85 (5): 1138-1151.

Ravn M O. 1997. Permanent and transitory shocks, and the UK business cycle. Journal of Applied Econometrics, 12 (1): 27-48.

Rebelo S. 1991. Long-run policy analysis and long-run growth. Journal of Political Economy, 99 (3): 500-521.

Reinhart C M, Calvo S G. 1996. Capital flows to latin America: is there evidence of contagion effects. Washington: Peterson Institute for International Economics: 151-171.

Reinhart C M, Rogoff K S. 2009. The aftermath of financial crises. American Economic Review, 99 (2): 466-472.

Rioja F, Valev N. 2004a. Does one size fit all? : a reexamination of the finance and growth relationship. Journal of Development Economics, 74 (2): 429-447.

Rioja F, Valev N. 2004b. Finance and the sources of growth at various stages of economic development. Economic Inquiry, 42 (1): 127-140.

Rogoff K. 1996. The purchasing power parity puzzle. Journal of Economic Literature, 34 (2): 647-668.

Romer C J, Manciaux M. 1986. Research and intersectoral cooperation in the field of accidents. World Health Statistics Quarterly, 39 (3): 281-284.

Romer P M. 1986. Increasing returns and long-run growth. Journal of Political Economy, 94 (5): 1002-1037.

Romer P M. 1990a. Human capital and growth: theory and evidence. Carnegie-Rochester Conference Series on Public Policy, 32: 251-286.

Romer P M. 1990b. Endogenous technological change. Journal of Political Economy, 98 (5, Part 2): S71-S102.

Rosenthal J L, Wong R B. 2011. Before and Beyond Divergence: the Politics of Economic Change in China and Europe. Cambridge: Harvard University Press.

Rossi-Hansberg E, Wright M L J. 2007. Establishment size dynamics in the aggregate economy. American Economic Review, 97 (5): 1639-1666.

Rudebusch G D, Svensson L E O. 1999. Policy rules for inflation targeting. Chicago: Chicago University Press: 203-262.

Saint-Paul G. 1992a. Fiscal policy in an endogenous growth model. The Quarterly Journal of Economics, 107 (4): 1243-1259.

Saint-Paul G. 1992b. Technological choice, financial markets and economic development. European Economic Review, 36 (4): 763-781.

Schinasi G J, Weisbrod S R, Hargraves M. 1993. Asset price inflation in the 1980's: a flow of funds perspective. IMF Working Paper, No. 1993/077.

Schmitt-Grohé S. 1998. The international transmission of economic fluctuations: effects of U.S. business cycles on the Canadian economy. Journal of International Economics, 44 (2): 257-287.

Schuh J H. 2003. The financial environment of student affairs. New Directions for Student Services, 2 (103): 3-16.

Schumpeter J A, Nichol A J. 1934. Robinson's economics of imperfect competition. Journal of Political Economy, 42 (2): 249-259.

Segerstrom P S, Anant T C A, Dinopoulos E. 1990. A schumpeterian model of the product life cycle. The American Economic Review, 80 (5): 1077-1091.

Selover D D. 1999. International interdependence and business cycle transmission in ASEAN. Journal of the Japanese and International Economies, 13 (3): 230-253.

Selover D D, Jensen R V. 1999. "Mode-locking" and international business cycle transmission. Journal of Economic Dynamics and Control, 23 (4): 591-618.

Senhadji S A, Collyns C. 2002. Lending booms, real estate bubbles and the Asian crisis. IMF Working Papers, No. 2002/020.

Shack-Marquez J, Wascher W L. 1987. Some direct evidence on the importance of borrowing constraints to the labor force participation of married women. The Journal of Human Resources, 22 (4): 593-602.

Shiller R J. 2007. Low interest rates and high asset prices: an interpretation in terms of changing popular economic models. Brookings Papers on Economic Activity, 38 (2): 111-132.

Sims C A. 1980. Comparison of interwar and postwar business cycles: monetarism reconsidered. The American Economic Review, 70 (2): 250-257.

Smith D A. 1996a. Third World Cities in Global Perspective: The Political Economy of Uneven Urbanization. Oxford: Westview Press.

Smith W T. 1996b. Taxes, uncertainty and long-term growth. European Economic Review, 40 (8): 1647-1664.

Stock J H, Watson M W. 1999. Business cycle fluctuations in US macroeconomic time series//Taylor J B, Woodford M. Handbook of Macroeconomics. vol 1. Amsterdam: North-Holland: 3-64.

Stock J H, Watson M W. 2005. Implications of dynamic factor models for VAR analysis. NBER Working Paper, No. 11467.

Stokey N L. 1988. Learning by doing and the introduction of new goods. Journal of Political Economy, 96 (4): 701-717.

Stokey N L. 2001. A quantitative model of the British industrial revolution, 1780-1850. Carnegie-Rochester Conference Series on Public Policy, 55 (1): 55-109.

Stroukal D. 2016. The short-term relationship between unemployment and homeownership. Littera Scripta, 9 (1): 139-153.

Stroukal D, Kadeřábková B. 2016. Negative interest rates and housing bubbles. Stavební Obzor-Civil Engineering Journal, 25 (4): 1-8.

Strulik H, Prettner K, Prskawetz A. 2013. The past and future of knowledge-based growth. Journal of Economic Growth, 18 (4): 411-437.

Taylor A J, Fiorilli P N, Wu H Y, et al. 2010. Relation between the framingham risk score, coronary calcium, and incident coronary heart disease among low-risk men. The American Journal of Cardiology, 106 (1): 47-50.

Taylor J B. 1993. Discretion versus policy rules in practice. Carnegie-Rochester Conference Series on Public Policy, 39: 195-214.

Taylor J B, Woodford M. 1999. Handbook of Macroeconomics. Amsterdam: North-Holland.

Taylor S J. 1980. Practical experiences with modelling and forecasting time series. Journal of the Operational Research Society, 31 (1): 84.

Tkacz G, Wilkins C. 2008. Linear and threshold forecasts of output and inflation using stock and housing prices. Journal of Forecasting, 27 (2): 131-151.

Tsiddon D. 1991. On the stubbornness of sticky prices. International Economic Review, 32 (1): 69-75.

Tsiddon D. 1993. The (mis) behaviour of the aggregate price level. The Review of Economic Studies,

60（4）：889-902.

Turnovsky S J. 2000a. Fiscal policy, elastic labor supply, and endogenous growth. Journal of Monetary Economics, 45（1）：185-210.

Turnovsky S J. 2000b. Government policy in a stochastic growth model with elastic labor supply. Journal of Public Economic Theory, 2（4）：389-433.

Turnovsky S J, Chattopadhyay P. 2003. Volatility and growth in developing economies: some numerical results and empirical evidence. Journal of International Economics, 59（2）：267-295.

Uddin G S, Tiwari A K, Arouri M, et al. 2013. On the relationship between oil price and exchange rates: a wavelet analysis. Economic Modelling, 35：502-507.

Wagon S, Webb P. 2008. Venn symmetry and prime numbers: a seductive proof revisited. The American Mathematical Monthly, 115（7）：645-648.

Wall L D, Peterson D R. 1987. The effect of capital adequacy guidelines on large bank holding companies. Journal of Banking & Finance, 11（4）：581-600.

Wang S J, Wang J Y, Wang Y. 2018. Effect of land prices on the spatial differentiation of housing prices: evidence from cross-county analyses in China. Journal of Geographical Sciences, 28：725-740.

Wang Y, Tang X M. 2019. Human capital, industrial dynamics and skill premium. Institute of New Structural Economics Working paper, No. E2019009.

Warr P G. 1987. Export promotion via industrial enclaves: the philippines' bataan export processing zone. Journal of Development Studies, 23（2）：220-241.

Webb N M. 1995. Group collaboration in assessment: multiple objectives, processes, and outcomes. Educational Evaluation and Policy Analysis, 17（2）：239-261.

Woodford M. 1990. Learning to believe in sunspots. Econometrica, 58（2）：277-307.

Woodford M. 1995. Price-level determinacy without control of a monetary aggregate. Carnegie-Rochester Conference Series on Public Policy, 43：1-46.

Woodford M. 2004. Inflation targeting and optimal monetary policy. Review, 86（4）：15-42.

World Bank, International Monetary Fund. 2004. Global monitoring report 2004: policies and actions for achieving the millennium development goals and related outcomes. Global Monitoring Report Washington, DC.

Wu F. 2009. The Renminbi challenge. The International Economy, 23(4)：32-35, 53.

Yang Z H, Zhou Y G. 2017. Quantitative easing and volatility spillovers across countries and asset classes. Management Science, 63（2）：333-354.

Yoshino N, Miyamoto H. 2017. Declined effectiveness of fiscal and monetary policies faced with aging population in Japan. Japan and the World Economy, 42：32-44.

Zapf D, Gross C. 2001. Conflict escalation and coping with workplace bullying: a replication and extension. European Journal of Work and Organizational Psychology, 10（4）：497-522.

Zarnowitz V, Moore G H. 1986. Major changes in cyclical behavior//Gordon R J. The American Business Cycle: Continuity and Change. Chicago: University of Chicago Press: 519-582.

Zeldes S P. 1989. Consumption and liquidity constraints: an empirical investigation. Journal of Political Economy, 97（2）：305-346.

Zheng S, Storesletten K, Zilibotti F. 2012. Rotten parents and disciplined children: a politico-economic theory of public expenditure and debt. Econometrica, 80 (6): 2785-2803.

Zou H F. 1994. Dynamic effects of federal grants on local spending. Journal of Urban Economics, 36 (1): 98-115.

Zou H F. 1995. The spirit of capitalism and savings behavior. Journal of Economic Behavior & Organization, 28 (1): 131-143.